Sven Felix Kellerhoff

»MEIN KAMPF«

Die Karriere eines deutschen Buches

Klett-Cotta

Die Rechtschreibung wurde den aktuell gültigen Regeln
des Duden angepasst, auch in wörtlichen Zitaten.

Klett-Cotta
www.klett-cotta.de
© 2015 by J. G. Cotta'sche Buchhandlung
Nachfolger GmbH, gegr. 1659, Stuttgart
Alle Rechte vorbehalten
Printed in Germany
Umschlag: Rothfos und Gabler, Hamburg
Unter Verwendung eines Fotos von © NDSA/Splash New/Corbis
Gesetzt von Kösel Media GmbH, Krugzell
Gedruckt und gebunden von Friedrich Pustet GmbH & Co. KG, Regensburg
ISBN 978-3-608-94895-0

Bibliografische Information der Deutschen Nationalbibliothek
Die Deutsche Nationalbibliothek verzeichnet diese Publikation in der
Deutschen Nationalbibliografie; detaillierte bibliografische Daten
sind im Internet über <http://dnb.d-nb.de> abrufbar.

INHALT

VORWORT 9

INHALT 15
Ein gescheiterter Staatsstreich – Rückblick in
die Kindheit – Prägung in Wien – Wechsel nach Bayern –
Prägung im Krieg? – Propaganda – Der Weg in die Politik –
Feindbilder – Die NSDAP – Redundanz als Prinzip –
Die Hakenkreuzflagge

ENTSTEHUNG 51
Offizielle Legenden – Heß' Rolle – Typoskript und
Konzepte – Lektorat – Der zweite Band

QUELLEN 65
Lektüre-Empfehlungen – Hitlers Art des Lesens –
Dietrich Eckerts »gebildeter« Hitler – Aus zweiter Hand –
Die Protokolle der Weisen von Zion – Henry Ford –
Modethema »Rassenhygiene« – »Lebensraum«

JUDENHASS 85
Kern der Idelolgie – »Judenzählung« –
Hitlers jüdische Bekannte – Soldatenrat in München –
Fatale »Wiedergutmachung«

ZUVERLÄSSIGKEIT 99
Lässliche Ungenauigkeit – Bewusste Stilisierung –
Aus einfachen Verhältnissen? – Der Absturz – Flucht vor
dem Wehrdienst – Königlich genehmigt? – An der Front –
Hinter der Front – Das Eiserne Kreuz – Ein gefährlicher
Vorwurf – Mitglied Nr. 7?

KRITIK 131
Totgeschwiegen? – Erste Rezensionen – Bald vergessen –
Reif für eine Parodie? – Eine kommunistische Analyse –
Aus der *Weltbühne* – Hauptmann und Schneider –
Lion Feuchtwanger

ÜBERARBEITUNGEN 159
Aktuell oder historisch? – Verbesserungen in Details –
Inhaltliche Änderungen – Bekenntnis zum Tyrannenmord

FORTSETZUNG 171
Das Südtirol-Problem – Versuchter Befreiungsschlag –
Bündnisträume – Gescheitertes Projekt – Posthum
veröffentlicht

ABSATZ 193
Marketing – Verlegerischer Misserfolg –
Durchbruch 1930 – Die erste Million – Die Hochzeits-
ausgabe – Hitler für Blinde

ERTRAG 209
Prekäre Lage – »Zum Geldmachen« – Streit mit dem
Finanzamt – Eine Luxuswohnung – Auf höchste Weisung –
Ein Multimillionär

LESER 225
Zwei Umfragen – Bis 1933 wenig Leser – Schullektüre? –
Gestilltes Bedürfnis – Im Krieg

VOLLZUG 243
»Unveränderliches Programm« – Gegen »Marxisten«
und »Juden« – Flexible Außenpolitik – »Rassenhygiene« –
Massenmord mit Gas

AUSLAND 261
Professionelle Hilfe – Die erste Übersetzung – Kritik und
Erfolg – Londons Diplomaten – Neue Übersetzungen –
Nicht auf französisch – Illegale Ausgaben – Entschärfte
Auswahl – In aller Welt

STREIT 289
Klare Rechtslage – Juristen gegen Historiker –
Mit diplomatischer Hilfe – Kein Handelsverbot –
Übersehene Ausgaben – Fortschritt und Rückschlag

ZUKUNFT 309
Im World Wide Web – Bezahlte Angebote –
Das Ende des Mythos?

ANHANG 317
Danksagung 319
Anmerkungen 323
Quellen- und Literaturverzeichnis 353

VORWORT

> Wir werden gemeinsam herausfinden, ob das Buch
> so besonders ist, wie der Gesetzgeber es macht, denn
> *Mein Kampf* ist ein verbotenes Buch.
>
> SERDAR SOMUNCU, KABARETTIST[1]

Verbote machen attraktiv. Was eine Autorität für schädlich, gar für gefährlich hält, wird beinahe zwangsläufig interessant. Sogar dann, wenn das Verbot in Wirklichkeit gar nicht existiert, wenn es sich nur um ein Missverständnis handelt. Adolf Hitlers Buch ist in der Bundesrepublik nicht verboten. Jeder darf es besitzen, darin lesen, sogar damit handeln – solange es sich um ein antiquarisches Exemplar handelt, können weder Staatsanwälte noch Polizisten etwas dagegen unternehmen. Und dennoch liegt Serdar Somuncu, deutscher Satiriker türkischer Herkunft, gar nicht falsch mit seiner Bemerkung, die zur Einleitung seines erfolgreichsten Programms gehört. In *Nachlass eines Massenmörders* hat er schon bei mehr als 1400 Auftritten zahlreiche Passagen aus *Mein Kampf* vorgetragen. Er hat dafür Preise bekommen und viel Beifall eingeheimst, weil er ein Tabubrecher sei; die Berliner *Tageszeitung* rief ihn deshalb sogar zum »Mann des Jahres 1996« aus. Seine teilweise szenischen Lesungen stießen wohl auch deshalb auf so viel Interesse, weil zwar der Titel von Hitlers Buch allgemein bekannt ist, aber kaum jemand etwas über den Inhalt der fast 800 Textseiten weiß. Wer sich für Zeitgeschichte interessiert, vermag vielleicht noch zu sagen, dass es sich um ein Konglomerat aus Autobiografie, antisemitischen Vorurteilen und Hassbotschaften handelt. Doch ob und wie brisant *Mein Kampf* wirklich ist, 70 Jahre nach dem Selbstmord seines Verfassers, kann kaum jemand aus eigener Lektüre beurteilen.

Der Grund ist schlicht: In der Bundesrepublik waren und sind sich mehrere Generationen von Ministerialbeamten, Richtern, Ministern, sogar ein leibhaftiger Ministerpräsident einig, dass möglichst niemand *Mein Kampf* lesen soll. Seit Jahrzehnten verhindern sie eine sachliche Auseinandersetzung mit Hitlers Buch. Mit den Mitteln des Urheberrechts wird eine wissenschaftliche Aufarbeitung des Bandes verhindert, der zwar seit 1945 auf Deutsch nicht mehr gedruckt werden darf, aber immer noch das Originalwerk eines Autors deutscher Sprache mit der höchsten jemals verbreiteten Auflage ist. Und obwohl die juristische Grundlage dieses Vorgehens Ende 2015 ausläuft, soll es fortgesetzt werden. Ende Juni 2014 stellte die Justizministerkonferenz, oberstes Koordinierungsgremium der Rechtspolitik in Deutschland, das ganz offiziell fest. Das Buch sei »ein furchtbares Beispiel einer menschenverachtenden Schrift«, hieß es in dem Beschluss: »Die Justizministerinnen und Justizminister sind sich einig, dass eine unkommentierte Verbreitung von Hitlers *Mein Kampf* auch nach Ablauf der urheberrechtlichen Schutzfrist zum 31. Dezember 2015 verhindert werden soll.« Die Politiker forderten die ihnen unterstellten Staatsanwälte auf, sich baldmöglichst mit den »strafrechtlichen Fragen der Thematik zu befassen und die Justizministerkonferenz über das Ergebnis zu unterrichten«.[2] Formal richtet sich diese Empfehlung zwar nur gegen »unkommentierte« Neuausgaben, die aber offiziell ohnehin niemand herausgeben will, und soll natürlich auch nur für die weisungsgebundenen Strafverfolgungsbehörden gelten, nicht die prinzipiell unabhängigen Gerichte binden. Indirekt jedoch würde die Umsetzung dieses Auftrages zweifelsfrei dafür sorgen, dass künftig Staatsanwälte zu entscheiden hätten, welche Kommentierung von *Mein Kampf* in welchem Umfang hinreichend wäre und welche nicht. Eine Aufgabe, die Juristen schon mangels Qualifikation überhaupt nicht bewältigen können.

Die Folge der bayerischen Obstruktion gegen die seriöse Geschichtswissenschaft: Mythen umranken Hitlers Buch; sie wachsen glänzend auf dem Nährboden der Unwissenheit. Anders als zu vielen anderen wichtigen Themen der jüngeren deutschen Vergangenheit gibt es zu *Mein Kampf* bis heute keinen gesellschaftlichen Konsens. Die Judenverfolgung, der Holocaust und der Vernichtungscharakter der Wehrmachtsfeldzüge in der Sowjetunion oder Jugoslawien, die grausame Besatzungsherrschaft in Griechenland oder Italien: All das wird außer von einem marginalen Anteil an Rechtsextremisten heute nicht mehr bestritten. An Stammtischen mögen noch populistische Sprüche geklopft werden, doch ernst nimmt das zu Recht niemand mehr. In keinem Land der Welt sind die Verbrechen einer untergegangenen Diktatur jemals ausdauernder aufgearbeitet worden als in der Bundesrepublik, wenn auch im Laufe der Zeit in stark unterschiedlicher Intensität; nirgendwo hat man mehr gerungen mit der Frage, wie »es« möglich war. Deutschland dürfte das einzige Land sein, in dem Bildungsbürger eine aggressive und erkennbar kurzschlüssige Schmähschrift gegen die eigenen Eltern und Großeltern zum Bestseller werden ließen – Daniel Goldhagens *Hitlers willige Vollstrecker* verkaufte sich in mehr als 400 000 Exemplaren. Das Buch bot einfache Antworten auf die Frage, woher der Hass kam, der zum Mord an rund sechs Millionen jüdischen Menschen führte; dass Goldhagens Erklärungen weitgehend falsch waren, fiel dem breiten Publikum nicht oder erst mit Verspätung auf.

Das wäre kaum geschehen, wenn hierzulande eine kritische Auseinandersetzung mit Hitlers Buch gepflegt würde. Wenn es eine gesicherte Basis dafür gäbe, man nicht auf Gerüchte und Gerede über *Mein Kampf* angewiesen wäre. Zwar sind im Internet zahlreiche Textvarianten leicht per Suchmaschine zu finden, doch seriöse Kommentare gibt es kaum. In der unüberschaubaren Fülle von mehr als 80 eigenständigen Hitler-Biografien wird sein wichtigstes Werk zwar stets erwähnt und mehr oder weniger ausführlich zitiert, doch selten geht das über eine Aneinanderreihung hinaus. Eine angemessene Analyse des Buches bietet keine dieser Lebensbeschreibungen, auch wenn sie teilweise ein außerordentlich hohes Niveau erreichen. Einschlägige Bücher über *Mein Kampf* sind viel seltener; in den vergangenen knapp 50 Jahren hat es nur ein knappes halbes Dutzend in sehr unterschiedlicher Qualität gegeben: Der Publizist Werner Maser erreichte seit Mitte der 1960er-Jahre sechsstellige Auflagen mit seinen im Kern immer ähnlichen, inhaltlich fragwürdigen Büchern über *Mein Kampf*.[3] Die kurz kommentierte Auswahlausgabe von Christian Zentner, vorwiegend in indirekter Rede formuliert, ist seit mehr als 40 Jahren weitgehend unverändert lieferbar.[4] Zwei Bände der Politologin Barbara Zehnpfennig, eine ausführliche Interpretation und ein konzentrierterer Studienkommentar, sind sicher die bisher besten Analysen von Hitlers Buch. Doch auch sie klären nur über einzelne Aspekte auf, sind zudem zwar lobenswert meinungsstark, aber in vielen Deutungen mindestens diskussionswürdig.[5] *Mein Kampf* ist deshalb bis heute eine Art schwarzes Loch geblieben, um das die gesamte NS-Forschung und damit ein Großteil der deutschen Zeitgeschichte kreist. Daran konnte auch eine enorm materialreiche buchwissenschaftliche Studie von Othmar Plöckinger nichts ändern, denn sie konzentriert sich auf die äußere Geschichte des Werkes bis 1945.

So reden viele über ein Buch, von dem sie kaum mehr kennen als den Titel, höchstens noch ein paar Schlagwörter, die im Internet auf unzähligen, oft rechtsextremen Seiten zitiert werden: »Ich aber beschloss, Politiker zu werden« etwa, oder: »Indem ich mich des Juden erwehre, kämpfe ich für das Werk des Herrn«, natürlich auch: »Das Ziel der weiblichen Erziehung hat unverrückbar die kommende Mutter zu sein.« Die größte Stärke von *Mein Kampf* liegt ohne Zweifel in seiner Zitierfähigkeit: Es ist kein Problem, in kürzester Zeit provokante Sätze zu finden. Noch leichter wird das, weil Dutzende Websites, auf Deutsch oder in Übersetzung, längere Passagen aus *Mein Kampf* zur schnellen Lektüre anbieten; meist ohne jeden Kommentar, manchmal mit wenig aussagekräftigen Vorbemerkungen. Beim Googeln findet man sie jenseits von Wikipedia problemlos. Sachlich aufbereitete Informationen über das in 12,4 Millionen Exemplaren gedruckte Buch gibt es dagegen so gut wie gar nicht, jedenfalls nicht auf aktuellem Stand der Forschung.

Nicht einmal über grundlegende Fragen gibt es einen gesellschaftlichen Konsens: Belegen Hitlers Ausführungen nun, dass er ein »systematischer Denker« war?[6] Oder stimmt genau das Gegenteil: Ist *Mein Kampf* eine »inhaltlich absolut wirre Darstellung«?[7] Andreas Wirsching, der Direktor des angesehenen Instituts für Zeitgeschichte in München, betont: »Insbesondere ist die häufig gehörte Meinung falsch und irreführend, der Text sei wirr und im Grunde unlesbar.«[8] Ist das Buch wirklich »zu gefährlich für die Öffentlichkeit«?[9] Oder wäre es eine »gewaltige Überreaktion«, die »öde und unverständliche Schmähschrift« weiterhin unter Verschluss zu halten?[10]

VORWORT

Der Verwirrung über *Mein Kampf* abzuhelfen ist der Zweck dieses Buches. Es zeichnet seine Karriere von der Idee bis zum aktuellen Streit um eine wissenschaftlich kommentierte Ausgabe nach, fasst die wesentlichen Inhalte zusammen, klärt die von Legenden überwucherte Entstehungsgeschichte und stellt die Frage nach Hitlers Quellen. Woher stammt sein Judenhass? Wie zuverlässig sind die autobiografischen Ausführungen? Wie reagierte die Öffentlichkeit auf *Mein Kampf*? Sehr wichtig für die Auseinandersetzung mit Hitlers Buch sind der Absatz, sein Verdienst und natürlich die Zahl der Leser: Handelte es sich wirklich um einen »ungelesenen Bestseller«, wie oft behauptet wurde? Oder ist vielmehr das Gegenteil richtig: Lasen viele Millionen Deutsche den Originalton ihres »Führers«? Hat Hitler ein konkretes politisches Programm niedergelegt? Welche Verbrechen des NS-Regimes gingen direkt auf *Mein Kampf* zurück? Konnte man schon aus der Lektüre des Buches wissen, welche Methode des Massenmordes in Auschwitz eingesetzt werden würde? Wie sah das Ausland Hitlers Schrift? Gab es Übersetzungen und in welcher Qualität? Wie entwickelte sich die Auseinandersetzung mit *Mein Kampf* nach 1945? Schließlich: Wie sieht die Zukunft aus? Auf all diese Fragen gibt das vorliegende Buch, gestützt auf vielfach bisher nicht oder mindestens ungenügend erschlossene Archivquellen, Antworten. Sie werden im Detail vielleicht nicht unumstritten bleiben, aber wenn dadurch die Debatte um die »Bibel des Nationalsozialismus« intensiviert und zugleich versachlicht wird, dann hat es seinen Zweck erreicht. Denn Hitlers Werk muss dringend entmythologisiert werden.

Berlin, 8. Mai 2015   Sven Felix Kellerhoff

INHALT

> Der Verleger des Buches, der sich offenbar einen Erlebnisbericht mit sensationellem Hintergrund versprochen hatte, war von der steifen und redseligen Langeweile des Manuskripts zunächst überaus enttäuscht.
>
> JOACHIM FEST, HITLER-BIOGRAF[1]

Wer ein Buch schreibt, will seine Leser entweder informieren oder unterhalten, vielleicht auch beides. In jedem Fall ist ein Spannungsbogen unverzichtbar, der die Lektüre interessant macht, am besten lohnend. Deshalb wird kein Autor sein Werk mit dem Ende beginnen, mit dem nachweislichen Scheitern des eigenen Vorhabens. Wer etwa über einen Putschversuch berichtet, wird vielmehr zuerst die Umstände schildern, unter denen der Plan zu dem Staatsstreich reifte, dann die Umsetzung schildern, den Mut der Beteiligten würdigen, die Niedertracht der Gegner geißeln, schließlich den verdienten Erfolg feiern oder das tragische Scheitern beklagen. Kaum ein Schriftsteller würde wohl einen anderen Weg einschlagen – niemand außer Adolf Hitler.

»Am 1. April 1924 hatte ich, aufgrund des Urteilsspruches des Münchner Volksgerichts von diesem Tage, meine Festungshaft zu Landsberg am Lech anzutreten«, lautet der erste Satz auf der ersten Textseite von *Mein Kampf*. Am Anfang seines zweibändigen Buches stand das Eingeständnis des

Scheiterns, wenn auch kaschiert: »Damit bot sich mir nach Jahren ununterbrochener Arbeit zum ersten Male die Möglichkeit, an ein Werk heranzugehen, das von vielen gefordert und von mir selbst als zweckmäßig für die Bewegung empfunden wurde.« Also habe er sich entschlossen, »nicht nur die Ziele unserer Bewegung klarzulegen, sondern auch ein Bild der Entwicklung derselben zu zeichnen«. Auch ein Versprechen machte Hitler seinen Lesern gleich zu Anfang: »Aus ihr wird mehr zu lernen sein als aus jeder rein doktrinären Abhandlung.«

Dabei zielte er aber gar nicht darauf, Menschen von seinen Ideen zu überzeugen, die bislang dem Nationalsozialismus gegenüber gleichgültig oder gar skeptisch gewesen waren; *Mein Kampf* richtete sich vielmehr, dem Vorwort zufolge, »nicht an Fremde, sondern an diejenigen Anhänger der Bewegung, die mit dem Herzen ihr gehören und deren Verstand nun nach inniger Aufklärung strebt«. Vor allem bei ihnen konnte Hitler darauf hoffen, mit der instinktiven Form von Demagogie anzukommen, die alle seine Reden prägte und ebenso sein Buch. Ähnlich widersprüchlich erklärte er die Wahl des Mediums. Einerseits betonte Hitler, dass »jede große Bewegung auf dieser Erde ihr Wachsen den großen Rednern und nicht den großen Schreibern« verdanke. Andererseits stellte er fest: »Dennoch muss zur gleichmäßigen und einheitlichen Vertretung einer Lehre das Grundsätzliche derselben niedergelegt werden für immer.«[2] Viele der damals fast ausnahmslos christlich geprägten Leser dürften bei diesen Sätzen Assoziationen an die Bibel gehabt haben: Eine Heilige Schrift kannten sie; ebenso, dass man ihren Text oder, genauer, die Botschaften, die Pfarrer unter Berufung darauf verkündeten, nicht in Frage zu stellen hatte.

Auch beim Weiterblättern kam wenig Spannung auf. Dick schwarz umrandet standen auf der nächsten Seite die

EIN GESCHEITERTER STAATSSTREICH

Namen von 16 Männern, den »Blutzeugen« der NS-Bewegung. 14 von ihnen waren am 9. November 1923 mittags in der Münchner Residenzstraße von bayerischen Landpolizisten niedergeschossen worden, als sie mit etwa zweitausend Gesinnungsgenossen und Adolf Hitler an der Spitze ein irrwitziges Vorhaben in die Wirklichkeit umzusetzen versuchten: den »Marsch auf Berlin«. Ein Jahr nach dem Erfolg der italienischen Faschisten, denen ein symbolischer »Marsch auf Rom« die Ernennung ihres Parteichefs Benito Mussolini zum Ministerpräsidenten eingebracht hatte, wollten die deutschen Nationalsozialisten auf demselben Weg die Macht in Deutschland ergreifen – gegen die demokratisch legitimierte Regierung in der Reichshauptstadt. Hitler hatte sich in jenem Herbst immer mehr in Fahrt geredet; er wollte dem Vorbild Mussolini unbedingt nacheifern. Am 5. September 1923 etwa sagte er: »Es gibt nur zwei Möglichkeiten: Entweder marschiert Berlin und endet in München, oder München marschiert und endet in Berlin!«[3] Drei Wochen später erklärte er gegenüber einem Vertreter der amerikanischen Nachrichtenagentur United Press: »Wenn München im gegebenen Augenblick nicht auf Berlin marschiert, wird Berlin auf München marschieren.«[4] Diese Drohung wurde durchaus ernst genommen; nicht nur in München, sondern ebenso in Berlin. Sogar die *Washington Post* berichtete über den »bayerischen Nationalisten-Führer Adolph Hittler«.[5] Über die Schreibweise seines Namens herrschte noch Unklarheit.

Am 8. November 1923, dem Vorabend des fünften Jahrestages der Revolution in Deutschland und der Abdankung des Kaisers, wollte Hitler seinen Plan umsetzen. In völliger Fehleinschätzung der Situation stürmte er bewaffnet in eine Versammlung, die Anhänger des reaktionären bayerischen Kabinetts unter Generalstaatskommissar Gustav von Kahr im Bürgerbräukeller abhielten. Der NSDAP-Chef schoss in die

Decke und rief die »deutsche Revolution« aus: Unter seiner Führung sei eine neue Regierung zu bilden, die von Bayern aus die Macht im ganzen Land übernehmen werde: »Die Aufgabe der provisorischen Deutschen National-Regierung ist, mit der ganzen Kraft Bayerns und der herbeigezogenen Kraft aller deutschen Gaue den Vormarsch anzutreten in das Sündenbabel Berlin.«[6] Hitler presste Kahr und seinen anwesenden Vertrauten »auf Ehrenwort« die Zusage ab, ihn zu unterstützen, ließ sie gehen und organisierte die Besetzung strategisch wichtiger Punkte in München, vor allem von Ministerien, Kasernen und Zeughäusern. Doch die meisten nicht-nationalsozialistischen Gruppen und Honoratioren der bayerischen Hauptstadt reagierten verhalten, ja abwartend. Kahr fühlte sich nicht an seine Zusage gebunden, die ihm unter Waffengewalt abgezwungen worden war, und organisierte die Gegenwehr: Regierungsloyale Polizei-Einheiten wurden mobilisiert, Mitarbeiter der Ministerien auf die Abwehr des Putsches eingeschworen.

Als Hitler am folgenden Morgen erkannte, dass sein Staatsstreichversuch misslingen würde, rief er seine Anhänger auf, in Richtung Feldherrnhalle zu marschieren – ein so verzweifelter wie aussichtsloser Versuch, das bereits unausweichliche Scheitern abzuwenden. Vom Bürgerbräukeller aus liefen die Putschisten bewaffnet durch die Innenstadt; in der Residenzstraße traten ihnen Uniformierte entgegen. Schüsse fielen, 14 der Aufrührer starben, außerdem vier Polizisten. Der Putsch war zu Ende. Hitler, der sich die Schulter ausgekugelt hatte, floh zunächst und tauchte bei seinem Gönner Ernst Hanfstaengl unter. Von seinem Scheitern tief getroffen, dachte er an Selbstmord, ließ sich dann aber widerstandslos festnehmen und einsperren. Ein sehr verständnisvolles Sondergericht verurteilte ihn zur Mindeststrafe für Hochverrat: Für seinen versuchten Staatsstreich bekam er fünf Jahre

RÜCKBLICK IN DIE KINDHEIT

»ehrenvoller« Festungshaft mit Haftprüfung schon nach sechs Monaten.

Ohne Zweifel wären der gescheiterte Putsch, seine Vorgeschichte und seine Folgen ein reizvoller Stoff für ein Kolportagebuch gewesen. Dennoch ging Hitler darauf in *Mein Kampf*, abgesehen vom Vorwort und der Widmung sowie einigen wenigen Andeutungen, erst auf den allerletzten Seiten des zweiten Bandes wieder ein, mit einer klaren Entscheidung: »Ich will an dieser Stelle nicht eine Schilderung jener Ereignisse folgen lassen, die zum 8. November 1923 führten und die ihn beschlossen. Ich will es deshalb nicht, weil ich mir für die Zukunft nichts Nützliches davon verspreche, und weil es vor allem zwecklos ist, Wunden aufzureißen, die heute kaum vernarbt erscheinen; weil es überdies zwecklos ist, über Schuld zu reden bei Menschen, die vielleicht im tiefsten Grunde ihres Herzens doch alle mit gleicher Liebe an ihrem Volke hingen und die nur den gemeinsamen Weg verfehlten oder sich nicht auf ihn verstanden.« Er beließ es stattdessen bei einem Rückgriff auf die Widmung: »Diese 16 Helden, denen ich den ersten Band meines Werkes geweiht habe, will ich am Ende des zweiten den Anhängern und Verfechtern unserer Lehre als jene Helden vor Augen führen, die in klarstem Bewusstsein sich für uns alle geopfert haben. Sie müssen den Wankelmütigwerdenden und den Schwachen immer wieder zur Erfüllung seiner Pflicht zurückrufen, zu einer Pflicht, der sie selbst im besten Glauben und bis zur letzten Konsequenz genügten.«[7]

Statt seinem Publikum also eine spannungsgeladene Schilderung des misslungenen Putsches zu bieten, begann Hitler mit einer Schilderung seines Werdegangs; das erste Kapitel trug die Überschrift »Im Elternhaus«. Derlei für Leser interessant statt abschreckend zu gestalten ist durchaus schwierig. Doch mit seiner instinktiven rhetorischen Begabung formulierte er die ersten Absätze durchaus prägnant: »Als glückliche Bestimmung gilt es mir heute, dass das Schicksal mir zum Geburtsort gerade Braunau am Inn zuwies. Liegt doch dieses Städtchen an der Grenze jener zwei deutschen Staaten, deren Wiedervereinigung mindestens uns Jüngeren als eine mit allen Mitteln durchzuführende Lebensaufgabe erscheint!« Nach einem Absatz, entsprechend einer Atempause in der öffentlichen Rede, fuhr er fort: »Deutschösterreich muss wieder zurück zum großen deutschen Mutterlande, und zwar nicht aus Gründen irgendwelcher wirtschaftlichen Erwägungen heraus. Nein, nein: Auch wenn diese Vereinigung, wirtschaftlich gedacht, gleichgültig, ja selbst wenn sie schädlich wäre, sie müsste dennoch stattfinden. Gleiches Blut gehört in ein gemeinsames Reich.«[8]

Eine ähnliche Idee hatte Hitler schon auf der ersten Typoskriptseite des frühesten Entwurfs von *Mein Kampf* festgehalten: »Es scheint mir eine glückliche Vorbedeutung zu haben, dass meine Wiege…«, hieß es auf dem Anfang Mai 1924 geschriebenen Blatt. Doch dann hatte er diese Worte wieder ausgestrichen und neu angesetzt: »Als eine glückliche Vorbedeutung muss ich es heute empfinden, dass meine Wiege in Braunau stand; ist doch dieses Städtchen gerade an der Grenze zweier deutscher Staaten gelegen, deren Wiedervereinigung uns Jüngeren als eine wahrhaft hehre Lebensaufgabe erscheint.« Fast wörtlich schloss sich der zweite Absatz an, wie er später auch gedruckt wurde, einschließlich der ersten zentralen These nach nicht einmal einer halben Seite Haupttext: »Gemeinsames Blut gehört in ein gemeinsames Reich.«[9]

Ausgehend von diesem durchaus geschickt konstruierten Einstieg schilderte Hitler seine Herkunft aus vermeintlich bescheidenen Verhältnissen, seine bereits in früher Kindheit geprägte deutsch-österreichische Identität und seine Ablehnung des »Erbfeindes Frankreich«. Schon auf der zweiten Seite folgte der erste, für das gesamte Buch typische Exkurs, in diesem Fall zu einem relativ aktuellen Ereignis, der Hinrichtung des nationalistischen Bombenlegers Leo Schlageter Ende Mai 1923 durch französische Soldaten im besetzten Rheinland. Damit knüpfte Hitler an den Erwartungshorizont seines Publikums an, dem die stark romantisierte Geschichte vom »Nationalhelden« Schlageter in zahlreichen Ausschmückungen nahegebracht worden war. Übergangslos kehrte er dann zurück zur Schilderung seines Elternhauses, seiner Kindheit an verschiedenen Dienstorten des Vaters Alois Hitler, der Jugend in Linz nach dessen Pensionierung und seinen Wünschen für die Zukunft des Sohnes: »Ich sollte studieren.«[10]

Doch weil das humanistische Gymnasium nicht den Begabungen des kleinen Adolf zu entsprechen schien, gab Alois ihn auf eine Oberrealschule, mit dem Ziel, eine Beamtenlaufbahn einzuschlagen. Doch das wollte sein Sohn, seiner Schilderung in *Mein Kampf* zufolge, auf keinen Fall: »Zum ersten Male in meinem Leben wurde ich, als damals noch kaum Elfjähriger, in Opposition gedrängt. So hart und entschlossen auch der Vater sein mochte in der Durchsetzung einmal ins Auge gefasster Pläne und Absichten, so verbohrt und widerspenstig war aber auch sein Junge in der Ablehnung eines ihm nicht oder nur wenig zusagenden Gedankens: Ich wollte nicht Beamter werden. Weder Zureden noch ›ernste‹ Vorstellungen vermochten an diesem Widerstande etwas zu ändern. Ich wollte nicht Beamter werden, nein und nochmals nein.« Adolf nämlich sah sich, so jedenfalls schilderte er es, als Künstler, genauer: als Maler. Ein Wunsch, der den Vater erzürnte: »Nein, solange ich lebe, niemals«, habe er gesagt, schrieb der Sohn rückblickend. Mit diesem Zielkonflikt erklärte Hitler seinen mangelnden Erfolg in der Linzer Oberrealschule. Er interessierte sich nur für zwei Fächer, Geografie und Weltgeschichte, in denen er freilich »der Klasse vorschoss«. Aus der Distanz bilanzierte er seine Schulzeit: »Wenn ich nun nach so viel Jahren mir das Ergebnis dieser Zeit prüfend vor Augen halte, so sehe ich zwei hervorstechende Tatsachen als besonders bedeutungsvoll an. Erstens: Ich wurde Nationalist. Zweitens: Ich lernte Geschichte ihrem Sinne nach verstehen und begreifen.«[11]

Es folgte der nächste Exkurs, über die Habsburger-Monarchie, das »alte Österreich«. Sein Aufwachsen in dem »Nationalitätenstaat« habe ihn gelehrt, zwischen »dynastischem Patriotismus« und »völkischem Nationalismus« zu unterscheiden: »Ich kannte damals schon nur mehr das letztere.« Hitler wurde, so jedenfalls stellte er es dar, durch diesen Gegensatz zum »jungen Revolutionär«. Aus seiner Einsicht, dass »die Sicherung des Deutschtums die Vernichtung Österreichs voraussetzte«, zog er eine einfache Konsequenz: »Heiße Liebe zu meiner deutschösterreichischen Heimat, tiefen Hass gegen den österreichischen Staat«.[12] Das hinderte Hitler freilich nicht daran, bald nach dem Tod seiner Mutter Ende 1907 – der Vater war bereits vier Jahre zuvor überraschend gestorben – nach Wien umzuziehen, in die Hauptstadt eben jenes österreichischen Staates, den er angeblich zu dieser Zeit schon so vehement ablehnte.

Die Jahre dort schilderte er im zweiten Kapitel, überschrieben »Wiener Lehr- und Leidensjahre«, seine »allgemeinen politischen Betrachtungen aus meiner Wiener Zeit« im dritten. Zusammen machten diese beiden Abschnitte fast ein Drittel des ersten Bandes aus; Hitler legte dar, wie er zum »granitenen Fundament« seiner Weltanschauung kam, indem ihm die Augen geöffnet worden seien »für zwei Gefahren, die ich beide vordem kaum dem Namen nach kannte, auf keinen Fall aber in ihrer entsetzlichen Bedeutung für die Existenz des deutschen Volkes begriff: Marxismus und Judentum«.[13] In einer Mischung aus konkreten, zum Großteil aber erfundenen Beschreibungen seines Lebens in Wien, etwa über seine angebliche Zeit als Bauarbeiter, und allgemeinen Schlüssen entwickelte er in strenger Abgrenzung von bürgerlich-sozialem sowie sozialdemokratischem Engagement die Prinzipien des »nationalen Sozialismus«, auf denen später die NSDAP gründete. Untrennbar verband Hitler damit larmoyante Rückblicke auf seine Zeit als Postkartenmaler – die wahren Ursachen für sein selbstgewählt bescheidenes Leben aber verschwieg er. Wann immer sich beim Leser die Frage danach aufdrängen konnte, wich der Text in Beschimpfungen wahlweise des Bürgertums, »der Marxisten« oder, natürlich am häufigsten, »der Juden« aus. Mit langen Ausführungen über seine Wandlung zum radikalen Antisemiten schloss das zweite Kapitel. Der familiären kirchlichen Prägung entsprang die Schlusspointe dieses Abschnitts: »Indem ich mich des Juden erwehre, kämpfe ich für das Werk des Herrn.«[14]

Das dritte Kapitel vertiefte, variierte aber vor allem die bereits geschilderten Überzeugungen. Ausführlich stellte er seine Ablehnung des Vielvölkerkonstrukts der Habsburger-Monarchie dar, karikierte den Wiener Parlamentsbetrieb und attackierte die »öffentliche Meinung«, die »schlimme Großmacht im Staate«, die bestimmte Meinungen erzeugte, »auch wenn es sich dabei um die vollständige Umfälschung sicher vorhandener innerer Wünsche und Anschauungen der Allgemeinheit« handelte. Geprägt worden sei diese »öffentliche Meinung« von der »brutalen, vor keiner Niedertracht zurückschreckenden, mit jedem Mittel der Verleumdung und einer wahrhaft balkenbiegenden Lügenvirtuosität arbeitenden Tagespresse«.[15]

Mehrere Seiten widmete Hitler den beiden österreichischen Antisemiten Karl Lueger und Georg Schönerer. Während Lueger durchaus Erfolg hatte, insgesamt 13 Jahre lang als Bürgermeister Wien regierte und modernisierte, konnte der nicht nur judenfeindliche, sondern auch noch alldeutsche Nationalist Schönerer kaum eine nennenswerte Anhängerschaft hinter sich scharen. Hitler attestierte dennoch dem einen wie dem anderen, gescheitert zu sein: »Was Dr. Lueger praktisch angriff, gelang in wundervoller Weise; was er sich davon erhoffte, blieb aus. Was Schönerer wollte, gelang ihm nicht, was er befürchtete, traf aber leider in furchtbarer Weise ein. So haben beide Männer ihr weiteres Ziel nicht erreicht. Lueger konnte Österreich nicht mehr retten und Schönerer das deutsche Volk nicht mehr vor dem Untergange bewahren.«[16] Aus dieser Feststellung leitete Hitler seinen Anspruch ab, in der Tradition Schönerers und Luegers völkisch-nationalistische Politik zu betreiben, aber im Gegensatz zu ihnen seiner Ansicht nach richtig.

Allerdings nicht in Österreich, sondern in Deutschland, genauer gesagt: in Bayern. Das vierte Kapitel trug die schlichte Überschrift »München« und schilderte sehr frei Hitlers Wechsel über die Grenze im Mai 1913 und die folgenden Monate bis zum Beginn des Weltkriegs. Über den wesentlichen Grund, seine Flucht vor dem Wehrdienst im österreichisch-ungarischen Heer, schwieg er sich aus; stattdessen sang er ein Loblied auf die »Metropole der deutschen Kunst«. Er jubelte, man habe »nicht nur Deutschland nicht gesehen, wenn man München nicht kennt, nein, man kennt vor allem die deutsche Kunst nicht, wenn man München nicht sah«. Seinem Buch zufolge habe er hier die bis dahin schönste Zeit seines Lebens erlebt: »Dass ich heute an dieser Stadt hänge, mehr als an irgendeinem anderen Fleck der Erde auf dieser Welt, liegt wohl mit begründet in der Tatsache, dass sie mit der Entwicklung meines eigenen Lebens unzertrennlich verbunden ist und bleibt.«[17]

Wie in den vorherigen Kapiteln dienten geraffte autobiografische Schilderungen als Rahmen für allgemein politische Ausführungen. Mit dem Wechsel nach Deutschland verschwand Österreich nur zum Teil aus Hitlers Blickfeld, denn nun ging es vor allem um die Außenpolitik des Hohenzollern-Reiches, speziell um seine »falschen« Bündnisse. Gemeint war damit in erster Linie die enge Bindung an den verhassten multinationalen Staat der Habsburger-Dynastie, die Hitler missfallen musste; zumal ihm als einzig verlässliche Partner in Österreich die dortigen Deutschen galten, im Gegensatz zu den Ungarn, den verschiedenen slawischen Völkern und natürlich »den Juden«. Richtig war daran, dass die Regierung Wilhelms II. vor 1914 auf die »Nibelungentreue« zu Österreich-Ungarn gesetzt hatte; allerdings gab es in den letzten Jahren vor dem Ersten Weltkrieg dazu keine Alternative mehr – zu sehr hatten sich die Interessenkonflikte Deutschlands mit den anderen europäischen Großmächten verschärft. Mit dem »Erbfeind« Frankreich sowieso, aber auch zum Weltreich Großbritannien und zur rückständigen Kontinentalmacht Russland. Zwar musste die strategisch-politische Lage keineswegs zwangsläufig zu einem großen europäischen Krieg führen, doch eine militärische Auseinandersetzung mit einem dieser Staaten war sehr wahrscheinlich.

Von begrenzten militärischen Konflikten wie zu Bismarcks Zeiten hielt Hitler nichts; für ihn war ewiger Kampf der Normalzustand von Nationen. Politische Stabilisierung nach innen und Abgrenzung nach außen interessierten ihn nicht, sondern nur die »ewigen Gesetze des Forterhaltungswillens«, die ganz einfach seien: »Ein stärkeres Geschlecht wird die

Schwachen verjagen.« Die »Humanität der Einzelnen« zähle nichts, sondern nur die »Humanität der Natur«, die »Schwäche vernichtet, um der Stärke den Platz zu schenken«. Das war eine stark vereinfachte Form um die Jahrhundertwende populärer politischer Theorien, die biologische Erkenntnisse des Evolutionsforschers Charles Darwin auf menschliche Gesellschaften übertrugen. Doch Hitler spitzte diesen Sozialdarwinismus noch zu, indem er den Gewinn von Lebensraum als unabdingbar darstellte, als angeblich unausweichliche Konsequenz des Bevölkerungswachstums: »Deutschland hat eine jährliche Bevölkerungszunahme von nahezu 900 000 Seelen. Die Schwierigkeit der Ernährung dieser Armee von neuen Staatsbürgern muss von Jahr zu Jahr größer werden und einmal bei einer Katastrophe enden, falls eben nicht Mittel und Wege gefunden werden, noch rechtzeitig der Gefahr dieser Hungerverelendung vorzubeugen.« Um dieses Problem zu lösen, formulierte er in *Mein Kampf* vier mögliche »Wege deutscher Politik«.

Der erste sei staatliche Geburtenkontrolle, wie sie etwa Frankreich betreibe, also »die Zunahme der Geburten künstlich einschränken und damit einer Überbevölkerung begegnen«. Richtig an Hitlers Darstellung war, dass die statistische Geburtenrate französischer Frauen vor dem Ersten Weltkrieg, jedenfalls laut Stichproben, deutlich unter der in Deutschland lag, nämlich bei weniger als zwei Kindern. Und tatsächlich entwickelte sich die Demografie beider Länder auseinander: Während die deutsche Bevölkerung zwischen 1870 und 1911 um mehr als 50 Prozent zulegte, von 40,8 auf 65,4 Millionen, stieg die Zahl der Franzosen im gleichen Zeitraum lediglich von 38,2 auf 41,4 Millionen, also um nicht einmal ein Zehntel. Mit irgendeiner offiziellen Politik der Regierung in Paris hatte diese Entwicklung jedoch nichts zu tun; im Gegenteil: Das schwache Bevölkerungswachstum wurde als strategischer Nachteil gegenüber Deutschland wahrgenommen. Unabhängig davon erschien Hitler Geburtenkontrolle nicht als mögliche Lösung der angeblich drohenden Hungerkatastrophe: »Wer also dem deutschen Volke das Dasein sichern will auf dem Wege einer Selbstbeschränkung seiner Vermehrung, raubt ihm damit die Zukunft.«[18]

Ein zweiter Weg sei die »innere Kolonisation«. Darunter verstand Hitler, die verfügbaren landwirtschaftlichen Flächen effizienter zu nutzen und die Bevölkerung zu verdichten, also tendenziell das Wachstum von Städten. Für ihn war das keine Alternative, denn sie widersprach seinem sozialdarwinistischen Denken: »Für uns Deutsche aber ist die Parole der ›inneren Kolonisation‹ schon deshalb unselig, da sie bei uns sofort die Meinung verstärkt, ein Mittel gefunden zu haben, das der pazifistischen Gesinnung entsprechend gestattet, in sanftem Schlummerleben sich das Dasein ›erarbeiten‹ zu können.« Verbreiten würde »solche todgefährlichen Gedankengänge« der natürliche Feind alles Deutschen, »der Jude«. Wer sich darauf einlasse, begrabe die Möglichkeit einer »wirklich nützlichen Außenpolitik« und »mit ihr die Zukunft des deutschen Volkes überhaupt«.[19]

Diese ersten beiden »möglichen Wege deutscher Politik« kamen für Hitler also nicht in Frage. Es blieben zwei weitere: »Man konnte entweder neuen Boden erwerben, um die überschüssigen Millionen jährlich abzuschieben, und so die Nation auch weiter auf der Grundlage einer Selbsternährung erhalten, oder man ging dazu über, durch Industrie und Handel für fremden Bedarf zu schaffen, um vom Erlös das Leben zu bestreiten.« Diese beiden Lösungen des demografischen Problems nannte er »entweder Boden- oder Kolonial- und Handelspolitik«. Das Hohenzollernreich habe sich, so kehrte er zum eigentlichen Thema des Exkurses im München-Kapitel zurück, für letzteres entschieden; »der gesündere Weg«

wäre »freilich der erstere gewesen«.[20] Doch eine »solche Bodenpolitik kann nicht etwa in Kamerun ihre Erfüllung finden, sondern heute fast ausschließlich nur mehr in Europa«. Kolonien in Afrika, Asien oder im Pazifik seien keine Lösung: »Für Deutschland lag demnach die einzige Möglichkeit zur Durchführung einer gesunden Bodenpolitik nur in der Erwerbung von neuem Lande in Europa selber« – auch um den Preis »eines schweren Kampfes«.[21]

Dafür aber bedürfe das Reich eines Bundesgenossen, und der könne vor allem Großbritannien sein, keinesfalls aber Österreich-Ungarn. Für einen solchen Zusammenschluss der führenden Seemacht und der mindestens zweitstärksten Landmacht Europas wäre Hitler bereit gewesen, vieles zu opfern, was vor dem Ersten Weltkrieg als Zeichen deutscher Ambitionen auf einen »Platz an der Sonne« galt: »Verzicht auf Welthandel und Kolonien; Verzicht auf eine deutsche Kriegsflotte. Konzentration der gesamten Machtmittel des Staates auf das Landheer.« Die Radikalität dieses Vorschlags war ihm bewusst: »Das Ergebnis wäre wohl eine augenblickliche Beschränkung gewesen, allein eine große und mächtige Zukunft.«[22] Eine solche Zweiteilung der Welt mit dem britischen Empire blieb Hitlers Wunschvorstellung; jedoch realisierte er niemals, dass sie mit der britischen Tradition des Gleichgewichts verschiedener, möglichst fünf bis sechs Mächte inkompatibel und deshalb nicht diskutabel war. Die Alternative zu einem Bündnis mit Großbritannien, eine Verständigung mit Russland gegen die englische Weltmacht, sei theoretisch zwar ebenfalls möglich gewesen, jedoch als Zusammenschluss zweier Landmächte weitaus schwieriger.

Nach diesen ausführlichen geostrategischen Überlegungen kehrte Hitler in seiner Betrachtung der deutschen Politik zurück ins Innere, speziell zu Bismarcks Sozialistengesetzgebung. Der »Kampf gegen den Marxismus«, das hatte er bereits im Wien-Kapitel festgestellt, sei entscheidend; nun variierte er diese Überzeugung: »Die Frage der Zukunft der deutschen Nation« sei »die Frage der Vernichtung des Marxismus«. Sogar die von der Regierung in Berlin umgesetzte Bündnispolitik gehörte *Mein Kampf* zufolge zu den indirekten Auswirkungen marxistischer Agitation, war demnach nicht mehr als »eine der durch die Zersetzungsarbeit dieser Lehre hervorgerufenen Folgeerscheinungen«. Diese angesichts der internationalistischen, gegen die unbedingte Treue zum Wiener Kaiserhaus gerichteten Politik der Vorkriegs-SPD überraschende Wahrnehmung begründete Hitler mit einem klassisch verschwörungstheoretischen Argument: »Das Fürchterliche war ja eben, dass dieses Gift fast unsichtbar sämtliche Grundlagen einer gesunden Wirtschafts- und Staatsauffassung zerstörte, ohne dass die davon Ergriffenen häufig auch nur selber ahnten, wie sehr ihr Handeln und Wollen bereits der Ausfluss dieser sonst auf das schärfste abgelehnten Weltanschauung war.«[23] Unvermittelt endete damit das Kapitel über »München«.

Mit dem fünften Kapitel, »Der Weltkrieg« überschrieben, kam Hitler in der unmittelbaren Erfahrungswelt der meisten seiner potenziellen Leser an. Obwohl die Jahre 1914 bis 1918 praktisch alle Zeitgenossen tief geprägt hatten, war dieser Abschnitt relativ kurz, gerade einmal 21 Seiten. Diese Knappheit hob *Mein Kampf* ab von der Flut von Kriegserinnerungen, die in den 1920er-Jahren den Buchmarkt dominierten. Hitler beschrieb die Vorgeschichte der Juli-Krise, die ausgerechnet durch das Attentat auf den »Slawenfreund« Erzherzog Franz Ferdinand in Sarajewo ausgelöst wurde, und seine Wahrnehmung des »August-Erlebnisses«, der schon nach wenigen Wochen zum Mythos geronnenen, vermeintlich uneingeschränkten Kriegsbegeisterung des deutschen Volkes im Sommer 1914: »Mir selber kamen die damaligen Stunden wie eine Erlösung aus den ärgerlichen Empfindungen der Jugend vor«, schrieb er unter der Seitenüberschrift »Der deutsche Freiheitskampf« und fuhr fort: »Ich schäme mich auch heute nicht, es zu sagen, dass ich, überwältigt von stürmischer Begeisterung, in die Knie gesunken war und dem Himmel aus übervollem Herzen dankte, dass er mir das Glück geschenkt, in dieser Zeit leben zu dürfen.«[24]

Umgehend meldete er sich als Freiwilliger, wenngleich die Umstände sehr frei beschrieben wurden, und zog bald als Deutschösterreicher im bayerischen Heer in den Krieg. Dass er nun an der Seite des verhassten Habsburgerreiches kämpfte, nicht nur gegen Frankreich und Russland, sondern auch gegen Großbritannien, thematisierte er nicht weiter. Statt einer solchen, angesichts der vorangegangenen Ausführungen eigentlich unvermeidlichen Reflexion schilderte er nun auf gerade einmal anderthalb Seiten sein erstes und einziges Gefecht, wechselte dann aber wieder zu allgemeinen Ausführungen über das Soldatentum. Weitere konkrete Schilderungen seines eigenen Einsatzes an der Front folgten nicht; Hitler sah darin offenbar ein Defizit. Jedenfalls kaschierte er es mit Ausführungen über das Wirken von »Marxisten« im Krieg und Überlegungen, wie man eine feindliche Weltanschauung bekämpfen könne, nämlich nicht allein durch »nackte Gewalt«, sondern nur in Verbindung mit einer eigenen Überzeugung: »Jeder Versuch, eine Weltanschauung mit Machtmitteln zu bekämpfen, scheitert am Ende, solange nicht der Kampf die Form des Angriffes für eine neue geistige Einstellung erhält. Nur im Ringen zweier Weltanschauungen miteinander vermag die Waffe der brutalen Gewalt, beharrlich und rücksichtslos eingesetzt, die Entscheidung für die von ihr unterstützte Seite herbeizuführen.« Das sei die Ursache für das Scheitern aller bisherigen antimarxistischen

Maßnahmen in Deutschland und »der Grund, warum auch Bismarcks Sozialistengesetzgebung endlich trotz allem versagt und versagen musste: Es fehlte die Plattform einer neuen Weltanschauung, für deren Aufstieg der Kampf hätte gekämpft werden können. Denn dass das Gefasel von einer sogenannten ›Staatsautorität‹ oder der ›Ruhe und Ordnung‹ eine geeignete Grundlage für den geistigen Antrieb eines Kampfes auf Leben und Tod sein könnte, wird nur die sprichwörtliche Weisheit höherer Ministerialbeamter zu vermeinen fertigbringen.«[25]

Diese Überzeugung habe er, so schrieb Hitler weiter und knüpfte an den Rahmen der autobiografischen Schilderung im fünften Kapitel an, »schon längst vor dem Kriege« gehabt. Deshalb sei er nie einer der bestehenden Parteien beigetreten, denn ihm fehlte eine »Bewegung, die eben mehr sein musste als ›parlamentarische‹ Partei«, um »den Kampf gegen die Sozialdemokratie rücksichtslos aufzunehmen«. Das habe er auch gegenüber seinen Kameraden offen ausgesprochen – eine Ansage angeblich mit Folgen: »Im Übrigen kamen mir nun auch die ersten Gedanken, mich später einmal doch noch politisch zu betätigen. Gerade dieses aber war der Anlass, dass ich nun öfters dem kleinen Kreise meiner Freunde versicherte, nach dem Kriege als Redner neben meinem Berufe wirken zu wollen.« Mit einem nachgeschobenen Satz verstärkte Hitler noch die Wirkung dieser vermeintlichen Ankündigung: »Ich glaube, es war mir damit auch sehr ernst.«[26]

»Redner« lautete das Stichwort für das nächste Kapitel, das mit zwölf Seiten abermals kurz ausfiel, dafür aber besonders bemerkenswert war. Unter der Überschrift »Kriegspropaganda« schilderte Hitler nämlich seine Schlüsse aus der Massenbeeinflussung der Kriegsparteien – ein Abschnitt, den später auch scharfe Kritiker von *Mein Kampf* für die interessantesten Seiten des gesamten Buches hielten.[27] Denn Hitler gab sich schonungslos offen: »Die Propaganda war im Kriege ein Mittel zum Zweck, dieser aber war der Kampf um das Dasein des deutschen Volkes, und somit konnte die Propaganda auch nur von den hierfür gültigen Grundsätzen aus betrachtet werden.« Diesem Ziel war absolut jeder andere Wert unterzuordnen: »Die grausamsten Waffen waren dann human, wenn sie den schnelleren Sieg bedingten, und schön waren nur die Methoden allein, die der Nation die Würde der Freiheit sichern halfen.« Genauso freimütig gestand er, wer das Ziel solcher Bemühungen sei: »An wen hat sich die Propaganda zu wenden? An die wissenschaftliche Intelligenz oder an die weniger gebildete Masse? Sie hat sich ewig nur an die Masse zu richten! Für die Intelligenz, oder was sich heute leider häufig so nennt, ist nicht Propaganda da.«[28]

Erstaunlich war, wie treffend Hitlers Ausführungen ausfielen, obwohl sie erkennbar nicht reflektiert, sondern instinktiv formuliert worden waren: »Die Aufnahmefähigkeit der großen Masse ist nur sehr beschränkt, das Verständnis klein, dafür jedoch die Vergesslichkeit groß.« Deshalb müsse sich jede wirkungsvolle Propaganda auf wenige Punkte beschränken und sie schlagwortartig solange wiederholen, »bis auch bestimmt der Letzte unter einem solchen Worte das Gewollte sich vorzustellen vermag«. Das war exakt das Rezept, das den meisten seiner Reden vor und auch nach dem Entstehen von *Mein Kampf* zugrunde lag, die er meist anhand von Stichwortzetteln frei hielt. Als Beispiel dafür führte Hitler die effektive Propaganda Großbritanniens und der Vereinigten Staaten im Ersten Weltkrieg an, die mit großer Konsequenz die Deutschen als »Hunnen« oder »Barbaren« dargestellt hatte. Das habe jede Erfahrung des einzelnen Soldaten an der Front bestätigt: »Die entsetzlichste Waffe, die nun gegen ihn zur Anwendung kam, erschien ihm nur mehr als die Bestätigung seiner schon gewordenen Aufklärung und stärkte ebenso den Glauben an die Richtigkeit der Behauptungen seiner Regierung, wie sie andrerseits Wut und Hass gegen den verruchten Feind steigerte.« Dem gegenüber habe die deutsche Propaganda versagt, »infolge vollkommenen Fehlens jeder psychologisch richtigen Überlegung«.[29]

Folgerichtig wies Hitler im nächsten, dem siebten Kapitel der alliierten Propaganda eine wesentliche Verantwortung für die »Revolution« 1918 zu, die wiederum zum Zusammenbrechen der Fronten und zur Niederlage geführt habe. Damit verkehrte er Ursache und Wirkung. Die deutschen Soldaten seien zermürbt worden von »Jammerbriefen« aus der Heimat und gegnerischen Flugblättern, in denen die Not zu Hause beschrieben wurde. Angewidert schilderte er, wie sich die Stimmung in der Heimat 1916 massiv verändert hatte. Dass tatsächlich Unterversorgung, ja bald schon schierer Hunger vor allem in den großen Städten für die korrekt beschriebene Veränderung verantwortlich waren, keineswegs unzutreffende Propaganda, kam ihm nicht in den Sinn.[30] Stattdessen konstatierte er, »Marxisten« und natürlich »Juden« hätten sich die Situation zunutze gemacht. Als Deutschland auf einmal doch kurz vor dem Sieg gestanden habe, dank der Offensive 1918, da »griff man zu einem Mittel, das geeignet erschien, mit einem Schlage den deutschen Angriff des Frühjahrs im Keime zu ersticken, den Sieg unmöglich zu machen: Man organisierte den Munitionsstreik.«[31] Mit der Wirklichkeit hatte diese Darstellung wenig gemein, denn die Arbeiter in den Rüstungsfabriken von Berlin, München und anderen Städten waren ab Ende Januar selten mehr als ein paar Tage im Ausstand; schon am 6. Februar 1918 wurde fast überall wieder voll produziert. Die Offensive in Nordostfrankreich dagegen begann erst sechs Wochen später.

In direkter Verkehrung der tatsächlichen Abfolge schmückte *Mein Kampf* die Vorgeschichte der Revolution weiter aus. Die Alliierten seien nach der Kapitulation des nun bolschewistisch beherrschten Russlands niedergeschlagen gewesen: »Den Herrschaften war die Frechheit plötzlich vergangen. Auch ihnen begann langsam ein unheimliches Licht aufzugehen. Ihre innere Stellung zum deutschen Soldaten hatte sich jetzt geändert. Bisher mochte er ihnen als ein ja doch zur Niederlage bestimmter Narr gelten; nun aber stand vor ihnen der Vernichter des russischen Verbündeten.« Als die einfachen französischen und britischen Soldaten schwankten, habe der Ausstand der Munitionsarbeiter in Deutschland zu einem Stimmungswechsel geführt: »Er stärkte den Siegesglauben der feindlichen Völker und behob die lähmende Verzweiflung der alliierten Front.« Dies hätten »Tausende von deutschen Soldaten« mit ihrem Leben bezahlen müssen.[32]

Oder mit ihrem Augenlicht, wie Hitler zeitweise selbst. Während in der Heimat »elende, volksbetrügerische Parteilumpen« den angeblichen Zusammenhalt des Volkes unterminierten, geriet er Mitte Oktober 1918 an der Front in Belgien »in ein mehrstündiges Trommelfeuer von Gasgranaten«. Französische Artillerie schoss mit Lost, einem schwefelhaltigen Kontaktgift, das zwar nur relativ wenige Soldaten direkt tötete, aber ihre Haut angriff, besonders die Schleimhäute, und rasende Qualen auslöste: »Gegen Morgen erfasste auch mich der Schmerz von Viertelstunde zu Viertelstunde ärger, und um sieben Uhr früh stolperte und schwankte ich mit brennenden Augen zurück, meine letzte Meldung im Kriege noch mitnehmend. Schon einige Stunden später waren die Augen in glühende Kohlen verwandelt, es war finster um mich geworden.« Der Gefreite Adolf Hitler wurde ins Lazarett Pasewalk in Pommern verlegt, um sich auszukurieren.

DER WEG IN DIE POLITIK

Kaum ging es ihm, seiner eigenen Beschreibung zufolge, etwas besser, konnte er seine »Umgebung in groben Umrissen wieder unterscheiden«, da brach tatsächlich die Revolution aus.[33]

Am 10. November 1918 berichtete ein Pastor den Lazarett-Patienten von der Abdankung des Hauses Hohenzollern am Vortag und der Ausrufung der Republik; 24 Stunden später löste die Nachricht vom Waffenstillstand bei Hitler grenzenlose Wut aus: »Es war also alles umsonst gewesen. Umsonst all die Opfer und Entbehrungen, umsonst der Hunger und Durst von manchmal endlosen Monaten, vergeblich die Stunden, in denen wir, von Todesangst umkrallt, dennoch unsere Pflicht taten, und vergeblich der Tod von zwei Millionen, die dabei starben. Mussten sich nicht die Gräber all der Hunderttausende öffnen, die im Glauben an das Vaterland einst hinausgezogen waren, um niemals wiederzukehren?« Verantwortlich dafür machte er die »Führer«, den »Marxismus« und natürlich »die Juden«. Die Schmerzen seiner verletzten Augen seien nichts gegen den Jammer der faktischen Kapitulation, schrieb er: »In diesen Nächten wuchs mir der Hass, der Hass gegen die Urheber dieser Tat.« Seine eigene Zukunft schien ihm plötzlich unwichtig zu sein, im Gegensatz zum Schicksal Deutschlands – und er fühlte sich in seinen angeblich früheren Sorgen bestätigt: »Endlich wurde mir auch klar, dass doch nur eingetreten war, was ich so oft schon befürchtete, nur gefühlsmäßig nie zu glauben vermochte.« Diese düsteren Stunden, so jedenfalls hieß es in *Mein Kampf*, wurden zum Wendepunkt für Adolf Hitler: »Ich aber beschloss, Politiker zu werden.«[34]

Die nächsten beiden Kapitel, über den »Beginn meiner politischen Tätigkeit« und über »Die Deutsche Arbeiterpartei«, die direkte Vorgängerin der NSDAP, waren die kürzesten des ersten Bandes. Während das neunte Kapitel über seine ersten Kontakte mit der Münchner Splittergruppe tatsächlich konkret seine Annäherung und schließlich seinen Beitritt beschrieb, wenn auch stark stilisiert, bildeten die autobiografischen Abschnitte im achten Abschnitt vor allem den Rahmen für einen Exkurs über »Programmatiker und Politiker«, die beiden wesentlichen Arten von Parteiaktivisten. Anhand von Reaktionen auf einen Vortrag des völkischen Ideologen Gottfried Feder über Wirtschaftsfragen schilderte Hitler den Unterschied, wie er ihm erschien: »Der Programmatiker einer Bewegung hat das Ziel derselben festzulegen, der Politiker seine Erfüllung anzustreben.« Daher werde ersterer »in seinem Denken von der ewigen Wahrheit bestimmt«, letzterer in seinem Handeln mehr von der »jeweiligen praktischen Wirklichkeit«. Im Kern entsprach diese Unterscheidung der zwischen Theoretiker und Praktiker, auch wenn das in *Mein Kampf* so klar nicht stand. Umso eindeutiger waren zwei Sätze, mit denen Hitler offenkundig sein Selbstverständnis beschrieb: »Innerhalb langer Perioden der Menschheit kann es einmal vorkommen, dass sich der Politiker mit dem Programmatiker vermählt. Je inniger aber diese Verschmelzung ist, umso größer sind die Widerstände, die sich dem Wirken des Politikers dann entgegenstemmen.«[35]

Gleich im Anschluss gab er eine Kostprobe, wie die Verbindung von Programmatik und Politik aussehen sollte: »Für was wir zu kämpfen haben, ist die Sicherung des Bestehens und der Vermehrung unserer Rasse und unseres Volkes, die Ernährung seiner Kinder und Reinhaltung des Blutes, die Freiheit und Unabhängigkeit des Vaterlandes, auf dass unser Volk zur Erfüllung der auch ihm vom Schöpfer des Universums zugewiesenen Mission heranzureifen vermag.« Kurz: »Für mich aber und alle wahrhaftigen Nationalsozialisten gibt es nur eine Doktrin: Volk und Vaterland.«[36]

FEINDBILDER

Diesen Gedanken führte er in *Mein Kampf* im zehnten und elften Kapitel anhand zahlreicher Beispiele aus, in zwei langen Abschnitten von zusammen 117 Seiten über die »Ursachen des Zusammenbruchs« 1918 und über »Volk und Rasse«. Beide wiederholten mehrfach, was Hitler bereits früher in seinem Buch geschrieben hatte, leicht variiert, dafür aber deutlich ausführlicher. Zur Fülle der angeschnittenen Themen gehörte die vermeintlich destruktive Wirkung deutscher Zeitungen im Kaiserreich und im Krieg: »Die Tätigkeit der sogenannten liberalen Presse war Totengräberarbeit am deutschen Volk und Deutschen Reich.« Dennoch habe sich die Verwaltung dagegen nicht gewehrt: »Was aber hat der Staat gegen diese Massenvergiftung der Nation unternommen? Nichts, aber rein gar nichts! Ein paar lächerliche Erlässe, ein paar Strafen gegen allzu heftige Niederträchtigkeit, und damit war Schluss.« Pressefreiheit bedeutete für Hitler nicht mehr als »straflose Volksbelügung und Volksvergiftung« – eine interessante Feststellung angesichts seiner Ausführungen über Propaganda im sechsten Kapitel.[37]

Gleich auf zehn Seiten behandelte *Mein Kampf* die Syphilis und den wichtigsten Verbreitungsweg dieser Geschlechtskrankheit, die Prostitution. Der Grund für die Zunahme der Syphilis seien die »Verjudung unseres Seelenlebens und Mammonisierung unseres Paarungstriebes«, die »früher oder später unseren gesamten Nachwuchs verderben« würden, »denn an Stelle kraftvoller Kinder eines natürlichen Gefühls werden nur mehr die Jammererscheinungen finanzieller Zweckmäßigkeit treten«.[38] Kritische Leser spekulierten deshalb, Hitler könnte aus bitterer Erfahrung geurteilt haben, weil er sich während des Weltkriegs in einem Soldatenbordell angesteckt hätte.[39] Jedoch zeigten die regelmäßigen, natürlich streng geheimen medizinischen Tests seines Leibarztes keine entsprechenden Ergebnisse.[40]

In wildem Stakkato handelte das zehnte Kapitel weitere Themenfelder ab: den Untergang des deutschen Theaters etwa und die Degeneration der Städte, den Mangel an zeitgemäßen monumentalen Staatsbauten, wie sie Antike, Mittelalter und auch noch das beginnende 19. Jahrhundert hervorgebracht hatten, nicht aber mehr die jüngere Vergangenheit: »Würde das Schicksal Roms Berlin treffen, so könnten die Nachkommen als gewaltigste Werke unserer Zeit dereinst die Warenhäuser einiger Juden und die Hotels einiger Gesellschaften als charakteristischen Ausdruck der Kultur unserer Tage bewundern.« Werke für die Ewigkeit würden nicht mehr geschaffen, es zähle nur noch der aktuelle Bedarf: »So fehlt unseren Städten der Gegenwart das überragende Wahrzeichen der Volksgemeinschaft, und man darf sich deshalb auch nicht wundern, wenn diese in ihren Städten kein Wahrzeichen ihrer selbst sieht. Es muss zu einer Verödung kommen, die sich in der gänzlichen Teilnahmslosigkeit des heutigen Großstädters am Schicksal seiner Stadt praktisch auswirkt.«[41]

Übergangslos sprang *Mein Kampf* zu einer erneuten scharfen Kritik des Parlamentarismus, attackierte dann die falsche Flottenbau-Politik des Kaiserreiches, die auf zahlenmäßige Konkurrenz zu Großbritannien gesetzt habe statt auf technische Überlegenheit – dabei hatte doch erst das vierte Kapitel grundsätzlich den Sinn einer deutschen Kriegsflotte bestritten. Solche Widersprüche störten Hitler nicht, er bemerkte sie möglicherweise nicht einmal. Binnen weniger Seiten war er dann beim nächsten Thema, dem Lob des Landheeres, dem »Hort der Freiheit unseres Volkes vor der Macht der Börse«. Als ehemaligem Soldaten schien ihm klar: »Was das deutsche Volk dem Heere verdankt, lässt sich kurz zusammenfassen in ein einziges Wort, nämlich – alles.«[42] Einem allgemeinen Lob der Staatsautorität und des Beamtenapparates im Kaiserreich folgte die Feststellung, dass auch andere Länder an ähnlichen Problemen wie Deutschland zu leiden gehabt hätten, weshalb sie nicht allein die Ursache des Zusammenbruchs 1918 sein könnten. Als Überleitung zum elften Kapitel über »Volk und Rasse« kam Hitler zurück auf den angeblich »tiefsten und letzten Grund des Unterganges des alten Reiches«, nämlich das »Nichterkennen des Rasseproblems« und seiner Rolle für die Geschichte. Denn Zufälle gebe es im »Völkerleben« nicht, sondern nur »naturgesetzliche Vorgänge des Dranges der Selbsterhaltung«.[43]

Um den Lesern von *Mein Kampf* den Grundgedanken seines Rassismus‹ nahezubringen, bemühte Adolf Hitler Vergleiche aus dem Tierreich: »Schon die oberflächlichste Betrachtung zeigt als nahezu ehernes Grundgesetz all der unzähligen Ausdrucksformen des Lebenswillens der Natur ihre in sich begrenzte Form der Fortpflanzung und Vermehrung. Jedes Tier paart sich nur mit einem Genossen der gleichen Art.« Nur unter außergewöhnlichen Umständen ändere sich das, etwa in Gefangenschaft. Aber auch dann stemme sich die Natur dagegen, etwa durch Verlust der Fähigkeit zur Fortpflanzung. Diese Argumentation widersprach dem Kerngedanken seines Rassismus, demzufolge die fortwährende Verbindung von angeblich »hochwertigen Ariern« mit angeblich »minderwertigen Juden«, die seinem abwegigen Vergleich aus dem Tierreich zufolge ja gar nicht hätte möglich sein können, schlimme Folgen haben musste. Offenbar fiel Hitler die Unvereinbarkeit beider Gedanken gar nicht auf, denn er schrieb weiter: »Jede Kreuzung zweier nicht ganz gleich hoher Wesen gibt als Produkt ein Mittelding zwischen der Höhe der beiden Eltern.« Das aber widerspreche »dem Willen der Natur zur Höherzüchtung des Lebens«. In Hitlers sozialdarwinistischen Denken war klar: »Die Voraussetzung hierzu liegt nicht im Verbinden von Höher- und Minderwertigem, sondern im restlosen Siege des ersteren. Der Stärkere hat zu herrschen und sich nicht mit dem Schwächeren zu verschmelzen.«[44]

Die stärkere, ja sogar stärkste »Rasse« sei der »Arier«, »der Prometheus der Menschheit, aus dessen lichter Stirne der göttliche Funke des Genies zu allen Zeiten hervorsprang«.[45] Gleich ein Dutzend Seiten widmete Hitler seinen Vorzügen. Trotz seiner Überlegenheit aber werde seine Rolle als »Kulturbegründer« gefährdet – nicht nur von weniger wertvollen »Rassen«, sondern vor allem von »den Juden« und deren »Egoismus«. Mit den verschiedensten Methoden unterminierten sie die natürliche Vorrangstellung des »Ariers«. Auch das passte nicht zum sozialdarwinistischen Prinzip des unvermeidlichen Sieges des Stärkeren über den Schwächeren. Trotzdem galten ihm »die Juden« als Ursprung aller Herausforderungen des »Ariers«, seien es die Freimaurerei oder der Marxismus, die Gewerkschaften oder das internationale Finanzkapital; gesteuert werde der organisierte Angriff auf die »arische Rasse« aus Palästina. »Die Juden« dächten gar nicht daran, dort »einen jüdischen Staat aufzubauen, um ihn etwa zu bewohnen, sondern sie wünschen nur eine mit eigenen Hoheitsrechten ausgestattete, dem Zugriff anderer Staaten entzogene Organisationszentrale ihrer internationalen Weltbegaunerei: einen Zufluchtsort überführter Lumpen und eine Hochschule werdender Gauner«.[46]

Hitler steigerte seine antisemitische Obsession noch: »Nun beginnt die große, letzte Revolution. Indem der Jude die politische Macht erringt, wirft er die wenigen Hüllen, die er noch trägt, von sich. Aus dem demokratischen Volksjuden wird der Blutjude und Völkertyrann. In wenigen Jahren versucht er, die nationalen Träger der Intelligenz auszurotten, und macht die Völker, indem er sie ihrer natürlichen geistigen Führung beraubt, reif zum Sklavenlos einer dauernden Unterjochung.« Doch damit, so *Mein Kampf* weiter, sei auch das Judentum selbst dem Untergang geweiht: »Das Ende aber ist nicht nur das Ende der Freiheit der vom Juden unterdrückten Völker, sondern auch das Ende dieses Völkerparasiten selber. Nach dem Tod des Opfers stirbt auch früher oder später der Vampir.«[47] Dagegen setzte Hitler seine Vision: eine Bewegung, die den »Niedergang des deutschen Volkes« nicht nur stoppen könne, sondern das neue Fundament lege für »einen völkischen Organismus« statt eines »volksfremden Mechanismus wirtschaftlicher Belange und Interessen«, nämlich für einen »germanischen Staat deutscher Nation«.[48]

Das letzte Kapitel des ersten Bandes von *Mein Kampf* sollte laut Überschrift die »erste Entwicklungszeit der Nationalsozialistischen Deutschen Arbeiterpartei« beschreiben. Ihr primäres Ziel war die »Nationalisierung der Massen« nach der Niederlage 1918, was aber den Aufbau einer Parteiorganisation voraussetzte, die natürlich – wie Soldaten im Feld ihren Offizier brauchen – eines Führers bedurfte. Eine leitende und vorwärtstreibende Persönlichkeit müsse das sein: »Zum Führertum selber gehört nicht nur Wille, sondern auch Fähigkeit, wobei jedoch der Willens- und Tatkraft eine größere Bedeutung zugemessen werden muss als der Genialität an sich, und am wertvollsten eine Verbindung von Fähigkeit, Entschlusskraft und Beharrlichkeit ist.« Nicht die schiere Zahl an Mitgliedern sei entscheidend, sondern die Kraft ihrer Überzeugung. Zusammenschlüsse mit anderen Gruppierungen, allein um die statistische Größe zu steigern, lehnte Hitler ab, denn sie setzten Kompromisse voraus. Dagegen stellte er seine Überzeugung: »Die Größe jeder gewaltigen Organisation als Verkörperung einer Idee auf dieser Welt liegt im religiösen Fanatismus, in dem sie sich unduldsam gegen alles andere, fanatisch überzeugt vom eigenen Recht, durchsetzt.«

Eine solche Bewegung gewinne sogar durch Ablehnung von außen: »Jede Verfolgung wird nur zu ihrer inneren Stärkung führen.«[49]

Doch zunächst hatte die Deutsche Arbeiterpartei, wie die Organisation anfangs hieß, andere Schwierigkeiten: »In der ersten Zeit des Werdens unserer Bewegung hatten wir unter nichts so sehr zu leiden wie unter der Bedeutungslosigkeit, dem Nichtbekanntsein unserer Namen und dem dadurch allein schon in Frage gestellten Erfolg.«[50] Nur ein paar Dutzend Zuhörer kamen zu den ersten Versammlungen, und als es einmal etwas über hundert waren, galt das den zögerlichen Parteigründern Karl Harrer und Anton Drexler schon als Risiko. Hitler bewährte sich, der Darstellung in *Mein Kampf* zufolge, als Redner und wurde bald zur dominierenden Figur der Splitterpartei: »Anfang des Jahres 1920 trieb ich zur Abhaltung der ersten ganz großen Massenversammlung. Darüber kam es zu Meinungsverschiedenheiten. Einige führende Parteimitglieder hielten die Sache für viel zu verfrüht und damit in der Wirkung für verhängnisvoll.« Am 24. Februar 1920 fand trotzdem, unter Leitung von Hitler, im Festsaal des Münchner Hofbräuhauses vor rund 2000 Zuhörern diese Versammlung statt, bei der die neue Bewegung sich ein Programm von 25 Punkten gab und ihren Namen ergänzte zu Nationalsozialistische Deutsche Arbeiterpartei. Damit endete, nach mehr als 400 Seiten, der erste Band von *Mein Kampf*.

Genau hier knüpfte dann der zweite Band an, in dem nun nicht mehr Hitlers persönliche Entwicklung den Rahmen bildete für eine Fülle von Exkursen, sondern die Programmatik der NSDAP. In 15 Kapiteln legte er Behauptungen zur »Weltanschauung«, zum »Staat« und dem Unterschied zwischen »Staatsangehörigen« und »Staatsbürgern«, zur »Bedeutung der Rede« und anderen Themen dar. Viele Gedanken waren bereits im ersten Band angesprochen worden; es handelte sich überwiegend um Variationen. So hieß es im ersten Kapitel des zweiten Bandes: »Jede Weltanschauung, sie mag tausendmal richtig und von höchstem Nutzen für die Menschheit sein, wird solange für die praktische Ausgestaltung eines Völkerlebens ohne Bedeutung bleiben, als ihre Grundsätze nicht zum Panier einer Kampfbewegung geworden sind.« Das war im Kern dieselbe Aussage, die Hitler bereits auf den letzten Seiten des Kapitels »Weltkrieg« im ersten Band dargelegt hatte.[51] Parallel zum Kapitel »Ursachen des Zusammenbruchs« im ersten Band beklagte der Abschnitt zum »Staat« im zweiten Band: »Unser deutsches Volkstum beruht leider nicht mehr auf einem einheitlichen rassischen Kern.«[52] Auch die allererste These aus *Mein Kampf*: »Gleiches Blut gehört in ein gemeinsames Reich«, wurde wieder aufgegriffen und erläutert: »Das Deutsche Reich soll als Staat alle Deutschen umschließen mit der Aufgabe, aus diesem Volke die wertvollsten Bestände an rassischen Urelementen nicht nur zu sammeln und zu erhalten, sondern langsam und sicher zur beherrschenden Stellung emporzuführen.«[53] Inhaltlich war das nicht überraschend, die Formulierung dagegen weitaus weniger prägnant. Das Gleiche galt für die Feststellung: »Jegliche Rassenkreuzung führt zwangsläufig früher oder später zum Untergang des Mischproduktes«: eine Wiederholung, in diesem Fall aus dem Kapitel »Volk und Rasse« im ersten Band.[54]

Umfangreich äußerte Hitler sich im zweiten Band zur Jugend- und Erziehungspolitik seiner Bewegung. Ihr Ziel müsse in einem »völkischen Staat« sein, für die »körperliche Ertüchtigung« mehr, ja »unendlich mehr Zeit« freizumachen. Die »jungen Gehirne« sollten weniger mit geistigem »Ballast« beladen werden, »den sie erfahrungsgemäß nur zu einem Bruchteil behalten, wobei zudem meist anstatt des Wesentlichen die unnötigen Nebensächlichkeiten hängen bleiben«. Hier schlug die tiefe Bildungsskepsis des Schulabbrechers durch. Natürlich hatte sich dieser Gedanke bereits, in anderen Worten, im ersten Band niedergeschlagen: »So muss die ganze Erziehung darauf eingestellt werden, die freie Zeit des Jungen zu einer nützlichen Ertüchtigung seines Körpers zu verwenden.« Er habe kein Recht, müßig herumzulungern, sondern solle seinen Körper »stählen und hart machen, auf dass ihn dereinst auch das Leben nicht zu weich finden möge«. Darin liege die wesentliche Aufgabe der Jugenderziehung, nicht im »Einpumpen sogenannter Weisheit«.[55]

Weitgehend deckungsgleich mit dem ersten Band attackierte Hitler auch im zweiten Band »die Juden«, außerdem »Marxisten«, Parlamentarier und grundsätzlich die Presse. Seine Ansichten über richtige Propaganda wandte er nun auf die Rede als wesentliches Mittel der Massenbeeinflussung an. In den Kapiteln über den »Weltkrieg« und über die »Revolution« hatte er die defätistische Stimmung zum Beispiel im Beelitzer Lazarett gegeißelt; nun beschuldigte er Deserteure, »die ohne besonderes Risiko der Front den Rücken kehren konnten«, und kündigte als Prinzip einer Armee im völkischen Staat an: »Es muss der Deserteur wissen, dass seine Desertion gerade das mit sich bringt, was er fliehen will. An der Front kann man sterben, als Deserteur muss man sterben.«[56] Auf zehn Seiten griff er erneut die Vorgänge im November und Dezember 1918 auf, die eigentliche Revolution, auch wenn er darüber schon im ersten Band ausführlich geschrieben hatte.

Nur gelegentlich wies Hitler seine Leser darauf hin, dass er bestimmte Themen bereits in früheren Abschnitten von *Mein Kampf* angesprochen hatte. »Im ersten Band des Werkes habe ich mich mit der Halbheit unserer Bündnispolitik vor dem Kriege auseinandergesetzt«, schrieb er zum Beispiel im 13. Kapitel des zweiten Bandes und paraphrasierte anschließend seine eigenen Ausführungen, allerdings nicht ganz korrekt: »Von den vier Wegen für eine künftige Erhaltung unseres Volkstums und die Ernährung desselben hatte man den vierten und ungünstigsten gewählt. An Stelle einer gesunden europäischen Bodenpolitik griff man zur Kolonial- und Handelspolitik.« Doch in der entsprechenden Passage im Kapitel »München« des ersten Bandes war dieser Weg keineswegs als der »ungünstigste« bezeichnet worden, sondern deutlich abgehoben gegenüber den beiden noch schlechteren Wegen der »Geburtenkontrolle« und der »inneren Kolonisation«.[57] Auch wenn er die kaum zwei Jahre zuvor formulierten Details nicht korrekt wiedergeben konnte, so blieb doch der Schluss gleich: »Die nationalsozialistische Bewegung muss versuchen, das Missverhältnis zwischen unserer Volkszahl und unserer Bodenfläche, zwischen unserer historischen Vergangenheit und der Aussichtslosigkeit unserer Ohnmacht in der Gegenwart, zu beseitigen.«[58]

Ausführlicher als im ersten Band beschrieb Hitler die seiner Meinung nach angemessene Außenpolitik des Deutschen Reichs: Anzustreben sei ein Bündnis mit Italien und Großbritannien, während Frankreich unumstößlich ein ewiger Feind bleibe. In einer solchen Konstellation seien die Interessen klar aufgeteilt: London sei auf Übersee konzentriert, Italien auf das Mittelmeer und Deutschland auf den europäischen Kontinent. Ein Revisionskrieg, um die Grenzen von 1914 zurückzugewinnen, sei das dabei zu vergießende Blut nicht wert; Hitler dachte größer: »Wir Nationalsozialisten müssen unverrückbar an unserem außenpolitischen Ziele festhalten, nämlich dem deutschen Volk den ihm gebührenden Grund und Boden auf dieser Erde zu sichern. Und diese

Aktion ist die einzige, die vor Gott und unserer deutschen Nachwelt einen Bluteinsatz gerechtfertigt erscheinen lässt.« Weil Grenzen nicht naturgegeben seien, genössen sie auch keinerlei Bestandschutz. Wenn ein Volk wesentlich mehr Raum beherrsche als ein anderes, dann beweise das nur »die Kraft der Eroberer und die Schwäche der Dulder«. Aus dieser sozialdarwinistischen Überlegung schloss Hitler: »Nur in dieser Kraft allein liegt dann das Recht.«[59]

Die Richtung dieser neu ausgerichteten Außenpolitik, die von keinerlei Sentimentalität eingeschränkt werden dürfe, nannte Hitler klar: den Osten. Völlig eindeutig formulierte er den Anspruch seiner Bewegung: »Damit ziehen wir Nationalsozialisten bewusst einen Strich unter die außenpolitische Richtung unserer Vorkriegszeit. Wir setzen dort an, wo man vor sechs Jahrhunderten endete. Wir stoppen den ewigen Germanenzug nach dem Süden und Westen Europas und weisen den Blick nach dem Land im Osten. Wir schließen endlich ab die Kolonial- und Handelspolitik der Vorkriegszeit und gehen über zur Bodenpolitik der Zukunft.« Das war die Idee zum Lebensraum im Osten aus dem ersten Band, in dem Hitler ausgeführt hatte, in Europa könne man Grund und Boden im Wesentlichen nur »auf Kosten Russlands« erobern. Lediglich die historische Perspektive war ausgewechselt: Statt von dem angeblich »ewigen Germanenzug nach Süden und Westen« auszugehen, einem Synonym für die Völkerwanderung der Spätantike, hatte er an das entgegengesetzte Beispiel des Deutschen Ordens im Mittelalters angeknüpft, dessen Ritter in Ostpreußen und im Baltikum »mit dem deutschen Schwert dem deutschen Pflug die Scholle, der Nation aber das tägliche Brot« erobert hätten.[60]

Natürlich enthielt der zweite Band auch viele Abschnitte, zu denen es im ersten Teil keine Entsprechung gab. In erster

DIE HAKENKREUZFLAGGE

Linie handelte es sich um Schilderungen zur NSDAP-Entwicklung, die wegen des selbstgewählten Schlusspunkts 24. Februar 1920 für den ersten Band dort keinen Platz gefunden hatten; ausführlich beschrieb Hitler auch den Aufbau und die Aufgaben der SA, bis hinein ins Jahr 1923. Er äußerte sich zu strukturellen Fragen der Bewegung, etwa, ob es nationalsozialistische Arbeitnehmervertretungen geben sollte. Im Hinblick auf den Aufbau eines künftigen Staates, der am besten auf bereits bestehenden Institutionen beruhen sollte, war die Antwort eindeutig: Sie seien notwendig – aber anders als gewohnt: »Die nationalsozialistische Gewerkschaft ist kein Organ des Klassenkampfes, sondern ein Organ der Berufsvertretung.« Das sei auch ihre ursprüngliche Funktion; erst der »internationale Weltjude« habe aus den Gewerkschaften »ein Instrument für seinen Klassenkampf« gemacht.[61]

Detailliert schilderte Hitler, wie das Hakenkreuz das zentrale Symbol des Nationalsozialismus geworden sei. Natürlich kam als Flagge für seine Bewegung das verhasste Schwarz-Rot-Gold der Demokratie nicht infrage. Vorschläge aus Kreisen der Partei, etwa für eine rein weiße Flagge oder für Weiß-Blau, schieden laut *Mein Kampf* ebenfalls aus. Hitler selbst war für das alte kaiserliche Schwarz-Weiß-Rot, aber nicht in der hergebrachten Form. Er wollte es ergänzt sehen um das Symbol völkisch-rechtsextremer Kreise und Freikorps, das Hakenkreuz. Zuerst wurde improvisiert, indem das traditionelle Sonnensymbol einfach in den weißen Streifen der kaiserlichen Fahne gemalt wurde. Doch das gefiel Hitler nicht, ebenso wenig der Entwurf des Starnberger Zahnarztes Friedrich Krohn, eines Nationalsozialisten der ersten Stunde, der ein nach links gerichtetes Hakenkreuz auf Schwarz-Weiß-Rot vorgeschlagen hatte. Der Parteichef sah sich, jedenfalls seiner eigenen Darstellung zufolge, zum Eingreifen genötigt: »Ich selbst hatte unterdes nach unzähligen

Versuchen eine endgültige Form niedergelegt; eine Fahne aus rotem Grundtuch mit einer weißen Scheibe und in deren Mitte ein schwarzes Hakenkreuz. Nach langen Versuchen fand ich auch ein bestimmtes Verhältnis zwischen der Größe der Fahne und der Größe der weißen Scheibe sowie der Form und Stärke des Hakenkreuzes. Und dabei ist es dann geblieben.«[62]

Mit nicht einmal vier Seiten extrem knapp fielen Hitlers Ausführungen zum Staatsbürgerrecht aus – es war das mit Abstand kürzeste Kapitel: »Im Allgemeinen kennt das Gebilde, das heute fälschlicherweise als Staat bezeichnet wird, nur zwei Arten von Menschen: Staatsbürger und Ausländer«, fasste er die Rechtslage zusammen. Dann folgte eine wichtige Unterscheidung, als direkte Folge seines rassistischen Denkens: »Der völkische Staat teilt seine Bewohner in drei Klassen – in Staatsbürger, Staatsangehörige und Ausländer.« Durch Geburt könne nur die Staatsangehörigkeit erworben werden, nicht aber das Bürgerrecht. Erst nach dem Militärdienst sollte es »Staatsangehörigen deutscher Nationalität feierlich verliehen werden«.[63] Das entsprach typischen Forderungen deutscher Antisemiten; auch im 25-Punkte-Programm der NSDAP hatte gestanden: »Staatsbürger kann nur sein, wer Volksgenosse ist. Volksgenosse kann nur sein, wer deutschen Blutes ist, ohne Rücksichtnahme auf Konfession. Kein Jude kann daher Volksgenosse sein.«[64] In Grundzügen ähnlich ordnete das Reichsbürgergesetz vom 15. September 1935, Teil der berüchtigten Nürnberger Gesetze, die Staatsangehörigkeit neu: »Reichsbürger ist nur der Staatsangehörige deutschen oder artverwandten Blutes, der durch sein Verhalten beweist, dass er gewillt und geeignet ist, in Treue dem Deutschen Volk und Reich zu dienen. Das Reichsbürgerrecht wird durch Verleihung des Reichsbürgerbriefes erworben.«[65]

Mein Kampf ist ein wirres und gleichzeitig vielfach redundantes Buch. Zwar hielt Hitler den äußeren Rahmen ein: Der erste Band gab sich als autobiografisch gefasste Erzählung bis zum Auftreten der NSDAP, der zweite als eher systematisch angelegte Darstellung ihrer politischen Ziele und Entwicklung von 1920 bis 1923. Doch die Fülle von Exkursen und Abschweifungen relativierte diese Struktur. Durchgängig nachvollziehbar sind nur zwei Hauptintentionen: ein radikaler, bis zu Vernichtungsfantasien reichender Antisemitismus und die gefühlte Berufung, dem deutschen Volk durch die Eroberung von Lebensraum im Osten eine Zukunft zu verschaffen, die durch eine angestrebte, aber völlig unrealistische Verständigung mit Großbritannien ermöglicht werden sollte.

ENTSTEHUNG

> Tatsächlich scheint die Entstehungsgeschichte von
> *Mein Kampf* in ihrer chaotischen Banalität ein Spiegelbild
> der Ideologiebildung Hitlers zu sein.
>
> OTHMAR PLÖCKINGER, HISTORIKER[1]

Richtig oder falsch ist keine Frage der Quantität. Auch was hunderttausendfach gedruckt, von Millionen Menschen geglaubt und unzählige Male weitererzählt worden ist, muss nicht stimmen. Wenn eine Behauptung nur gut genug erfunden ist, also eingängig und kompatibel mit allgemein verbreiteten Vorstellungen, kann sie sich verselbstständigen und schließlich über Generationen hinweg ihre eigene vermeintliche Wahrhaftigkeit entfalten.[2]

So ist es bei der Frage, wie *Mein Kampf* eigentlich entstand und wer vor allem den ersten Band 1924/25 tatsächlich geschrieben hat. 1938 brachte der Eher-Verlag in großer Auflage eine Werbebroschüre über »Das Buch der Deutschen« heraus. Der Anlass: Die Gesamtzahl der gedruckten deutschsprachigen Ausgaben hatte die Schwelle von vier Millionen Exemplaren überschritten. Im Text berichtete der nicht genannte Verfasser über die Entwicklung des Verkaufs in Deutschland und die bereits erschienenen Übersetzungen, deren Cover zum großen Teil abgebildet waren. »Des Führers Werk« sei, so die Botschaft, »über die ganze Welt verbreitet.

Es soll den Völkern das Verständnis für das schwer um seine Freiheit kämpfende deutsche Volk der Nachkriegsjahre vermitteln.« Zusätzlich schilderte der Autor in aller Kürze die Entstehung des Buches. Von der Einlieferung des verurteilten Hochverräters Hitler in der Festung Landsberg 1924, die, so die »feste Meinung« der damaligen Presse, der NSDAP »den Todesstoß versetzt habe«, über seine Standhaftigkeit bis hin zu den »Treuekundgebungen« seiner Anhänger, die »mit aller Deutlichkeit zeigten, dass die Bewegung ihren Zusammenhalt wahrte«. Dann fuhr der Broschürentext fort: »So manche Parteigenossen, Mitgefangene Adolf Hitlers, mussten es Tag um Tag erleben, dass dieser sich zurückzog und für mehrere Stunden nicht zu sprechen war. Auch sein Kampfgenosse Rudolf Heß war dann regelmäßig nicht mehr aufzufinden. Aus dem Raum des Führers aber vernahm man seine Stimme, die in gleichmäßigem Tonfall etwas diktierte. Es wusste damals noch niemand, dass der Führer hier eine Generalabrechnung über seinen bisherigen Lebenskampf gab, dass er mit all seinen Gegnern sich endgültig auseinandersetzte und in unerhörter Anschaulichkeit die Grundsätze und Ziele seiner Bewegung niederlegte. Das Buch *Mein Kampf* entstand.«[3]

Diese Schilderung war kein Einzelfall. Gleich in einer halben Million Exemplaren eines »Weihnachtsbuchs für die deutsche Jugend« mit dem Titel »Der Führer«, das HJ-Chef Baldur von Schirach herausgegeben und der NS-Dichter Eberhard Wolfgang Möller verfasst hatte, stand: »In der Gefangenschaft der Festung Landsberg schafft der Führer das Buch aller deutschen Bücher: *Mein Kampf*. Er schrieb es nicht, er diktierte es Rudolf Heß. Aber es ist genauso wenig geredet wie es geschrieben ist. Es ist der Gedanke selbst, der Gestalt wird.«[4] Bald nach seinem Erscheinen im Spätherbst 1938 wurde Möllers Band auf Verlangen der Parteikontroll-

OFFIZIELLE LEGENDEN

kommission zurückgezogen – allerdings nicht wegen dieser Passage, sondern wegen Dutzender aus NSDAP-Sicht unangemessener Schilderungen, »welche die Gefahr einer Verkitschung des großen Kampfes und des Bildes vom Führer selbst« mit sich brächten.[5]

Zum ersten Mal in Buchform war die Erzählung vom getreuen Rudolf Heß, der Hitlers Diktate für *Mein Kampf* aufnahm, wohl im Frühjahr 1933 in der schnell zusammengeschriebenen Broschüre »Hitler hinter Festungsmauern. Ein Bild aus trüben Tagen« zu lesen gewesen, verfasst von dem ehemaligen Landsberger Gefängniswärter Otto Lurker. In dem kaum 80 Seiten starken Heft hieß es über die Beschäftigung des privilegierten Festungshäftlings: »Um jene Zeit begann er auch den ersten Band seines Buches *Mein Kampf* zu schreiben. Tagsüber bis spät in die Nacht hinein klapperte die Schreibmaschine, man konnte ihn in der engen Stube seinem Freunde Rudolf Heß diktieren hören.«[6] Auch das englischsprachige Ausland erfuhr diese Version – aus einer halboffiziellen Hitler-Biografie, die Heinz A. Heinz 1934 unter dem Titel »Germany's Hitler« veröffentlichte. Gestützt auf den persönlichen Bericht von Franz Hemmrich, einem weiteren Wärter, schrieb Heinz: »Den ganzen Tag und spät bis in die Nacht konnte man die Schreibmaschine in seinem Raum hören, und seine Stimme diktierte Heß.«[7] Laut Konrad Heiden, dem Verfasser der ersten ernstzunehmenden kritischen Hitler-Biografie, tippte zunächst Hitlers Chauffeur Emil Maurice das Diktat des NSDAP-Chefs. Später »setzt sich Heß an die Maschine und schreibt zusammen mit dem Führer an dessen Buch. Maurice ist zum Stiefelputzer und Küchengehilfen degradiert.«[8]

Da Heß von 1925 bis 1932 als Privatsekretär Hitlers tätig war und so auch Briefe zeichnete, schien es schlüssig, er habe das Typoskript geschrieben.[9] Entsprechend weit verbreitet war diese Version im Dritten Reich. So weit, dass selbst ein enger Hitler-Vertrauter wie Hans Frank sie in die Form einer angeblich authentischen Äußerung kleidete. Der persönliche Rechtsvertreter des Parteichefs, als Generalgouverneur des besetzten Zentralpolen von September 1939 bis Anfang 1945 einer der wichtigsten Statthalter Nazideutschlands, berichtete, bei der großen Italienreise Hitlers im Mai 1938 habe der Diktator einmal über sein Buch gesagt: »Wenn es schon ›Fantasien zwischen Gittern‹ sind, die ich da dem Heß diktiert habe – es gibt auch eine Logik des Traums.«[10] Ausdrücklich erklärte der NS-»Kronjurist« Frank in den erst Jahre nach seiner Hinrichtung in Nürnberg erschienenen Memoiren, Hitler habe »hinter den Gefängnismauern in seinem dort durchaus bürgerlich ausgestatteten Wohn- und Schlafraum sein Buch *Mein Kampf* geschrieben«, das er »seinem Mitgefangenen Rudolf Heß diktierte und das von diesem auf der Maschine getippt wurde«.[11]

In Wirklichkeit jedoch hatte Heß viel weniger mit *Mein Kampf* zu tun – seine Beteiligung beschränkte sich auf zunächst gelegentliches, zeitweise regelmäßiges Anhören neu verfasster Kapitel in Landsberg sowie, nach der Entlassung aus der Festungshaft, auf Korrekturen an den Fahnen, die er aber teilweise an seine damalige Bekannte Ilse Pröhl abschob, seine spätere Frau. Überhaupt das erste Mal erwähnte Heß das Buchprojekt in seinen fast täglichen Briefen aus dem Gefängnis am 29. Juni 1924, also sechs Wochen nach Antritt seiner eigenen Haftstrafe. Zu dieser Zeit war Hitlers Arbeit am Text jedoch bereits so weit vorangeschritten, dass er sich Gedanken um die äußere Gestaltung machte. Heß schrieb: »Als ich ihm heute Mittag den Tee brachte, führte er mir die Einbanddeckel-Proben für sein Buch vor. Die Luxusausgabe in elfenbeinenem Pergament. Volksausgabe in Halbfranz; wir hielten einige Farben für Rücken und Deckel aneinander.«[12] Eine Sammleredition in einer Auflage von 500 Exemplaren hatte der Verlag im Mai 1924 vorgeschlagen, abgesichert durch ein Gutachten des Sammlers Friedrich J. M. Rehse.[13]

Überraschend für Heß kam nach der Vorführung der Einbandvarianten dann eine Bitte Hitlers: »Als ich gehen wollte, hieß er mich bleiben; ich solle das Umgeschriebene anhören – politische Betrachtungen zum Weltkriegsbeginn, Zusammenballen der Gewitterwolken, bis der Blitz des gewaltigen Geschehens niederzuckt, und in den Donner mischt sich das Grollen der Batterien des Weltkriegs. Er erzählt seinen Eintritt ins bayerische Heer, den Ausmarsch, die Fahrt am Rhein entlang.« Dann trug Hitler seine Ausführungen zur »Feuertaufe« in Flandern vor, gipfelnd in dem Satz: »Die jungen Regimenter verstanden vielleicht nicht so zu kämpfen wie die anderen, aber sie verstanden zu sterben.«[14] Diesen Satz gab Heß in seinem Brief fast wörtlich so wieder, wie er später in *Mein Kampf* stand: »Die Freiwilligen des Regiments List hatten vielleicht nicht recht kämpfen gelernt, allein zu sterben wussten sie wie alte Soldaten.«[15]

Offenbar gingen nun mit Hitler die Emotionen durch: »Der Tribun hatte zuletzt immer langsamer, immer stockender gelesen, mit unbeweglichem Gesicht suchte er auf seinem, wie mir schien, unübersichtlichen Konzept, er machte immer längere Pausen, dann ließ er plötzlich das Blatt sinken, stützte seinen Kopf in seiner Hand und – schluchzte.« Doch binnen Kurzem hatte er sich wieder in der Gewalt und trug Heß weiter Passagen aus dem Text vor.

Fortan las Hitler dem treuen Gefolgsmann gelegentlich neue Teile seines entstehenden Buches vor, am 10. Juli 1924 etwa über die Frauenfrage – allerdings eine Passage, die so in *Mein Kampf* keinen Eingang fand.[16] Noch war diese Hilfe nicht selbstverständlich, denn Heß schrieb knapp zwei Wochen darauf an Ilse: »Vorhin kam der Tribun und fragte mich, ob ich ein Stückchen Zeit habe, er wolle mir das zuletzt geschriebene Kapitel seines Buches vorlesen, das sich ›München‹ betitelt.« Der Zuhörer zeigte sich tief beeindruckt von der Sprachgewalt des Textes, den er verglich mit einer der »besten Reden« Hitlers. Seiner Bekannten vertraute Heß an: »Was den Inhalt des Buches anbetrifft, so weiß ich, dass eine Welle von Staunen, Wut, Bewunderung darob nach dem Erscheinen durch die deutschen Lande gehen wird.« Offenbar gefiel Hitler, wie der Mitgefangene reagierte – seinen Eltern berichtete Heß nämlich am 24. Juli 1924: »Er liest mir jetzt regelmäßig aus seinem Buch vor, das er gerade schreibt. Wenn ein Kapitel fertig ist, kommt er damit zu mir. Er erläutert es mir, und wir sprechen über den einen oder anderen Punkt.«[17]

Zwei Wochen später, möglicherweise nach einer Phase intensiver Arbeit, schrieb Heß an Ilse: »Der Tribun glaubt, bis Anfang nächster Woche mit seinem Buch fertig zu sein – ich glaub' es nicht.« Dann berichtete er von einer Bitte, die ihn stolz machte: »Er hat mich feierlich eingeladen zum gemeinsamen Durchkorrigieren. Bin neugierig, wie weit es mir gelingt, einzelne Beobachterstil-Stellen herauszubringen, die ich zwar in Zeitungsartikeln auch gelegentlich schreibe, niemals aber in einem Buch brächte.« Ganz wohl war ihm daher nicht beim Gedanken an die bevorstehende Aufgabe: »Jedenfalls gibt's einen schweren Kampf.« Damit aber brachen die Informationen zu *Mein Kampf* in Heß' Briefen aus Landsberg abrupt ab; nur noch einmal erwähnte er am 17. August 1924 merklich distanziert, dass Hitler »an seinem Buch« schreibe.[18]

Hitler diktierte den Text für den ersten Band von *Mein Kampf* nicht Rudolf Heß und auch niemandem sonst, er tippte ihn vielmehr eigenhändig in seinem gut ausgestatteten Haftraum in Landsberg. 2006 tauchten überraschend fünf originale

TYPOSKRIPT UND KONZEPTE

Textseiten sowie 18 Konzeptblätter auf, die das beweisen. Das Konvolut war offenbar Anfang Mai 1945 französischen Soldaten bei der Besetzung des Obersalzberges in die Hände gefallen und seither mindestens einmal versteigert, allerdings nicht als Vorarbeit zu *Mein Kampf* erkannt worden. Das geschah erst, als die Papiere bei einem Münchner Auktionshaus eingeliefert wurden.[19]

Untersuchungen durch Hand- und Maschinenschriftexperten ergaben, dass Hitler die ersten Seiten des späteren Buches über seine Herkunft und seinen Vater in der zweiten Mai-Hälfte 1924 verfasste. Er diktierte sie nicht, denn ein in Maschinenschreiben geübter Sekretär hätte keinesfalls so viele Tippfehler gemacht; außerdem gab es zu dieser Zeit unter den Mithäftlingen Hitlers überhaupt niemanden, der ein Diktat direkt in die Maschine hätte aufnehmen können. Auch eine Abschrift nach Stenogramm scheidet bei der Fülle von kleineren Fehlern sowie Korrekturen aus. Vielmehr tippte Hitler diese Seiten eigenhändig; das belegen die Ähnlichkeiten im Schriftbild zwischen den Typoskriptseiten und einer zweifelsfrei von Hitler persönlich auf derselben Schreibmaschine geschriebenen Postkarte.[20] Diese Maschine, ein Reisemodell des Typs »Meteor«, hatte er sich mit Genehmigung der Gefängnisverwaltung kommen lassen.[21] Die fünf erhaltenen Originalblätter enthalten zudem handschriftliche Korrekturen durch den Autor. Spätestens nach zwei Wochen war er mit den ersten Abschnitten fertig, wohl den Kapiteln 1 und 2 in *Mein Kampf*, die Herkunft und Kindheit sowie seine Jahre in Wien behandeln. Jedenfalls wurden sie im ersten Werbeblatt angekündigt, das Anfang Juni 1924 in Druck ging und das Erscheinen des Buches vollmundig für den kommenden Juli versprach – tatsächlich dauerte es genau ein Jahr länger.[22]

Ungefähr zur selben Zeit wechselte Hitler seine bisherige,

schon abgenutzte Schreibmaschine gegen ein fabrikneues Modell der Firma Remington aus, das ihm vermutlich seine Gönnerin Helene Bechstein spendierte.[23] Allerdings schrieb er darauf zunächst nicht weiter am eigentlichen Text, sondern entwickelte auf 18 Konzeptblättern die Struktur seines Buches, immerhin für sechs der restlichen zehn Kapitel des ersten Bandes. Dabei orientierte er sich an der Arbeitsweise, in der er auch seine Reden vorbereitete. Den vorgesehenen Stoff gliederte er in Stichworten; bei Themen, die ihm vertraut waren, fielen die Notizen knapp aus, manchmal nur kursorisch, bei anderen schrieb er schon im Konzept nahezu identische Formulierungen auf, wie sie später in *Mein Kampf* gedruckt wurden. Meistens folgte die Gesamtstruktur der einzelnen Kapitel den Konzeptblättern, aber in jedem Fall waren weitläufige Abschweifungen und Einschübe möglich – genau wie in seinen Reden.[24]

Typisch für einen Abschnitt, den Hitler ohne große Notizen formulierte, ist das Kapitel »Revolution«, das er auf Konzeptblatt Nr. 13 entworfen und das er in sehr vielen seiner Ansprachen behandelt hatte. Entsprechend kurz waren die Notizen, an denen er sich aber gleichwohl weitgehend orientierte; offensichtlich arbeitete Hitler hier mit Versatzstücken, die er fast beliebig abrufen konnte. Das Kapitel begann bei der Vorgeschichte des Zusammenbruchs in der Heimat während des Ersten Weltkrieges, dessen Ursache er in Feindpropaganda, der »Hetze« gegen Preußen, Drückebergerei und natürlich dem angeblich destruktiven Einfluss »der Juden« sah. All das gipfelte seiner Darstellung zufolge im Munitionsarbeiterstreik von Ende Januar 1918, der den Armeen des Gegners die Siegeszuversicht zurückgegeben habe. Dann folgte ein schwüler Hochsommer, in dem die Idee des allgemeinen Wahlrechts die Front erfasste und laut Hitler destabilisierte. Dann sollte es um seine Vergiftung durch Gas und seine Zeit im Lazarett Pasewalk gehen, schließlich um den Beginn der eigentlichen Revolution.²⁵

Ganz anders, nämlich viel enger bis zur fast wortwörtlichen Übernahme war das Verhältnis zwischen Konzept und fertigem Buch zum Beispiel bei der Aufzählung jener Vorteile, die Deutschlands Kaisertum gegenüber anderen Staatsformen gehabt habe: »Gewiss, die Monarchen waren zum Teil in vielem dem Volke entfremdet«, hatte er auf Konzeptblatt Nr. 17 geschrieben; in *Mein Kampf* hieß es: »Gewiss war die Monarchie vielen, dem breiten Volke vor allem, entfremdet.« Auf den Konzeptpapieren führte Hitler die Vorteile der Institution Monarchie auf, wie er sie sah: »Allein, dies alles wurde mehr als wettgemacht durch a. die Stabilität der gesamten Staatsleitung; b. durch die Entziehung der letzten Staatsstellen der Spekulation ehrgeiziger Politiker; c. durch die Ehrwürdigkeit der Institution, die eine unbedingte Autorität gewährleisten konnte; d. durch das Herausheben des Beamtenkörpers und vor allem des Heeres aus der Atmosphäre parteipolitischer Verpflichtung«. In *Mein Kampf* lautete die entsprechende Passage: »Allen diesen und vielen anderen Schwächen aber standen unbestreitbare Werte gegenüber: Einmal die durch die monarchische Staatsform bedingte Stabilität der gesamten Staatsleitung sowie das Herausziehen der letzten Staatsstellen aus dem Trubel der Spekulation ehrgeiziger Politiker. Weiter die Ehrwürdigkeit der Institution an sich sowie die schon dadurch begründete Autorität derselben: ebenso das Emporheben des Beamtenkörpers und besonders des Heeres über das Niveau parteipolitischer Verpflichtungen.«²⁶

Offenbar vollendete Hitler nach diesem Prinzip den Text des ersten Bandes von *Mein Kampf* noch wesentlich in der Festung Landsberg – jedenfalls berichtete Gefängnisdirektor

Otto Leybold in einer sehr wohlwollenden Stellungnahme zu seinem prominenten Häftling, Hitler »beschäftigt sich täglich viele Stunden lang mit dem Entwurf seines Buches, das in den nächsten Wochen erscheinen soll«.[27] Parallel mit der Arbeit am Text des ersten Bandes konzipierte er bereits die Struktur des zweiten. Allerdings verzögerte sich die Veröffentlichung, denn seit seiner Entlassung auf Bewährung zu Weihnachten 1924 drohte die Ausweisung des österreichischen Staatsbürgers Hitler aus Bayern. Zwar beantragte Hitler bei der Regierung in Wien seine Entlassung in die Staatenlosigkeit, in der Hoffnung, als Soldat des bayerischen Heeres im Krieg daraufhin die deutsche Staatsbürgerschaft zu erhalten, doch das gelang nicht. In dieser Situation konnte ein aggressives Buch kontraproduktiv wirken. Also wurde *Mein Kampf* von zwei Lektoren, der Heß-Freundin Ilse Pröhl und dem völkischen Publizisten Josef Stolzing-Cerny, etwas entschärft.

Andere Personen hatten keinen nennenswerten Einfluss auf den Text. Hitlers zeitweiliger Berater Ernst Hanfstaengl nahm zwar später für sich in Anspruch, nach der Lektüre einiger Druckfahnen Anfang 1925 als erster klar gesagt zu haben: »Herr Hitler, so geht das nicht!«, doch dürfte es sich hier um eine Selbststilisierung handeln.[28] Der ehemalige Ordenspater und antisemitische Publizist Bernhard Stempfle, oft als Redakteur oder sogar eigentlicher Verfasser von *Mein Kampf* genannt, trug just zur Zeit der Fahnenkorrekturen einen heftigen öffentlichen Streit mit der NSDAP aus, mit der er sich auch zuvor schon bekriegt hatte.[29] Der *Völkische Beobachter* schrieb: »Die einzige Waffe, die Herr Stempfle allerdings mit Virtuosität zu handhaben weiß, ist Bluff und wieder Bluff.«[30] Es ist kaum anzunehmen, dass Hitler einen erklärten Gegner in die Arbeit an seinem Buch einbezog. Erst recht nicht mit Korrekturen beschäftigte sich Hitlers Chauffeur Emil

Maurice, der intellektuell dazu schlicht nicht in der Lage war.[31]

Das Erscheinen des ersten Bandes verschob sich durch die Überarbeitung um Monate. Weiter hinauszögern konnte man die Publikation danach nicht mehr, denn immerhin hatten, auf Werbeblätter und Anzeigen in völkischen und nationalsozialistischen Blättern hin, schon bis zu 3000 Hitler-Sympathisanten *Mein Kampf* subskribiert und angezahlt. Weil Hitler seinen Vorschuss längst erhalten und ausgegeben hatte, war der Eher-Verlag im Zugzwang, das bereits ein halbes Dutzend Mal angekündigte Werk auch wirklich herauszubringen. Am 18. Juli 1925 war es so weit: Der erste Band erschien, mit einer Startauflage von rund 10 000 Exemplaren.

Im Gegensatz zum ersten Teil seines Werkes diktierte Hitler den zweiten tatsächlich, statt selbst zu tippen. Mitte August bis Mitte September 1925 und erneut im Sommer 1926 zog er sich dazu nach Berchtesgaden zurück, in die Pension des Ehepaars Büchner und in deren Blockhütte im Wald. »Ich sagte: Ich muss diktieren, ich muss Ruhe haben und bin in das ganz kleine Häusl rein und habe da gearbeitet«, erinnerte er sich fast 17 Jahre später.[32] Den Aussagen vermeintlicher Augenzeugen zum Trotz versteckte sich Hitler nicht in der Idylle des Obersalzberges; im Gegenteil war die Münchner Polizei über seinen Aufenthaltsort und seine Beschäftigung genau informiert: »Hitler ist seit 18. August 1925 in einer Pension in Berchtesgaden. Sein dortiger Aufenthalt soll vier Wochen dauern und hauptsächlich seiner Erholung und der Abfassung des zweiten Teils seines Buches dienen«, heißt es in einem Bericht an das bayerische Innenministerium.[33]

Diese Arbeit nahm Hitler durchaus ernst. Jedenfalls wollte er nicht über Gebühr abgelenkt werden und ließ deshalb freundliche Bitten nordwestdeutscher NSDAP-Ortsgruppen um persönliche Auftritte ablehnen – obwohl es zu diesem Zeitpunkt noch kein allgemeines Auftrittsverbot in diesem Teil Deutschlands gab. Doch dieses Argument überzeugte den Parteiführer nicht. Die Bitte um eine Rede in Holzminden, 70 Kilometer südlich von Hannover, sagte Heß mindestens für das Jahr 1925 ab, da »Herr Hitler sich der Beendigung des zweiten Bandes seines Buches in Ruhe widmen und daher über die angesetzten Versammlungen keine neuen mehr annehmen will«. Postwendend sandte die Ortsgruppe Holzminden jedoch Termin- und Ortsvorschläge für Januar bis April 1926, um »die Redefreiheit unseres Führers Adolf Hitler in den norddeutschen Bundesstaaten genügend auszunutzen«. Derlei Hartnäckigkeit war allerdings in München unwillkommen: Heß lehnte erneut ab, diesmal, weil die jeweiligen Ortsgruppen »vorläufig für einen Hitler-Vortrag zu schwach« seien. Lieber wolle er den Erfolg in Braunschweig ausbauen. »Im Übrigen will Herr Hitler erst ab März wieder sprechen, da er sich vorher dem zweiten Band seines Buches widmen will.«[34]

Das Diktat für die Vollendung von *Mein Kampf* nahm nicht Max Amann auf, der Geschäftsführer des Eher-Verlages, wie oft kolportiert wurde.[35] Vielmehr begleitete Hitler eine Schreibkraft, die er nach seiner Entlassung aus Landsberg eingestellt hatte – für ein monatliches Salär von großzügigen 200 Reichsmark; das durchschnittliche Einkommen in Deutschland betrug zu dieser Zeit gut 120 Reichsmark und Rudolf Heß, der als Privatsekretär Hitlers eigenständig dessen Angelegenheiten regelte, erhielt monatlich 300 Reichsmark.[36] Wer genau die Sekretärin im Sommer 1925 war, ist nicht bekannt. Bei der zweiten Schreibphase im Sommer und Herbst 1926 aber übernahm Hertha Frey diese Aufgabe, inzwischen Hitlers Privatsekretärin. Sie stand bis Anfang 1930 in seinen Diensten, schied dann wegen Heirat aus und verlor den Kontakt zum NSDAP-Chef. Sechs Jahre später bemühte sie sich, inzwischen wieder geschieden, um einen Termin beim Reichskanzler und argumentierte in einem Brief an Hitlers Adjutanten mit ihrer Arbeit in Berchtesgaden: »Hätten Sie wohl die Güte, das Ihnen in den nächsten Tagen zugehende Buch *Mein Kampf* dem Führer vorzulegen, damit er mir eine Widmung hineinschreibt? Ich möchte ihn gerne darum bitten, weil er ja mir noch selbst ein paar Seiten des zweiten Bandes damals in die Maschine diktierte.«[37] Zu einem Treffen kam es jedoch nicht.

Von Mitte September bis Mitte Oktober 1926 diktierte Hitler die restlichen Kapitel des zweiten Bandes, allein in der ersten Woche rund 180 Seiten und in den folgenden Tagen 60 bis 70 weitere.[38] Ilse Pröhl überarbeitete abermals die Typoskripte sprachlich dezent. Am 24. Oktober teilte der inzwischen mit ihr verlobte Rudolf Heß seinem Vater mit, leider könne er die Automobilausstellung in Berlin nicht besuchen. Er müsse nämlich in München bleiben, »um den Druck des zweiten Bandes zu überwachen«. Sicherheitshalber wollte er nochmals die Druckbogen durchkorrigieren, »vor allem auch noch kleine stilistische Korrekturen anbringen, die man erst sieht, wenn die Sache gesetzt ist«. Offensichtlich drängte der NSDAP-Chef; jedenfalls bemerkte sein Privatsekretär verdrossen, das Manuskript sei nicht zweimal geschrieben worden, »wie's sich gehört«; dafür sei die Zeit zu knapp gewesen.[39]

Mitte November ging der zweite Band schließlich in Druck; zwei Wochen vor Weihnachten lagen die ersten fertigen Exemplare im Buchhandel: *Mein Kampf* war nun vollständig.

Allen anderslautenden Legenden zum Trotz Hitler schrieb sein Buch im Wesentlichen selbst; den ersten Band tippte er in Landsberg sogar eigenhändig, den zweiten diktierte er einer Schreibkraft. Zwar hatte er redaktionelle Unterstützung, aber auf den Inhalt nahmen diese Mitarbeiter keinen nennenswerten Einfluss. Deshalb ist *Mein Kampf* tatsächlich Originalton.

QUELLEN

> Hitler hat viel gelesen, meist trübe Quellen. Originäre
> Gedanken hatte er wenig. Seine Originalität besteht in seiner
> Kombination aus Zusammengelesenem, dem Ideenschutt
> des 19. und beginnenden 20. Jahrhunderts
>
> CHRISTIAN HARTMANN, HISTORIKER[1]

Wer nichts zu verbergen hat, kann ehrlich sein. Der Autor eines Sachbuches sträubt sich selten, die Quellen zu nennen, auf denen sein Werk beruht, wenn er denn sauber arbeitet. Das kann auf unterschiedliche Weise geschehen, detailliert in Anmerkungen oder pauschal in einem Literaturverzeichnis. *Mein Kampf* enthält weder das eine noch das andere, und auch im Text gibt es so gut wie keinen Hinweis auf Veröffentlichungen, auf denen das dargelegte Gedankengebäude beruhte, oder auf die Urheber, deren Ideen eingeflossen waren.

Dabei kokettierte Adolf Hitler gern mit seiner Belesenheit – und stellte seinen Anhängern schon in den frühen 1920er-Jahren die Aufgabe, ihm darin zu folgen. Jedenfalls wurde spätestens ab 1922 in die Mitgliedsausweise der NSDAP eine Liste mit insgesamt 43 Lektüreempfehlungen gedruckt, überschrieben mit dem Satz: »Bücher, die jeder Nationalsozialist kennen muss.«[2] Bei den Empfehlungen handelte es sich vorwiegend um Broschüren, teilweise mit weniger als 20 Seiten Umfang, und fast durchweg um Titel antisemitischen Inhalts. Der mit sechs Titeln am häufigsten vertretene Verfasser war Alfred Rosenberg, der Chefredakteur des Parteiblattes *Völkischer Beobachter*; daneben wurden immerhin drei Titel von Gottfried Feder empfohlen, dem Wirtschaftstheoretiker der Hitler-Bewegung. Aber außer solchen fast parteiamtlichen Schriften fanden sich in der Liste auch Bände völkischer Dichter wie Bogislav von Selchow oder Franz Schrönghamer-Heimdal. Das vom Umfang her gewichtigste Werk der Empfehlung war Hans F. K. Günthers *Rassenkunde des deutschen Volkes* mit rund 500 Seiten. Die Zusammenstellung wirkt beliebig; wie sie zustande kam, ist unklar.

Ebenso bleibt offen, ob der NSDAP-Chef alle genannten Titel selbst gelesen hatte. Von der privaten Bibliothek Hitlers, die 1945 etwa 16 000 Titel umfasste, sind nur knapp 1200 Bände erhalten.[3] Bei mehr als 90 Prozent Verlust lassen sich keine Schlüsse aus den fragmentarischen Resten ziehen. Etwas besser dokumentiert ist, was er in den ersten zwei Jahren nach dem Krieg las. Denn der Zahnarzt Friedrich Krohn, Begründer der Starnberger Ortsgruppe der NSDAP und Sammler völkisch-antisemitischer Literatur, führte eine Liste der Titel, die Hitler zwischen 1919 und 1921 aus seiner Privatbibliothek auslieh: insgesamt über hundert verschiedene Bände.[4] Darunter sollen Werke des Historikers Leopold von Ranke, aber auch von Montesquieu und Rousseau, ja Immanuel Kant gewesen sein – angesichts des Endes seiner Schulbildung mit schlechten Noten am Ende der achten Klasse erscheint aber unwahrscheinlich, dass Hitler diese anspruchsvollen Bücher wirklich durcharbeiten und verstehen konnte. Außerdem ist Krohns Liste teilweise unglaubwürdig.[5] So führte sie auch die Broschüre des DAP-Gründers Anton Drexler mit dem Titel *Mein politisches Erwachen* auf; Hitler aber hatte ein Exemplar von Drexler persönlich überreicht bekommen – warum hätte er das Heft nochmals ausleihen sollen?[6] Houston Stewart Chamberlains Machwerk *Grundlagen des XIX. Jahrhunderts* las er aber offenbar wenigstens zum Teil; zumindest glaubte das der bereits schwerkranke Verfasser nach einem persönlichen Treffen in Bayreuth 1923. In jedem Fall lobte Hitler in *Mein Kampf* die »Erkenntnisse« des britischen Wahldeutschen, an denen die »offiziellen Stellen der Regierung« vor dem Krieg »genau so gleichgültig« vorübergegangen seien wie nach 1918.[7]

Hitlers Geschmack entsprochen haben dürften auch antisemitische Schriften aus der Reihe *Deutschlands führende Männer und das Judentum*, zu der Titel wie *Luther und die Juden*, *Goethe und die Juden* oder *Schopenhauer und die Juden* gehörten. Bei allen handelte es sich um Broschüren zwischen 52 und 112 Seiten, in denen oft aus dem Zusammenhang gerissene Zitate in einem radikal völkisch-antisemitischen Sinne einseitig interpretiert wurden.[8] Systematisch allerdings las der Parteichef in den frühen 1920er-Jahren sicher nicht. Friedrich Krohn bemerkte rückblickend: »Hitler selbst fiel mir damals durch hastiges und etwas wahlloses Studium der Lektüre auf.« Er habe den Eindruck gewonnen, »er könne unmöglich alles Gelesene ›verdaut‹ haben«.[9]

In der Festung Landsberg hatte der gescheiterte Putschist bedeutend mehr Muße. In einem Brief an Siegfried Wagner, den Sohn des Komponisten, schrieb er am 5. Mai 1924: »Ich kann nun erst wieder einmal lesen und auch lernen.«[10] Nach der späteren Erinnerung eines Mithäftlings verbrachte Hitler viel Zeit damit. Eigens für ihn wurden die Regeln, die in der Festungshaftanstalt galten, ausgesetzt: »Nur ein einsames Licht brannte meist noch bis tief in die Nacht hinein, und das war die Lampe in der Stube des Führers. Ihm war gegen Zahlung der entsprechenden Kosten erlaubt worden, über die Stunden der allgemeinen Stromsperre noch Licht zu brennen. In diesen einsamen Nachtstunden saß Adolf Hitler über Bücher und Schriften gebeugt und arbeitete an Deutschlands Auferstehung.«[11] Auf dem kleinen Wandregal in seiner Zelle standen immer einige Bände herum; da die zahlreichen Besucher ihm Titel mitbringen durften und er auch Büchersendungen empfangen konnte, war ein häufiger Austausch seiner Lektüre möglich. Rückblickend soll der Häftling Landsberg seine »Hochschule auf Staatskosten« genannt haben.[12]

Jedoch pflegte Hitler ein eigenwilliges Verständnis seines »Studiums«. In *Mein Kampf* schrieb er: »Ich kenne Menschen, die unendlich viel ›lesen‹, und zwar Buch für Buch, Buchstaben um Buchstaben, und die ich doch nicht als ›belesen‹ bezeichnen möchte. Sie besitzen freilich eine Unmenge von ›Wissen‹, allein ihr Gehirn versteht nicht, eine Einteilung und Registratur dieses in sich aufgenommenen Materials durchzuführen.« Derlei konzentrierte Lektüre verachtete Hitler, der Schulabbrecher und Autodidakt: »Niemals wird es so einem Kopfe gelingen, aus dem Durcheinander seines ›Wissens‹ das für die Forderung einer Stunde Passende herauszuholen, da ja sein geistiger Ballast nicht in den Linien des Lebens geordnet liegt, sondern in der Reihenfolge der Bücher, wie er sie las und wie ihr Inhalt ihm nun im Kopfe sitzt. Würde das Schicksal bei seinen Anforderungen des täglichen Lebens ihn immer an die richtige Anwendung des einst Gelesenen erinnern, so müsste es aber auch noch Buch und Seitenzahl erwähnen, da der arme Tropf sonst in aller Ewigkeit das Richtige nicht finden würde.« Angesichts einer solchen Einstellung war nachvollziehbar, dass *Mein Kampf* praktisch kein konkretes Wort über die Quellen enthielt, erst recht keine Anmerkungen mit detaillierten Nachweisen. Vielmehr bekannte sich Hitler offen zu einem vollkommen beliebigen Umgang mit den Schriften anderer Autoren: »Wer aber die Kunst des richtigen Lesens inne hat, den wird das Gefühl beim Studieren jedes Buches, jeder Zeitschrift oder Broschüre augenblicklich auf all das aufmerksam machen, was seiner Meinung nach für ihn zur dauernden Festhaltung geeignet ist, weil entweder zweckmäßig oder allgemein wissenswert.« Er hielt diese Methode sogar für praktisch: »Legt nun das Leben plötzlich irgendeine Frage zur Prüfung oder Beantwortung vor, so wird bei einer solchen Art des Lesens das Gedächtnis augenblicklich zum Maßstabe des schon vorhandenen Anschauungsbildes greifen und aus ihm alle die in Jahrzehnten gesammelten einzelnen diese Fragen betreffenden Beiträge herausholen, dem Verstande unterbreiten zur Prüfung und neuen Einsichtnahme, bis die Frage geklärt oder beantwortet ist.«[13]

Eigentlich ging es ihm beim Lesen also darum, »die Richtigkeit meiner Anschauungen auf lange Sicht aus der Welt- und Naturgeschichte« zu bestätigen. Für das »ganze widerspruchsvolle heuchlerische Wissensgetue der Professoren und Universitätspfaffen überhaupt« hatte er keinerlei Verständnis. So jedenfalls fasste Hitlers persönlicher Anwalt Hans Frank dessen Einstellung in seinen posthum erschienenen Erinnerungen zusammen. Gleichwohl habe er in der Festungshaft auch »Nietzsche, Chamberlain, Ranke, Treitschke, Marx« gelesen, dazu »Bismarcks ›Gedanken und Erinnerungen‹ und viele bis dahin veröffentlichte Kriegserinnerungen deutscher und alliierter Feldherren und Staatsmänner«.[14] Falls dem so war, entfalteten diese zum Teil intellektuell und stilistisch hochstehenden Werke keinen allzu großen Einfluss auf *Mein Kampf* – das war bei Hitlers freimütig bekannten Art des sprunghaften Lesens auch kaum überraschend.

Offenbar hatte Hitler nichts einzuwenden gegen ein Vorhaben seines Mentors und Freundes Dietrich Eckart, der nicht nur ein bekannter völkischer Schriftsteller war, sondern auch von 1921 bis zum Verbot 1923 Chefredakteur des *Völkischen Beobachters*. In einer 1924 posthum und unvollendet erschienenen Broschüre stellte Eckart ein *Zwiegespräch zwischen Adolf Hitler und mir* über den *Bolschewismus von Moses bis Lenin* dar, eine wilde antisemitische Tour d'horizon.[15] In den ausdrücklich dem NSDAP-Chef zugeschriebenen Passagen erschien Hitler äußerst bildungsbeflissen, denn er warf mit Klassikernamen und Zitaten geradezu um sich. Angeblich konnte er ganze Kapitel aus dem Alten Testament detailliert zusammenfassen, führte reihenweise Verweise etwa auf Cicero und Thomas von Aquin an, auf Giordano Bruno und Ulrich von Hutten, auf Goethe und Arthur Schopenhauer, auf Ludwig Börne und Heinrich Heine, auch auf Wilhelm Busch. Da Hitler aber weder vor seiner Haft in Landsberg noch danach jemals schriftlich oder in einer seiner zahlreichen Reden ähnlich argumentierte, handelte es sich mit Sicherheit um ein rein fiktives Gespräch, das allein Dietrich Eckart verfasst hatte. Stets war das Muster ähnlich: Die zitierten oder zusammengefassten Passagen wurden auf ihren behaupteten entlarvenden Kern über die Niedertracht »der Juden« reduziert. Eckart als Ich-Erzähler des Zwiegesprächs machte Ergänzungen, in denen er weitere Autoren anführte, etwa Zwingli und Spinoza, Dostojewski und Thomas Mann. Auch sie wurden auf meist aus dem Zusammenhang gerissene Sätze reduziert und in diesem einseitigen Sinne als Belege für die judenfeindliche Generallinie des *Zwiegesprächs* angeführt.

Der Text brach mitten im achten Kapitel ab, denn Eckart war zu Weihnachten 1923 einer Herzattacke erlegen. Dennoch erschien die 50 Seiten schmale Broschüre im Frühjahr

1924; herausgegeben hatte das Heft der Hoheneichen-Verlag, ein Betrieb, der dem zu dieser Zeit offiziell nicht geschäftlich tätigen NSDAP-Verlag Franz Eher Nachfolger nahestand. Unter dem Datum 1. März 1924 schloss das Heft mit der ausdrücklichen Erwartung, »dass Adolf Hitler nach der Beendigung des gegenwärtig gegen ihn in München anhängigen Hochverratsprozesses die Liebenswürdigkeit haben wird, die Vollendung dieses unmittelbar vor seinem Abschluss stehenden Werkes zu übernehmen«.[16] Dazu kam es nicht; die Erstausgabe wurde 1925 nur einmal unverändert nachgedruckt. Andererseits störte sich Hitler offenbar auch nicht an dem erfundenen angeblichen Gespräch. Eine kommunistische Propagandaschrift von 1936 behauptete zwar, das Heft sei »längst eingestampft« worden, doch für staatliche Maßnahmen gegen das *Zwiegespräch* gibt es keinen Beleg.[17]

Eckart hatte sich die Mühe gemacht, die meisten der wörtlichen Zitate nachzuweisen; insgesamt enthielt der Band 148 Anmerkungen. Teilweise waren diese Fußnoten exakt, mit Seitenzahl oder Paragrafen-Nennung. Öfter jedoch wurden nur ein Verfassername und ein Werktitel angegeben. Offensichtlich hatte Eckart vielfach aus zweiter Hand zitiert, zum Beispiel Luther, Goethe und Schopenhauer. Passend zur Form eines Gesprächs dagegen wären entweder gar keine Anmerkungen oder aber detaillierte Nachweise des Herausgebers gewesen. Die tatsächliche Herkunft eines Teils des Materials offenbarte der Autor in der Fußnote 112, in der er auf das angeblich »ausgezeichnete Werkchen *Luther und die Juden* von Dr. Alfred Falb« verwies.[18]

Nicht nur in diesem positiven Urteil über eine völlig einseitige, erkennbar nicht sachgerechte Schrift offenbarte sich Eckarts Willen zur Manipulation. Kopfschütteln bei gebildeten Lesern mussten Verfälschungen auslösen, die er seinem angeblichen Gesprächspartner vermutlich versehentlich unterschob. Zum Beispiel ließ Eckart seinen Hitler lamentieren, schon Cicero habe über »das unaufhörliche Versickern des römischen Goldschatzes nach Jerusalem« geklagt, während der römische Rhetor in seiner klassischen »Rede für Flaccus« in Wirklichkeit gesagt hatte, dass asiatische Juden kein Gold mehr an den Tempel abgeben sollten – von »römischem Gold« war gar nicht die Rede. Dass im Übereifer aus Cicero und dem mehr als 140 Jahre später geborenen jüdischen Geschichtsschreiber Flavius Josephus »Zeitgenossen« wurden, überrascht kaum.[19] Weder in *Mein Kampf* noch in irgendeiner seiner Reden zitierte Hitler selbst übrigens Cicero.

Ob der NSDAP-Chef je von Eckarts Missgriffen in dem angeblichen *Zwiegespräch* erfuhr, ist unbekannt. Falls ja, dürfte es ihn in seiner Auffassung bestätigt haben, auf nachprüfbare Angaben, wörtliche Zitate und jede Art von Nachweisen in seinen eigenen Veröffentlichungen lieber zu verzichten. Tatsächlich findet sich in *Mein Kampf* fast an keiner Stelle eine Quellenangabe – und wenn doch, dann ist sie unglaubwürdig. So behauptete Hitler zwar, im Herbst 1919 das »Kapital« gelesen zu haben: »Ich begann wieder zu lernen und kam nun erst recht zum Verständnis des Inhalts des Wollens der Lebensarbeit des Juden Karl Marx.«[20] Doch ihm zuzuordnende Gedanken führte Hitler nicht an, sodass fraglich ist, ob er die hochkomplexe politische Ökonomie tatsächlich gelesen oder gar verstanden hatte. Auch andere große Denker begegnen vor allem in Form von Schlagwörtern. So schrieb er, »noch Goethe« sei »entsetzt bei dem Gedanken« gewesen, »dass künftig die Ehe zwischen Christen und Juden nicht mehr gesetzlich verboten sein soll«.[21] Das war bis in die Diktion hinein eine direkte Entlehnung aus der antisemitischen Broschüre *Goethe und die Juden* des völkischen Publizisten und evangelischen Pfarrers Max Maurenbrecher.[22]

AUS ZWEITER HAND

Zu Hitlers Lieblingszitaten gehörte eine Fußnote Arthur Schopenhauers zu seinem Dialog über Religionen, in der er Juden als »große Meister im Lügen« bezeichnete.[23] In antisemitischen Kreisen war diese Formulierung seit der Jahrhundertwende sehr geläufig und in einschlägigen Veröffentlichungen oft zu lesen. Auf welchem Wege genau sie Hitler zur Kenntnis gelangte, ist freilich unklar. Jedenfalls benutzte er sie oft, zum ersten Mal spätestens am 31. August 1921, sodann am 17. Februar 1922, in seiner als Flugschrift weit verbreiteten Rede »Die ›Hetzer‹ der Wahrheit« von April 1922 sowie an seinem 34. Geburtstag 1923.[24] Auch nach seiner Haft in Landsberg griff er das Zitat mehrfach auf, etwa am 23. Mai 1928, in einem Artikel im *Illustrierten Beobachter* vom 8. Dezember 1928 oder in Nürnberg 1930.[25]

In *Mein Kampf* führte er die Stelle gleich viermal an, so wichtig erschien sie ihm – wenngleich nur einmal mit Nennung des Urhebers. Im Kapitel über die »Ursachen des Zusammenbruchs« nutzte er die Formulierung, um den Charakter »der Juden« als »Rasse« zu unterstreichen: »Als solche aber hat sie einer der größten Geister der Menschheit für immer festgenagelt in einem ewig richtigen Satze von fundamentaler Wahrheit: Er nannte sie ›die großen Meister der Lüge‹.«[26] Ganz ohne Hinweis auf die Übernahme schrieb Hitler im Kapitel über »Volk und Rasse« dann: »Der große Meister im Lügen versteht es, sich wie immer als den Reinen erscheinen zu lassen und die Schuld den anderen aufzubürden.«[27] Im letzten Kapitel des ersten Bandes hieß es noch einmal: »Der Jude ist der große Meister im Lügen, und Lug und Trug sind seine Waffen im Kampfe.«[28] Nur einmal erwähnte Hitler den Philosophen ausdrücklich: »Im Leben des Juden als Parasit im Körper anderer Nationen und Staaten liegt eine Eigenart begründet, die Schopenhauer einst zu dem schon erwähnten Ausspruch veranlasste, der Jude sei der ›große

Meister im Lügen‹.«²⁹ Ob die Ergänzung »schon erwähnt«, die wohl die Wiederholung etwas abfedern sollte, von Hitler selbst stammte oder doch eher von den Bearbeitern des Manuskripts Ilse Pröhl und Josef Stolzing-Cerny hinzugefügt wurde, ist offen. Über dieses Zitat nennenswert hinausgehende Bezüge auf Schopenhauers Denken finden sich in Hitlers Reden ebenso wenig wie in *Mein Kampf* – obwohl er auch in den 1930er- und 1940er-Jahren gegenüber Vertrauten mitunter davon sprach, dass er den Philosophen sehr verehre; einen als Broschüre wiederveröffentlichten Text des Philosophen über »Schriftstellerei und Stil« ließ er noch 1944 von Goebbels breit unter NSDAP-Rednern streuen.³⁰

Zu den wenigen weiteren Texten, zu deren Nutzung sich Hitler in seinem Buch offen bekannte, gehörte ein Klassiker der antisemitischen Literatur der Nachkriegszeit, der in mindestens 18 Sprachen übersetzt wurde: »Wie sehr das ganze Dasein dieses Volkes auf einer fortlaufenden Lüge beruht, wird in unvergleichlicher Art in den von den Juden so unendlich gehassten *Protokollen der Weisen von Zion* gezeigt.« Hitler wusste, dass es sich um eine äußerst zweifelhafte Quelle handelte, aber das störte ihn nicht im Geringsten: »Sie sollen auf einer Fälschung beruhen, stöhnt immer wieder die *Frankfurter Zeitung* in die Welt hinaus; der beste Beweis dafür, dass sie echt sind.«³¹ Eine in mehrere europäische Sprachen übersetzte Artikelserie der Londoner *Times* hatte im August 1921 nachgewiesen, dass die angeblichen *Protokolle* schon deshalb nicht geheime Verhandlungen einer »jüdischen Weltverschwörung« auf dem ersten Zionistenkongress in Basel 1897 wiedergeben konnten, weil sie zu großen Teilen wörtlich auf zwei bereits 1864 und 1868 erschienenen Texten beruhten, einem fiktiven Dialog zwischen Machiavelli und Montesquieu sowie dem Kapitel eines deutschsprachigen Kolportageromans.³² Doch gegen die Begeisterung der Antisemiten, die sich von der Veröffentlichung der *Protokolle* in ihren bizarren Verschwörungstheorien bestätigt fühlten, richteten sachliche Argumente nichts aus.

Die erste deutsche Ausgabe von 1920 erlebte in wenigen Monaten ein halbes Dutzend Auflagen, und gleich mehrere prominente Mitglieder der NSDAP veröffentlichten noch vor dem Putschversuch 1923 eigene Schriften zu der handwerklich schlechten, weil leicht durchschaubaren Fälschung. Trotzdem gingen die Publikationen stets von der angeblich tieferen Wahrheit des Pamphlets aus, zum Beispiel Gottfried Feder, zu dessen ausdrücklich als »Antithese zu den Weisen von Zion« konzipiertem Buch *Der Deutsche Staat auf nationaler und sozialer Grundlage* Hitler ein kurzes Geleitwort beisteuerte.³³ Alfred Rosenberg brachte einen umfangreichen Kommentar heraus, der »den Zerstörern des völkischen Staatsgedankens ein für allemal das Handwerk« legen sollte.³⁴ Hitler selbst kannte die *Protokolle* spätestens Mitte August 1921, denn in zwei Reden in München und Rosenheim führte er sie als Beleg für seine Behauptung an, die Weltherrschaft sei das Ziel der jüdischen Verschwörung. In seiner Art der beliebigen, vorurteilsgelenkten Lektüre fand er bestätigt, was er sowieso glaubte. In *Mein Kampf* fasste er zusammen, welche Lehre aus den *Protokollen* zu ziehen sei: »Was viele Juden unbewusst tun mögen, ist hier bewusst klargelegt. Darauf aber kommt es an. Es ist ganz gleich, aus wessen Judenkopf diese Enthüllungen stammen, maßgebend aber ist, dass sie mit geradezu grauenerregender Sicherheit das Wesen und die Tätigkeit des Judenvolkes aufdecken und in ihren inneren Zusammenhängen sowie den letzten Schlusszielen darlegen. Die beste Kritik an ihnen jedoch bildet die Wirklichkeit. Wer die geschichtliche Entwicklung der letzten hundert Jahre von den Gesichtspunkten dieses Buches aus überprüft, dem wird auch das Geschrei der jüdischen Presse sofort verständlich werden.«[35]

Ähnlich dialektisch wie Hitler ging Joseph Goebbels mit dem Pamphlet um: »Ich glaube, dass die *Protokolle der Weisen von Zion* eine Fälschung sind«, notierte er am 10. April 1924 in sein Tagebuch: »Nicht, weil mir das darin ausgesprochene Weltbild oder die jüdischen Aspirationen zu utopisch und phantastisch erschienen, sondern weil ich die Juden nicht für so grenzenlos dumm halte, dass sie derartig wichtige Protokolle nicht geheim zu halten verstünden. Also: Ich glaube an die innere, aber nicht an die faktische Wahrheit der Protokolle.«[36] Hitler selbst allerdings verwies ab Mitte der 1920er-Jahre nur noch selten in seinen Reden ausdrücklich auf die *Protokolle*. Der Grund kann eigentlich nur gewesen sein, dass er spürte, mit diesen Hinweisen seine eigene Überredungskraft zu schwächen und unnötig zusätzliche offene Flanken für Kritiker zu bieten, die tatsächlich gern die nachweisliche Fälschung der Schrift anführten. Von der in Goebbels' Sinne inneren Richtigkeit der Behauptungen zeigte er sich im Gespräch mit seinem Propagandaminister nämlich noch 1943 überzeugt: »Der Führer vertritt den Standpunkt, dass die *Zionistischen Protokolle* absolute Echtheit beanspruchen könnten. So genial könne kein Mensch das jüdische Weltherrschaftsstreben nachzeichnen, wie die Juden es selbst empfänden.«[37]

In dem gegen jede Kritik und auch nur den geringsten Zweifel gefeiten Glauben an die jüdische Weltverschwörung traf sich Hitler mit einem wichtigen Kronzeugen: dem Autofabrikanten Henry Ford. Der antisemitisch eingestellte US-Unternehmer hatte, inspiriert von den *Protokollen,* in den frühen 1920er-Jahren in seiner Wochenzeitung *Dearborn Independent* eine Reihe von hasserfüllten Artikeln publizieren lassen, die später unter seinem Namen in mehreren Broschüren mit dem Titel *Der Internationale Jude* zusammengefasst wurden, die umgehend von völkischen Verlagen auch in deutscher Übersetzung herausgebracht wurden. Als ihm nachgewiesen wurde, dass die *Protokolle* eine Fälschung waren, distanzierte sich Ford halbherzig und machte seine Mitarbeiter verantwortlich für die Veröffentlichung. Doch der Unternehmer hielt ganz wie Hitler daran fest, dass aus ihnen eine tiefere Wahrheit spreche: »Das Dokument selbst ist verhältnismäßig unwichtig; die ganze Sachlage und die Umstände, auf die es die Aufmerksamkeit lenkt, sind von höchstgradiger Wichtigkeit.«[38]

Nicht nur die gemeinsame Überzeugung verband Hitler und Ford. Zwar bezogen sich die wüsten Vorwürfe gegen Juden in den Broschüren überwiegend auf die Vereinigten Staaten, aber einige Passagen passten auch hervorragend ins Weltbild deutscher Antisemiten: »Deutschland ist heute, vielleicht mit Ausnahme der Vereinigten Staaten, das Land der Welt, das unter dem stärksten jüdischen Einfluss – von innen und von außen – steht.« Zwar habe sich der »deutsche Wille« auf das »Äußerste« angestrengt, die Verwaltung wieder in deutsche, also nicht-jüdische Hände zu geben. Doch viel habe das nicht gebracht: »Ihr Einfluss auf die Hauptindustrien, die Finanzen und die Zukunft Deutschlands hat sich nicht im Mindesten gelockert; er besteht noch immer, unerschütterlich.«[39]

Als ein amerikanischer Reporter im Dezember 1922 Hitler in seinem Arbeitszimmer aufsuchte, hing dort ein Porträt von Ford. »Auf einem Tisch im Vorraum lagen Bücher: Bei fast allen handelte es sich um Übersetzungen der Werke, die von Henry Ford verfasst und publiziert wurden«, berichtete die *New York Times*.[40] Es ist zwar nicht auszuschließen, dass es sich dabei um ein bewusstes Arrangement für den Besucher handelte. Allerdings hing auch 1931 in Hitlers Arbeitszimmer ein großes Porträt von Ford, den er als seine »Inspiration« bezeichnete.[41] Dem amerikanischen Vizekonsul in München gegenüber bedauerte Hitler 1923, dass kein Geld von Ford an die NSDAP geflossen sei. Das Gerücht einer Unterstützung der deutschen Antisemiten durch den Auto-Tycoon hielt sich, sodass Hitler sich noch fast fünf Jahre später genötigt sah, jede Unterstützung aus den Vereinigten Staaten öffentlich zu bestreiten: »Der Demokrat Ford soll uns mit kolossalen Beträgen unterstützt haben«, sagte er im Januar 1928: »Lauter ganz erbärmliche Lügen, von A bis Z aus den Fingern gesogen.«[42] Tatsächlich zahlte der Autofabrikant, allen Berührungspunkten beim Judenhass zum Trotz, offenbar kein Geld an die Hitler-Partei.

Mein Kampf enthält, vor allem in den Kapiteln über die »Ursachen des Zusammenbruchs« und über »Volk und Rasse«, aber auch verstreut im sonstigen Text, zahlreiche Parallelen zu Fords *Der Internationale Jude*. Allerdings sind keine zweifelsfrei auf die amerikanische Veröffentlichung zurückzuführenden originellen Ideen oder Deutungen darunter; vielmehr handelt es sich um in völkisch-antisemitischen Kreisen übliche Gedankengänge. Etwa zum angeblichen Umgang von Juden mit Grund und Boden, zu ihrem Unverständnis gegenüber dem Wert bäuerlichen Lebens und Arbeitens oder dem jüdischen »Parasitentum«.[43] Es ist gut möglich, dass Hitler sich von Passagen der Broschüren Fords hatte anregen lassen; ein direkter Nachweis bleibt aber unmöglich.

Nur in der ursprünglichen Ausgabe des zweiten Bandes von *Mein Kampf* wurde Henry Ford auch namentlich erwähnt; dort hieß es: »Die Juden sind es, die die Börsengeschäfte der amerikanischen Union kontrollieren. Jedes Jahr werden sie mehr zu Kontrollmeistern der Produzenten in einem Volk von 120 Millionen; nur ein einziger großer Mann,

MODETHEMA »RASSENHYGIENE«

Ford, behält ihrem Zorn zum Trotz volle Unabhängigkeit.«[44] Doch Anfang 1929 fühlte Hitler die gemeinsame Überzeugung von dem Amerikaner verraten; jedenfalls schimpfte er in einem Artikel: »Allerdings muss zum leichteren Verständnis noch hinzugefügt werden, dass der heutige Ford doch nicht mehr ganz der Ford von einst ist. Denn der Ford von einst war ein Antisemit, und deshalb waren seine Methoden ›arbeiterfeindlich‹, der Ford von jetzt hingegen soll sich mit den Juden ausgesöhnt haben, und deshalb ist auch gegen seine Methoden vom Standpunkt des Arbeiters nichts mehr einzuwenden.«[45] In der Volksausgabe von *Mein Kampf* verschwand darauf der Name Ford; die Passage lautete fortan in allen folgenden deutschsprachigen Ausgaben: »Juden sind die Regenten der Börsenkräfte der amerikanischen Union. Jedes Jahr lässt sie mehr zum Kontrollherrn der Arbeitskraft eines Einhundertzwanzig-Millionen-Volkes aufsteigen; nur ganz wenige stehen auch heute noch, zu ihrem Zorne, ganz unabhängig da.«[46] In der vollständigen US-Ausgabe von 1939 dagegen blieb Ford erwähnt, anders als in der allerdings um zwei Drittel gekürzten englischen Übersetzung von 1933.[47]

Hatte Hitler schon seinen zeitweiligen »Inspirator« Ford nicht ausdrücklich als Quelle benannt, so tat er es bei anderen entlehnten Gedankengängen erst recht nicht. Man kann nur durch Vergleich ähnlicher Passagen oder Formulierungen feststellen, auf welche anderen Publikationen sich der Autor von *Mein Kampf* bezogen haben könnte. So warf er dem deutschen Bürgertum einen »Objektivitätsfimmel« vor. Die »Nationalisierung der breiten Masse« könne »niemals erfolgen durch Halbheiten, durch schwaches Betonen eines sogenannten Objektivitätsstandpunktes«, sondern nur »mit der ganzen Vehemenz, die dem Extrem innewohnt«.[48] Es ist gut möglich, dass Hitler die Wut auf die »falsche Objektivität«

aus Julius Langbehns Schrift *Rembrandt als Erzieher* entlehnte, in der es hieß: »Die falsche Objektivität vor allem ist zu bekämpfen.«[49] Doch beweisen lässt sich diese Annahme kaum.

Stellenweise beinahe wörtliche Entlehnungen aus dem 1923 gerade in Neuauflage erschienenen Werk *Grundriss der menschlichen Erblichkeitslehre und Rassenhygiene* von Erwin Baur, Eugen Fischer und Fritz Lenz finden sich im zweiten Kapitel des zweiten Bandes von *Mein Kampf*, in den Ausführungen über den »völkischen Staat und Rassenhygiene«.[50] Lenz, der die entsprechenden Passagen verfasst hatte, resümierte 1931 gewollt bescheiden, mit allerdings durchscheinendem Stolz: »Manche Stellen daraus spiegeln sich in Wendungen Hitlers wider. Jedenfalls hat er die wesentlichen Gedanken der Rassenhygiene und ihre Bedeutung mit großer geistiger Empfänglichkeit und Energie sich zu Eigen gemacht, während die meisten akademischen Autoritäten diesen Fragen ziemlich verständnislos gegenüberstehen.«[51]

Möglicherweise enthält *Mein Kampf* auch Anlehnungen an die Broschüre *Rassenbiologische Übersichten und Perspektiven* des schwedischen Eugenikers Herman Lundborg. In seinem 1921 erschienenen Text hieß es zum Beispiel: »Die Geschichte lehrt uns, dass viele glänzende Kulturvölker in älteren Zeiten, z. B. die Perser, Griechen und Römer, entartet und untergegangen sind. Sie haben anderen Völkern von schlechterer Beschaffenheit Platz gemacht.«[52] Ganz ähnlich liest es sich bei Hitler: »Die geschichtliche Erfahrung bietet hierfür zahllose Belege. Sie zeigt in erschreckender Deutlichkeit, dass bei jeder Blutsvermengung des Ariers mit niedrigeren Völkern als Ergebnis das Ende des Kulturträgers herauskam.« Drei Seiten später wiederholte er den Gedanken: »Alle großen Kulturen der Vergangenheit gingen nur zugrunde, weil die ursprünglich schöpferische Rasse an Blutsvergiftung abstarb.«[53] Lundborg trat für eine staatliche Kontrolle der Fortpflanzung ein: »Das Hauptprinzip geht jedoch darauf aus, die schwachen und verkommenen Schlucker so wenig wie möglich das Geschlecht fortpflanzen zu lassen. Eine Aufgabe von so fundamentaler Bedeutung muss den besten Männern und Frauen des Landes anvertraut werden.«[54] Der NSDAP-Chef radikalisierte diese in völkischen Kreisen populäre Forderung: »Was auf diesem Gebiete heute von allen Seiten versäumt wird, hat der völkische Staat nachzuholen. Er hat die Rasse in den Mittelpunkt des allgemeinen Lebens zu setzen. Er hat für ihre Reinerhaltung zu sorgen. Er hat das Kind zum kostbarsten Gut eines Volkes zu erklären.«[55] Doch eine belegbare Verbindung zwischen Lundborg und Hitler gibt es nicht. Wohl aber kannte der Schwede den deutschen Rassentheoretiker Hans F. K. Günther, denn er lud ihn als Gastwissenschaftler an sein Institut nach Uppsala ein.

Nahezu sicher ist, dass die im zweiten Kapitel des zweiten Bandes von *Mein Kampf* aufgeführte Systematik der »Menschenrassen« direkt bei Günther entlehnt ist. Hitler beschrieb die angebliche Belastung des deutschen Volkes: »Neben nordischen Menschen ostische, neben ostischen dinarische, neben beiden westische, und dazwischen Mischungen.«[56] Günther unterschied in seiner umfangreichen *Rassenkunde des deutschen Volkes* anhand von Äußerlichkeiten wie Gesichtsschnitt, Schädelform, Nase, Haar- und Augenfarbe und ähnlichen Kriterien detailliert und mit vielen Fotos gestützt vier europäische »Menschenrassen«; in späteren, nach der Erstausgabe von *Mein Kampf* erschienenen Auflagen fügte er seinem System noch drei kleinere »Rassen« dazu.[57] Zufällig erhalten hat sich das Exemplar der *Rassenkunde*, das Hitler während seiner Landsberger Haft benutzte. Der Band ist abgegriffen, also offenbar intensiv gelesen worden.[58]

Anzunehmen ist, dass Hitler seine Unterscheidung zwischen »Staatsbürgern« und »Staatsangehörigen« von Gottfried Feder übernommen hatte. In *Mein Kampf* hieß es etwa: »Der Staatsbürger ist gegenüber dem Ausländer bevorrechtigt. Er ist der Herr des Reiches. Diese höhere Würde verpflichtet aber auch. Der Ehr- oder Charakterlose, der gemeine Verbrecher, der Vaterlandsverräter usw. kann dieser Ehre jederzeit entkleidet werden. Er wird damit wieder Staatsangehöriger.«[59] Feder hatte ähnliche Gedanken schon in das 25-Punkte-Programm der NSDAP eingebracht und in seinem Buch *Der Deutsche Staat auf nationaler und sozialer Grundlage*, das Hitler im Geleitwort den »Katechismus« seiner Bewegung nannte, formuliert: Die einmal erworbene Staatsbürgerschaft müsse bei »Unwürdigkeit wieder verloren« gehen können. Wer das »Bekenntnis zur deutschen Kultur- und Schicksalsgemeinschaft« verletze, solle das Staatsbürgerrecht entzogen bekommen.[60] Die Unterscheidung wurde zur Grundlage des Reichsbürgergesetzes, das als Teil der antisemitischen Nürnberger Gesetze 1935 in Kraft trat. Es unterschied zwischen Staatsangehörigen einerseits und Reichsbürgern andererseits. Nur letztere genossen »volle politische Rechte nach Maßgabe der Gesetze«, konnten dieses Privileg aber jederzeit verlieren: »Reichsbürger ist nur der Staatsangehörige deutschen oder artverwandten Blutes, der durch sein Verhalten beweist, dass er gewillt und geeignet ist, in Treue dem Deutschen Volk und Reich zu dienen.«[61]

Zu den zentralen Schlagwörtern der nationalsozialistischen Ideologie gehörte der Begriff »Lebensraum«. Das Ziel, Territorien für deutsche Siedler im Osten Europas zu erobern, war neben der »Vernichtung des jüdischen Bolschewismus« der Hauptgrund für den Krieg gegen die Sowjetunion. Während aber der Antisemitismus von Anfang an konstitutiv für Hitlers Denken war, hatte er von »Lebensraum« bis zu seiner

»LEBENSRAUM«

Haft in Landsberg nicht gesprochen, jedenfalls nicht im später verwendeten Sinne. Auch auf seinen Konzeptblättern tauchte dieses Wort noch nicht auf, wohl aber in den entsprechenden Passagen von *Mein Kampf*: »Wenn ein Volk sich auf innere Kolonisation beschränkt, da andere Rassen sich auf immer größeren Bodenflächen dieser Erde festklammern, wird es zur Selbstbeschränkung schon zu einer Zeit zu greifen gezwungen sein, da die übrigen Völker sich noch dauernd fortvermehren. Einmal tritt aber dieser Fall ein, und zwar um so früher, je kleiner der zur Verfügung stehende Lebensraum eines Volkes ist.« Nach Hitlers Auffassung würde diese Zurückhaltung zwangsläufig zur Herrschaft »der kulturell minderwertigeren, jedoch tatkräftigeren Menschheit« über die Welt führen. Um die »Zukunft der Nation« sicherzustellen, müsse »neuer Grund und Boden erobert« werden.[62]

Im Konzeptblatt Nr. 6 von Anfang Juni 1924 nannte Hitler dieses Ziel noch »Bodenerwerb«.[63] Doch dann gab es offenbar eine Diskussion unter den Häftlingen, in deren Verlauf Rudolf Heß den Begriff »Lebensraum« einführte, den er aus dem Denken seines akademischen Lehrers Karl Haushofer kannte. Doch zunächst konnte er sich damit nicht durchsetzen, da den Mitgefangenen das Wort nicht einleuchtete. Heß holte sich Unterstützung bei dem Münchner Geographieprofessor. Als der ihn besuchen kam, gab er eine allerdings etwas vage Definition, die einem Brief von Heß zufolge lautete: »Lebensraum ist ein Teilraum der Erdoberfläche, nach natürlichen oder künstlichen Grenzen auf die Erhaltung der darin befindlichen Lebewesen (Menschen, Tiere, Pflanzen) betrachtet.«[64] Schriftlich lieferte Haushofer eine weitere, offenbar präzisere, aber nicht überlieferte Erklärung – und in dieser Form überzeugte der Begriff augenscheinlich Hitler, der ihn übernahm und fortan zu einem der zentralen Schlagwörter seiner Ideologie machte.[65]

QUELLEN

Eher unwahrscheinlich ist dagegen, dass Hitler auf einem anderen Wege zum Begriff »Lebensraum« kam. Zwar soll ein zerlesenes Exemplar der erstmals 1897 erschienenen *Politischen Geographie* von Friedrich Ratzel zu den »viel verarbeiteten Stücken der mit heiliger Glut gelesenen kleinen Bibliothek des Festungsgefängnisses Landsberg« gehört haben. Auch darin war am Rande von »Lebensraum« die Rede, denn der bereits 1904 verstorbene Leipziger Professor war Vordenker einer Gelehrtenschule, die sich mit »Geopolitik« befasste.[66] Weil aber in *Mein Kampf* eigentlich nur das Schlagwort übernommen wurde, nicht aber Ratzels Skepsis gegenüber einer nur auf Europa statt auf die Welt und damit auf Kolonien gerichteten Erweiterung des »Lebensraums«, dürfte Hitler den Begriff, vermittelt durch Heß, von Haushofer übernommen haben. Sicher belegbar ist das allerdings nicht, denn Hitler ging eben äußerst frei mit Quellen um und pflegte eine Art beliebiger Lektüre – in einem Ausmaß, das direkt dem Anspruch seines Buches als sachlicher Darlegung seiner Weltanschauung widersprach.

Weil Hitler weder ein systematischer Leser noch ein strukturierter Denker war, sondern stets von hasserfüllten Emotionen gesteuert wurde, konnte er die Quellen seiner Ausführungen meistens gar nicht konkret angeben. Seine Methode der selektiven, willkürlichen und vorurteilsgesteuerten Lektüre schloss das aus. Daher ist eine verlässliche Rekonstruktion seiner Gedankengänge unmöglich; höchstens kann man mutmaßen, welchen anderen Publikationen er seine Argumente entlehnt hat.

JUDENHASS

> Einzig in der Rückschau, in seinem millionenfach aufgelegten Machwerk *Mein Kampf*, präsentierte sich Hitler als früher fanatischer Antisemit.
>
> RALF GEORG REUTH, HISTORIKER[1]

Die Grenzen zwischen Obsession und Wahn sind fließend. Weder qualitativ noch quantitativ lässt sich exakt beschreiben, wann und warum eine Zwangsvorstellung in schieren Irrsinn umschlägt. Wer jedoch dieselbe falsche Ansicht über Jahrzehnte hinweg unzählige Male immer wiederholt, in buchstäblich Tausenden Varianten, der ist mit Sicherheit nicht mehr obsessiv, sondern schlicht wahnsinnig.

Schon die früheste im eigentlichen Sinne politische Äußerung von Adolf Hitler drehte sich um »Juden« und ihre Diskriminierung. In einem Brief an Adolf Gemlich, einen Ulmer Soldaten, schrieb er im Auftrag seines militärischen Vorgesetzten Hauptmann Karl Mayr: »Der Antisemitismus aus rein gefühlsmäßigen Gründen wird seinen letzten Ausdruck finden in der Form von Pogromen. Der Antisemitismus der Vernunft jedoch muss führen zur planmäßigen gesetzlichen Bekämpfung und Beseitigung der Vorrechte des Juden, die er nur zum Unterschied der anderen zwischen uns lebenden Fremden besitzt (Fremdengesetzgebung). Sein letztes Ziel aber muss unverrückbar die Entfernung der Juden überhaupt sein.«[2] Der Brief ging am 16. September 1919 ab – also nur vier Tage, nachdem Hitler zum ersten Mal an einer Versammlung der völkischen Splittergruppe mit dem Namen Deutsche Arbeiterpartei teilgenommen hatte. Und auch im letzten Dokument seines Lebens, dem politischen Testament vom 29. April 1945, spielte der Antisemitismus eine überragende Rolle: Verantwortlich für den verlorenen Weltkrieg seien ausschließlich »jene internationalen Staatsmänner, die entweder jüdischer Herkunft waren oder für jüdische Interessen arbeiteten«. Deshalb werde sich »aus den Ruinen unserer Städte und Kunstdenkmäler« der »Hass gegen das letzten Endes verantwortliche Volk immer wieder erneuern, dem wir das alles zu verdanken haben: dem internationalen Judentum und seinen Helfern«. Sein abschließender Auftrag an seine Nachfolger und das deutsche Volk lautete: »Vor allem verpflichte ich die Führung der Nation und die Gefolgschaft zur peinlichen Einhaltung der Rassegesetze und zum unbarmherzigen Widerstand gegen den Weltvergifter aller Völker, das internationale Judentum.«[3]

Der Antisemitismus war der Kern von Hitlers Weltanschauung; entsprechend prägte er auch sein Bekenntnisbuch *Mein Kampf*. Schon rein statistisch, denn auf den 780 reinen Textseiten fanden sich fast 600 Wendungen, die von Judenhass getrieben waren. Mal waren es einzelne Schimpfwörter, mal ganze Absätze mit eindeutiger Tendenz. Natürlich verteilten sich diese Ausfälle nicht gleichmäßig über die 27 Kapitel des Buches. Häufungen gab es vor allem im Kapitel »Volk und Rasse« des ersten Bandes, das eine reine Aneinanderreihung von Vorurteilen und Stereotypen war, sowie im 13. und 14. Kapitel des zweiten Bandes, die beide die deutsche Bündnispolitik und ihre künftige Ausrichtung behandelten. Doch auch im übrigen Text fanden sich an zahlreichen Stellen judenfeindliche Ausfälle. Hitler griff praktisch jede Behauptung auf, die Antisemiten vor ihm aufgestellt hatten, und radikalisierte sie vielfach.

Neben den *Protokollen der Weisen von Zion* gehörte um 1920 zu den am weitesten verbreiteten antisemitischen Gerüchten die Behauptung, die »Angehörigen des auserwählten Volkes« hätten sich im Weltkrieg vor dem Frontdienst gedrückt. Weil diese und ähnliche Behauptungen immer lauter erhoben wurden, fand zum Stichtag 1. November 1916 eine »Judenzählung« im gesamten deutschen Heer statt, deren Ergebnisse allerdings zunächst geheim gehalten wurden – und gerade dadurch Spekulationen anheizten. Bald hieß es nun, jeder neunte Soldat in der Etappe sei ein Jude gewesen, in den Schützengräben dagegen wäre unter jeweils 180 Männern nur einer jüdischen Glaubens. Bei einem durchschnittlichen Anteil von Juden an der deutschen Gesamtbevölkerung von einem Prozent hätte das bedeutet, dass sich die Hälfte der deutschen Juden vor dem Frontdienst gedrückt hätte, während sie in der relativ ungefährlichen Etappe zehnfach überrepräsentiert gewesen wären.[4]

In Wirklichkeit allerdings hatte die »Judenzählung« völlig andere Ergebnisse erbracht. Demnach waren jüdische deutsche Männer sogar zu einem etwas größeren Prozentsatz eingezogen worden als christliche Deutsche, und an der Front kämpfte annähernd derselbe Anteil, wobei sich die geringen Unterschiede durch das etwas höhere Durchschnittsalter der Juden erklärten.[5] Eine nennenswert über dem statistisch zu erwartenden Wert liegende Verwendung in der Etappe konnte dagegen nicht festgestellt werden. Warum das Ministerium die durch Fragebögen bei Truppenoffizieren eingeholten Zahlen nicht veröffentlichte, ist unklar. Vielleicht, weil sie klar der unterstellten »Drückebergerei« widersprachen?

Obwohl diese Fakten spätestens seit 1922 durch Veröffentlichungen jüdischer Wissenschaftler bekannt waren, schilderte Hitler noch zwei Jahre später die Sachlage angeblich aus eigener Anschauung entgegengesetzt. Im ersten Band von *Mein Kampf* behauptete er: »Die Drückebergerei galt schon fast als Zeichen höherer Klugheit, das treue Ausharren aber als Merkmal innerer Schwäche und Borniertheit. Die Kanzleien waren mit Juden besetzt. Fast jeder Schreiber ein Jude und jeder Jude ein Schreiber. Ich staunte über diese Fülle von Kämpfern des auserwählten Volkes und konnte nicht anders, als sie mit den spärlichen Vertretern an der Front zu vergleichen.«[6] Der Nationalökonom Franz Oppenheimer, selbst als Referent im Kriegsministerium mit der »Judenzählung« befasst, hatte vorausgesehen, dass alle Aufklärung über die tatsächlichen Ergebnisse der Statistik ignoriert werden würde: »Die Herren vom Hakenkreuz, die Antisemiten von Beruf, werden unentwegt behaupten, dass sich in der Etappe elf Prozent Juden befunden haben«, schrieb er: »Wir müssten die Mentalität des Völkchens schlecht kennen, wenn sie nicht sogar in dieser Widerlegung eine Probe jüdischer Frechheit erblickten.«[7] *Mein Kampf* bestätigte diese Annahme.

Aber woher kam Hitlers Fixierung auf »die Juden«? In seinem Buch beschrieb er, wie er Antisemit geworden sei. Dieser Darstellung zufolge handelte es sich um einen etwa fünf Jahre andauernden Prozess: »Es ist für mich heute schwer, wenn nicht unmöglich, zu sagen, wann mir zum ersten Mal das Wort ›Jude‹ Anlass zu besonderen Gedanken gab. Im väterlichen Hause erinnere ich mich überhaupt nicht, zu Lebzeiten des Vaters das Wort auch nur gehört zu haben.« Auch an der Schule in Linz habe er nur einen jüdischen Jungen kennengelernt, »der von uns allen mit Vorsicht behandelt wurde, jedoch nur, weil wir ihm in Bezug auf seine Schweigsamkeit, durch verschiedene Erfahrungen gewitzigt, nicht sonderlich vertrauten«. Erst um 1903/04 sei er »öfters auf das Wort

»JUDENZÄHLUNG«

›Jude‹, zum Teil im Zusammenhange mit politischen Gesprächen«, gestoßen. Dabei habe er »leichte Abneigung« und ein »unangenehmes Gefühl« verspürt, mehr aber nicht: »Vom Vorhandensein einer planmäßigen Judengegnerschaft ahnte ich überhaupt noch nichts.«[8]

Erst nach seiner Übersiedlung nach Wien Anfang 1908 sei er auf die »Judenfrage« aufmerksam geworden. Nachdem er hier zum ersten Mal einen vermeintlich typischen Ostjuden im langen Kaftan und mit Löckchen gesehen hatte, begann er *Mein Kampf* zufolge, antisemitische Broschüren zu lesen; fortan nahm er überall und bevorzugt in privilegierten Positionen »Juden« wahr. Besonders habe ihn ihre Rolle in der Presse und im Kulturleben gestört, außerdem die angebliche Tatsache, dass die Führer der österreichischen Sozialdemokratie vorwiegend jüdischen Glaubens gewesen seien. Ihre Botschaften habe er schnell durchschaut: »Das war Pestilenz, geistige Pestilenz, schlimmer als der schwarze Tod von einst, mit der man da das Volk infizierte. Und in welcher Menge dabei dieses Gift erzeugt und verbreitet wurde!« Stolz bemerkte er: »Ich war vom schwächlichen Weltbürger zum fanatischen Antisemiten geworden.« Der Grund dafür seien die vermeintlich kaum erträglich harten Wiener Jahre gewesen: »Ich weiß nicht, wie meine Stellung zum Judentum, zur Sozialdemokratie, besser zum gesamten Marxismus, zur sozialen Frage usw. heute wäre, wenn nicht schon ein Grundstock persönlicher Anschauungen in so früher Zeit durch den Druck des Schicksals und durch eigenes Lernen sich gebildet hätte.«[9]

Die anschließenden Erfahrungen in München hätten ihn in dieser Überzeugung noch bestärkt. Er erkannte *Mein Kampf* zufolge, dass die »internationale jüdische Weltfinanz« einen langfristigen Plan verfolge, nämlich die »Vernichtung des in die allgemeine überstaatliche Finanz- und Wirtschaftskontrolle noch nicht sich fügenden Deutschlands« durchzuführen. Ein Weg dazu sei der Weltkrieg gewesen, in den das »Weltjudentum« Europa gehetzt habe. Abermals sah sich Hitler in den Jahren 1914 bis 1918 in seinem Hass angeblich bestätigt: »Während der Jude die gesamte Nation bestahl und unter seine Herrschaft presste, hetzte man gegen die ›Preußen‹. Genau wie an der Front, geschah auch zu Hause von oben gegen diese Giftpropaganda nichts«, klagte er: »Mir tat dies Gebaren unendlich leid. Ich konnte in ihm nur den genialsten Trick des Juden sehen, der die allgemeine Aufmerksamkeit von sich ab- und auf andere hinlenken sollte. Während Bayer und Preuße stritten, zog er beiden die Existenz unter der Nase fort; während man in Bayern gegen den Preußen schimpfte, organisierte der Jude die Revolution und zerschlug Preußen und Bayern zugleich.« Doch auch erst mit dem Ende des Kaiserreichs und der Ausrufung der Republik, also im November 1918, habe er die eindeutige Konsequenz gezogen: »Mit dem Juden gibt es kein Paktieren, sondern nur das harte Entweder-Oder.«[10]

Das klang schlüssig: Binnen gut zehn Jahren wollte Hitler seinen radikalen Antisemitismus schrittweise entwickelt haben, immer wieder gestützt durch konkrete Erfahrungen. Allerdings hatte diese Selbstdarstellung einen wesentlichen Mangel: Sie traf nicht zu. Aus Hitlers Wiener Zeit existiert nämlich nicht ein einziges zeitgenössisches Zeugnis, das ihn als Judenfeind kennzeichnen würde. Im Gegenteil gehörten zu seinen wenigen Freunden im Männerwohnheim mehrere Juden, zum Beispiel Josef Neumann, den Hitler wohl hoch achtete; Siegfried Löffner, der ihm in der Auseinandersetzung mit seinem ehemaligen Kompagnon Reinhold Hanisch half; schließlich Simon Robinson, der schon mal mit etwas Geld aushalf. Seine nach Fotopostkarten gemalten Bilder verkaufte

Hitler überwiegend an jüdische Händler. 1908 war er mehrfach bei Hausmusikabenden der Familie Jahoda zu Gast, typischen assimilierten Wiener Juden. Eingeführt hatte ihn sein Jugendfreund August Kubizek, der dort gelegentlich gegen Honorar Bratsche spielte: »Adolf ging auch tatsächlich mit. Es gefiel ihm auch ausnehmend gut. Insbesondere imponierte ihm die Bibliothek, die sich Doktor Jahoda eingerichtet hatte und die für Adolf einen wesentlichen Maßstab zur Beurteilung der hier versammelten Menschen bedeutete.«[11] Das passte kaum zu dem von Kubizek später behaupteten Hass schon des jungen Hitler auf alles Jüdische.

Ebenso wenig wie aus der Wiener Zeit sind aus seinen rund eineinviertel Münchner Jahren bis Kriegsbeginn zeitgenössische Belege für einen radikalen Antisemitismus überliefert. Zwar gab es in der bayerischen Residenz eine weit verbreitete Judenfeindschaft sowohl in kleinbürgerlichen, streng katholischen Kreisen wie im nationalistisch gesinnten Bürgertum. Doch Hitler verbrachte seine Zeit außer bei seinen Vermietern, wo er für seinen Lebensunterhalt Aquarelle malte und in seiner Freizeit Bücher aus der Staatsbibliothek las, gelegentlich in jenen Schwabinger Künstlerkneipen, in denen die Bohème verkehrte. Sie war politisch eher links orientiert; auch gehörten zahlreiche Juden zu ihr. Das störte Hitler offensichtlich wenig. In *Mein Kampf* behauptete er allerdings, in dieser Zeit das »Verhältnis von Marxismus und Judentum einer weiteren gründlichen Prüfung unterzogen« zu haben – mit einem klaren Ergebnis: »Die Frage der Zukunft der deutschen Nation« sei die »Frage der Vernichtung des Marxismus«, der natürlich jüdisch sei.[12] Jedoch erinnerte sich kein einziger Zeuge an solche Aussagen Hitlers 1913/14, und keines seiner, allerdings äußerst spärlichen, echten schriftlichen Zeugnisse aus der Vorkriegszeit enthielt irgendeinen Hinweis auf Antisemitismus.

Auch der Beginn des Krieges machte aus dem Freiwilligen noch keinen Judenhasser. Zwar schrieb er Anfang Februar 1915 an einen Bekannten in der bayerischen Residenz: »Ich denke so oft an München, und jeder von uns hat nur den Wunsch, dass es bald zur endgültigen Abrechnung mit der Bande kommen möge.«[13] Doch blieb unklar, ob mit der »Bande« die feindlichen Soldaten gemeint waren, die geschlagen werden mussten, bevor an eine Rückkehr in die Heimat gedacht werden könne, oder irgendwelche Feinde in München selbst. Weitere politische Äußerungen enthalten seine überlieferten Briefe aus dem Krieg nicht. Auch konnten sich mehrere Kameraden aus seinem Regiment, sein damaliger Vorgesetzter Max Amann ebenso wie andere Meldegänger, nicht erinnern, in den Jahren bis 1918 von Hitler »politische Äußerungen« vernommen zu haben, schon gar nicht zur »Judenfrage«.[14] Sein Freund Ernst Schmidt sagte 1934 einem britischen Journalisten erstaunlich offen: »Er versuchte nicht, irgendeinen politischen Einfluss auf andere auszuüben.«[15] Ein weiterer Kamerad, Ignatz Westenkirchner, erinnerte sich sogar, dass Hitler über Wien und die dortigen Juden sprach, dabei aber »keinerlei Gehässigkeit« erkennen ließ.[16] In einem der für *Mein Kampf* typischen inneren Widersprüche bestätigte er das auch: »Ich war damals Soldat und wollte nicht politisieren. Es war hierzu auch wirklich nicht die Zeit.« Wenige Zeilen später aber schrieb er das Gegenteil: »Ich wollte also damals von Politik nichts wissen, konnte aber doch nicht anders, als zu gewissen Erscheinungen Stellung zu nehmen, die nun einmal die ganze Nation betrafen, besonders aber uns Soldaten angingen.« Er meinte einerseits die übertriebene Siegesgewissheit in der Heimat und andererseits die verbreitete Ignoranz gegenüber den angeblichen Gefahren des »Marxismus«, über die »an den verjudeten Universitäten« nichts zu hören gewesen sei.[17]

SOLDATENRAT IN MÜNCHEN

Die jüdischen Vorgesetzten im Regiment List konnten ebenfalls nicht der Grund für Hitlers obzessiven Antisemitismus sein. Das stellte zumindest der ehemalige Regimentsadjutant Fritz Wiedemann rückblickend fest: »Die Erfahrungen mit jüdischen Offizieren während des Weltkrieges konnten dazu wenig beigetragen haben.«[18] Im Gegenteil: An der Verleihung des Eisernen Kreuzes Erster Klasse an Hitler am 4. August 1918 war wahrscheinlich der jüdische Leutnant Hugo Gutmann wesentlich beteiligt, wenn er Hitlers Auszeichnung nicht sogar selbst initiiert hatte. Das hätte er wohl eher nicht getan, wenn der Meldegänger sich zu dieser Zeit im Kameradenkreis als aggressiver Antisemit präsentiert hätte.

Weder in Wien noch in München oder während des Weltkrieges war Hitler zum Judenhasser geworden. Doch auch die Revolution im November 1918 machte ihn nicht zum Antisemiten. Zwar war er wohl wirklich erschüttert von der Niederlage, doch andererseits froh über das Ende der Kämpfe. Als er das Lazarett in Pasewalk zehn Tage später verlassen konnte und über Berlin nach München zurückfuhr, erlebte er in der Reichshauptstadt den Trauerzug für die bei Unruhen in der vorangegangenen Woche getöteten Arbeiter. Vielleicht marschierte er sogar ein Stück mit, als er vom Stettiner Kopfbahnhof nördlich der Innenstadt, wo er angekommen war, zum Anhalter Bahnhof südlich des Zentrums unterwegs war, wo er den nächsten Zug nehmen musste. Jedenfalls beschrieb er die Demonstration im zweiten Band von *Mein Kampf*: »Nach dem Krieg erlebte ich dann in Berlin eine Massenkundgebung des Marxismus vor dem Königlichen Schloss und Lustgarten. Ein Meer von roten Fahnen, roten Binden und roten Blumen gab dieser Kundgebung, an der schätzungsweise 120 000 Personen teilnahmen, ein schon rein äußerlich gewaltiges Ansehen. Ich konnte selbst fühlen und verstehen, wie leicht der Mann aus dem Volk dem suggestiven Zauber eines solchen grandios wirkenden Schauspiels unterliegt.«[19]

Doch besonders stark kann seine Abneigung gegen den »jüdischen Marxismus« nicht gewesen sein. Zwar behauptete er: »Noch Ende November 1918 kam ich nach München zurück. Ich fuhr wieder zum Ersatzbataillon meines Regimentes, das sich in der Hand von ›Soldatenräten‹ befand. Der ganze Betrieb war so widerlich, dass ich mich sofort entschloss, wenn möglich wieder fortzugehen.«[20] Doch nach einem kurzen Aufenthalt in Traunstein kehrte er zurück und nahm möglicherweise Ende Februar 1919 am Trauermarsch für den ermordeten Revolutionsministerpräsidenten Kurt Eisner teil – darauf deutet jedenfalls ein Schnappschuss vom 26. Februar 1919 hin, der offenbar Hitler zeigt.[21] Trifft das zu, wäre es zumindest ungewöhnlich für einen Antimarxisten und Antisemiten, der Hitler zu dieser Zeit laut *Mein Kampf* schon längst gewesen sein wollte. Denn Eisner war Sozialist und stammte aus einer jüdischen Familie.

Sechs Wochen später, inzwischen tobten in München schon die ersten heftigen Bürgerkriegskämpfe zwischen republikanischen Einheiten und den Anhängern der inzwischen regierenden Räterepublik, ließ Hitler sich sogar zum Ersatzmitglied eines der ihm angeblich so verhassten Soldatenräte wählen. Immerhin 19 Stimmen entfielen auf ihn.[22] Die Wahl am 15. April 1919 fand statt nach dem Palmsonntagsputsch loyalistischer Einheiten unter SPD-Führung, der von kommunistischen Freischärlern rasch niedergeschlagen wurde, weil sich nicht wie erwartet die Münchner Garnisonen auf die Seite der legitimen Regierung gestellt hatten. Vertreter von Soldaten- und Arbeiterräten hatten danach die kommunistische Diktatur ausgerufen. Auch die neu gewählten Räte erklärten, dass sie »mit aller Kraft die Räterepublik« verteidigen wollten.[23] Deren führende Köpfe stammten teilweise aus jüdischen Familien, wie Eugen Levine, Tobias Axelrod oder Ernst Toller; darüber klagte ein vollständig assimilierter jüdischer Karlsruher 1925: »Vielleicht wäre den bayerischen Juden manches Ungemach erspart geblieben, wenn die jüdischen, insbesondere ostjüdischen Kommunisten in der bayerischen Revolution nicht hervorgetreten wären.«[24] Allerdings gab es auch fälschlich als »Juden« bezeichnete Vertreter wie Max Levien – die nationalistischen Gegner der Räterepublik identifizierten die Revolutionäre mit ihrem antisemitischen Feindbild. Dazu dürfte beigetragen haben, dass die Revolutionäre bürgerliche Geiseln nahmen und mindestens zehn von ihnen erschossen. Diese Morde wurden als Beginn des »roten Terrors« auf deutschem Boden wahrgenommen, als vermeintlich typisch jüdisch.

Als Soldatenrat entwickelte Hitler keine nachweisbare Aktivität. In *Mein Kampf* verschwieg er diese Funktion aber nicht nur, sondern behauptete sogar, als Gegner der Räterepublik aufgetreten und deshalb ins Fadenkreuz der Revolutionäre geraten zu sein: »Am 27. April 1919 früh morgens sollte ich verhaftet werden – die drei Burschen aber besaßen angesichts des vorgehaltenen Karabiners nicht den nötigen Mut und zogen wieder ab, wie sie gekommen waren.«[25] Dabei handelte es sich mit großer Wahrscheinlichkeit um eine Selbststilisierung, denn Datum und Beschreibung der angeblich gescheiterten Festnahme entsprachen irritierend genau ähnlichen Berichten, die etwa der völkische Schriftsteller Dietrich Eckart und Hitlers Regimentskamerad Fridolin Solleder veröffentlichten.[26]

Die Machtübernahme der kommunistischen Räte in München löste harte Gegenmaßnahmen der Reichsregierung in Berlin aus: Mehrere zehntausend Mann reguläre und gut ausgerüstete Truppen, außerdem loyale Freikorps machten sich auf den Weg nach Oberbayern, um den »Karneval des Wahnsinns« gewaltsam zu beenden.[27] In der zweiten Aprilhälfte zeigte sich, dass die Zerschlagung der Räterepublik nur noch eine Frage von Tagen war. Die »Rote Armee« der Revolutionäre hatte gegen die zahlenmäßig weit überlegenen Truppen ihrer Gegner keine Chance. Anfang Mai 1919 meldeten ihre Kommandeure dem für innere Sicherheit zuständigen Volksbeauftragten, also Minister Gustav Noske, Vollzug: Die Revolution in München war niedergeschlagen; mindestens 606, wahrscheinlich aber mehr als tausend Menschen waren getötet worden, überwiegend Aufständische, aber auch unbeteiligte Zivilisten.

Wahrscheinlich zu dieser Zeit entwickelte sich Hitler zum radikalen Antisemiten; möglicherweise handelte es sich um die Nebenwirkung seines Versuchs, das kurze Engagement als Soldatenrat »wiedergutzumachen«. Jedenfalls untersuchte er schon wenige Tage nach dem Ende der Räterepublik als Mitglied einer Kommission, wer seiner Regimentskameraden die Revolution unterstützt hatte. Dabei bezichtigte er unter anderem die Soldaten Georg Dufter und Jakob Seihs, die bei der Wahl drei Wochen zuvor deutlich mehr Stimmen erhalten hatten: »Dass einzelne Teile des Regiments der Roten Armee sich anschlossen, ist jedenfalls auf die Propagandatätigkeit des Dufter und des Bataillonsrates Seihs zurückzuführen.«[28] Ungefähr gleichzeitig, genau am 7. Mai 1919, wurden die harten Bedingungen der Versailler Friedenskonferenz veröffentlicht – und lösten in fast ganz Deutschland einen Schock aus, von der linken Sozialdemokratie bis zu rechtsextremen Fanatikern. Vor allem in völkischen Kreisen verschmolzen nun der angeblich jüdische Bolschewismus und sein deutscher Ableger, die Räterepublik, untrennbar mit den feindlichen auswärtigen Mächten, die als unerträglich wahrgenommene Reparationen forderten.

Spätestens im Juni oder Juli 1919 hatte Hitlers Vorgesetzter Karl Mayr genügend Vertrauen zu dem schon 30-jährigen Gefreiten gefasst, um ihn für eine größere Aufgabe geeignet zu halten: Er wurde offiziell zu einem Lehrgang abgeordnet, der ihn befähigen sollte, antibolschewistische Propaganda zu betreiben: »Schon wenige Wochen darauf erhielt ich den Befehl, an einem ›Kurs‹ teilzunehmen, der für Angehörige der Wehrmacht abgehalten wurde. In ihm sollte der Soldat bestimmte Grundlagen zu staatsbürgerlichem Denken erhalten«, schrieb er in *Mein Kampf*.[29] Die Dozenten waren durchweg von deutschnationaler oder völkischer Gesinnung, mehrere auch bekennende Antisemiten. Ihre Botschaften bestätigten Hitler offenbar: »Ich meldete mich eines Tages zur Aussprache. Einer der Teilnehmer glaubte, für die Juden eine Lanze brechen zu müssen, und begann sie in längeren Ausführungen zu verteidigen. Dieses reizte mich zu einer Entgegnung. Die weitaus überwiegende Anzahl der anwesenden Kursteilnehmer stellte sich auf meinen Standpunkt.«[30] Allerdings waren offene Diskussionen bei diesen Lehrgängen in Wirklichkeit offenbar unerwünscht; überzeugte Antisemiten beschwerten sich, dass eine Auseinandersetzung mit der »Judenfrage« verhindert worden sei.[31]

Doch Mayr, selbst Antisemit, hatte das agitatorische Talent und die inzwischen gefestigte Überzeugung seines Schützlings erkannt. Er hielt Hitler für einen seiner zuverlässigsten Männer und protegierte ihn nach Kräften. Deshalb gab er ihm am 10. September 1919 den Auftrag, dem Ulmer Soldaten Adolf Gemlich zu antworten; der hatte schriftlich gefragt: »Ist die Regierung zu schwach, um gegen ein gefährliches Judentum einzuschreiten?« Mayr wies seinen Untergebenen an, ihm eine »ein bis zwei Seiten lange Ausführung zu den

Fragepunkten zur Verfügung zu stellen«.[32] So kurz fassen konnte sich der Antisemit Adolf Hitler aber nicht: Er brauchte vier eng beschriebene Seiten, um seinen Judenhass zum ersten Mal schriftlich zu formulieren. Darin führte er Vorurteile und Feindbilder zusammen, die in München seinerzeit gängig waren, aber schon gemischt mit jener rücksichtslosen Überzeugtheit, die wenig später enorme Wirkung auf das Publikum des Redners Hitler entfalten sollte.

Kein anderes Thema, nicht einmal die Gier nach »Lebensraum«, prägte *Mein Kampf* so sehr wie der Antisemitismus. Doch die in dem Buch beschriebene Entstehung dieses Judenhasses war zu großen Teilen eine Projektion; Hitler schilderte dessen Ursprünge nachweislich unaufrichtig. Fest steht: Zwischen Mai und September 1919 wurde aus dem politisch indifferenten Gefreiten ein überzeugter Antisemit. Über die Hintergründe dieses Wandels kann man nichts Eindeutiges feststellen. Viel spricht allerdings dafür, in Hitlers überbordender Wut auf Juden eine Überkompensation seiner rückblickend als Irrweg empfundenen, kurzen und unbedeutenden Mitwirkung an der Münchner Räterepublik zu sehen.

ZUVERLÄSSIGKEIT

Mein Kampf ist in vielerlei Hinsicht Hitlers Bildungsroman.
Er hat sich dort eine Lebensgeschichte erfunden,
die politisch hilfreich war.

THOMAS WEBER, HISTORIKER[1]

Nirgendwo wird mehr geschönt, manipuliert, ja gelogen als in Autobiografien. Den eigenen Lebensweg zuzuspitzen und auszuschmücken gehört untrennbar zum Genre. Das gilt auch für Adolf Hitlers Schilderung seiner Herkunft, seiner Ausbildung und seiner Erfahrungen vor, im und nach dem Ersten Weltkrieg, um die der erste Band von *Mein Kampf* kreist. Fast jede Seite seiner Darlegungen enthält nachweisbare Irrtümer, Missverständnisse oder andere Unwahrheiten. Interessant sind allerdings nicht kleinere Fehler, die jedem unterlaufen, der sich nach einem Dutzend Jahren oder mehr genaue Daten, Orte oder Namen ins Gedächtnis zu rufen versucht. Bedeutung haben vielmehr jene Passagen, die Hitler mit Blick auf die Wirkung bei seinem Publikum bewusst falsch darstellte, die also der Selbststilisierung dienten.

Daher ist unerheblich, dass er zum Beispiel seinen ersten Besuch in Wien in *Mein Kampf* falsch datierte und mindestens teilweise irreführend beschrieb: »Beschleunigt wurde dies noch, seit ich, noch nicht 16 Jahre alt, zum ersten Male zu einem Besuche auf zwei Wochen nach Wien fahren durfte.

Ich fuhr hin, um die Gemäldegalerie des Hofmuseums zu studieren, hatte aber fast nur Augen für das Museum selber. Ich lief die Tage vom frühen Morgen bis in die späte Nacht von einer Sehenswürdigkeit zur anderen, allein es waren immer nur Bauten, die mich in erster Linie fesselten. Stundenlang konnte ich so vor der Oper stehen, stundenlang das Parlament bewundern; die ganze Ringstraße wirkte auf mich wie ein Zauber aus Tausendundeiner Nacht.«[2]

In Wirklichkeit fand diese Reise nicht vor dem 20. April 1905 statt, Hitlers 16. Geburtstag, sondern mehr als ein Jahr später, und sie dauerte auch nicht nur zwei Wochen. Das beweist einerseits der für eine Reise in die Metropole notwendige »Heimatschein« der Stadtverwaltung Linz, der seine Absicherung durch die dortige Fürsorge bestätigte, also eine Art Sozialversicherungskarte; er wurde am 21. Februar 1906 ausgestellt.[3] Andererseits sind vier Postkarten erhalten, die Hitler zwischen Anfang Mai und Anfang Juni 1906 aus Wien an seinen Freund August Kubizek nach Linz schickte. Demnach hielt sich seine Begeisterung über die Hauptstadt der Habsburger-Monarchie offensichtlich in Grenzen: »Trotzdem ich alles sehr schön finde, sehne ich mich doch wieder nach Linz.«[4] Obwohl Hitler in derselben Karte seine baldige Rückkehr ankündigte, blieb der 17-Jährige offenbar bis nach Pfingsten 1906; jedenfalls schickte er einen Gruß mit Poststempel aus Wien zu den Festtagen an Kubizek und dessen Eltern.[5] Irrtümer dieser Art unterlaufen unweigerlich jedem, der sich an fast zwei Jahrzehnte zurückliegende Ereignisse erinnert.

Anders ist es mit prägenden Erfahrungen wie den politischen Überzeugungen des eigenen Vaters. Über Alois Hitler heißt es in *Mein Kampf*, er sei von »schroffster nationaler Gesinnung« gewesen, was auf den Sohn »abgefärbt« habe.[6] Wenn das zutreffend gewesen wäre, hätte er wohl zu den Alldeutschen gehören müssen, wie die radikalnationalistische Opposition in Österreich-Ungarn um die Jahrhundertwende genannt wurde. Sie lehnte die Zugeständnisse des Wiener Hofes gegenüber dem zweiten Reichsteil Ungarn kategorisch ab und betrachtete infolgedessen die Habsburger als volksfeindliche Fremdherrscher. An anderer Stelle in seinem Buch beschrieb Adolf Hitler die Geisteshaltung jener »national und patriotisch gesinnten Männer«, die in der Generation seines Vaters als »wahrhaft deutschgesinnte Österreicher« lebten: »Rebellen nicht gegen die Nation, auch nicht gegen den Staat an sich, sondern Rebellen gegen eine Art der Regierung, die ihrer Überzeugung nach zum Untergang des eigenen Volkstums führen musste.«[7]

Mit der dokumentierten politischen Überzeugung von Alois Hitler sind diese Behauptungen seines Sohnes inkompatibel. Denn ohne Zweifel war der 1895 pensionierte Zollbeamte ein loyaler Staatsdiener gewesen; seine Vorgesetzten hätten einen Mann von zweifelhafter Zuverlässigkeit kaum ausgerechnet an der Grenze zwischen Deutschland und Österreich-Ungarn eingesetzt, nämlich in Braunau am Inn und kurze Zeit sogar in Passau, also auf reichsdeutscher Seite. Auch machte Alois Hitler zum Ende seiner Berufslaufbahn noch zwei Karriereschritte und stieg bis zum Wirklichen Zolloberamtsoffizial in Linz auf – die höchste Position, die er ohne Matura und Hochschulstudium überhaupt erreichen konnte. Entsprechend hieß es Anfang 1903 in einem Nachruf auf den mit 65 Jahren überraschend verstorbenen Ruheständler, er sei ein »durch und durch fortschrittlicher Mann« gewesen, was zu dieser Zeit in Deutschösterreich gleichbedeutend war mit staatstreu.[8] Ganz ähnlich beschrieb auch August Kubizek den Vater seines Freundes, allerdings nur aus zweiter Hand, da er ihn persönlich nicht kennengelernt hatte:

ZUVERLÄSSIGKEIT

»Wenn auch Alois Hitler, wie es damals bei der Beamtenschaft Österreichs vielfach zu beobachten war, liberalen Ansichten huldigte, blieb für ihn doch die Autorität des Staates, ausgedrückt in der Person des Kaisers, absolut unantastbar.«[9] Deutschnational geprägt haben kann Alois Hitler seinen Sohn also schwerlich – was Adolf übrigens nebenbei auch in *Mein Kampf* einräumte, als er den Vater in anderem Zusammenhang einen »pflichtgetreuen Staatsbeamten« nannte.[10] Bei der Behauptung, Alois' Nationalismus habe auf ihn »abgefärbt«, handelt es sich um eine nachträgliche Verzeichnung, die Hitler offenbar vornahm, um seine radikale völkische Überzeugung und die Forderung nach einer »Wiedervereinigung« von Deutschösterreich mit Deutschland als Kernanliegen seit frühester Jugend darzustellen.

Um seinen Einsatz für die Interessen der Arbeiter in Städten und auf dem Land glaubhaft zu machen, betonte Hitler in seinem Buch die einfachen Verhältnisse, in denen er als Jugendlicher und junger Mann habe leben müssen. »Indem mich die Göttin der Not in ihre Arme nahm und mich oft zu zerbrechen drohte, wuchs der Wille zum Widerstand, und endlich blieb der Wille Sieger«, schrieb er in *Mein Kampf*: »Das danke ich der damaligen Zeit, dass ich hart geworden bin und hart sein kann. Und mehr noch als dieses preise ich sie dafür, dass sie mich losriss von der Hohlheit des gemächlichen Lebens, dass sie das Muttersöhnchen aus den weichen Daunen zog und ihm Frau Sorge zur neuen Mutter gab, dass sie den Widerstrebenden hineinwarf in die Welt des Elends und der Armut und ihn so die kennen lernen ließ, für die er später kämpfen sollte.«[11] Allerdings vertrug sich diese Darstellung nicht mit seiner Herkunft aus einem Beamtenhaushalt mit gesicherter Pension, auch für die Witwe nach dem Tod des Vaters, und zeitweise mit eigenem Grundbesitz. Also griff

AUS EINFACHEN VERHÄLTNISSEN?

Hitler zu dem Trick, das verfügbare Vermögen und Einkommen der Familie kleinzureden: »Not und harte Wirklichkeit zwangen mich nun, einen schnellen Entschluss zu fassen. Die geringen väterlichen Mittel waren durch die schwere Krankheit der Mutter zum großen Teile verbraucht worden; die mir zukommende Waisenpension genügte nicht, um auch nur leben zu können, also war ich nun angewiesen, mir irgendwie mein Brot selber zu verdienen.«[12]

In Wirklichkeit hatte die Behandlung der unheilbar an Krebs erkrankten Klara Hitler keineswegs die »väterlichen Mittel« aufgebraucht. Im Januar 1907 war ihr eine Brust abgenommen worden; das Krankenhaus berechnete 100 Kronen für den Aufenthalt zuzüglich Operation und Medikamenten. Doch die Amputation hatte keinen Erfolg; es hatten sich bereits Metastasen gebildet. Für seine Hausbesuche bei der sterbenden Klara bis zu ihrem Tod am 21. Dezember 1907 veranschlagte der Linzer Arzt Edmund Bloch, ein praktizierender Jude, den ungewöhnlich geringen Betrag von vier Kronen pro Behandlung – normal wären sechs Kronen gewesen. Für die eingesetzten Medikamente stellte Bloch weitere 128 Kronen in Rechnung, was für seine Bemühungen einen Gesamtbetrag von 300 Kronen ergab.[13] Zusammen verschlang die letztlich erfolglose, lediglich den Tod hinauszögernde Behandlung von Klara Hitler schätzungsweise 500 Kronen.

Gewiss viel Geld, zumal es keine Krankenkasse gab, die einen Teil der Kosten übernommen hätte – doch die Familie Hitler verarmte dadurch nicht. Klara hatte nach dem Tod ihres Mannes und dem Verkauf des 1898 erworbenen kleinen Hauses über ein Barvermögen von mindestens 4000 Kronen verfügt – nach Abzug der Auszahlung ihrer Stiefkinder, der Rücklage für die bis zu ihrem jeweiligen 24. Lebensjahr gesperrten Erbteile für Adolf und seine jüngere Schwester Paula sowie Steuern und Spesen. Hinzu gekommen war ihre Witwenpension von jährlich 1200 Kronen zuzüglich 480 Kronen Erziehungsbeiträge für ihre beiden Kinder.[14] So hatte Klara für ihre Familie einschließlich Zinsen jährlich über fast 1900 Kronen verfügt; immerhin rund das doppelte Einstiegsgehalt eines jungen Lehrers oder Juristen in Deutschösterreich um 1905. Ein knappes Drittel davon, 600 Kronen, gab sie für die Miete ihrer Wohnung aus. Ansonsten lebte die Familie bescheiden. Zufällig erhaltene Angaben über ihre Haushaltsführung deuten auf einen kulinarisch anspruchslosen, aber keinesfalls ärmlichen Lebensstil. So wurden regelmäßig frische Milch und Kaffee eingekauft, zweimal wöchentlich Brot und Fleisch, dagegen nur relativ selten Obst und Gemüse.[15]

Nach dem Tod seiner Mutter bekam der 18-jährige Adolf nicht nur eine monatliche Waisenpension von 25 Kronen ausgezahlt, sondern konnte wohl auch über seinen Anteil am mütterlichen Erbe von etwa 600 Kronen verfügen. Zudem bekam er 1908 von seiner Tante Johanna Pölzl zweimal je 924 Kronen geliehen – de facto zwei Schenkungen. Die gesundheitlich angeschlagene, möglicherweise auch behinderte Frau starb 1911 mit nur 48 Jahren. Er hatte also ein Startkapital von etwa 2500 Kronen zuzüglich laufender Zahlungen von 300 Kronen im Jahr. Selbst im teuren Wien konnte man von 1200 Kronen im Jahr einigermaßen leben. In bitterer Armut also verbrachte Adolf Hitler seiner Behauptung zum Trotz die ersten anderthalb Jahre seiner Wiener Zeit keinesfalls; vielmehr lebte er in den Tag hinein und verbrauchte sein Erbe Stück für Stück, unter anderem mit regelmäßigen Opern- und Caféhaus-Besuchen. Auf den erhaltenen Meldescheinen der Jahre 1908 und 1909 firmierte er als »Student«, ohne je die Aufnahmeprüfung einer Hochschule bestanden zu haben, oder sogar als »Schriftsteller«, bevor er ein einziges Wort veröffentlicht hatte.[16] Ganz treffend hielten ihn »alle seine Angehörigen«, so erinnerte sich August Kubizek, »für einen Taugenichts, der jede brotbringende Arbeit von vorneherein scheute«.[17]

Dann ging, im Spätsommer oder Frühherbst 1909, Hitlers Geld tatsächlich zur Neige. Mindestens 2800 Kronen hatte er seit dem Umzug in die Hauptstadt Mitte Februar 1908 ausgegeben – in seiner Selbstdarstellung behauptete Hitler jedoch, in den ganzen anderthalb Jahren »ohne jedes Vermögen« dagestanden zu haben: »Mein gesamter Barbetrag bei meiner Reise nach Wien betrug rund 80 Kronen.«[18] Er stahl sich aus der letzten Wohnung, in der er als Untermieter gelebt hatte, und verzog unbekannt. Möglicherweise war er Miete schuldig geblieben oder wollte die Wiener Behörden verwirren, vielleicht auch beides. Jedenfalls stürzte er nun für einige Monate ins soziale Nichts, nächtigte anscheinend unter freiem Himmel oder in Elendsquartieren. In *Mein Kampf* beschrieb er die Armut anschaulich: »Vor den Palästen der Ringstraße lungerten Tausende von Arbeitslosen, und unter dieser Via Triumphalis des alten Österreich hausten im Zwielicht und Schlamm der Kanäle die Obdachlosen.«[19] Die eigene Verantwortung für den rapiden Abstieg gestand er natürlich nicht ein. Zudem bekam Hitler weiterhin 25 Kronen Waisenpension im Monat, was auch ohne jede Tätigkeit täglich für ausreichend Milch und Brot reichte. Doch in seinem Buch klagte er über »mein wahrhaft kärglich Brot, das doch nie langte, um auch nur den gewöhnlichen Hunger zu stillen«.[20]

Gelegentliche Alternative zum Nächtigen in der Gosse war das Obdachlosenasyl in Meidling, das von einem privaten Verein mit Hilfe von Spenden betrieben wurde. Rund tausend Menschen, Männer, Frauen und Kinder, wurden abends eingelassen und konnten dann in großen Schlafsälen kostenlos eine Nacht im Warmen und Trockenen verbringen; morgens mussten sie wieder hinaus auf die Straße, auf der oft schon andere Verzweifelte warteten, die für ein Quartier in der nächsten Nacht anstanden. Ärzte hielten sich bereit, um akute Krankheiten und Verletzungen zu versorgen; es gab Duschen, außerdem konnten Kleider desinfiziert werden. Wie oft Hitler im Meidlinger Asyl übernachtete, wurde nicht dokumentiert, denn niemand vom Asylverein fragte die Obdachlosen nach ihren Papieren; auch er selbst wusste es schon wenige Monate später nicht mehr.[21] Im kalten Winter 1909/10 dürfte ihm jede Möglichkeit willkommen gewesen sein. Rückblickend allerdings bewertete er in *Mein Kampf* die selbstlose Nothilfe der Vereinsmitglieder äußerst negativ: »Schon während meines Wiener Existenzkampfes war mir klar geworden, dass die soziale Tätigkeit nie und nimmer in ebenso lächerlichen wie zwecklosen Wohlfahrtsduseleien ihre Aufgabe zu erblicken hat.«[22]

Nun war Hitler ganz unten angekommen; aus eigener Kraft gelang ihm die Befreiung aus dem selbstverschuldeten Elend nicht. Dazu musste er erst in Kontakt mit einem Stadtstreicher und Kleinkriminellen namens Reinhold Hanisch kommen, den er im Meidlinger Asyl traf. Der Mann, der unter dem falschen Namen »Fritz Walter« lebte, überredete Hitler, noch einmal seine Verwandten um Geld anzubetteln. Tatsächlich ließ sich Tante Johanna Pölzl überreden und schickte Geld, offenbar 50 Kronen. Davon erstand Hitler Aquarellpapier und Farben, um Postkarten abzumalen. Hanisch verkaufte diese Bilder dann an Krämer, Bilderhändler und Wien-Besucher weiter. Die Qualität war bescheiden: »In besseren Geschäften des Kunsthandels wurden die Arbeiten immer abgewiesen«, erinnerte sich Hanisch.[23]

Dennoch reichten die Einnahmen, um den beiden Anfang 1910 den Umzug ins saubere, allerdings pro Woche 2,50 Kronen teure Männerwohnheim in der Wiener Meldemannstraße zu ermöglichen. Jeder Mieter hatte eine eigene Schlafkabine von vier Quadratmetern und bekam wöchentlich frisches Bettzeug. Zwar durfte man auch hier die Tage nicht in den Betten verbringen, aber man wurde auch nicht auf die Straße geworfen: Das Männerheim verfügte über Aufenthaltsräume und einen Speisesaal mit einfacher, aber günstiger Küche. Hitler fertigte tagsüber seine Bilder an, meistens Sehenswürdigkeiten von Wien, Hanisch besorgte den Vertrieb und warb Bestellungen von Abnehmern ein; die Erlöse teilten sie sich. Nach wenigen Monaten jedoch zerstritten sich die Geschäftspartner: Hitler brachte einen Mitbewohner dazu, Hanisch wegen Betruges anzuzeigen, und beschuldigte ihn bei einer polizeilichen Vernehmung, Einnahmen und ganze Bilder unterschlagen zu haben. Das Gericht verurteilte den Angeklagten zu einer Woche Haft.

Die Rolle, die der Vorschlag des geschäftstüchtigen »Fritz Walter« für seine Befreiung aus dem Obdachlosenmilieu gespielt hatte, unterschlug Hitler in *Mein Kampf*. Stattdessen stilisierte er zur bewussten Entscheidung aus eigener Initiative, was in Wirklichkeit wohl auf Hanischs Anregung zurückging. Die Erfahrung der Not in der Wiener Unterschicht sei der Anstoß für seine persönliche Weiterentwicklung zum Kleinunternehmer im Kunstgewerbegeschäft geworden, behauptete er: »So war auch ich entschlossen, mit beiden Füßen in die für mich neue Welt hineinzuspringen und mich durchzuschlagen.«[24] Doch das stimmte auch in anderer Hinsicht nicht: Auf die monatliche Waisenpension verzichtete Hitler Anfang Mai 1911 nur gezwungenermaßen. Beantragt hatte die Neuverteilung der Unterstützung seine sechs Jahre ältere Halbschwester Angela Raubal, die verheiratete Tochter von Alois Hitler und dessen zweiter Frau Franziska. In Raubals Haushalt lebte seit dem Krebstod von Alois' dritter Frau Klara, geborene Pölzl, deren zweites Kind Paula, Adolf Hitlers leibliche Schwester. Die ordentlich bürokratisch protokollierte Begründung für die Neuverteilung fiel eindeutig aus: »Da überdies noch erhoben wurde, dass Adolf behufs seiner Ausbildung als Kunstmaler größere Beträge durch seine Tante Johanna Pölzl ausgefolgt erhielt, somit vor seiner Schwester ohnehin bevorzugt erscheint, so besteht von Seiten des gefertigten Gerichtes als Vormundschaftsgericht der minderjährigen Adolf und Paula Hitler kein Anstand, dass die Waisenpension von 600 Kronen nunmehr zur Gänze zur Bestreitung der Erziehungskosten der minderjährigen Paula verwendet wird«.[25]

Zeitgleich mit seinem Obdachlosendasein und seiner anschließenden Tätigkeit als Postkartenmaler stand für Adolf Hitler der Dienst in der Armee des Vielvölkerstaates Österreich-Ungarn an. Nach dem österreichischen Wehrgesetz hatte sich jeder männliche Staatsbürger im Herbst vor seinem 21. Geburtstag bei den zuständigen Behörden zu melden und, sofern tauglich, im darauffolgenden Frühling zu einem dreijährigen aktiven Dienst einzurücken, dem sieben Jahre als Reservist und zwei in der Landwehr folgen sollten.[26] Regelmäßig wurde mit Plakatanschlägen und Zeitungsartikeln an diese Pflicht erinnert, unter genauer Angabe, welche Jahrgänge sich zu melden hatten. Betroffen waren stets die 20-Jährigen und zusätzlich jene 21- und 22-Jährigen, die noch nicht gedient hatten, weil sie zurückgestellt worden waren oder die Meldung zum Dienst versäumt hatten. Vielleicht spielte für Hitlers Abtauchen ins Obdachlosenmilieu im September 1909 auch eine Rolle, dass er sich seiner Dienstpflicht entziehen wollte; jedenfalls meldete er sich nicht. Die Betreiber seines neuen Quartiers, des Männerheims in der Meldemannstraße, allerdings verlangten zwingend eine polizeiliche Anmeldung; trotzdem ließ er sich weder 1910 noch in den darauffolgenden Jahren ins Militärregister eintragen, was seine Pflicht und zugleich Voraussetzung für die Einberufung war. Ab 1913 wurde der Jahrgang 1889 nicht mehr öffentlich zur Stellung aufgefordert; mit dem 24. Geburtstag erlosch gewöhnlich die Pflicht für bis dahin Ungediente. In der Vorkriegszeit wurde in Österreich-Ungarn ebenso wie in Deutschland wegen mangelnder Ausbildungskapazität lediglich gut die Hälfte der Wehrpflichtigen jedes Jahrgangs tatsächlich eingezogen. Die übrigen galten entweder als untauglich oder wurden ungedient der »Ersatzreserve« zugeteilt, was in Friedenszeiten die Ausmusterung bedeutete. Doch falls Hitler glaubte, mit seiner Nichtmeldung um den Militärdienst herumzukommen, erlag er einem Irrtum. Da er sich nicht dem Gesetz entsprechend gemeldet hatte, galt als neue Altersgrenze für die Einberufung automatisch sein 36. Geburtstag.[27]

Weil diese Regeln für alle männlichen Österreicher galten und auch alle deutschen Männer mit ähnlichen Vorschriften vertraut waren, musste Hitler in *Mein Kampf* eine Begründung geben, warum er nicht mit Anfang Zwanzig zum regulären Militärdienst eingerückt war. Am Ende der langen Ausführungen über seine Wiener Zeit schilderte er auf vier Seiten seine »innere Abneigung dem habsburgischen Staate gegenüber«. Dieses »Staatsgebilde« müsste »zum Unglück des Deutschtums werden«, schrieb er; es sei »innerlich hohl« und behindere »jeden wahrhaft großen Deutschen«, womit er vor allem sich selbst meinte: »So begann ich immer mehr ein Doppelleben zu führen; Verstand und Wirklichkeit hießen mich in Österreich eine ebenso bittere wie segensreiche Schule durchmachen, allein das Herz weilte woanders.« Besonders stieß ihn seiner eigenen Beschreibung zufolge das »Rassenkonglomerat« ab, das Wien und ganz Österreich-Ungarn präge – also auch die kaiserlich-königliche Armee. »Da mein Herz niemals für eine österreichische Monarchie, sondern immer nur für ein Deutsches Reich schlug, konnte mir die Stunde des Zerfalls dieses Staates nur als der Beginn der Erlösung der deutschen Nation erscheinen.«[28]

Auf den wahren Grund für seine Abneigung gegen den Militärdienst dagegen ging Hitler nicht ein: Er wollte sein bescheidenes, aber auskömmliches Leben als Ansichtskartenmaler im Wiener Wohnheim nicht aufgeben. Die österreichisch-ungarischen Behörden machten es ihm einfach. Da stets die Heimatgemeinde zuständig war für die Überprüfung der Dienstpflicht, fiel zuerst in Linz auf, dass er sich nicht wie vorgeschrieben gestellt hatte. Doch zugleich galt er hier als unbekannt verzogen, obwohl er in Wien inzwischen polizeilich gemeldet war. Wenige Wochen nach seinem 24. Geburtstag verließ Hitler im Mai 1913 Wien und reiste nach München, wo er fortan leben wollte. Er meldete sich als »staatenlos« an, was nicht zutraf, ihn aber vermutlich vor Nachforschungen des österreichischen Militärs schützen sollte. Es gelang nicht: Ab August 1913 wurde er gesucht, Anfang 1914 führte die bayerische Polizei den »Stellungsflüchtling« beim Konsulat der Doppelmonarchie in München vor. Hitler drohte eine Strafe zwischen vier Wochen Arrest und einem Jahr Gefängnis, außerdem eine Geldstrafe von bis zu 2000 Kronen und natürlich die Einberufung zum Wehrdienst, den er im Zweifel bei einer besonders abgelegen stationierten Einheit abzuleisten hätte.

In dieser Situation verfasste er am 21. Januar 1914 den bis dahin längsten Brief seines Lebens. Auf vier eng beschriebenen Seiten, die vor Rechtschreibfehlern strotzten, rechtfertigte Hitler seine wiederholten Verstöße gegen die Stellungspflichten. Er räumte ein: »Nun trifft mich bei all dem gewiss auch ein Verschulden. Ich unterließ es, mich im Herbst 1909 zu melden, holte dies jedoch im Februar 1910 nach.« Das hatte mit der Wahrheit so viel gemein wie der nächste Satz:

FLUCHT VOR DEM WEHRDIENST

»Es konnte mir jedoch nie einfallen, mich der Stellung zu entziehen, so wenig als ich mich etwa zu diesem Zwecke in München befinde.« Im Folgenden instrumentalisierte und überzeichnete er, wie später in seinem Bekenntnisbuch, die schwierige Lage in Wien, natürlich ohne die eigene Verantwortung dafür einzuräumen: »Was meine Unterlassungssünde im Herbst 1909 anbelangt, so war dies eine für mich unendlich bittere Zeit. Ich war ein unerfahrener junger Mensch, ohne jede Geldhilfe und auch zu stolz, eine solche auch nur von irgendjemand anzunehmen, geschweige denn zu erbitten.« Das war gelogen, denn Hitler bekam ja nicht nur bis 1911 monatlich seine Waisenpension, sondern hatte auch um den Jahreswechsel 1909/10 erfolgreich seine Tante um Geld angebettelt. Statt zu seiner angeblichen politischen Gegnerschaft zur habsburgischen Doppelmonarchie zu stehen, führte er weinerlich aus: »Zwei Jahre lang hatte ich keine andere Freundin als Sorge und Not, keine anderen Begleiter als ewigen unstillbaren Hunger. Ich habe das schöne Wort Jugend nie kennen gelernt. Heute noch nach fünf Jahren sind die Andenken in Form von Frostbeulen an Fingern, Händen und Füßen.« Dreist behauptete er, er sei »rein vor meinem Gewissen bis auf jene unterlassene Militärmeldung, die ich damals nicht einmal kannte«.[29]

Angesichts der Diskrepanz zwischen der Darstellung in diesem Brief und in *Mein Kampf* konnte nicht erstaunen, dass Hitler unmittelbar nach dem »Anschluss« Österreichs an das Dritte Reich im März 1938 den oberösterreichischen NSDAP-Gauleiter August Eigruber anwies: »Hier in Linz muss ein mich betreffender Militärakt liegen; dieser Akt ist mir auszufolgen, mir persönlich!« Doch am folgenden Tag musste Eigruber einräumen: »Mein Führer, es lagen Sie betreffende Akten hier, die sind aber ausgehoben, unbekannt von wem.«[30] Hitler tobte, ließ mehrere Verdächtige festnehmen und von der Gestapo scharf verhören – doch die Akte mit seinem Originalbrief blieb verschollen und konnte daher nicht vernichtet werden. Sie lag auf dem Dachboden des sozialdemokratischen Politikers Franz Jetzinger und überstand dort unbeschadet die Zeiten.[31]

Vermutlich ärgerte sich Hitler über seinen Brief von 1914, weil er sich bald als unnötig erwiesen hatte: Die österreichisch-ungarischen Behörden hatten gar kein Interesse, den flüchtigen Wehrpflichtigen einzuziehen. Er wurde bei der Nachmusterung, zu der er eigens nach Salzburg reisen musste, für untauglich erklärt. Die Militärakte enthielt den Abschlussvermerk: »Waffenunfähig«.[32] Seinerzeit dürfte dieses Urteil Hitler erleichtert haben, brauchte er damit doch nicht mehr die dreijährige Einziehung zum ungeliebten österreichisch-ungarischen Heer zu befürchten. Später jedoch musste ihm die wenig schmeichelhafte Bewertung bedrohlich erscheinen, denn neben seiner ausführlich geschilderten angeblichen sozialen Not gehörte sein Soldatentum zum Kern seiner politischen Selbstdarstellung – in *Mein Kampf* wie in vielen Reden.

Natürlich widmete sich Hitler in seinem Buch dem Beginn des Ersten Weltkrieges. Seiner eigenen Darstellung zufolge erkannte er unmittelbar nach dem Attentat auf den habsburgischen Thronfolger Franz Ferdinand in Sarajevo am 28. Juni 1914 die weltpolitische Bedeutung: »Wer in den letzten Jahren das Verhältnis Österreichs zu Serbien dauernd zu beobachten Gelegenheit besaß, der konnte wohl kaum einen Augenblick darüber im Zweifel sein, dass der Stein in das Rollen gekommen war, bei dem es ein Aufhalten nicht mehr geben konnte.« Ihm sei der Gedanke »durch den Kopf« gezuckt, »dass der Krieg endlich unvermeidlich sein würde«.[33] Falls das tatsächlich so gewesen sein sollte, wäre Hitler jedenfalls

KÖNIGLICH GENEHMIGT?

eine große Ausnahme, denn nach den Schockwellen, die der Doppelmord von Sarajevo durch Europa jagte, beruhigte sich die öffentliche Stimmung in den ersten drei Juli-Wochen – in Berlin ebenso wie in Wien und in München, wo Hitler lebte, aber auch in der Provinz.[34] Das änderte sich erst mit dem österreichischen Ultimatum an Serbien am 23. Juli 1914, und fortan steigerten sich Teile der Öffentlichkeit, vor allem unter den bürgerlichen Einwohnern von Städten, in eine irrationale Kriegsbegeisterung hinein. Zugleich gab es jedoch viele Menschen, die sorgenvoll in die Zukunft blickten, doch sie zogen sich meistens zurück – nur ausnahmsweise kam es zu Anti-Kriegs-Demonstrationen, etwa der SPD. Die vermeintliche geschlossene Zustimmung der deutschen Bevölkerung verklärte die nationalistische Publizistik schon bald zum »Augusterlebnis«, und auch *Mein Kampf* griff diese unvollständige und damit unzutreffende Darstellung auf: »Der Kampf des Jahres 1914 wurde den Massen, wahrhaftiger Gott, nicht aufgezwungen, sondern von dem gesamten Volke selbst begehrt.«[35]

Anfang August 1914 stand dann der Ausbruch des Großen Krieges unmittelbar bevor, und dabei wollte Hitler seinem Buch zufolge keinesfalls abseits stehen: »Aus politischen Gründen hatte ich Österreich in erster Linie verlassen; was war aber selbstverständlicher, als dass ich nun, da der Kampf begann, dieser Gesinnung erst recht Rechnung tragen musste. Ich wollte nicht für den habsburgischen Staat fechten, war aber bereit, für mein Volk und das dieses verkörpernde Reich jederzeit zu sterben.«[36] Also habe er sich umgehend freiwillig melden wollen, was aber nicht so einfach war, denn obwohl er sich bei seiner Ankunft in München als staatenlos angemeldet hatte, war doch seit seiner Vorführung beim österreichisch-ungarischen Konsulat und seiner Nachmusterung in Salzburg aktenkundig, dass er Staatsbürger der Doppelmonarchie war und also nicht in der königlich-bayerischen Armee dienen durfte. Im Gegenteil war es Absicht der Regierungen sowohl in Wien als auch in München, »dem verbündeten Nachbarn seine Wehrpflichtigen zuzuführen«.[37]

In *Mein Kampf* beschrieb Hitler, wie er dieses Hindernis überwunden habe: »Am 3. August reichte ich ein Immediatgesuch an Seine Majestät König Ludwig III. ein mit der Bitte, in ein bayerisches Regiment eintreten zu dürfen. Die Kabinettskanzlei hatte in diesen Tagen sicherlich nicht wenig zu tun; um so größer war meine Freude, als ich schon am Tage darauf die Erledigung meines Ansuchens erhielt. Als ich mit zitternden Händen das Schreiben geöffnet hatte und die Genehmigung meiner Bitte mit der Aufforderung las, mich bei einem bayerischen Regiment zu melden, kannte Jubel und Dankbarkeit keine Grenze.«[38] Sympathisanten schmückten diese Darstellung noch aus. Anna Popp, in deren Münchner Wohnung Hitler als Untermieter ein Zimmer bewohnte, erzählte nach der Machtübernahme einem britischen Journalisten: »Ich sehe heute noch den jungen Hitler vor mir stehen, wie er mir die Karte zeigte, die er von der Kabinettskanzlei bekommen hatte, dass er in der deutschen Armee dienen dürfe.«[39] Ähnlich äußerte sich ein Kriegskamerad Hitlers, und 1952 schrieb ein phantasievoller Journalist, Nachbarn erinnerten sich, wie ein Diener des bayerischen Hofes zur Wohnung der Popps gekommen sei und die erfreuliche Botschaft überbracht habe.[40]

Jedoch war diese anschauliche Szene frei erfunden. Nicht nur konnte 1924 in den vollständig erhaltenen Akten der Münchner Kabinettskanzlei weder ein solches Gesuch noch ein Konzept oder eine Abschrift der angeblichen Antwort gefunden werden, sondern die Kabinettskanzlei, also das Büro des Monarchen, war für derlei Anfragen auch ebenso wenig zuständig wie der König selbst. Vielmehr hatte Ludwig III.

KÖNIGLICH GENEHMIGT?

entsprechend Paragraf 21 der Deutschen Wehrordnung, der zufolge »Angehörige fremder Staaten« zum »Eintritt in das Heer der Genehmigung des Kontingentherren« bedurften, pauschal das bayerische Kriegsministerium »für die Dauer des Krieges ermächtigt, Ausländer als Kriegsfreiwillige einzustellen«.[41] Wenn Hitler also überhaupt ein Gesuch an den König geschrieben hatte, dann wäre diese Eingabe sicher dorthin weitergeleitet worden. Allein dieser Umweg machte die angeblich umgehende Antwort unmöglich. Hinzu kam, dass angesichts des enormen Organisationsaufwandes, den die Mobilisierung der regulären Truppen allen Vorbereitungen zum Trotz mit sich brachte, die Ministerialbeamten wesentlich wichtigeres zu tun hatten als auf ein ja keineswegs eiliges Gesuch zu antworten.

Die Anekdote erfüllte einen klaren Zweck: Hitlers freiwilliger Eintritt ins bayerische Heer sollte durch die behauptete Genehmigung von oberster Stelle überhöht werden, herausgehoben aus der Zufälligkeit, mit der er in Wirklichkeit wohl erfolgt war. Im Oktober 1924, versuchte das Kriegsarchiv in München auf Bitte des bayerischen Innenministeriums die Umstände zu rekonstruieren: »Es ist nicht ausgeschlossen, dass auch Hitler sich schon in den allerersten Tagen der Mobilmachung freiwillig gemeldet hat. Weil man ihn eben einfach nicht brauchen konnte, ist er wohl zunächst weggeschickt oder beurlaubt worden – wie so viele andere.« Erst als die erste Welle der regulär mobilisierten Truppen auf dem Weg an die Front war, bekam Hitler Mitte August 1914 seine Chance. Zu dieser Zeit waren die Verluste der kämpfenden Einheiten bereits weitaus höher als erwartet; entsprechendes Chaos herrschte bei den Ersatzabteilungen in der Heimat, die mindestens die angeforderten Kontingente bereitzustellen hatten. Da forschte wohl niemand lange nach der tatsächlichen Staatsangehörigkeit des 25-jährigen Kriegsfreiwilligen.

Erfunden hatte Hitler die Geschichte vom »Immediatgesuch« übrigens nicht für *Mein Kampf*. Schon in einem seiner frühesten Lebensläufe, den er am 29. November 1921 an einen unbekannten NSDAP-Sympathisanten gerichtet hatte, heißt es: »Am 5. August 1914 meldete ich mich aufgrund eines genehmigten Majestätsgesuches beim 1. bayerischen Infanterieregiment zum Eintritt in die deutsche Armee. Nach einigen Tagen zurückgestellt, wurde ich dem 2. Infanterieregiment überwiesen und trat am 16. August in die damals in Aufstellung begriffenen Formationen des bayerischen Reserve-Infanterieregiments Nr. 16 ein.«[42] Ob er diese Darstellung bereits während des Krieges benutzt hatte, um etwa den Kameraden zu erklären, wieso er – dem Dialekt nach klar als Österreicher erkennbar – im bayerischen Heer kämpfte, ist unbekannt.

In seinem Regiment, nach dessen erstem Kommandeur Julius List benannt, fühlte Hitler sich offenbar wohl. Im Rückblick verklärte er seine Zeit als Soldat: »So, wie wohl für jeden Deutschen, begann nun auch für mich die unvergesslichste und größte Zeit meines irdischen Lebens. Gegenüber den Ereignissen dieses gewaltigsten Ringens fiel alles Vergangene in ein schales Nichts zurück.«[43] Nach einer auf wenige Wochen verkürzten Grundausbildung erhielt die Einheit, die überwiegend aus Ungedienten und nur einem kleinen Anteil Freiwilliger bestand, den Marschbefehl nach Belgien. Dort erlebten die Männer, unzureichend ausgerüstet und kaum vorbereitet auf das, was sie erwartete, Ende Oktober 1914 ihre »Feuertaufe«. In *Mein Kampf* beschrieb Hitler seinen ersten Kampfeinsatz erstaunlich knapp: »Und dann kommt eine feuchte, kalte Nacht in Flandern, durch die wir schweigend marschieren, und als der Tag sich dann aus den Nebeln zu lösen beginnt, da zischt plötzlich ein eiserner Gruß über unsere Köpfe uns entgegen und schlägt in scharfem Knall die kleinen Kugeln zwischen unsere Reihen, den nassen Boden aufpeitschend; ehe aber die kleine Wolke sich noch verzogen, dröhnt aus zweihundert Kehlen dem ersten Boten des Todes das erste Hurra entgegen. Dann aber begann es zu knattern und zu dröhnen, zu singen und zu heulen, und mit fiebrigen Augen zog es nun jeden nach vorne, immer schneller, bis plötzlich über Rübenfelder und Hecken hinweg der Kampf einsetzte, der Kampf Mann gegen Mann. Aus der Ferne aber drangen die Klänge eines Liedes an unser Ohr und kamen immer näher und näher, sprangen über von Kompanie zu Kompanie, und da, als der Tod gerade geschäftig hineingriff in unsere Reihen, da erreichte das Lied auch uns, und wir gaben es nun wieder weiter: ›Deutschland, Deutschland über alles, über alles in der Welt!‹«

Konkreter als in seinem Buch hatte Hitler diese erste Schlacht in zwei Briefen an Bekannte in München geschildert. Am 3. Dezember 1914 schrieb er seinem Vermieter Joseph Popp: »Am 27. Oktober nachts ein Uhr kam plötzlich Alarm und Generalmarsch. Um zwei Uhr marschierten wir aus, und am 29. früh um sieben Uhr kamen wir in die Schlacht, und zwar gleich in die vorderste Front zum Sturm. Es war dies die Schlacht bei Gheluvelt und Bezelaere. Vier Tage lagen wir im schwersten Kampfe, und mit Stolz darf ich sagen, unser Regiment hat sich heldenhaft geschlagen. Schon am ersten Tag abends hatten wir fast alle Offiziere verloren.«[44] Auf sogar mehr als sechs Seiten stellte er diesen Kampf Anfang Februar 1915 in einem Brief an seinen Münchner Bekannten Ernst Hepp dar. Die Bewährungsprobe seines Bataillons schmückte Hitler reichlich aus. Er beschrieb den Tod einzelner Kameraden und wie der Rest der Einheit den letzten verbliebenen Offizier aufforderte: »Herr Leutnant, führen Sie uns zum Sturm!« Viermal seien die Männer in den nahe gelegenen Wald vorgedrungen und viermal zurückgeschlagen worden, bis sie sich am Abend an einer Straße eingruben.[45] Doch trotz aller Details, die Hitler zwar aus mehreren Wochen und Monaten Distanz, aber trotzdem relativ zeitnah zu berichten wusste, fehlte eine zentrale Information: Deutsche Soldaten hätten beim Vormarsch über die Felder Flanderns die erste Strophe des Deutschlandliedes geschmettert.

Tatsächlich handelte es sich um eine entlehnte Anekdote, die Hitler in *Mein Kampf* wohl aufgriff, um seine Darstellung an das kollektive Gedächtnis der Leser anzuschließen. Zu den bekanntesten Berichten über die Kämpfe im Westen gehörte nämlich eine Meldung, die von der Obersten Heeresleitung am 11. November 1914 veröffentlicht wurde: »Westlich Langemarck brachen junge Regimenter unter dem Gesange ›Deutschland, Deutschland über alles‹ gegen die erste Linie der feindlichen Stellungen vor und nahmen sie. Etwa 2000 Mann französischer Linieninfanterie wurden gefangengenommen und sechs Maschinengewehre erbeutet.«[46] Dabei handelte es sich allerdings um eine reine Stilisierung, die einem geläufigen Heldentopos folgte; die tatsächlich keineswegs »jungen«, sondern vorwiegend aus schlecht ausgebildetem Ersatzpersonal mittleren Alters bestehenden Regimenter hatten in Wirklichkeit große Mühe, sich einen Weg über die von Granaten zu Schlamm aufgewühlten Felder Flanderns zu bahnen. Die oft als Begründung für den Gesang angeführte Erklärung, mit dem Lied hätten die Soldaten den Beschuss durch die eigenen Geschütze abwenden wollen, traf ebenfalls nicht zu: Inmitten des Donnerns unzähliger Waffen und Granaten hätte selbst »Deutschland, Deutschland über alles« aus einigen tausenden Kehlen gleichzeitig geschmettert nie genau genug lokalisiert werden können, um den Richtschützen der Artillerie Hinweise auf die Position der eigenen Mannschaften zu geben.

Stimmte schon die Anekdote in der ursprünglichen Fassung nicht, so datierte Hitler zusätzlich den vermeintlich von Gesang begleiteten Sturmangriff 13 Tage zu früh und verlegte ihn um gut 15 Kilometer nach Südosten, von Langemarck-Bikschoote nach Gheluvelt – eben dorthin, wo das Regiment List nachprüfbar gekämpft hatte. Aber weder das Kriegstagebuch des Hauptmanns Ludwig Graf von Bassenheim noch ein Bericht eines an den Kämpfen beteiligten Soldaten und auch nicht eine schon 1915 erschienene erste Darstellung über den Fronteinsatz des Regiments berichteten von dem Gesang.[47] Der Regimentsgeschichte von 1932 zufolge hatten einige Soldaten allerdings die »Wacht am Rhein« angestimmt, als sie aussichtslos an einem Ackerhang in Deckung lagen: »Etwas unsicher und gepresst klingt's. Wir wollen als deutsche Soldaten sterben! Zum Teufel auch.«[48]

Auch an Hitlers grundsätzlicher Darstellung der »Feuertaufe« der bayerischen Reservisten und Freiwilligen stimmte wenig. Statt nämlich mutig und immer wieder auf eigene Initiative vorwärts zu drängen, manchmal zu stürmen, versuchten die meisten Soldaten, dem mörderischen gegnerischen Feuer auszuweichen. Viele warfen sich einfach auf den Boden und warteten auf das Ende der Kämpfe. Als Bassenheim seine Kompanie des List-Regiments aufforderte, zum Angriff vorzugehen, musste er seinem Kriegstagebuch zufolge den Befehl dreimal wiederholen, bevor sich die Männer in Bewegung setzten. Am Abend des ersten Tages zog sich auch Hitlers Einheit »langsam kriechend, platt am Boden« zurück, wie es schon 1915 ein Erinnerungsbuch an die ersten Schlachten des Regiments vermerkte.[49] Am Abend war die Talsenke vor Gheluvelt, »ein Kilometer des Zoll um Zoll mit deutschem Blut erkauften Bodens«, wieder preisgegeben.[50] Ein Sieg sah anders aus. Bei Hitlers Schilderung der »Feuertaufe« in *Mein Kampf* handelte es sich um eine Heroisierung, gespeist von ausgeschmückten eigenen Erinnerungen und dem Langemarck-Mythos der offiziellen Propaganda.

Allerdings blieb das die einzige wenigstens etwas ausführlichere Schilderung einer konkreten Schlacht in *Mein Kampf*, an der Hitler beteiligt war. Die Passage in dem mit gerade einmal 21 Seiten überraschend knappen Kapitel »Der Weltkrieg« schloss er mit den Sätzen: »Das war der Beginn. So ging es nun weiter Jahr für Jahr; an Stelle der Schlachtenromantik aber war das Grauen getreten.«[51] Das sollte dem Leser wohl den Eindruck vermitteln, Hitler habe ähnliche Erfahrungen auch während der folgenden vier Jahre gemacht. Das stimmte jedoch nicht, denn der Kampf um Gheluvelt war und blieb der einzige Sturmangriff, an dem der Kriegsfreiwillige teilnahm. Am 3. November 1914 wurde er zum Gefreiten befördert und sechs Tage später auf eigenes Betreiben als Ordonanz in den Regimentsstab versetzt. Als einer von etwa zehn Meldegängern brachte er fortan Befehle vom Kommandeur zu den Gefechtsständen der Bataillone. Das war keine ungefährliche Aufgabe: Obwohl Regimentsstäbe ihre Quartiere stets mehrere Kilometer hinter der Hauptkampflinie bezogen, gerieten sie gelegentlich doch unter gegnerischen Artilleriebeschuss. Doch das Risiko zu sterben war viel geringer als für die Soldaten in den Schützengräben an vorderster Front. Keiner der sieben Meldegänger, mit denen Hitler sich 1915 in Fournes fotografieren ließ, verlor an der Westfront sein Leben; ein einziger starb nach seiner Versetzung nach Rumänien. Dagegen fiel insgesamt jeder vierte Angehörige des Regiments List.[52]

Der eigentliche Kampfeinsatz des Kriegsfreiwilligen Adolf Hitler hatte keine zwei Wochen gedauert, vom Morgen des 29. Oktober bis zum 9. November 1914. Ein Soldat aus der Kompanie, zu der Hitler während der ersten Kämpfe gehört hatte, berichtete 1932 rückblickend: »Als wir uns damals bis auf die Haut nass in die verschlammten Granattrichter ducken mussten, als wir, versinkend in Kot und Dreck, die erste Grabenlinie halten mussten [...], da war Adolf Hitler schon nicht mehr dabei, sondern saß bereits hinter der Drecklinie beim Regimentsstab.«[53] In *Mein Kampf* allerdings gab Hitler keinen einzigen Hinweis darauf, dass er als Meldegänger überwiegend im Hinterland eingesetzt war, statt mit seinen Kameraden das Schicksal von einigen Tagen Dienst in den vordersten Stellungen und einer ebenso langen Zeit vermeintlicher Erholung im rückwärtigen Raum zu teilen. In den Feldpostbriefen an seine Münchner Bekannten hatte er seine privilegierte Stellung noch durchaus angedeutet, in seinem Buch fand sich darüber kein Wort mehr. Viel zu wichtig war offenbar die Selbststilisierung, als dass er hätte eingestehen können, dass er zwar kein Drückeberger gewesen war, aber eben auch kein »Frontschwein«. Seine Kameraden jedenfalls hielten ihn für einen »Etappenhengst« – keine sehr schmeichelhafte Bezeichnung für jemanden, der später in vielen Reden auf seine Kriegserfahrungen anspielte.[54]

Möglicherweise weil Adolf Hitler relativ selten in Kontakt mit der vordersten Linie kam, erlebte er nicht, wie dort die Stimmung kippte. Vielleicht blendete er diese Erlebnisse auch einfach aus oder verschwieg sie vorsätzlich, weil sie nicht zur heroischen Tonart passten. Jedenfalls schilderte er in *Mein Kampf*, dass er in einem Lazarett in Beelitz bei Berlin erstaunt gewesen sei, wie es inzwischen um die Moral deutscher Soldaten bestellt war. Nach seiner ersten Verwundung am 5. Oktober 1916 – ein Granatsplitter hatte ihn im linken Oberschenkel getroffen, allerdings zwei Kilometer hinter der Front nahe dem Regimentshauptquartier – war er nach Deutschland verlegt worden. »Der Geist des Heeres an der Front schien hier schon kein Gast mehr zu sein. Etwas, das an der Front noch unbekannt war, hörte ich hier zum ersten Male: das Rühmen der eigenen Feigheit! Denn was man auch draußen schimpfen und ›masseln‹ hören konnte, so war dies doch nie eine Aufforderung zur Pflichtverletzung oder gar eine Verherrlichung des Angsthasen. Nein! Der Feigling galt noch immer als Feigling und sonst eben als weiter nichts; und die Verachtung, die ihn traf, war noch immer allgemein, genau so wie die Bewunderung, die man dem wirklichen Helden zollte.«[55]

Mit der Wirklichkeit nach zwei Jahren Krieg an der Westfront im Allgemeinen, aber auch beim Regiment List im Besonderen hatte diese Darstellung allerdings wenig zu tun. Obwohl die stark dezimierte Truppe wenige Tage nach Hitlers Verwundung wegen totaler Entkräftung aus der vordersten Linie der Somme-Schlacht abgezogen und an einen ruhigeren Frontabschnitt verlegt werden musste, nahmen die Befehlsverweigerungen, Desertationen und Selbstverstümmelungen stark zu. In die Regimentsakten aufgenommen wurde etwa die Mitteilung eines Soldaten, der sich weigerte weiterzukämpfen: »Ich möchte in das Zuchthaus, da ist es mir lieber, da brauche ich meinen Schädel nicht hinzuhalten.«[56] Was Hitler in Beelitz erlebte, war Ausdruck derselben Kriegsmüdigkeit, die auch bei seinem bayerischen Reserveregiment längst allgegenwärtig war – außer vielleicht beim Stab weit hinter der Front.

Dieser vergleichsweise komfortablen Position verdankte Hitler auch seine höchste Kriegsauszeichnung, das Eiserne Kreuz Erster Klasse, das er sich später stets an die Brust heftete, so oft er Uniform oder einen ordenstauglichen Zivilanzug trug, im Zweiten Weltkrieg sogar ständig. In *Mein Kampf* allerdings verlor er kein Wort über die Umstände, unter denen er am 4. August 1918 geehrt worden war. Das hatte wohl zwei Gründe. Einerseits kursierten verschiedene Berichte, welche Leistung denn auf diese Weise belohnt worden war, und andererseits wäre Ehrlichkeit gerade hier für den Antisemiten Hitler peinlich geworden.

Das Vakuum, das durch die ungewohnte Zurückhaltung entstanden war, füllten Kriegskameraden und allerlei Publizisten mit Erfindungen aus. Mal sollte er als Meldegänger allein eine Gruppe britischer Soldaten gefangengenommen haben, ausschließlich bewaffnet mit seiner Pistole. Manchmal aber hieß es auch, es habe sich um ein Dutzend Franzosen gehandelt. Weiteren Versionen zufolge hatte er eine zerstörte Telefonverbindung unter feindlichem Feuer wiederhergestellt oder nach Unterbrechung aller anderen Nachrichtenverbindungen einen Befehl an die vorderste Front gebracht. All das war offenbar falsch. Im offiziellen Vorschlag für seine Auszeichnung stand nämlich: »Hitler ist seit Ausmarsch beim Regiment und hat sich in allen mitgemachten Gefechten glänzend bewährt. Als Meldegänger leistete er sowohl im Stellungskrieg als auch im Bewegungskrieg Vorbildliches an Kaltblütigkeit und Schneid und war stets bereit, Meldungen in den schwierigsten Lagen unter größter Lebensgefahr durchzubringen. Nach Abreißen aller Verbindungen in schwierigen Gefechtslagen war es der unermüdlichen und opferbereiten Tätigkeit des Hitler zu verdanken, dass wichtige Meldungen trotz aller Schwierigkeiten durchdringen konnten.«[57] Das sei des Eisernen Kreuzes Erster Klasse würdig.

Es war also offenbar nicht eine konkrete einzelne Heldentat, die mit dem nur selten an Mannschaftsdienstgrade verliehenen Orden ausgezeichnet wurde, sondern Hitlers grundsätzliche Standhaftigkeit. Und natürlich seine ständige, geradezu devote Haltung gegenüber den Offizieren im Regimentsstab. Ein Frontsoldat des Regiments List, der zum entschiedenen Gegner des Nationalsozialismus wurde, schrieb 1932, es sei »unter wirklichen Frontsoldaten« nie ein Geheimnis gewesen, dass das Eiserne Kreuz »viel eher bei den Stäben hinter der Front als vorne im Graben« zu holen war: »Ich kenne gerade in unserem Regiment diese Offiziersburschen und Ordonanzen bei den hinteren Befehlsstellen, die eher die ›üblichen‹ Auszeichnungen bekamen als selbst tapfere Offiziere im Graben.«[58]

Außerdem hatte Hitler offenbar auch noch Glück gehabt: Nur eine gute Woche vor der Verleihung hatte die bayerische 6. Reservedivision, zu der sein Regiment zählte, an Eisernen Kreuzen Erster Klasse eine »Sonderrate für die letzten Kämpfe« erhalten: 60 Stück, das Dreifache der sonst üblichen Menge für den Großverband.[59] Dessen Kommandeur hatte nun die Aufgabe, entsprechend den Vorschlägen der Regimenter die Orden zu verteilen. In Hitlers 16. Reserve-Regiment waren acht Eiserne Kreuze Erster Klasse zu verteilen – sie gingen an sieben Offiziere oder Unteroffiziere und als einzigen Gefreiten an Hitler. Viel mehr als Standhaftigkeit hatte Hitler seinen Vorgesetzten aber offenbar nicht bieten können. Denn obwohl die Verluste bei niedrigen und mittleren Frontoffizieren sowie Unteroffizieren anteilig noch höher waren als bei gewöhnlichen Soldaten und deshalb Mangel an geeigneten Männern herrschte, war er seit dem 3. November 1914 kein einziges Mal befördert worden.

Der zweite Grund für Hitlers Zurückhaltung war, dass seine Ehrung von Hugo Gutmann betrieben worden war, einem jüdischen Reserveleutnant und zeitweiligem Adjutanten des Regiments. Offiziell vorgeschlagen für den Orden und verliehen hatte ihn zwar der Kommandeur, doch falls Hitler tatsächlich die Auszeichnung Gutmann zu verdanken hatte, dürfte ihm das schon kurz nach dem Krieg als demütigend erschienen sein. Also schwieg er zu Gutmanns Rolle

EIN GEFÄHRLICHER VORWURF

und schritt auch nicht ein, als ehemalige Kameraden über den jüdischen Leutnant herzogen, ihn als hochnäsig, frech und angstschlotternd schmähten oder ihm vorwarfen, sich »in jedes Mauseloch« zu verkriechen, wenn »er wirklich einmal in die Stellung muss«.[60] In Wirklichkeit war gerade Hugo Gutmann ein vorbildlicher Offizier, der sich immer wieder mit besonderem Mut hervorgetan und schon Anfang 1916 das Eiserne Kreuz Erster Klasse erhalten hatte.

So sehr schmerzte Hitler die Erinnerung an den jüdischen Offizier, dass er mehr als 23 Jahre nach der Auszeichnung im kleinen Kreis einer abendlichen Runde im Führerhauptquartier über ihn schimpfte: »Ich habe im Weltkrieg das Eiserne Kreuz Erster Klasse nicht getragen, weil ich gesehen habe, wie es verliehen wird. Wir hatten einen Juden im Regiment, Gutmann, einen Feigling sondergleichen. Er hat das EKI getragen. Es war empörend und eine Schande.«[61] Tatsächlich hätte Hitler den Orden ohnehin höchstens 34 Tage lang in Frontnähe tragen können, denn er wurde am 21. August 1918 zu einem Lehrgang als Telefonist nach Nürnberg geschickt – kurz bevor das Regiment List in eine große britische Offensive geriet und hohe Verluste hinnehmen musste. An die Front kehrte er erst mehr als sieben Wochen später zurück, am 27. September 1918, und 17 Tage später erblindete er bei einem Gasangriff zeitweise.

Natürlich störte es Hitler, wenn Zeugen meist per Presse seinen manipulierten Lebensschilderungen widersprachen. Viel Kritik ignorierte er, weil er sicher Schwierigkeiten gehabt hätte, vor Gericht die Darstellung in *Mein Kampf* zu belegen. Gegen massive Angriffe jedoch setzte er sich zur Wehr. Zum Beispiel, als im Februar 1932 das *Echo der Woche*, eine Beilage des sozialdemokratischen *Hamburger Echos*, eine Serie über den »Kameraden Hitler« ankündigte, in der es um seinen

Kriegsdienst gehen sollte. Darin, so der *Sozialdemokratische Pressedienst*, erzähle »ein langjähriger Regimentskamerad« des NSDAP-Chefs »mit schlichten Worten über die Rolle, die Hitler während des Weltkrieges gespielt« habe. Er weise nach, dass er »nicht mehr als zehn Tage in der vordersten Linie war, dass Hitler sich dann sofort als Meldegänger für das Regiment bewarb«. Er habe vier Jahre Gelegenheit gehabt, »sich in der ersten Linie auszuzeichnen, aber sich in der letzten aufgehalten«. Der Schluss: »Seine Vorsicht war größer als sein Ehrgeiz.«[62] Per einstweiliger Verfügung stoppte das Landgericht Hamburg die Serie, die dann teilweise als Flugschrift verbreitet wurde. Tatsächlich enthielt sie einen groben Fehler, denn der anonyme Autor hatte behauptet, Hitler sei als österreichischer Deserteur in die bayerische Armee eingetreten. Der SPD-*Pressedienst* berichtete weiter über den Prozess: »Die Behauptung, Hitler sei ein österreichischer Deserteur, ist monatelang unwidersprochen durch die Presse und Parlamente gegangen. Nachdem Hitler kürzlich eine amtliche Bescheinigung darüber beigebracht hat, dass er wegen Körperschwäche militärunfähig gewesen sei, konnte die Behauptung als erledigt betrachtet werden.«[63] So sehr hatte sich der NSDAP-Chef also von der *Echo*-Serie bedroht gefühlt, dass er sich gezwungen sah, seine Ausmusterung durch die österreichisch-ungarischen Behörden anzuführen.

Letztlich gewann er trotzdem das Verfahren in Hamburg, weil ein älterer Kamerad, der sich als politischer Gegner der Nationalsozialisten bekannte, eindeutig für Hitler aussagte – allerdings war dieser Kronzeuge schon Mitte November 1914 verletzt und in ein Lazarett verlegt worden.[64] Zugleich stellte das Gericht fest, »insgesamt sei der Artikel des *Echos der Woche* ›nicht in allen seinen Ausführungen unzulässig‹« gewesen. Also ließen verschiedene SPD- und bürgerlich-demokratische Zeitungen nicht locker – nur kleideten sie ihre

MITGLIED NR. 7

Kritik nun in Fragen, die als Verdachtsberichterstattung zulässig waren. So schrieb die *Schwäbische Tagwacht*: »Adolf, wo warst du?« Die *Westfälische Allgemeine Volks-Zeitung* spitzte sogar die Aussage des *Echo*-Artikels noch zu: »Haben wir es nicht gesagt, dass es mit dem Frontsoldaten Adolf Hitler nicht weit her ist?«[65]

Schon bald nach der Machtübernahme traute sich aber niemand in Deutschland mehr, ähnliche Kritik zu äußern. Auch nicht Anton Drexler, der Anfang 1919 noch unter dem Namen Deutsche Arbeiterpartei, abgekürzt DAP, den direkten Vorläufer der NSDAP gegründet hatte. Er störte sich an Hitlers Darstellung seines Eintritts in die Partei. In *Mein Kampf* hieß es nämlich über den ersten Besuch einer Parteiveranstaltung im September 1919: »Der Eindruck auf mich war weder gut noch schlecht; eine Neugründung, wie eben so viele andere auch. [...] So schossen denn überall diese Vereine nur so aus dem Boden, um nach einiger Zeit sang- und klanglos wieder zu verschwinden. Die Begründer besaßen zumeist keine Ahnung davon, was es heißt, aus einem Verein eine Partei oder gar eine Bewegung zu machen.« Er habe, so schrieb Hitler, noch eine Broschüre an sich genommen, die ein Mann ihm in die Hand drückte, der ihm »nachgesprungen« sei mit der Bitte, das Heft zu lesen: »Das war mir sehr angenehm, denn nun durfte ich hoffen, vielleicht auf einfachere Weise den langweiligen Verein kennenzulernen, ohne noch weiterhin so interessante Versammlungen besuchen zu müssen. Im Übrigen hatte dieser augenscheinliche Arbeiter auf mich einen guten Eindruck gemacht. Damit also ging ich.« Der Arbeiter war Drexler, tatsächlich von Beruf Eisenbahnschlosser. Jedenfalls seinem Buch zufolge war Hitler aber keineswegs beeindruckt von dessen Ausführungen: »Ich dachte im Laufe des Tages noch einige Male über diese Sache nach und wollte sie endlich schon wieder beiseite legen, als ich noch keine Woche später zu meinem Erstaunen eine Postkarte erhielt des Inhalts, dass ich in die Deutsche Arbeiterpartei aufgenommen wäre. Ich möchte mich dazu äußern und deshalb am nächsten Mittwoch zu einer Ausschusssitzung dieser Partei kommen. Ich war über diese Art, Mitglieder zu ›gewinnen‹, allerdings mehr als erstaunt und wusste nicht, ob ich mich darüber ärgern oder ob ich dazu lachen sollte.« Jedenfalls folgte er der Einladung, hörte einen Vortrag und entschied sich danach, tatsächlich beizutreten. In *Mein Kampf* schrieb Hitler: »So meldete ich mich als Mitglied der Deutschen Arbeiterpartei an und erhielt einen provisorischen Mitgliedsschein mit der Nummer: sieben.«[66]

Das war eine Schilderung, die Drexler zu Recht gar nicht teilte. Im Januar 1940 setzte er einen Brief an Hitler auf, in dem es hieß: »Niemand weiß besser als Sie selbst, mein Führer, dass Sie niemals das siebte Mitglied der Partei, sondern höchstens das siebte Mitglied des Ausschusses waren, in den ich Sie bat, als Werbeobmann einzutreten.«[67] Tatsächlich hatte die DAP zu dieser Zeit zwischen 50 und 60 Mitglieder, allerdings noch keine gedruckten Mitgliedskarten. Erst Anfang 1920 wurden solche Ausweise hergestellt und vergeben, alphabetisch und, um die Partei größer erscheinen zu lassen, beginnend mit der Nummer 501. Drexler wurde so Mitglied 526 und Hitler Mitglied 555, in Wirklichkeit also der 54. von insgesamt zu dieser Zeit etwa 200 DAP-Angehörigen; dieses Dokument blieb erhalten.[68]

Weil jedoch der Ausweis mit der Darstellung in *Mein Kampf* nicht in Übereinstimmung zu bringen war, wurde er manipuliert; Drexler klagte in seinem Brief: »Vor einigen Jahren musste ich mich bei einer Parteistelle beschweren, dass Ihre erste richtige Mitgliedskarte der DAP, die Schüsslers und meine Unterschrift trägt, gefälscht wurde, indem die

MITGLIED NR. 7

Nummer 555 heraus retuschiert und die Nummer 7 eingesetzt war.«[69] Diesen Brief allerdings schickte der Parteigründer und zeitweilige Ehrenvorsitzende der NSDAP, der sich 1925 mit Hitler zerstritten hatte, ausgetreten war und erst im April 1933 wieder in die Partei zurückkehrte, niemals ab – vermutlich aus wohl erwogenen Gründen. Der Entwurf fand sich erst nach 1945 in Drexlers Nachlass.

Sachliche Genauigkeit interessierte Hitler so wenig wie logische Argumentation. Die Verfälschungen, die er bei der Schilderung seines eigenen Lebens vornahm, waren mindestens zum Teil vorsätzlich und dienten der Stilisierung: Hitler erfand sich sein Leben rückblickend so, wie es ihm politisch nützlich erschien.

KRITIK

Man sollte den literarischen Verächtern von *Mein Kampf* nicht abnehmen, dass das Buch eine komplette stilistische Katastrophe sei.

HELMUTH KIESEL, GERMANIST[1]

Ob man ein politisches Buch schlecht findet oder gut, hängt vom politischen Standpunkt des Betrachters ab. Wenigstens zum großen Teil, denn natürlich gibt es auch objektive Kriterien, um Qualität zu beurteilen: die Stringenz der Argumentation etwa oder die Gewandtheit der Sprache, außerdem natürlich die Originalität der vorgetragenen Gedanken und ihre Substanz. Gemessen an solchen Maßstäben ist *Mein Kampf* ohne Zweifel ein schlechtes, sogar ein sehr schlechtes Buch. Doch für die Wirkung auf Rezensenten und Publikum spielt deren grundsätzliche Haltung eine wesentlich größere Rolle als handwerkliche oder intellektuelle Vorzüge oder Nachteile des Werkes. Entsprechend gespalten fiel das Echo auf Hitlers Buch aus.

Bis auf seine Anhängerschaft war kaum jemand besonders gespannt gewesen auf die Neuerscheinung; von einer »politischen Sensation«, wie NSDAP-Publikationen später stets behaupteten, konnte jedenfalls keine Rede sein.[2] Die angesehenen deutschen und bayerischen Zeitungen registrierten das Erscheinen nicht einmal – in einem Werbeblatt zum Überschreiten von drei Millionen Gesamtauflage 1936/37 kommentierte der Eher-Verlag dieses Desinteresse, *Mein Kampf* sei »von der Systempresse totgeschwiegen« worden.[3] Doch auch der *Völkische Beobachter*, das wichtigste Produkt des NSDAP-Verlages, hielt sich ungewohnt vornehm zurück: Obwohl es sich um das Erstlingswerk des Parteichefs und Haupteigners handelte, war keine Werbekampagne für die Neuerscheinung vorbereitet. Erst elf Tage nach der Auslieferung wurde ein großes Werbeinserat geschaltet, dem wenig später der Teilabdruck eines Kapitels folgte; ein zweites Inserat brachte das Parteiblatt dann einen Monat nach dem Erscheinen von *Mein Kampf*.[4] Lediglich Plakate im Stile der üblichen NSDAP-Veranstaltungshinweise ließ der Eher-Verlag kleben, aber auch nur in Münchens Innenstadt und in der Nähe bekannter völkischer Buchhandlungen in Bayern. Warum die Werbetrommel nicht viel stärker gerührt wurde, nicht einmal in parteieigenen Publikationen, ist unklar.

Gab es zum Erscheinen schon vergleichsweise wenig Aufmerksamkeit aus dem Umfeld der Hitler-Bewegung selbst, so blieben positive Urteile anderer Zeitungen und Zeitschriften zunächst völlig aus. Allerdings schaffen auch negative Kritiken Aufmerksamkeit, manchmal sogar mehr als wohlmeinende Texte. Daher war der Verlag möglicherweise gar nicht unglücklich über die beiden wohl ersten Artikel, die zeitgleich mit dem Werbeinserat im *Völkischen Beobachter* herauskamen. Die Tageszeitung *Das Bayerische Vaterland*, inoffizielles Sprachrohr des bäuerlichen, stramm reaktionären und judenfeindlichen, Hitler gegenüber sehr kritischen Flügels der Bayerischen Volkspartei, spottete: »Das vom gesamten Deutschland – O wie bescheiden! Warum nicht vom gesamten Weltall? – mit Spannung erwartete Werk *Mein Kampf. Eine Abrechnung von Adolf Hitler* ist, so durch blutrote Plakate angekündigt, erschienen. Sein Krampf! Vielleicht ist auch die Abrechnung über Hilfsgelder drin und wann sie kamen und wohin sie gegangen sind.«[5] In eine ähnliche Richtung zielte die Besprechung im antisemitischen *Miesbacher Anzeiger*, die vermutlich dessen Chefredakteur Bernhard Stempfle verfasst hatte. Sie stellte dezidert die Originalität von *Mein Kampf* in Frage, denn bei weiten Passagen des Buches handele es sich um »Schilderungen, die schon früher und anderswo teils besser, teils ebenso gut gemacht wurden, auf die Hitler keinen Anspruch hat, dass sie von ihm ursprünglich und selbstständig abgefasst wurden«.[6]

Schmerzhafter für den Eher-Verlag dürfte das Titelblatt der Satirezeitschrift *Simplicissimus* von Ende August 1925 gewesen sein. Der Karikaturist Erich Schilling traf nämlich mit seiner Zeichnung ins Schwarze: Unter der Überschrift »Gestern noch auf stolzen Rossen...« versuchte ein hagerer, betont sauber gescheitelter Hitler im Biergarten, *Mein Kampf* oder einen Band mit seinen Reden an bajuwarische Mannsbilder zu bringen – und erntete nur die Bemerkung: »Zwölf Mark kost' dees Büachl? A bißl teier, Herr Nachbar... Zündhölzeln ha'm S' koa?«[7] Das war gleich doppelt bitter. Einerseits erschien Hitler als typischer Hausierer. Andererseits kontrastierte die Karikatur den hohen Preis seines Buches mit einer kostengünstigen Alternative: Für den Sammelband mit vor allem älteren Hitler-Reden, den der völkische und radikal antisemitische Deutsche Volksverlag von Ernst Boepple kurze Zeit vor *Mein Kampf* herausgebracht hatte, verlangten Buchhändler bei 159 Seiten Umfang gerade einmal 2,60 Reichsmark.

Zu den frühen Urteilen über Hitlers Buch gehören drei Einträge in Joseph Goebbels' Tagebuchkladden vom August und Oktober 1925. Der junge westdeutsche NSDAP-Funktionär hatte den Parteichef erst einen Monat zuvor persönlich kennengelernt und sich dessen Werk bald nach Erscheinen besorgt; am 10. August 1925 notierte er: »Ich lese Hitlers Buch *Mein Kampf* und bin erschüttert von diesem politischen Bekenntnis.« Knapp drei Wochen später hielt er dann fest: »Wundervoll Hitlers Buch. Soviel an politischem Instinkt.« Falls Goebbels den Band tatsächlich so überragend fand, dann erstaunt allerdings, dass er ihn offenbar bald nach dem Tagebucheintrag zur Seite legte. Obwohl der promovierte Germanist ein zügiger Leser war, brauchte er nämlich bis Mitte Oktober, bevor er schreiben konnte: »Ich lese Hitlers Buch zu Ende. Mit reißender Spannung!«[8]

Ungefähr zur selben Zeit war die erste echte Rezension von *Mein Kampf* vollendet. Verfasst hatte sie der demokratische Kulturjournalist Stefan Grossmann, der hauptberuflich die Zeitschrift *Das Tage-Buch* in Berlin herausgab und nebenbei in verschiedenen Zeitungen publizierte. Sein Artikel erschien zunächst wohl Ende Oktober 1925 gekürzt und deutlich redigiert in einer Berliner Zeitung, am 1. November dann in der Wiener *Neuen Freien Presse* und schließlich sechs Tage später in einer ausführlicheren Version im *Tage-Buch*. Die Kernaussage in allen drei Texten war identisch: Hitler habe die Chance nicht genutzt, die ihm seine Haftzeit in Landsberg zu Selbsteinkehr und Reflexion bot. »Späht man in Hitlers dickem Buch nach Spuren dieser Verinnerlichung, so sucht man vergebens. Hitler nennt sein Buch eine Abrechnung, aber wenn nur ein bisschen seelisches Leben in ihm flackerte, so hätte er – nach dem Zusammenbruch seiner Bewegung – vor allem mit sich selbst abrechnen müssen.« Für die Qualität des Buches hatte Grossmann nur Spott übrig, schrieb etwa von der »Kruste der Beschönigungen«, die man bei der Lektüre wegkratzen müsse, attestierte »mehr oder weniger pathetischen Blödsinn«, zahlreiche »Phrasen« und Gedankenlosigkeit, außerdem »krassen Unsinn«. Angesichts seiner

ERSTE REZENSIONEN

Ausführungen über »Juden« kämen »leichte Zweifel an der geistigen Intaktheit des Memoirenschreibers« auf. Höhnisch erkannte der Rezensent dennoch »kleine Menschlichkeiten des Verfassers« an, der sich »schützend vor Goethe und Schiller« stelle und vor der »Prostituierung der Kunst« warne. Doch derlei seien nur »platteste Plattheiten«. Das abschließende Urteil konnte nicht erstaunen: »So verliert sich das Buch, das wenigstens mit einigen Tatsachen begonnen hatte, am Schlusse in ödestem Schwatz.« Der Band sei so »dick« wie »armselig«.[9]

Anfang November erschienen Besprechungen in international angesehenen und wahrgenommenen deutschsprachigen Blättern. Die *Neue Zürcher Zeitung* ging noch vergleichsweise wohlmeinend mit dem Buch ins Gericht. Hitler sei »ein zweifellos begabter, für das Große erglühter Mensch«. Allerdings störte den Rezensenten, wie oberflächlich *Mein Kampf* über alles Mögliche »daher schwatzt«. Für bemerkenswert erklärte der Artikel die außenpolitischen Ausführungen, vor allem die Feststellung, dass eine auf Ausdehnung des Lebensraums ausgerichtete Politik in Europa nur auf Kosten Russlands möglich sei. Die Besprechung kam zum Schluss: »Wir glauben nach der Lektüre dieser Biografie, dass seine Unwandelbarkeit dem unfruchtbaren Trotz und der Verlegenheit des künstlich emporgetragenen, nur zu Exzessen, nicht zu überlegener Politik gereiften Agitators entspringt, der die Welt nicht mehr versteht.«[10]

Ein ähnliches Fazit zog nach einer allerdings im Tonfall deutlich schärferen Analyse die *Frankfurter Zeitung*, die vor allem im wirtschaftsliberalen Bürgertum gelesen wurde. Der Grund für die kritischere Herangehensweise mochte sein, dass Hitler gerade dieses Blatt in *Mein Kampf* wiederholt scharf angegriffen hatte; allerdings ging der Artikel nicht näher darauf ein – weder auf die Schmähung als »sogenannte

Intelligenzpresse« noch auf den Vorwurf, unter Wahrung der äußeren Form »das Gift aus anderen Gefäßen dennoch in die Herzen ihrer Leser« zu gießen.[11] Unabhängig davon verstand der Rezensent Hitlers Buch in erster Linie als Autobiografie, nicht als Programmschrift; dem Text attestierte er treffend ein »nationalistisch-proletarisches Gedankengemisch« und gleichzeitig eine »terroristische Demagogie«. Angesichts solcher Bewertungen konnte der Schluss kaum überraschen: »Die Freunde konstruktiver Politik werden das Buch Hitlers zur Hand nehmen und daraus sehen, wie recht sie mit allem hatten, was sie dachten. Die Zeit ist weitergeschritten; Hitler aber ist – vollends nach diesem Selbstbekenntnis – erledigt.« Entsprechend lautete die Überschrift des Artikels »Erledigung Hitlers«.[12]

Die nationalliberale *Vossische Zeitung*, das traditionsreichste Blatt Berlins, berichtete vom 18. Juli 1925 bis zum Ende des Jahres zwar rund vierzigmal über Hitler und seine Partei, erwähnte aber *Mein Kampf* mit keinem einzigen Wort. Ähnlich war es bei anderen prägenden Zeitungen der Reichshauptstadt, etwa dem linksliberalen *Berliner Tageblatt* oder der kleinbürgerlichen *Berliner Morgenpost*: Beide ignorierten die Hitler-Partei zwar nicht komplett, beschränkten sich aber weitgehend auf politische oder polizeiliche Kurznachrichten etwa zu Ausschreitungen unter NSDAP-Beteiligung. Gerade solche Zurückhaltung erregte die Parteifunktionäre, denn die Hitler-Bewegung brauchte unbedingt die Resonanz in der breiten Öffentlichkeit, über ihre zu dieser Zeit schmale Anhängerschaft hinaus.

Relativ breite Resonanz fand *Mein Kampf* in der reaktionären und völkischen Presse – allerdings keineswegs einmütig positiv. Die *Deutsche Zeitung* des Alldeutschen Verbandes etwa kritisierte die Ausführungen zur »Rassenkunde« scharf: »Man muss solche Unzulänglichkeiten umso mehr ablehnen, als das Buch gewissermaßen als Katechismus der Hitler-Bewegung gelten will. Dann darf es aber nicht in so erheblichem Umfang soviel Falsches und Halbrichtiges neben einigem Richtigen bringen.« Besonders störte den Rezensenten das »unsachliche Schimpfen«.[13] Zu einem überaus klaren Urteil über *Mein Kampf* kam auch die reaktionäre *Neue Preußische Zeitung*: »Man sucht nach Geist und findet nur Arroganz, man sucht Anregungen und erntet Langeweile, man sucht Liebe und Begeisterung und findet Phrasen, man sucht gesunden Hass und findet Schimpfwörter.« Zuspitzend fragte das Blatt: »Ist dies das Buch der Deutschen? Schlimm wäre das!«[14]

Für einen besonders vehementen völkischen Kritiker von *Mein Kampf* hatte seine klar formulierte Ablehnung sogar anderthalb Jahrzehnte später persönliche Konsequenzen. Walter Frank, 1925 erst 20 Jahre alt und Student der Geschichtswissenschaften in München, attestierte Hitlers Buch »Demagogenwahnsinn«. Der Verfasser könne höchstens »ein guter Volkstribun, niemals aber ein Staatsmann« sein. Wahrscheinlich hätte der Apparat der NSDAP diese Bewertung vergessen oder übergangen, wenn Frank sich nicht mächtige Gegner gemacht hätte. Als er, inzwischen zum Professor und Direktor des »Reichsinstituts für die Geschichte des neuen Deutschlands« aufgestiegen, 1941 zum wiederholten Mal mit dem NS-Chefideologen Alfred Rosenberg und dessen Vertrauten Wilhelm Grau aneinandergeriet, merkte Rosenberg in einer Beschwerde an die Parteiverwaltung süffisant an: »Man kann eine Äußerung eines Zwanzigjährigen gewiss nicht für die Beurteilung seines Lebens ansetzen, und unsererseits würde das auch nicht geschehen. Jedoch hat ein solcher Mann dann auch kein moralisches Recht, sich zum Richter des Nationalsozialismus aufzuspielen.« Dieser Argumentation schloss sich Martin Bormann an, der Leiter der

NSDAP-Parteikanzlei – und sorgte für Franks Beurlaubung: »Er ist nur deshalb nicht sofort endgültig aus seinem Amte entfernt worden, weil dem beamtenrechtliche Schwierigkeiten entgegenstehen.« Allerdings musste Rosenberg einen Preis für Bormanns Hilfe bezahlen: »Ich wäre Ihnen dankbar, wenn Sie nunmehr auch Dr. Grau seines Amtes entheben würden.«[15] Trotz der demütigenden Absetzung blieb Walter Frank überzeugter Nationalsozialist: Am 9. Mai 1945 beging er Selbstmord, weil ein Weiterleben nach dem Tod Adolf Hitlers keinen Sinn mehr habe. Vom »Demagogenwahnsinn«, den er *Mein Kampf* zwei Jahrzehnte zuvor attestiert hatte, wollte er nichts mehr wissen.

Bis Anfang 1926 hinein erschienen auch in politisch nicht dem äußersten rechten Lager zuzuordnenden deutschen Zeitungen einige Kritiken von *Mein Kampf*; meist aber in kleineren oder jedenfalls außerhalb ihres Erscheinungsgebietes kaum gelesenen Blättern wie der Stuttgarter *Süddeutschen Zeitung*, dem *Fränkischen Kurier* aus Nürnberg oder der *Niederdeutschen Zeitung* (Hannover). Meist fällten die Besprechungen negative Urteile; eine ambivalente Bewertung aus den *Augsburger Neuesten Nachrichten* stach aus dem allgemeinen Tenor heraus: »Man kann zu Hitler und seinem Lebenswerk stehen, wie man will – man muss ihm das Zeugnis ausstellen, dass er ein hochbefähigter Mensch ist, der mit ehrlichem Wollen seinen in hartem Lebenskampf errungenen Überzeugungen ein Vorkämpfer ist.« Aber auch hier stand wieder die Wahrnehmung als Autobiografie im Vordergrund: »Wer die eigenartige Persönlichkeit Hitlers näher kennen lernen und Verständnis für sein Handeln gewinnen will, der greife zu seinem Buch; er wird es, ob zustimmend oder kritisch, mit Nutzen lesen.«[16]

Trotz der nach holprigem Start noch ansehnlichen, wenngleich vorwiegend skeptischen Resonanz in der deutschen Presse auf den ersten Band von *Mein Kampf* fiel das Buch jenseits völkischer Kreise offenbar schon bald dem Vergessen anheim. Darauf jedenfalls ließ die spöttische Notiz in der *Weltbühne* schließen, die der Schriftsteller Otto Kaus im April 1926 anlässlich der Vorabveröffentlichung eines Kapitels aus dem zweiten Band über »Die Südtiroler Frage und das deutsche Bündnisproblem« als Broschüre verfasste. Darin spießte der Wiener Autor die Gedankensprünge Hitlers auf, der innerhalb weniger Seiten eine Verbindung von Südtirol zum japanischen Kaiserreich und dessen Außenpolitik zu schlagen vermochte – die Gemeinsamkeit sei die »Feindschaft der Juden« gegen Deutschland wie Japan. Angesichts dessen fände Hitler lobende Worte für »den japanischen Nationalstaat«, der ein »gefährlicher Widersacher« des »tausendjährigen Judenreiches« sei. »Zum gelben Asiaten fehlen ihm die Brücken«, hieß es über die Schwäche »des Juden«.[17] Sarkastisch bilanzierte Kaus: »Auf der Basis eines Bündnisses mit Japan könnte man sich sogar außenpolitisch mit Hitler einigen unter der Bedingung, dass er die Aufgabe übernimmt, den Japanern diesen Plan einzureden.« Besonders groß seien die Chancen dafür nicht; »die politische Bildung der Japaner scheint jedoch leider für so gewagte jüdische Drehs noch nicht reif zu sein«.[18]

Allerdings verwies der Kritiker nicht darauf, dass Hitler noch im ersten, nicht einmal ein Jahr zuvor erschienenen Band von *Mein Kampf* kaum mehr als Geringschätzung für die Asiaten übrig gehabt hatte. Dort hieß es: »Würde ab heute jede weitere arische Einwirkung auf Japan unterbleiben, angenommen Europa und Amerika zugrunde gehen, so könnte eine kurze Zeit noch der heutige Aufstieg Japans in Wissenschaft und Technik anhalten; allein schon in wenigen Jahren würde der Brunnen versiegen, die japanische Eigenart gewinnen, aber die heutige Kultur erstarren und wieder in den Schlaf zurücksinken, aus dem sie vor sieben Jahrzehnten durch die arische Kulturwelle aufgescheucht wurde.«[19] Diese Passage kannte Kaus wohl einfach nicht – falls er sie tatsächlich gelesen hätte, wäre ihm die Brisanz des Widerspruchs kaum entgangen. Nachhaltig war die Wirkung von Hitlers Bekenntnisbuch bei der Kritik offenkundig nicht.

Der zweite Band von *Mein Kampf* fand nach seinem Erscheinen Ende 1926 fast keine Resonanz. Die wenigen Rezensionen, die noch erschienen, kreisten vorwiegend um den ersten Band, etwa die des völkischen Schriftstellers Adolf Bartels in der Zeitschrift *Deutsches Schrifttum* im Mai 1927. Sein Gesamturteil konnte angesichts der grundsätzlichen politischen Übereinstimmung mit Hitler kaum überraschen. *Mein Kampf* sei die »bedeutendste deutsche politische Veröffentlichung seit Bismarcks *Gedanken und Erinnerungen*«. Doch der überzeugte Antisemit nahm zugleich für sich in Anspruch: »Hier im Fall Hitler urteile ich aber nicht bloß als Politiker, sondern auch als Literaturhistoriker.« Bartels war uneingeschränkt begeistert: »Es ist zweifellos ein biografisches Werk mit einer so gründlichen Darstellung persönlicher politischer Entwicklung und auch politischer Anschauung wie das Hitlers nicht zum zweiten Mal in deutscher Sprache vorhanden, vor allem keines, das so bedeutende Zukunftswerte aufweist.« Schon 1924 hatte der Schriftsteller den Nationalsozialismus in einer 39 Seiten dünnen Broschüre als »Deutschlands Rettung« bezeichnet; nun schrieb das NSDAP-Ehrenmitglied über Hitler: »Nach dem gründlichen Lesen seines Buches bin ich nun überzeugt, dass er der Politiker ist, den wir Deutschen zur Zeit brauchen, der uns ›retten‹ kann.«[20]

Außer solchen und einigen ähnlichen Besprechungen in

völkischen Blättern gab es aber Ende 1926 bis Anfang 1930 kaum eine öffentliche Wahrnehmung von *Mein Kampf*. Dem entsprachen die stark sinkenden Absatzzahlen, die deutlich hinter den Erwartungen Hitlers und des Eher-Verlages zurückblieben. Wirklich fasziniert waren vor allem seine entschiedensten Anhänger. Joseph Goebbels notierte in seine Kladde am 12. Dezember 1926 über einen Kurzbesuch in München: »Der Chef schenkt mir das erste Exemplar seines zweiten Bandes *Mein Kampf*.« Auf der Heimfahrt begann Goebbels, seit Anfang November Gauleiter der Berliner NSDAP, sofort mit der Lektüre: »Im Zuge. Ich lese mit fiebernder Spannung Hitlers Buch. Der echte Hitler. Wie er ist! Ich möchte manchmal schreien vor Freude. Er ist ein Kerl!« Diesmal brauchte er nicht wie beim ersten Band rund zwei Monate, sondern nur etwas mehr als zwei Wochen für den fast gleich starken Band: »Ich lese Hitlers Buch zu Ende und bin maßlos glücklich«, schrieb er am 30. Dezember 1926. Offenbar teilte er dem Parteichef seine Begeisterung mit, denn er wurde belohnt: »Gestern schickte mir der Chef seinen zweiten Band in Leder gebunden mit Widmung und einen lieben Brief. Ich habe mich sehr gefreut.«[21]

Doch längst nicht alle Nationalsozialisten lasen und verinnerlichten Hitlers Ausführungen so wie Goebbels. Jedenfalls fühlte sich der Parteichef genötigt, in einer Erklärung zu einem Organisationsantrag für den ersten Nürnberger Parteitag 1927 auf seine Ausführungen in *Mein Kampf* zu verweisen. Das erst im Jahr zuvor eingetretene Mitglied Herbert Knabe aus Dresden hatte angeregt, die Nationalsozialistische Deutsche Arbeiterpartei in »Bewegung umzubenennen«, da der Begriff »Partei« auf die Wähler »abstoßend« wirke. Dem »Führerprinzip« der NSDAP entsprechend konnten solche Anträge gestellt werden, wurden gesammelt und dann durch schriftliche Stellungnahmen Hitlers entschieden, übrigens durchaus nicht immer abgelehnt. Knabes Vorschlag allerdings ärgerte den Parteichef offenkundig: »Antrag ist sinnlos. Dem Antragsteller fehlt die Kenntnis über den Begriff ›Partei‹. Jede Zusammenfassung von Menschen zur Erfüllung einer bestimmten Absicht oder zur Erreichung eines bestimmten Zieles ist eine Partei. Dem Antragsteller müsste empfohlen werden zu lesen, was ich darüber in *Mein Kampf* Band I, Seite 380/381 geschrieben habe.«[22]

Tatsächlich hatte Hitler sich dort klar geäußert: »Von verschiedenen Seiten – wie auch heute, so schon damals – wurde die Bezeichnung der jungen Bewegung als Partei bekrittelt. Ich habe in einer solchen Auffassung immer nur den Beweis für die praktische Unfähigkeit und geistige Kleinheit des Betreffenden gesehen.« Der »Wert einer Bewegung« hänge aber nicht von »möglichst schwulstig klingenden Bezeichnungen« ab. Offenbar hatte die Namensfrage Hitler tatsächlich intensiv beschäftigt, denn er schrieb weiter: »Es war damals nur schwer den Leuten begreiflich zu machen, dass jede Bewegung, solange sie nicht den Sieg ihrer Ideen und damit ihr Ziel erreicht hat, Partei ist, auch wenn sie sich tausendmal einen anderen Namen beilegt.«[23] Augenscheinlich gehörte Knabe nicht zu den Besitzern eines Exemplars von *Mein Kampf*, was aber angesichts von knapp 70 000 NSDAP-Mitgliedern im Sommer 1927 und von höchstens 15 000 bis zu dieser Zeit verkauften Exemplaren des ersten Bandes wenig erstaunlich war. Doch der harsche Kommentar sorgte vielleicht dafür, dass er sich informierte – jedenfalls zog Herbert Knabe seinen Antrag einen Tag vor der offiziellen, freilich von vornherein absehbaren Beschlussfassung während des Parteitages zurück.

Erst angesichts der Wahlerfolge der NSDAP ab Ende 1929 wuchs das Interesse an *Mein Kampf* wieder – bei Käufern wie bei Kritikern. Der deutschnational gesinnte Schriftsteller Rudolf Binding, einer der populärsten deutschen Autoren, versuchte im August 1930, das Phänomen Hitler zu verstehen. Unter dem Titel »Führung – wohin?« versammelte er in einem Artikel in der *Frankfurter Zeitung* eine Reihe von Zitaten aus *Mein Kampf* und schloss daraus: »Er hat nur einen Instinkt, den für die Unterwerfung der Menschen. Vielleicht verachtet er alle. Denn sicher verachtet er die, auf die er am meisten zielt, die er letzten Endes braucht für die Erzielung seines Ziels: die Masse.« Hitler habe für sie »den gleichen Instinkt und die gleiche Verachtung wie etwa ein Condottiere für Söldlinge oder ein Hochstapler für seine Opfer«.[24] Das war treffend beobachtet, änderte aber am Aufstieg der NSDAP nichts. Binding revidierte seine Meinung allerdings Anfang 1933 und verteidigte fortan die neue Regierung gegen Kritik aus dem Ausland: »Ein Volk glaubt an sich, das nicht mehr an sich glaubte. Und sein Glaube macht es schön.« Die Übergriffe gegen Andersdenkende und deutsche Juden bestritt er zwar nicht, erklärte sie aber zu »Randerscheinungen«.[25] Wie tief die Verachtung Hitlers für die Masse wirklich ging, wie er Menschen in seinem Krieg verheizte, erlebte Binding nicht mehr: Er starb 1938.

Obwohl oder gerade weil die NSDAP Ende 1930 die zweitstärkste Partei Deutschlands war, mochte die Idee einer Parodie auf *Mein Kampf* als gute Idee erscheinen. Um die Weihnachtszeit kamen der Humorist Hans Reimann und sein Verleger Paul Steegemann überein, eine Parodie auf Hitlers Buch zu veröffentlichen; der Arbeitstitel lautete naheliegend »Mein Krampf«. Offenbar versprach sich Steegemann einen guten Absatz, denn er sagte dem Satiriker einen Vorschuss und großzügige Tantiemen von zwölf Prozent zu. Doch es folgte eine Schlammschlacht, an der die NSDAP sogar weitgehend unbeteiligt war. Gut zwei Wochen nach Vertragsabschluss machte Reimann einen Rückzieher, »da er um sein Leben bange«. Doch nach einigem Hin und Her erklärte er sich doch noch bereit, das Buch zu verfassen, sofern Steegemann sich verpflichte, »ihm alle Arzt- und Krankenhauskosten zu ersetzen, falls er nach Erscheinen der Parodie verprügelt werden sollte«.[26] Das war wohl kaum ernstgemeint, doch der Verleger nahm es dennoch wörtlich. Die Angelegenheit ging vor Gericht und in Berufung, fand auch in der Öffentlichkeit einige Resonanz. Obwohl Reimann keine einzige Zeile der Parodie abgeliefert hatte, verbreitete sich die mit dem Projekt verbundene Botschaft, sodass sein Anwalt kein Problem mehr darin sah, in einem Schriftsatz für das zweitinstanzliche Gericht Ende August 1932 hintersinnig zu schreiben: »Selbst der beste und populärste humoristische Schriftsteller müsste an einer Parodie auf Hitlers Buch scheitern«.[27]

Gleichzeitig hatte Reimann schon längst den Rückzug angetreten. Nach Warnungen von Bekannten, sein Leben sei gefährdet, ließ er durchsickern, er wolle zum Nationalsozialismus übertreten. Öffentlich hielt er sich fortan etwas zurück, schrieb verstärkt unter Pseudonym oder, wie bei der Vorlage zum Kinoklassiker *Die Feuerzangenbowle,* mit einem unverdächtigen Co-Autor. Ende 1934 spitzte sich die Situation dennoch zu. Offenbar schwärzte Reimann Steegemann bei der inzwischen für die Zulassung von Verlagen zuständigen Reichsschrifttumskammer an. Am 21. Januar 1935 erging die Weisung an den Verleger, seine Geschäftstätigkeit einzustellen. Als Grund führte Richard Suchenwirth, der Geschäftsführer der NS-Kammer, die faktisch einer Zensurbehörde gleichkam, im Brief an Steegemann aus: »Sie haben im Jahr 1931 bei dem Autor Hans Reimann ein Pamphlet auf Hitlers Werk *Mein Kampf* bestellt. Als Reimann, nachdem er das Hitler-Buch gelesen hatte, von seinem Vertrag zurücktrat, haben Sie ihn auf Schadenersatz verklagt und 1932 ein Schadenersatzurteil erwirkt.« Steegemann, der gleich 1933 begonnen hatte, nationalsozialistische Propaganda als Broschüren zu verlegen, reagierte mit einem Gnadengesuch an Hitler, dem er eine zehnseitige Rechtfertigung beilegte, in der er sich darauf berief, schon ab 1930 »Bücher gegen Remarque und Tucholsky herausgebracht« zu haben. Erst nach Beginn des Prozesses gegen Reimann 1931 habe er *Mein Kampf* gelesen und, so fügte er antisemitisch an, fortan »die Gestalt des Führers und sein Wollen nicht mehr durch Ullsteins Brille« gesehen.[28] Doch die Anbiederung hatte keinen Erfolg: Steegemanns Verlag wurde zwangsabgewickelt, er selbst wanderte nach Prag aus und überstand dort den Zweiten Weltkrieg. Reimann dagegen veröffentlichte teilweise weiter unter Pseudonym, doch durchaus auch im eigenen Namen, nun allerdings politisch unverdächtige Parodien. Goebbels hatte seinen Spaß daran: »Im Hotel gelesen. Reimanns *Das Buch vom Kitsch*. Sehr amüsant«, notierte er am 12. Oktober 1936 über den neuesten Titel des Autors. Dennoch wurden Ende 1938 fünf Bücher Reimanns, erschienen zwischen 1921 und 1930, auf die »Liste des schädlichen und unerwünschten Schrifttums« gesetzt, faktisch also verboten. Im Krieg tourte er als Frontunterhalter und trat vor Soldaten auf; mindestens ein übler antisemitischer Text erschien unter seinem Namen. Auch nach 1945 führten Steegemann und Reimann ihren Streit um die geplante Parodie auf *Mein Kampf* fort, mit gegenseitigen Schuldzuweisungen und Unterstellungen. Dabei hatten sich beide auf jeweils eigene Weise angebiedert und angepasst. Eine nennenswerte, auch intellektuell anspruchsvolle Satire auf Hitlers Buch, wie sie Hans Reimann durchaus hätte verfassen können, entstand bis 1933 nicht.

Die erste umfangreiche Kritik des Buches *Mein Kampf* erschien 1932. Der kommunistische Schriftsteller Ernst Ottwalt analysierte in seinem Buch *Deutschland erwache* auf mehr als 20 Seiten Hitlers Bekenntnisschrift. Passagenweise kam er dabei deutlich über die pure Wiedergabe von Vorurteilen hinaus, die in KPD-Blättern schon längst gängig war. Die ersten Kommentare folgten noch den üblichen Deutungsmustern. Nichts Bemerkenswertes etwa war an Sätzen wie: »*Mein Kampf* von Adolf Hitler, das ist mehr als ein Buchtitel. Das ist ein Symbol für den endgültigen und unwiderruflichen Untergang des deutschen Kleinbürgertums in der faschistischen Diktatur« oder »Nichts Schlimmeres aber kann ihm geschehen, als jene 782 Seiten durchlesen zu müssen, in denen die Ideenflucht und die Schwatzhaftigkeit Adolf Hitlers ihre Purzelbäume schlagen«. Dann allerdings erreichte Ottwalt ein höheres Niveau an eigenständiger Kritik und kam schließlich zu erstaunlich treffenden Einschätzungen.

»Man schämt sich nicht für Hitler, weil dieser völkische Erneuerer nicht deutsch schreiben kann«, bemerkte er etwa spitz und spießte wohl als erster Rezensent systematisch schiefe Bilder auf. Dazu gehörte etwa die schräge Formulierung über »die harte Faust des Schicksals, die mir das Auge öffnete« oder der berühmt gewordene Satz: »Es liegen die Eier des Kolumbus zu Hunderttausenden herum, nur die Kolumbusse sind eben seltener zu finden.«[29] Beide Stilblüten waren korrekt zitiert, die Stelle über die »Kolumbusse« sogar wörtlich und jene über die »Faust des Schicksals« zulässig verkürzt, denn das wirkliche Zitat lautete: »Es bedurfte auch hier erst der Faust des Schicksals, um mir das Auge über diesen unerhörtesten Völkerbetrug zu öffnen.«[30] Sachlich richtig war auch die Feststellung, Hitler verwechsele ständig die Konjunktionen »weil« und »insofern als« – allerdings tat die nächste Bemerkung Ottwalts dem vorwiegend in Linz aufgewachsenen Buchautor Unrecht: »Was bei Hitler übrigens stets ›insoferne‹ heißt.« Das war aber im deutschösterreichischen Sprachgebrauch tatsächlich korrekt. Nicht ganz so genau nahm es der Kritiker mit anderen sprachlichen Missgriffen. Aus der tatsächlichen Formulierung: »Wer nicht selber in den Klammern dieser würgenden Natter sich befindet, lernt ihre Giftzähne niemals kennen« machte er: »Deutschland ringt in den Klammern einer wütenden Natter.« Trotz solcher nicht ganz fairer Kritik traf Ottwalts Bilanz der Formulierungen von *Mein Kampf* insgesamt zu. Hinterlistig schrieb er nämlich: »Man kann Herrn Hitler keinen Vorwurf daraus machen, dass er nicht – wie Klügere seiner Parteigenossen – sich von marxistischen oder jüdischen Literaten in der Anwendung der deutschen Sprache hat unterweisen lassen.«[31]

Wichtiger als die eher oberflächliche philologische Untersuchung erschien Ottwalt aber natürlich der Inhalt. Dabei gelangte der Kommunist zu einer ähnlichen Einsicht wie der antisemitische *Miesbacher Anzeiger* sieben Jahre zuvor: »Man sucht in diesem erschreckend dicken Buch nach irgendwelchen Gedanken, die nicht schon tausendmal gedacht und von Tausenden verspeichelt und wiedergekäut worden sind. Man findet keinen einzigen. Nicht einen!« Die äußere Form der Autobiografie nahm er nicht ernst: »Adolf Hitlers Lebensbeichte ist nicht das Bekenntnis eines suchenden Menschen. Es ist die pharisäerhafte Selbstgerechtigkeit und Unwahrhaftigkeit, die sich breit und vollmundig in den Mittelpunkt der Welt drängt.« Deshalb müsse man sich mit *Mein Kampf* beschäftigen, »weniger mit dem, was er sagt, als mit dem, was er zu bewirken sucht«. Das war richtig beobachtet. Die »oberste Tendenz seines Schreibens« sei nicht, historische Wahrheit aufzuzeigen, »sondern der Nachweis, dass er und wieder er der berufene Führer Deutschlands ist«.[32] Auf zehn Seiten folgte Ottwalt dann Hitlers Ausführungen zu seiner Jugend und den Jahren in Wien sowie in München; dabei stellte er unglaubhafte Behauptungen in Frage, ohne sie jedoch im Einzelnen widerlegen zu können. Der naheliegenden Idee, seine Kriegsschilderungen zu bezweifeln, gab er nicht nach; auf dieses persönliche Niveau wollte sich der Kritiker offenbar nicht herablassen. Irritiert vermerkte er dagegen die Kürze von Hitlers Schilderungen über die Zeit unmittelbar nach dem Ersten Weltkrieg, die in einem Kontrast zur sonstigen Schwatzhaftigkeit des Buches stehe. Dabei fiel ihm schon auf, was viele Historiker noch Jahrzehnte später nicht erkannten: »Hitlers Laufbahn als Politiker beginnt mit einer Erinnerungslücke. Was er in den Jahren 1919 und 1920 getrieben hat, scheint selbst seinem Narzissmus nicht der Erwähnung wert gewesen zu sein.« Ottwalt wunderte sich: »Der weiße Terror in München – wo ist Hitler? Sollte er an der Niederbrechung der roten Auswüchslinge teilgenommen und der Nachwelt trotzdem seine Heldentaten verschwiegen haben? Unmöglich!«[33]

Wie fast allen anderen Kritikern fiel Ernst Ottwalt zum zweiten Band von *Mein Kampf* weniger ein. An der relativ konkreten Lebensbeschreibung und den daraus gezogenen politischen »Einsichten« konnte man sich abarbeiten; bei den politischen Phrasen über die »nationalsozialistische Bewegung« war das viel schwieriger. Stattdessen griff Ottwalt zu Beleidigungen. »Genug: Bildnis eines Kleinbürgers«, befand er und fuhr fort: »So sieht es in dem dinarischen Köpfchen des großen Volkstribunen Adolf Hitler aus.« Zum Ende des Kapitels über Hitlers Buch kehrte der Schriftsteller dann zurück zu den Floskeln der parteiamtlichen KPD-Interpretation, die im NSDAP-Chef – der 1932 gerade gültigen Faschismus-Definition aus Moskau entsprechend – vor allem einen »Agenten des Kapitals« sah. Hitler sei »die große Null, das gewaltige Nichts, das sich bewusst und gewollt prostituieren lässt zu Zielen, die weder im ›völkischen Gedanken‹ noch im

›deutschen Sozialismus‹ ihren Angelpunkt haben, sondern in der gehässigen und idiotischen Machthungrigkeit eines wildgewordenen Kleinbürgers, den Mächtigere, Klügere hin und her schieben.«[34] So blieb seine Kritik auf halbem Wege stecken. Zwar erkannte Ernst Ottwalt richtig die Schwächen von *Mein Kampf*, blieb dann aber selbst in Vorurteilen gefangen.

Ungefähr zeitgleich beschäftigten sich mehrere Autoren der *Weltbühne* mit *Mein Kampf*. Die beiden Durchgänge der Reichspräsidentenwahl im Frühjahr 1932 hatten den Aufstieg der NSDAP zur stärksten politischen Kraft Deutschlands dokumentiert; nur indem die demokratischen Parteien SPD und Zentrum den ungeliebten Amtsinhaber, den erzkonservativen Paul von Hindenburg, unterstützten, konnte Hitlers Aufstieg ins höchste Staatsamt verhindert werden. Genau gelesen hatte der linksliberale Pazifist Hellmut von Gerlach Hitlers Buch, auch im Gegensatz zu vielen anderen den zweiten Band bis zum Ende. Denn er erkannte Mitte Juni 1932 treffend: »Für Frankreich ist die Lage besonders schwierig. Nach 1871 starrte es wie hypnotisiert auf das Loch in den Vogesen. Heute starrt es auf Hitler und seine Myrmidonen. Es fragt sich: Wann wird Hitler die absolute Mehrheit haben? Was geschieht dann mit Frankreich, dessen Vernichtung er in seinem Buche *Mein Kampf* als sein außenpolitisches Programm verkündet hat?«[35] Das bezog sich auf Hitlers Bemerkung im letzten Kapitel, Deutschland dürfe »in der Vernichtung Frankreichs wirklich nur ein Mittel« sehen, »um danach unserem Volke endlich an anderer Stelle die mögliche Ausdehnung geben zu können«.[36]

Fünf Wochen später versammelte der ehemalige preußische Landtagsabgeordnete Fritz Ausländer für einen Beitrag über »Hitler als Erzieher« einschlägige Passagen aus *Mein Kampf* und verglich damit die konkreten Vorschläge von NS-

Kultuspolitikern. Zutreffend erkannte er den »Rassegedanken« als Kern nationalsozialistischer »Erziehung«, als zwangsläufige Folge daraus die Landnahme im Osten, als neuen »Lebensraum«. Allerdings konnte sich Ausländer, ein kommunistischer Lehrer, von der parteioffiziellen Deutung des Nationalsozialismus nicht lösen, obwohl er kurz zuvor im Streit aus der KPD ausgetreten war. Er schrieb: »Der Kleinbürger Hitler hat in Theorie und Praxis auch sein Schulprogramm längst im Dienste des Finanzkapitals preisgegeben.«[37]

Im Oktober 1932, mitten im Wahlkampf für die vorgezogene Reichstagswahl, veröffentlichte Heinz Horn in der *Weltbühne* seinen Artikel »Hitlers Deutsch«. *Mein Kampf* sei »in der deutschen Literatur vollkommen einmalig«; es wäre »durchaus angebracht, dass uns andere Völker ob dieser reichhaltigsten Kathederblüten-Sammlung der Welt beneiden«. Was Leser in anderen Ländern »mühsam aus Hunderten von Büchern und Schriften zusammenklauben« müssten, läge hier einfach vor, »ist von der ersten bis zur letzten Zeile Originalarbeit, tierisch ernst gemeint und mit wundervollem Pathos vorgetragen«. Die Sprache übertreffe »in ihrer orientalischen Üppigkeit und in ihrem östlichen Bilderreichtum noch die Tiraden des kleinen Hadschi Halef Omar in Karl Mays Reisebeschreibungen«. Wer nicht wisse, wo Braunau liege, müsse »aus der Sprache, die der größte Sohn dieser kleinen Stadt spricht, schließen, es läge im verdächtigsten Morgenland«. Weiter stellte Horn fest: »Die Bilder und Vergleiche, mit denen Hitler seine tiefsinnigen Aussprüche ziert, sind mit Vorliebe dem Gebiet der Naturwissenschaften entnommen, wobei vor allem unappetitliches Kleinvieh wie Maden, Bazillen und Quallen eine prominente Rolle spielt.«[38] Als Beleg führte er eine besonders abstruse Formulierung Hitlers an: »So wie man nur vorsichtig in eine solche Geschwulst hineinschnitt, fand man, wie die Made im faulenden Leibe, oft ganz geblendet vom plötzlichen Lichte, ein Jüdlein.«[39] Diese Vorlage ließ sich der Kritiker natürlich nicht entgehen, sondern sezierte sie genüsslich: »So schön an sich diese reiche Bildersprache ist, lässt sie einen doch nicht recht erkennen, wer da eigentlich vom plötzlichen Lichte geblendet ist: die Made, das Jüdlein oder der kühne Chirurg höchstpersönlich. Außerdem ist dem Dichter bei diesem Vergleich leider entgangen, dass die Made im Leibe ist, weil er faulig ist, und nicht etwa der Leib deshalb fault, weil die Made darin ist.«[40] Nicht nur mit Maden habe Hitler, so Horn, seine Probleme; auch die Biologie einfacher Meeresbewohner wie der Quallen habe er nicht ganz verstanden. So schrieb er über seine angeblichen Wortgefechte mit Wiener Arbeiterführern: »Wo immer man so einen Apostel angriff, umschloss die Hand qualligen Schleim; das quoll einem geteilt durch die Finger, um sich im nächsten Moment schon wieder zusammenzuschließen.«[41]

Die biologischen Metaphern in *Mein Kampf* hatten es Heinz Horn besonders angetan, aber er beschränkte sich in seiner Sprachkritik nicht darauf: »Aber auch wo sie die Tierwelt in Ruhe lässt, zeichnet sich Hitlers Prosa durch eine Farbenpracht der Diktion aus.«[42] Als Beispiel führte er unter anderem eine Bemerkung aus den »Allgemeinen politischen Betrachtungen« im ersten Band über Journalisten an: »Dieses Pack aber fabriziert zu mehr als zwei Dritteln die sogenannte ›öffentliche Meinung‹ deren Schaum dann die parlamentarische Aphrodite entsteigt.« Horn fand weitere krause Formulierungen, etwa: »Man hatte keine blasse Ahnung, dass die Begeisterung, erst einmal geknickt, nicht mehr nach Bedarf zu erwecken ist«. Gefallen hatte Horn auch die herrlich widersinnige Feststellung: »Ebenbilder Gottes dürfte man nur mehr wenige finden, ohne des Allerhöchsten freveln zu wollen.«[43] Daran schloss er seine Schlussbemerkung: »Ohne des

Allerhöchsten freveln zu wollen: Wer solches mit ungeknickter und nach Bedarf zu weckender Begeisterung zu lesen vermag, dem ist wohl nicht zu helfen.«[44]

Die ersten Wochen nach Hitlers Ernennung zum Reichskanzler brachten nochmals einige kritische Veröffentlichungen zu *Mein Kampf*. Abermals Hellmut von Gerlach schrieb in der letzten Nummer der *Weltbühne* vor ihrem Verbot über »Hitlers Außenpolitik« und stellte einleitend fest: »Die Bibel der NSDAP ist Hitlers Buch. Seine Lektüre für den Nicht-Pg ist nicht ganz einfach. Er versteht manches nicht. Aber das liegt natürlich nicht an dem Buch, sondern an der Nichtzugehörigkeit des Lesers zur Partei.« Gerlach bemühte sich, Verständnishilfe zu geben. Zwar sei »nicht ersichtlich«, was Hitler mit seiner Formulierung einer »durch den Staat zusammengefassten Rasse« verstehe; es gebe ja selbst nach der radikalsten völkischen Theorie nicht eine deutsche »Rasse«, sondern mehrere »Rassen« in Deutschland nebeneinander. Dafür aber könne man ein klares zweistufiges Konzept der Außenpolitik aus *Mein Kampf* ableiten. Das Fernziel lautete in Gerlachs Zusammenfassung: »Gen Ostland wollen wir reiten!« Um das zu erreichen, gebe es aber eine Voraussetzung, hielt der Pazifist fest: »Als Haupthindernis auf dem Wege zum Ziel sieht er offenbar Frankreich an.«[45] Obwohl der *Weltbühnen*-Autor nicht wissen konnte, was Hitler in seiner ersten, natürlich vertraulichen Ansprache vor der Generalität der Reichswehr am 3. Februar 1933 ausgeführt hatte, traf er die dort verkündeten politischen Ziele ziemlich genau. Denn für diese wichtige Rede hatte Hitler sicher bewusst auf die wichtigsten außenpolitischen Passagen von *Mein Kampf* zurückgegriffen und sie lediglich konkretisiert.[46] Schon wenige Tage nach dem Erscheinen dieses Artikels musste Hellmut von Gerlach aus Deutschland flüchten, gehörte er doch zu den publizistischen Hauptfeinden der NSDAP.

Das galt sicher nicht für den schon 70-jährigen Gerhart Hauptmann. Der Dramatiker und Literaturnobelpreisträger, der in jungen Jahren Kaiser Wilhelm II. erzürnt, aber schon im Ersten Weltkrieg seinen Patriotismus in den Vordergrund gestellt hatte, machte sich nach Abebben der oft brutalen Machteroberung durch die Nationalsozialisten an die Lektüre von *Mein Kampf*. Er habe »die in der Tat sehr bedeutsame Hitler-Bibel« in der Hand, notierte er Ende Juni 1933 in sein Tagebuch.[47] Auf etwa hundert der fast 800 Seiten in seiner persönlichen Ausgabe, einem im selben Jahr gekauften Exemplar der 28. Auflage der Volksausgabe, machte Hauptmann handschriftliche Anmerkungen und Anstreichungen, am stärksten in den autobiografischen und grundsätzlichen Anfangskapiteln, aber etwa auch im Abschnitt »Ursachen des Untergangs« über die Verantwortung für die Niederlage 1918.[48] Oft markierte er Passagen, die er wohl ähnlich sah, oder signalisierte mit Ausrufungszeichen seine Zustimmung, etwa zu Hitlers Schilderung seiner angeblichen Gespräche mit Wiener Gewerkschaftern, die in einem Verdikt gipfelte: »Es gab da aber rein gar nichts, was so nicht in den Kot einer entsetzlichen Tiefe gezogen wurde.«[49] Einige sprachlich absurde Bilder, die andere Kritiker hämisch aufgespießt hatten, strich Hauptmann einfach an, ohne sich erkennbar zu distanzieren – etwa über die »Faust des Schicksals«, die Hitler »das Auge geöffnet habe«.[50] Nichts deutete darauf hin, dass der Schriftsteller sich davon distanzieren wollte, als er diese und ähnliche Stellen hervorhob. Dabei machte er in seinem persönlichen Exemplar durchaus kritische Anmerkungen zu anderen Behauptungen in *Mein Kampf*. Die weinerlichen Beschwerden über die angeblich im Wien der Vorkriegsjahre herrschende »geistige Terrorisierung« und über den »körperlichen Terror« kommentierte Hauptmann, leicht nachvollziehbar nach der monatelangen, ungeheuer brutalen Machteroberung der NSDAP seit dem Reichstagsbrand, mit dem sicher sarkastisch gemeinten Satz: »Heut, Nationalsozialisten, ist es anders.«[51] Und neben dem üblen antisemitischen Ausfall in der Passage über das »Jüdlein«, das man, »wie die Made im faulenden Leibe« fand, wenn man eine »Geschwulst aufschnitt«, schrieb er: »Böse Fassung.« Andererseits stimmte er manchen Bemerkungen offenbar zu, notierte etwa neben die Charakterisierung des Marxismus als »Völkerkrankheit«, deren Urheber »wahre Teufel« gewesen seien, ein schlichtes »Ja«.[52]

Ein halbes Jahr nach Gerhart Hauptmann, die Gesamtauflage von *Mein Kampf* lag inzwischen jenseits von 1,3 Millionen Exemplaren, beschäftigte sich der christlich-konservative, dem Nationalsozialismus gegenüber höchst skeptische Schriftsteller Reinhold Schneider mit Hitlers Buch. Im Februar 1934 vertraute er seinem Tagebuch die bis dahin wohl treffendste Analyse an, die gleichzeitig die Persönlichkeit des NS-Chefs, seine Sprache und die wesentlichen Thesen beleuchtete. »Der Verfasser ein Demagoge, der sich für ein Genie hält, und zugleich ein Schönheitsschwärmer; dazu ein großer Hasser«, notierte Schneider. Mit der sprachlichen und menschlichen Qualität hielt er sich nicht lange auf: »Der größte Teil des Buches ist schriftstellerisch so schlecht als irgend möglich und menschlich, was wichtiger ist, keineswegs angenehm.« Hitlers Weltsicht beschrieb Schneider treffend als »ein Gemisch von journalisierten Gedanken Nietzsches mit Gedanken Darwins: Dem Stärksten und Stolzesten fällt diese Welt zu«. Offenbar überraschte die »wahrhaft törichte Primitivität des Denkens« den Kritiker – er konstatierte: »Beispiele werden vermieden; sie könnten nicht stimmen.« Insgesamt habe *Mein Kampf* das »Niveau eines schlechten Leitartikels, an dem nur die Vehemenz der Vitalität bemerkenswert« sei.

Doch Schneider war es zu einfach, *Mein Kampf* in Bausch und Bogen zu verurteilen; er suchte vielmehr nach Gründen für den ja außerordentlich guten Verkauf im Besonderen und für Hitlers Erfolg im Allgemeinen. Fündig wurde er in den Kapiteln über Propaganda und Massenbeeinflussung: »In eine ganz andere Tonart fällt das Buch kurz vor dem Schlusse, wo die Technik der Massenbehandlung in einzigartiger Offenheit dargelegt wird«, schrieb Schneider und fragte sich zweifelnd: »Hier hebt sich auch der Stil; oder sollte es sein Stil nicht mehr sein?« Inhaltlich lehnte er zwar Hitlers Ausführungen auch zu diesem Thema ab, konstatierte aber zugleich, dass der »Führer« ein »sicheres Gefühl« für die Masse habe. Als »Geheimnis seiner Wirkung« machte Schneider den »sich immer wieder erneuernden Fanatismus« aus. Das war treffend beobachtet.

Ein Woche später, inzwischen hatte sich wohl die Wirkung der Lektüre gesetzt, kam Reinhold Schneider auf *Mein Kampf* zurück, speziell auf den inhaltlichen Kern, die Judenfeindschaft und den Rassenwahn. Jetzt wollte er Hitlers Buch nicht mehr verstehen; nun ging es Schneider darum, die Absurdität der Hassbotschaft darzulegen und den wünschenswerten Ausweg zu skizzieren: »Ein unlösbarer Widerspruch zwischen dem Bedürfnis nach Massenbeifall und aristokratischen Tendenzen geht durch alles hindurch. Die Leute werden es ja gerne glauben, dass sie der höchstwertigen Rasse angehören und angeborene Vorrechte – auf Weltherrschaft – und Verdienste haben. Am begeistertsten werden die sein, die noch nie auf solche Gedanken gekommen sind: die breiten Schichten, die in rassischer Beziehung ohne jede Struktur sind. Wenn sie dann aber entdecken, dass ihnen die eigentlichen Repräsentanten der Rasse übergeordnet werden, wird diese Begeisterung durch nichts mehr aufrechtzuerhalten sein.« Denn den Gedanken einer solchen Auslese könne man

»überhaupt nicht populär machen, sondern nur an Bevorzugte binden«.[53] Offenbar setzte der konservative Schriftsteller auf die Fähigkeit des deutschen Volkes, selbst die Sackgasse zu erkennen, in die es unterwegs war: ein Irrtum. Der richtigen Analyse von *Mein Kampf* folgte eine von Illusionen genährte Hoffnung.

Einfacher als der nachdenkliche Reinhold Schneider hatte es sich der dezidiert politische Schriftsteller Lion Feuchtwanger gemacht. Schon Jahre vor der Machtübernahme Hitlers hatte er zunehmend offen gegen den Nationalsozialismus agitiert; in seinem 1930 erschienenen Schlüsselroman *Erfolg* über das München der frühen 1920er-Jahre etwa hatte Feuchtwanger die erste Hitler-Charakterisierung der deutschen Literatur geschaffen: Unter dem Namen »Rupert Kutzner« beschrieb er einen arbeitslosen Monteur, der »mit heller, manchmal leicht hysterischer Stimme deklamierte«. Kaum kaschiert hieß es in *Erfolg* weiter: »Die Kunde von dem beredten Rupert Kutzner, der genial einfache Mittel gefunden hatte, das öffentliche Leben zu säubern und auf gesunde Beine zu stellen, verbreitete sich. Es kamen mehr Leute, seinen Reden aufmerksam und zustimmend zu lauschen; der Buchdruckereibesitzer machte eine kleine Zeitung auf, die den Ideen Kutzners gewidmet war. Gedruckt allerdings nahmen sich diese Ideen dürftig aus, immerhin diente die Zeitung, den Lesern den lebendigen Eindruck des auf seinen Worten überzeugt hinrudernden Mannes ins Gedächtnis zu drücken.«[54]

Vielleicht weil Feuchtwanger von gedruckten Worten Hitlers so wenig hielt, setzte er sich offenbar lange gar nicht mit *Mein Kampf* auseinander. Und selbst als er sich, inzwischen längst mit Artikeln wie »Mord in Hitler-Deutschland« oder dem Vorwort zu der Auflistung antisemitischer Übergriffe unter dem Titel »Der gelbe Fleck« als eine der wichtigsten

Stimmen des anti-nationalsozialistischen Exils etabliert, tatsächlich mit dem Buch beschäftigte, hatte er nur Spott übrig. Gleich zweimal veröffentlichte er 1935 ganz ähnliche Bemerkungen; in einem zynisch-satirischen Lebenslauf schrieb er: »Da der Schriftsteller L. F. erklärt hatte, unter den 164 000 Worten, die Hitlers Buch *Mein Kampf* enthält, befänden sich 164 000 Verstöße gegen die deutsche Grammatik oder die deutsche Stillehre, wurden seine eigenen Bücher geächtet.« Der Gedanke gefiel ihm, in einem »offenen Brief« an die nun in seinem beschlagnahmten Haus im eleganten Berliner Ortsteil Grunewald lebenden Bewohner schrieb er: »Bücher, habe ich mir sagen lassen, sind nicht sehr beliebt in dem Reich, in dem Sie leben, Herr X., und wer sich damit befasst, gerät leicht in Unannehmlichkeiten. Ich zum Beispiel habe das Buch ihres ›Führers‹ gelesen und harmlos konstatiert, dass seine 140 000 Worte 140 000 Verstöße gegen den deutschen Sprachgeist sind. Infolge dieser meiner Feststellung sitzen Sie jetzt in meinem Haus.« In einem Postskriptum fügte Feuchtwanger hinzu: »Finden Sie übrigens auch, dass meine These, Ihr ›Führer‹ schreibe schlechtes Deutsch, dadurch widerlegt wird, dass Sie in meinem Hause sitzen?«[55] Das war ohne Zweifel lustig, aber doch eher keine angemessene Art, sich mit *Mein Kampf* auseinanderzusetzen – was nicht daran lag, dass die beiden Bände weder 140 000 noch 164 000 Wörter umfassten, sondern etwa 219 000.

Nüchtern betrachtet, konnte Hitlers Buch noch nicht festgelegte, gebildete Leser weder sprachlich noch argumentativ überzeugen, also für den Nationalsozialismus gewinnen. Dagegen bediente es perfekt die Affekte völkisch-antisemitischer Kreise, zudem mit einer buchstäblich überwältigenden Rhetorik. Hier lag seine eigentliche Stärke: *Mein Kampf* erfüllte die Erwartungen der eigentlichen Zielgruppe genau. Deshalb erwies sich alle Kritik als letztlich hilflos.

ÜBERARBEITUNGEN

> Obwohl *Mein Kampf* für die verschiedenen Auflagen immer wieder überarbeitet wurde, sind inhaltlich wesentliche Änderungen mit einer Ausnahme wohl nicht erfolgt.
>
> BARBARA ZEHNPFENNIG, POLITOLOGIN[1]

Perfektion ist selten zu erreichen und so gut wie niemals im ersten Anlauf. Deshalb ist es gängige Praxis, dass Neuauflagen von Büchern mehr oder minder stark überarbeitet und ergänzt, mitunter auch in größerem Umfang veränderten Rahmenbedingungen angepasst werden. Manches darf man stillschweigend berichtigen, Druckfehler zum Beispiel. Kleinere sprachliche Glättungen müssen ebenfalls nicht immer ausdrücklich ausgewiesen werden. Falsche Faktendarstellungen sollten korrigiert werden, jedoch nicht ohne Erläuterung – sei es in einem separaten Vor- oder Nachwort, sei es in ergänzten Fußnoten. Nur so bleibt ein Text gleichzeitig aktuell und transparent.

Mein Kampf hatte harsche Kritik geerntet, für grammatikalische wie intellektuelle Fehlgriffe, für schräge Formulierungen und die vielen Rechtschreibfehler in den ersten Ausgaben. Doch das störte Hitler nicht: An eine grundlegende Überarbeitung dachte er nie. Im Gegenteil schloss er Anpassungen kategorisch aus: »Inhaltlich möchte ich nichts ändern.«[2] Den Grund dafür hatte er schon in seinem Buch selbst dargelegt: »Bei einer in großen Zügen tatsächlich richtigen Lehre ist es weniger schädlich, eine Fassung, selbst wenn sie der Wirklichkeit nicht mehr ganz entsprechen sollte, beizubehalten, als durch eine Verbesserung derselben ein bisher als graniten geltendes Grundgesetz der Bewegung der allgemeinen Diskussion mit ihren übelsten Folgeerscheinungen auszuliefern.« Geradezu unmöglich sei das »so lange, als eine Bewegung selbst erst um den Sieg« kämpfe: »Denn wie will man Menschen mit blindem Glauben an die Richtigkeit einer Lehre erfüllen, wenn man durch dauernde Veränderungen am äußeren Bau derselben Unsicherheit und Zweifel verbreitet?«[3]

Allerdings machte Hitler angeblich eine Ausnahme: 1938 habe er, so berichtete jedenfalls sein Anwalt Hans Frank rückblickend, einen Abschnitt des zweiten Bandes in Frage gestellt. »Nur das Kapitel über die Syphilis müsste ich als unrichtig total umändern«, soll er gesagt haben.[4] Ob das allerdings stimmt, ist fraglich. Denn Frank berichtete im gleichen Zusammenhang auch Details zur Entstehung von *Mein Kampf*, die Hitler selbst ihm mitgeteilt habe, die aber offenkundig nicht zutrafen – etwa dass er den ersten Band Rudolf Heß diktiert habe. Und selbst wenn Hitler sich tatsächlich zur Überarbeitung der Passage zur Syphilis geäußert haben sollte, so blieb das doch ohne Folgen. Denn der Wortlaut blieb in allen Auflagen bis 1944 praktisch unverändert.

Vermutlich ebenso falsch wie Franks Erinnerung war eine Bemerkung, die der zeitweilige Vertraute des NSDAP-Chefs Otto Wagener überlieferte. Angeblich habe Hitler ihm im Januar 1932 über sein Buch gesagt: »Nach und nach sah ich, dass doch vieles anders war, als ich es hinter den Gittern gesehen und ausgegrübelt hatte. Und bald ging ich daran, Änderungen, Verbesserungen, zu entwerfen. Aber es wurden nur Verschlechterungen. Ich überlegte, ob ich das Buch nicht

AKTUELL ODER HISTORISCH?

zurückziehen solle. Aber das ging nicht mehr. Es machte seinen Weg durch Deutschland, ja es ging ins Ausland, und das Richtige, das Positive in ihnen, verfehlte seine Wirkung auch nicht. So ließ ich denn die Finger davon. Ich änderte nichts mehr.«[5] Allerdings konnte Anfang 1932 noch keine Rede davon sein, dass *Mein Kampf* ins Ausland »gegangen« sei, und Belege, dass Hitler jemals ernsthaft an die Rücknahme seines Buches gedacht hätte, gibt es auch nicht, im Gegenteil: Er war Anfang 1932 mehr denn je abhängig von den Tantiemen.

Wenige Jahre später war allerdings im NS-Staatsapparat der Eindruck verbreitet, dass das Werk eigentlich überholt sei. Am 5. Februar 1936 zumindest warnte eine der geheimen Presseanweisungen des Propagandaministeriums: »In der letzten Zeit sind vielfach von unberufener Seite außenpolitische Stellen aus Hitlers Buch *Mein Kampf* zitiert und erklärt worden. Diese Kommentare gehen völlig an der Tatsache vorbei, dass das Buch 1924 erschienen ist und auf den damaligen politischen Gegebenheiten basierte.« Es folgte eine bemerkenswerte Feststellung, die Hitler so sicher nicht geteilt hätte: »Das Buch ist heute eine historische Quelle.« Daher solle in Zukunft »die ausführliche Besprechung der außenpolitischen Tendenzen dieses Buches unterbleiben«.[6] In Wirklichkeit war *Mein Kampf* natürlich erst 1925/26 erschienen – eine erstaunliche Ungenauigkeit, zumal der *Völkische Beobachter*, das auch im Propagandaministerium ständig beobachtete und kontrollierte Leitblatt der NSDAP, zum zehnten Jubiläum des Erscheinens eine Hymne von Chefredakteur Alfred Rosenberg veröffentlicht hatte, in der es hieß: »Heute blickt ganz Deutschland und darüber hinaus die ganze Welt auf dieses Buch, das ein Monument unserer Epoche und über alle, alle Tage hinweg das unverrückbare Fundament unseres Fühlens und Denkens darstellt für heute, morgen und übermorgen.«[7]

ÜBERARBEITUNGEN

Dem widersprach wiederum Hitler selbst in einem Gespräch mit dem französischen Journalisten Bertrand de Jouvenel, das die Zeitung *Paris-Midi* am 28. Februar 1936 veröffentlichte: »Sie wollen, dass ich mein Buch korrigiere, wie ein Schriftsteller, der eine neue Bearbeitung seiner Werke herausgibt? Ich bin aber kein Schriftsteller. Ich bin Politiker. Meine Korrekturen nehme ich in meiner Außenpolitik vor, die auf Verständigung mit Frankreich abgestellt ist! Wenn mir die deutsch-französische Annäherung gelingt, so wird das eine Korrektur darstellen, die würdig ist. Meine Korrektur trage ich in das große Buch der Geschichte ein!«[8] Ganz wohl war dem Propagandaministerium allerdings bei diesem Gespräch nicht; jedenfalls erging die Anweisung, es solle »nicht groß aufgemacht und nicht auf der ersten Seite gebracht werden«. Auch ausländische Kommentare dazu seien bis auf weiteres »unerwünscht«.[9]

Als offenbar ein Mitarbeiter der Universitätsbibliothek Erlangen, besorgt um die Dokumentationspflicht seiner Institution, beim Eher-Verlag in München anfragte, wie stark die einzelnen Ausgaben von *Mein Kampf* untereinander verändert seien, kam 1940 eine eindeutige Antwort: »Das Buch des Führers« sei »niemals abgeändert worden«. Daher stimme »also die zweite Auflage dieses Werkes mit der ersten und auch mit den späteren Auflagen überein«. Allerdings widersprach das Schreiben schon im nächsten Satz dieser Behauptung, indem eingeräumt wurde: »Es sind lediglich hier und dort einige stilistische Änderungen vorgenommen worden, die aber vollkommen unbedeutend sind.«[10]

In Wirklichkeit unterschied sich jeder größere Druckauftrag von *Mein Kampf*, jedenfalls in Details. Ein regelmäßiger Neusatz war unvermeidlich, da mit demselben Druckstock aus Blei nur eine begrenzte Anzahl von Bögen bedruckt werden konnte, bevor die Konturen der Lettern abgeschliffen waren. Da bis zu einem Dutzend Druckereien und daher auch ganz verschiedene Setzer und Korrektoren an der Massenproduktion beteiligt waren, ergaben sich schon daraus unzählige, allerdings durchweg nicht bemerkenswerte Veränderungen – etwa fehlende Doppelpunkte, Anführungszeichen und ähnliche Interpunktionsabweichungen.[11] Dies waren tatsächlich unwichtige Veränderungen.

Anders war es mit der gründlichen Überarbeitung des Inhaltsverzeichnisses. Waren in den Erstausgaben noch alle Kopfzeilen zu den einzelnen Kapiteln separat mit Seitenzahlen angegeben worden, so wurde ab 1930 lediglich eine Kapitelübersicht auf zwei Seiten gedruckt. Dafür aber ergänzte der Eher-Verlag ein alphabetisch aufgebautes »Personen- und Sachverzeichnis«, das unüblicherweise zwischen Inhalt und Vorwort platziert wurde statt ans Ende des Buches. Auf 20 Seiten erschloss es mit mehr als 300 Einträgen und gut tausend einzelnen Nachweisen den gesamten Text von *Mein Kampf* recht genau, allerdings einschließlich der zahlreichen Wiederholungen. So fanden sich allein zum Stichwort »Judentum« mehr als 50 Verweise, die über das gesamte Buch verteilt waren. Über mehr Einträge verfügten nur die Registerbegriffe »Hitler« und »Nationalsozialismus«.[12]

Äußerlich unmittelbar sichtbar war die Umstellung von Fraktur auf Antiqua. Schon Anfang Juni 1939 war eine Ausgabe von *Mein Kampf* in dieser lateinischen Schrift erschienen, die wohl für Ausländer und Auslandsdeutsche gedacht war, die zwar des Deutschen mächtig waren, weniger aber der gebrochenen Schrift. Zunächst blieb es bei dieser Sonderausgabe – doch am 3. Januar 1941 ordnete Hitler an, künftig in Deutschland vorrangig Antiqua zu verwenden. Die Begründung war abenteuerlich: »Die sogenannte gotische Schrift (Fraktur) ist keine deutsche Schrift, sondern auf die Schwabacher Judenlettern zurückzuführen«, schrieb Martin Bormann drei Wochen später in einem Rundschreiben an alle NSDAP-Dienststellen, natürlich »nur für den Dienstgebrauch«. Der Grund für die starke Verbreitung sei die »Dominanz von Juden« im Druckgewerbe »durch die Inbesitznahme von Buchdruckereien schon bei Einführung des Buchdruckes und später der Zeitungen«. Daher ordnete Bormann an, dass die nun »Normalschrift« genannte Antiqua für alle Druckerzeugnisse benutzt werden sollte. Besonders brisant erschien der Partei dieses Problem allerdings nicht: »Die Einführung kann insbesondere bei Neudrucken bzw. Neuauflagen erfolgen. Die Restbestände müssen selbstverständlich aufgebraucht werden.« Man dachte sparsam: »Keinesfalls darf jedoch durch die getroffenen Maßnahmen ein Mehraufwand über den normalen Verbrauch des hauptsächlich notwendigen Materials, also Papier, Farbe usw. verursacht werden.«[13] Den wirklichen Grund für die Umstellung verriet Joseph Goebbels am 2. Februar 1941, als ihm Bormanns Rundschreiben zur Kenntnis gekommen war: »Der Führer ordnet an, dass die Antiqua künftig nur noch als deutsche Schrift gewertet wird. Sehr gut. Dann brauchen die Kinder wenigstens keine acht Alphabete mehr zu lernen. Und unsere Sprache kann wirklich Weltsprache werden.«[14] Bis 1943 erschienen dennoch weitere Auflagen von *Mein Kampf* in Fraktur, auch wenn die Masse inzwischen in lateinischer Schrift gedruckt wurde.

Neben diesen Unterschieden durch Neusatz und unterschiedliche Korrektur, neue Verzeichnisse sowie durch die optisch deutliche, inhaltlich aber unbedeutende Umstellung der Typografie gab es kleinere Anpassungen auch im eigentlichen Text. Im Laufe der Zeit, vor allem aber bei der Umstellung auf die einbändige Volksausgabe 1930, wurden mehr als 2500 Änderungen vorgenommen. Die allermeisten waren rein stilistisch. So strichen die Setzer Füllwörter wie »nun« oder »doch«, »also«, »eben«, »aber« und ähnliches. Ein wenig wurde der oberösterreichische Duktus Hitlers dem Hochdeutschen angepasst: »als vielmehr« wurde durch »sondern« ersetzt, der Komparativ stand nun meist mit »als« statt wie im ursprünglichen Text mit dem mundartlichen »wie«.[15] Wo Hitler ursprünglich fremde Äußerungen im Indikativ übernommen hatte, wurde häufiger Konjunktiv verwendet, die grammatikalisch korrekte Form für indirekte Rede.

Auch wenn die Wortstellung in Hitlers ursprünglichem Text gar zu verwirrend war, wurde sie geändert. Aus der Passage: »Drei Ursachen lagen in meinen Augen im Zusammenbruch der alldeutschen Bewegung in Österreich« der Erstausgabe wurde »Der Zusammenbruch der alldeutschen Bewegung in Österreich hatte in meinen Augen drei Ursachen«.[16] Die Stelle »Man wird also die Vermehrung des deutschen Volkes eine gewisse Zeit, durch eine Steigerung der Nutzung unseres Bodens, auszugleichen vermögen, ohne gleich an Hunger denken zu müssen« aus dem Kapitel »München« bekam die knappere und etwas besser verständliche Fassung »Eine gewisse Zeit wird man also ohne Hungersgefahr die Vermehrung des deutschen Volkes durch eine Nutzungssteigerung unseres Bodens auszugleichen vermögen.«[17]

Manchmal wurden sogar mehrere Sätze ersatzlos gestrichen, wenn sie zu auffällig das bereits zuvor Gesagte wiederholten oder ihm gar widersprachen. Wenigstens etwas schränkten Setzer und Korrektoren in späteren Auflagen den ausufernden Gebrauch von Schimpfwörtern ein. Aus »Kinokitsch, Schundpresse und ähnlicher Jauche« im Kapitel über die »Wiener Lehr- und Leidensjahre« wurde »Kinokitsch, Schundpresse und Ähnliches«, aus den »Idioten von Weltverbesserern« die »famosen Weltverbesserer«; die »Pesthure« schwächte man ab zu »Pestilenz«. Die »ästhetischen Schmachtaffen«, unter denen sich wohl kein Leser etwas vorstellen konnte, wichen deutlich moderateren »ästhetischen Jünglingen«. Der »Bannkreis seiner eigenen schweinischen Wesensart« erhielt die Fassung »Bannkreis seiner eigenen niedrigen Wesensart«.[18] Solche Umformulierungen konnte man, mit viel gutem Willen, noch als »stilistisch« bezeichnen, wie das der Eher-Verlag getan hatte.[19]

Das war allerdings bei einer anderen Änderung nicht möglich; hier griff der Verlag, sicher mit Billigung Hitlers, direkt in den Inhalt ein. Es ging um ein Thema, das für die praktische Leitung der NSDAP von höchster Bedeutung war. In der ursprünglichen Fassung von *Mein Kampf* nämlich hatte Hitler 1925 noch geschrieben: »Die Bewegung vertritt im Kleinsten wie im Größten den Grundsatz einer germanischen Demokratie: Wahl des Führers, aber unbedingte Autorität desselben.« Für die einbändige Volksausgabe wurde dieser Stelle deutlich verändert: »Die Bewegung vertritt im Kleinsten wie im Größten den Grundsatz der unbedingten Führerautorität, gepaart mit höchster Verantwortung.« Daraus zog Hitler klare Konsequenzen für die Parteiarbeit auf allen Ebenen, von der Ortsgruppe bis zur Gauleitung. Hatte es in der Erstausgabe noch geheißen: »Immer wird der erste Vorsitzende gewählt, allein damit auch mit unbeschränkter Vollmacht und Autorität bekleidet. Und das Gleiche gilt endlich für die Leitung der Gesamtpartei. Der Vorsitzende wird gewählt, er aber ist der ausschließliche Führer der Bewegung.« Ab 1930 hatte diese Passage die Fassung: »Immer wird der Führer von oben eingesetzt und gleichzeitig mit unbeschränkter Vollmacht und Autorität bekleidet. Nur der Führer der Gesamtpartei wird aus vereinsgesetzlichen Gründen in der Generalmitgliederversammlung gewählt. Er ist aber der ausschließliche Führer der Bewegung.«[20]

INHALTLICHE ÄNDERUNGEN

Obwohl Hitler im letzten Kapitel des ersten Bandes von *Mein Kampf* den Begriff »germanische Demokratie« streichen ließ, hielt er in den »Allgemeinen politischen Betrachtungen aus meiner Wiener Zeit« daran fest. Als Kontrast zur verhassten parlamentarischen Demokratie hieß es hier: »Dem steht gegenüber die wahrhaftige germanische Demokratie der freien Wahl des Führers, mit dessen Verpflichtung zur vollen Übernahme aller Verantwortung für sein Tun und Lassen. In ihr gibt es keine Abstimmung einer Majorität zu einzelnen Fragen, sondern nur die Bestimmung eines Einzigen, der dann mit Vermögen und Leben für seine Entscheidung einzutreten hat.«[21] Walther Scheunemann kommentierte Hitlers Ausführungen in seiner kritischen Studie über den Nationalsozialismus, die später kaum zufällig zu den »verbrannten Büchern« zählte, schon 1931: »Wir sehen davon ab, ob ein solches Regierungsgebilde sich Demokratie nennen kann. Wir sehen weiter davon ab, dass die Haftung mit Vermögen und Leben, so zweckmäßig sie zu Zeiten von Tacitus gewesen sein mag, für ein modernes Staatsleben reichlich fiktiv ist.«[22]

Die Änderung der Wahlprinzipien innerhalb der NSDAP blieb die einzige inhaltlich wirklich relevante Anpassung in *Mein Kampf* an die veränderte Wirklichkeit. An einer weiteren Stelle, die nach der Ernennung des Parteichefs zum Reichskanzler, spätestens aber nach der Wende im Zweiten Weltkrieg noch weitaus brisanter erscheinen musste, wurde dagegen nicht ein Buchstabe geändert. Ebenfalls im dritten Kapitel über seine politischen Überzeugungen aus den Jahren in Wien hatte Hitler geschrieben: »Staatsautorität als Selbstzweck kann es nicht geben, da in diesem Fall jede Tyrannei auf dieser Erde unangreifbar und geheiligt wäre. Wenn durch die Hilfsmittel der Regierungsgewalt ein Volkstum dem Untergang entgegengeführt wird, dann ist die Rebellion eines jeden Angehörigen eines solchen Volkes nicht nur Recht, sondern Pflicht.«[23] Viel klarer und mit einem eindeutigeren Kriterium konnte man das Widerstandsrecht gegen eine diktatorische Herrschaft nicht verteidigen.

Sorgen machte sich Hitler über die Wirkung solcher Ausführungen schon; immerhin ließ er am 3. Juni 1941 »streng vertraulich« anordnen, »dass Schillers Schauspiel ›Wilhelm Tell‹ nicht mehr aufgeführt wird und in der Schule nicht mehr behandelt wird«. In einer auf einer Abschrift der NSDAP-Parteikanzlei hinzugefügten Aktennotiz wurde als Grund für Hitlers Entscheidung zwar angegeben, einerseits die »unverschämte Hetze« schweizerischer Zeitungen gegen das Dritte Reich sanktionieren zu wollen, andererseits habe es nie eine historische Figur »Tell« gegeben. Wichtiger war wohl eine weitere Feststellung: »Er ist im Grunde auch kein Held, sondern ein hinterlistiger Heckenschütze.«[24] An die mindestens genauso gefährliche Stelle in seinem eigenen Buch *Mein Kampf* erinnerte sich Hitler offenbar schon selbst nicht mehr.

Allerdings berichtete auch der Sicherheitsdienst der SS in seinen umfangreichen *Meldungen aus dem Reich* nicht ein einziges Mal, dass Hitler-Gegner sich auf diese Stelle bezogen hätten. Ebenso wenig spielte dieses Bekenntnis in den Gerichtsakten des Volksgerichtshofes und der NS-Sondergerichte eine Rolle. Weder Carl Friedrich Goerdeler noch Claus Schenk Graf von Stauffenberg bezog sich darauf; überhaupt kannte aus dem weiteren Kreis der Verschwörer vom 20. Juli 1944 nur ein Mann Hitlers Buch genauer: Ewald von Kleist-Schmenzin, ein überzeugter Konservativer und Rittergutsbesitzer, hatte 1932 in einer Broschüre mit dem Titel »Der Nationalsozialismus. Eine Gefahr« eindringlich vor der NS-Bewegung gewarnt. Doch vor der Machtübernahme war die

BEKENNTNIS ZUM TYRANNENMORD

Brisanz der Stelle über das Widerstandsrecht wohl noch nicht zu erkennen.

Auch Hitlers Architekt und Rüstungsminister Albert Speer kannte das Bekenntnis nicht – jedenfalls bis Anfang Februar 1945 nicht. Da suchte ihn, seinem eigenen Bericht zufolge, sein Bekannter Friedrich Lüschen auf und fragte: »Wissen Sie, welcher Satz aus Hitlers *Mein Kampf* jetzt am meisten auf der Straße zitiert wird?« Speer wusste es nicht und ließ sich belehren: »Eine Diplomatie hat dafür zu sorgen, dass ein Volk nicht heroisch zugrunde gehen, sondern praktisch erhalten wird. Jeder Weg, der hierzu führt, ist dann zweckmäßig, und sein Nichtbegehen muss als pflichtvergessenes Verbrechen bezeichnet werden.«[25] Dazu passe ein weiteres Zitat, fuhr Lüschen fort und zitierte Hitlers Bekenntnis zum Recht und zur Pflicht auf Widerstand.

Speer wunderte sich: »Da war von Hitler selbst ausgesprochen, was ich in den letzten Monaten angestrebt hatte. Es blieb nur noch die Schlussfolgerung: Hitler übte – selbst an seinem politischen Programm gemessen – bewusst Hochverrat am eigenen Volk, das sich seinen Zielen geopfert hatte und dem er alles verdankte; mehr jedenfalls, als ich Hitler zu danken hatte. In dieser Nacht fasste ich den Entschluss, Hitler zu beseitigen.«[26] Angeblich traf Speer, der sich selbst laut einem engen Mitarbeiter als »Hitlers unglückliche Liebe« sah, nun Vorbereitungen für den Tyrannenmord.[27] Er versuchte, sich Giftgas zu verschaffen und es in den Bunker im Garten der Reichskanzlei zu leiten. Allerdings ist unwahrscheinlich, dass er dieses Vorhaben ernsthaft umzusetzen versuchte; es dürfte sich um eine nachträgliche Schutzbehauptung handeln, mit der er die Richter im Nürnberger Hauptkriegsverbrecherprozess milde zu stimmen versuchte. Viele Jahre später erklärte Speer jedenfalls einer britischen Journalistin rückblickend: »Es war ein Verzweiflungsimpuls, aber ich hätte es nie wirklich getan. Ich hätte es nicht tun können.«[28]

Obwohl Hitler sein Buch mehrfach das »granitene[n] Fundament« der Bewegung genannt hatte, das nicht zu überarbeiten sei, gab es im Laufe seiner Publikationsgeschichte mehrere tausend Veränderungen. Die meisten davon hatten keine inhaltlichen Auswirkungen, waren also tatsächlich unbedeutend. Spannender als die eine bekannte relevante Änderung sind allerdings einige Passagen, die eigentlich viel brisanter waren, die aber dennoch bis zu den letzten Ausgaben unverändert blieben.

FORTSETZUNG

Für Hitler gab es, das macht sein *Zweites Buch* erneut sichtbar, nur einige wenige formelhafte Fixpunkte politisch-weltanschaulicher Argumentation, an denen er stets festgehalten hat.

MARTIN BROSZAT, HISTORIKER[1]

Vorhandenes zu erweitern scheint auf den ersten Blick leichter als Neues zu schaffen. Doch genauso gut kann das Gegenteil zutreffen. Denn um für die Fortsetzung eines Buches Leser zu gewinnen, muss sich der Inhalt unterscheiden, ohne dem bereits erschienenen Vorläufer allzu sehr zu widersprechen. Zu seinen außenpolitischen Vorstellungen hatte sich Adolf Hitler bereits in den beiden Bänden von *Mein Kampf* geäußert, allerdings nicht systematisch, sondern eher in zwei längeren Exkursen zur deutschen Bündnispolitik. Der Kerngedanke war in beiden Abschnitten ähnlich: Deutschland müsse sich mit Großbritannien und Italien verbünden, um im Konflikt mit Frankreich zur Hegemonialmacht auf dem Kontinent aufzusteigen und anschließend neuen »Lebensraum« in Osteuropa zu erobern, im Wesentlichen auf Kosten der Sowjetunion.

Das war ein bewusstes Kontrastprogramm zur internationalen Politik der Regierung in Berlin. Der seit 1923 amtierende Außenminister Gustav Stresemann setzte ebenso wie seine Vorgänger auf eine Politik des Ausgleichs mit Frankreich, die im Beitritt zum Völkerbund 1926 gipfelte. Auch im Verhältnis zur Sowjetunion strebte die Reichsregierung eine Verständigung an, was sich im Berliner Vertrag aus demselben Jahr niederschlug. Einen einzigen Streit in Europa hielt Stresemann bewusst offen: Ein Abkommen mit Polen einschließlich einer bindenden Anerkennung der Grenzverschiebungen von 1919 bis 1922 lehnte er wie die breite Mehrheit der deutschen Gesellschaft ab; der Berliner Vertrag enthielt sogar eine Neutralitätsklausel, die sich erkennbar nur auf einen denkbaren Revanchekrieg der Sowjetunion gegen Polen beziehen konnte – ein diplomatisch wenig freundlicher Akt, gegen den nicht einmal die NSDAP etwas einzuwenden hatte.[2] Trotz dieser partiellen Übereinstimmung den östlichen Nachbarstaat betreffend machte Hitler den nationalliberalen Außenminister nach Kräften lächerlich und witzelte etwa in einer Rede im August 1927 in Heidelberg, »dass Stresemann von dem und dem Staatsmann empfangen worden ist, und dreiviertel Stunden mit dem und dem Staatsmann sprechen konnte, dass er letzte Woche eine Stunde gesprochen hat, und nächste Woche hört man, dass er zwei Stunden sprechen« werde.[3]

Doch zugleich hatte die NSDAP außenpolitisch eine offene Flanke, denn neben der Revision der deutsch-polnischen Grenze brachte Mitte der 1920er-Jahre die Südtirol-Frage die nationalbewussten Gemüter in Deutschland wie in Österreich in Wallung. Infolge des Friedensvertrages von Saint-Germain vom 10. September 1919, der für die Wiener Republik dem Versailler Vertrag der Westmächte mit Deutschland entsprach, hatte Österreich nicht nur Triest, Istrien und das vorwiegend italienisch besiedelte Trentino an Italien abtreten müssen, sondern auch Südtirol. Eine Petition aller 172 deutschsprachigen Gemeinden Südtirols, die ihr Selbstbestimmungsrecht einforderten, hatte das Parlament in Rom

DAS SÜDTIROL-PROBLEM

demonstrativ ignoriert. In Deutschland bestand in der Weimarer Republik von der linken Sozialdemokratie bis zum reaktionären Flügel des Zentrums und zur scharf rechten Deutschnationalen Volkspartei praktisch Einigkeit, dass der Verlust des kulturell eindeutig deutschen Südtirol revidiert werden müsse.

Nur die NSDAP schloss sich dieser Mehrheitsmeinung nicht an – obwohl zu ihren Grundsätzen der Satz aus *Mein Kampf* gehörte: »Gleiches Blut gehört in ein gemeinsames Reich.«[4] Das hatte zwei Gründe: Einerseits setzte Hitlers außenpolitisches Konzept ein Bündnis mit der Seemacht Großbritannien und dem auf das Mittelmeer und nach Nordafrika orientierten Italien voraus; dazu passte es nicht, Südtirol zurückzufordern. Andererseits herrschte in Rom seit Oktober 1922 Benito Mussolini, in dessen faschistischer Bewegung und ihrem Aufstieg zur Macht Hitler jedenfalls in den 1920er-Jahren noch sein großes Vorbild sah. Den einzigen Regierungschef Europas mit jedenfalls zum größeren Teil vergleichbarer Ideologie konnte er kaum attackieren.

Schon im November 1922 hatte sich Hitler, wahrscheinlich nicht zufällig in Anwesenheit des italienischen Diplomaten Adolfo Tedaldi, ganz eindeutig geäußert: »Aus der augenblicklichen Lage können wir uns nur mit der Unterstützung einer Großmacht befreien, und aus tausend Gründen ist Italien dafür die geeignetste. Doch gegenüber einem Italien, das uns zu helfen bereit ist, haben wir heute und in Zukunft die Pflicht absoluter Loyalität. Wir dürfen nicht aus einem, sei es noch so menschlichen Gefühl der Brüderlichkeit gegenüber 200 000 gut behandelten Deutschen vergessen, dass es anderswo Millionen wirklich unterdrückter Deutscher gibt, und dass vor allem anderen die Existenz Bayerns auf dem Spiele steht. Wir müssen Italien offen und aufrichtig erklären, dass für uns die Südtiroler Frage nicht existiert und niemals existieren wird.«[5] Wiederholt äußerte sich Hitler in den folgenden Jahren ähnlich, sowohl öffentlich als auch in vertraulichen Gesprächen: »Dazu ist nötig ein klarer und bündiger Verzicht Deutschlands auf die Deutschen in Südtirol«, sagte er zum Beispiel in einer Rede vor Sympathisanten.[6] Im zweiten Band von *Mein Kampf* schrieb er, 1914 bis 1918 habe er mit dort gestanden, wo über das Schicksal Südtirols entschieden worden sei, nämlich im Heer: »Ich habe in diesen Jahren meinen Teil mitgekämpft, nicht damit Südtirol verloren geht, sondern damit es genau so wie jedes andere deutsche Land dem Vaterland erhalten bleibt.« Offensichtlich störte ihn nicht, dass sein bayerisches Regiment niemals auch nur in die Nähe der Alpenfront gekommen war. Schon zwei Seiten weiter gab er den Anspruch auf Südtirol aber faktisch auf, weil dieser Streit einer deutsch-italienischen Verständigung nicht im Wege stehen dürfe: »Juden und habsburgische Legitimisten haben das größte Interesse daran, eine Bündnispolitik Deutschlands zu verhindern, die eines Tages zur Wiederauferstehung eines deutschen freien Vaterlandes führen könnte. Nicht aus Liebe zu Südtirol macht man heute dieses Getue, denn dem wird dadurch nicht geholfen, sondern nur geschadet, sondern aus Angst vor einer etwa möglichen deutsch-italienischen Verständigung.«[7]

So wichtig war Hitler dieses Thema, dass er das Kapitel im Februar 1926 aus dem noch unfertigen zweiten Band vorab als Broschüre unter dem Titel *Die Südtiroler Frage und das deutsche Bündnisproblem* in einer Auflage von 10 000 Exemplaren veröffentlichen ließ.[8] Im eigens verfassten Vorwort schrieb er: »Was heute die öffentliche Meinung gegen Italien aufrührt, ist nicht die Sorge um das Schicksal des Deutschtums in Südtirol, sondern der Hass gegen die augenblickliche italienische Regierung und vor allem gegen den Mann, der als überragendes Genie das nationale Gewissen Italiens ver-

DAS SÜDTIROL-PROBLEM

körpert.«[9] Ganz ähnlich argumentierte Alfred Rosenberg, der Chefredakteur des *Völkischen Beobachters*, ein Jahr später in einem Aufsatz seiner Zeitschrift *Der Weltkampf*: »Der Kampf geht heute gegen Mussolini als Freimaurerfeind und gegen das deutsche Volk überhaupt, um seine letzten aufkeimenden Kräfte zu zerschlagen. Das ist das Wesen des heutigen künstlich gezüchteten Problems Deutschland – Italien.«[10]

Diese Erledigung des Themas Südtirol stieß in der deutschen Öffentlichkeit auf wenig Verständnis, besonders als Anfang 1928 die Regierung in Rom die Gangart gegenüber den renitenten Neubürgern in den Alpen verschärfte. In Österreich und leicht abgeschwächt auch in Deutschland erregte man sich über die zwangsweise Einführung italienischsprachigen Religionsunterrichts in den Schulen Südtirols; es begann eine Pressekampagne. Doch ausgerechnet der *Völkische Beobachter* durfte, der Linie Hitlers und Rosenberg folgend, gegen Italien nicht auftrumpfen, sondern musste ganz ungewohnt defensiv argumentieren. Immerhin nannte das Blatt italienische Begründungen für seine Südtirol-Politik »ungerechtfertigt«, kündigte aber zugleich eine klärende Mussolini-Rede zu diesem Thema für das Ende der Woche an.[11] Jedoch enttäuschte diese Ansprache Rosenberg offenbar, denn er beschränkte sich zunächst auf eine betont neutrale Widergabe.[12]

Einen Tag später hatte er die Zumutungen des italienischen Ministerpräsidenten verdaut und kehrte zur gewohnten Argumentation zurück. Bei genauer Betrachtung, so der Artikel unter der Überschrift *Der marxistische Weltbetrug*, enthalte die Rede zum Thema Südtirol gar nicht so viel Negatives. Es wäre im Interesse Deutschlands, darauf zustimmend zu reagieren, doch die »sogenannte deutsche Politik« habe die in Italien vorhandenen Sympathien nicht genutzt, »um in Verbindung mit italienischen Interessen ein Loch in die Entente zu schlagen«. Vielmehr habe man sich mit den Todfeinden Deutschlands eingelassen: mit »Franzosen, Polacken und jüdischer Finanz«. Besonders Sozialdemokraten schürten die nationale Sympathie mit den Südtirolern einzig, »um die marxistisch-jüdische Weltrevolution entfachen und dann das ganze Deutschtum erledigen zu können«.[13] Diese konstruierte Darstellung konnte freilich kaum überzeugen.

Im Vorfeld der für den 20. Mai 1928 angesetzten Reichstagswahl schwächte die Debatte um Südtirol die NSDAP weiter. In einigen Reden ging Hitler zwar darauf ein, konnte aber den offensichtlichen Widerspruch zwischen ihrem völkischen Anspruch und dem gleichzeitigen Zurückweichen gegenüber Italien nicht überzeugend erklären.[14] Wohl deshalb blendete er das Thema in anderen Ansprachen aus. Der *Oberbayerische Generalanzeiger* etwa griff diesen Mangel nach einem Auftritt in Landsberg am 23. April 1928 auf: »Bei all seinen Ausführungen, die sich zum Teil, besonders aber in der zweiten Stunde des Vortrages, in oft gewagten Vergleichen und Nutzanwendungen ergingen, fanden wir ein Thema nicht erwähnt: Was ist mit den Auslandsdeutschen, was ist vor allem mit Südtirol? Diese brennende Frage berührte Herr Hitler mit keinem Worte.«[15] Andere Zeitungen, wie das *Deutsche Tageblatt*, der *Bayerische Kurier* und die *Münchner Post*, erhoben sogar den Vorwurf, der Wahlkampf der NSDAP werde von Italien finanziert, als Gegenleistung für den Verzicht auf Südtirol. Am Wahlsonntag selbst startete dann die Münchner SPD eine Plakatkampagne: Auf großformatigen Anschlägen wurde Hitler vorgeworfen, Südtirol gegen finanzielle Hilfe im Wahlkampf an Mussolini verkauft zu haben. Der NSDAP-Chef erstattete umgehend Strafanzeige. Nach Verfahren in mehreren Instanzen stellte das Landgericht München fest, dass der Vorwurf nicht zu beweisen und daher unzulässig gewesen sei.[16]

VERSUCHTER BEFREIUNGSSCHLAG

Doch der Stachel Südtirol saß tief. Am 23. Mai 1928, drei Tage nach dem niederschmetternden Ergebnis bei der Wahl mit reichsweit nur 810 000 Stimmen für die NSDAP, umgerechnet 2,6 Prozent und zwölf Mandaten, sprach Hitler so ausführlich wie noch nie über dieses Thema. Neue, überzeugendere Gedankengänge konnte er freilich nicht vortragen. Trotzdem entschied er sich ungefähr zur selben Zeit, seine außenpolitischen Vorstellungen in einem weiteren Buch detailliert darzulegen. Jedenfalls zog er sich für die nächsten sechs Wochen aus der Öffentlichkeit und bald auch aus München zurück, ins Haus Wachenfels auf dem Obersalzberg, das er seit einigen Monaten gemietet hatte; erst Anfang Juli 1928 kehrte er zurück. Wie schon im Sommer 1926 beim zweiten Band von *Mein Kampf* diktierte er seine Ausführungen einer Schreibkraft, vermutlich der Privatsekretärin Hertha Frey, direkt in die Schreibmaschine. Darauf deutet jedenfalls das überlieferte Typoskript hin, das vor Interpunktionen oft Leerstellen enthält sowie viele getippte Verbesserungen, die bei der Abschrift eines Stenogramms so nicht vorkommen können. Es handelt sich offensichtlich um einen Entwurf, der mit Durchschlagpapier in zwei Exemplaren geschrieben wurde; erhalten sind die ersten 239 Blatt als Erstschrift, die restlichen 86 Blatt als Zweitschrift. Mindestens drei der Kapitel brechen mitten im Text ab; ob die übrigen Abschnitte vollständig sind, lässt sich angesichts von Hitlers sprunghafter Argumentation nicht mit Sicherheit sagen.

Im Vorwort begründete Hitler, warum er ein weiteres Buch schreibe: »Gegen diese mächtige Koalition, die aus den verschiedensten Gesichtspunkten heraus versucht, die Südtiroler Frage zum Angelpunkt der deutschen Außenpolitik zu machen, kämpft die nationalsozialistische Bewegung, indem sie entgegen der herrschenden frankophilen Tendenz unentwegt für ein Bündnis mit Italien eintritt. Sie betont dabei und steht damit im Gegensatz zur gesamten öffentlichen Meinung in Deutschland, dass Südtirol weder so noch so ein Hindernis für diese Politik sein kann und sein darf.« Diese Überzeugung habe, so Hitler weiter, die NSDAP in der deutschen Parteienlandschaft zwar isoliert, werde aber »die Ursache des Wiederaufstiegs der deutschen Nation« sein. »Um aber diese gläubige Auffassung im Einzelnen zu begründen und verständlich zu machen, schreibe ich dieses Werk.«[17]

Im ersten Kapitel legte Hitler seine sozialdarwinistische Auffassung vom Leben als Kampf dar; es war ausführlicher, unterschied sich sonst aber nicht wesentlich von entsprechenden Ausführungen in *Mein Kampf*: »Ungezählt sind die Arten aller Lebewesen der Erde, unbegrenzt jeweils im Einzelnen ihr Selbsterhaltungstrieb sowie die Sehnsucht der Forterhaltung, begrenzt hingegen der Raum, auf dem dieser gesamte Lebensprozess sich abspielt. Es ist die Oberfläche einer genau bemessenen Kugel, auf der das Ringen von Milliarden und Abermilliarden von Einzelwesen um Leben und Lebensnachfolge stattfindet. In dieser Begrenzung des Lebensraumes liegt der Zwang zum Lebenskampf, im Lebenskampf dafür aber die Voraussetzung zur Entwicklung.« Gewaltsame Konflikte um jeden Preis zu vermeiden sei keine Alternative: »Eine Politik des Friedens, die versagt, führt genau so zur Vernichtung eines Volkes, also zur Auslöschung seiner Substanz aus Fleisch und Blut, wie eine Politik des Krieges, die missglückt.« Aber ebenso riskant sei eine Politik des ewigen Krieges, denn langfristig gelte: »Der Held stirbt, der Verbrecher bleibt erhalten.« Das Bevölkerungswachstum durch Fortpflanzungskontrolle zu beschränken sei auch keine Lösung: »Ein einziges Jahr Geburtenbeschränkung in Europa tötet mehr Menschen, als seit der Französischen Revolution bis heute in allen Kriegen in Europa einschließlich dem Weltkrieg an Menschen gefallen sind.«[18] Der Schluss des ersten Kapitels erinnerte an typische rhetorische Pointen aus Hitler-Reden: »Denn man macht nicht Politik, um sterben zu können, sondern man darf nur manches Mal Menschen sterben lassen, auf dass ein Volk leben kann.«[19]

Der nächste Abschnitt griff die Argumentation der vier möglichen Wege deutscher Politik auf, die sowohl im ersten wie im zweiten Band von *Mein Kampf* schon behandelt worden waren.[20] Hitler wiederholte seine Auffassung, dass eine Stärkung der Ökonomie mit dem Ziel, Außenhandel zu treiben, keine Alternative für das langfristige Überleben eines Volkes sei; vielmehr hänge es allein vom zur Verfügung stehenden Boden ab. Selbst wenn eine auf Handelsüberschüsse und Importe ausgerichtete Politik kurz- und mittelfristig erfolgreich zu sein scheine, trage sie doch die Saat des Scheiterns in sich: »Eine besondere Gefahr der sogenannten wirtschaftsfriedlichen Politik eines Volkes liegt aber darin, dass durch sie zunächst eine Vermehrung der Volkszahl möglich wird, die endlich in keinem Verhältnis mehr steht zu den Lebenserträgnissen des eigenen Grund und Bodens. Diese Überfüllung eines ungenügend großen Lebensraumes mit Menschen führt dabei nicht selten auch zu schweren sozialen Schäden, indem die Menschen nun in Arbeitszentren zusammengefasst werden, die dann weniger Kulturstätten gleichen als vielmehr Abszessen am Volkskörper, in denen sich alle üblen Laster, Untugenden und Krankheiten zu vereinigen scheinen.«[21] Das Kapitel schloss unvermittelt mit prägnanten Definitionen, die Hitlers Politikverständnis präzise zusammenfassten: »Politik ist die Kunst der Durchführung des Lebenskampfes eines Volkes um sein irdisches Dasein, Außenpolitik ist die Kunst, einem Volke den jeweils notwendigen Lebensraum in Größe und Güte zu sichern. Innenpolitik ist die Kunst, einem Volke den dafür notwendigen Machteinsatz in Form seines Rassenwertes und seiner Zahl zu erhalten.« Ähnlich hatte sich Hitler schon in einigen Reden und in einem Aufsatz von 1927 geäußert.[22]

Auch das dritte und vierte Kapitel enthielten vor allem bekannte Behauptungen in lediglich abgewandelter Form. Grundlage des richtigen Verständnisses des Lebens sei die Anerkennung des »Rassen«-Prinzips. Wer es nicht beachte, führe sein Volk unweigerlich in den Untergang. Die Demokratie verhindere den Aufstieg der »wirklich großen führenden Köpfe[n] «, die aber unbedingt notwendig seien: »Die Völker müssen sich entscheiden. Entweder sie wollen Majoritäten oder Köpfe. Beide zusammen vertragen sich nie.«[23] Es folgte eine Variation der Ausführungen zu den Ernährungsgrundlagen, also dem Boden, als Grundlage jeder Politik. Abschließend formulierte er dann ein Prinzip, dass er bis zum Untergang des Dritten Reiches beibehalten sollte: »Ich werde mich dann dafür einsetzen zu versuchen, das, was an Erfolgswahrscheinlichkeit oder Erfolgsgröße fehlt, durch größere Entschlossenheit noch aufzuwiegen und diesen Geist auf die von mir geführte Bewegung zu übertragen.«[24]

Auf ein unvollendetes Kapitel, in dem es um den Gegensatz zwischen der »Germanisierung« fremder Völker, wie sie bürgerliche Politiker anstrebten, und nationalsozialistischer »Raumpolitik« ging, folgten erneut breite, vermeintlich historische Ausführungen über die Unterschiede zwischen Bismarcks Zeit und Hitlers Gegenwart. All das war, in anderen Formulierungen und knapper, auch schon in *Mein Kampf* zu lesen gewesen. Das Gleiche galt für die Ausführungen zur verfehlten Politik des Kaiserreiches vor 1914, die weitgehend eine Wiederholung aus dem dritten und dem vierten Kapitel des ersten Bandes darstellten. Ausführlicher als im zweiten Band stellte Hitler sodann dar, warum der Status quo vor dem Weltkrieg für ihn kein Ziel war: »Würde das deutsche Volk die Wiederherstellung der Grenzen des Jahres 1914 tatsächlich erreichen, so wären nichtsdestoweniger die Opfer des Weltkrieges umsonst gewesen. Aber auch die Zukunft unseres Volkes würde nicht im Geringsten gewinnen durch eine solche Wiederherstellung.«[25] Auch dieses Kapitel brach mitten im Text ab.

Im nächsten Abschnitt verwarf Hitler die denkbaren Alternativen einer Bodenpolitik. Weder eine Wiederherstellung historischer Grenzen noch eine expansive Wirtschaftspolitik seien denkbare Alternativen, auch ein paneuropäischer Staat nicht. Das Argument, dass in den Vereinigten Staaten genau so ein Weg Erfolg gehabt habe, treffe für Europa nicht zu: »Wirklich nicht widerlegt zu werden braucht aber die Meinung, dass, weil in der amerikanischen Union eine Verschmelzung von Menschen verschiedenster Volksabstammung stattgefunden hat, dies auch in Europa möglich sein müsste.« Denn die Vereinigten Staaten hätten »Menschen verschiedener Volkszugehörigkeit zu einem jungen Volk zusammengefügt«, die »rassisch gleichen oder zumindest verwandten Grundelementen angehören«. Wo dies nicht der Fall war, fühlte sich der NSDAP-Chef bestätigt: »Blutfremde Menschen mit ausgeprägt eigenem Nationalgefühl oder Rasseinstinkt hat übrigens auch die amerikanische Union nicht einzuschmelzen vermocht. Sowohl gegenüber dem chinesischen als auch gegenüber dem japanischen Element hat die Assimilierungskraft der amerikanischen Union versagt.«[26]

Dennoch hatte Hitler Respekt vor der Leistung der Vereinigten Staaten – und betrachtete sie als Hauptgegner künftiger Jahrzehnte: »Es ist aber leichtsinnig zu glauben, dass die Auseinandersetzung zwischen Europa und Amerika nur immer wirtschaftsfriedlicher Natur sein würde.« Im Gegenteil erwartete er langfristig einen bewaffneten Konflikt; er schrieb: »Nordamerika wird in der Zukunft nur der Staat die

Stirne zu bieten vermögen, der es verstanden hat, durch das Wesen seines inneren Lebens sowohl als durch den Sinn seiner äußeren Politik den Wert seines Volkstums rassisch zu heben und staatlich in die hierfür zweckmäßigste Form zu bringen.«[27] Bis zur Formulierung dieser Sätze hatten die Vereinigten Staaten in Hitlers Denken stets eine untergeordnete Rolle gespielt. Und auch in den kommenden Jahren griff er diesen Gedanken so gut wie nie mehr auf – mit Ausnahme einer Rede in Berlin am 13. Juli 1928, bald nach seiner Rückkehr vom Diktat in Berchtesgaden, als er Amerika ausdrücklich den »Zukunftsfeind« nannte.[28]

Auch in einer ausdrücklichen Neutralität Deutschlands sah Hitler natürlich keine politische Alternative. »Der Weltkrieg hat eines jedenfalls unzweideutig bewiesen: Wer in großen weltgeschichtlichen Auseinandersetzungen sich neutral verhält, vermag vielleicht zunächst kleine Geschäfte zu machen, er wird aber machtpolitisch damit auch endgültig von einer Mitbestimmung der Schicksale der Welt ausscheiden.« Hätten die Vereinigten Staaten 1917 nicht Deutschland den Krieg erklärt, wären sie zur Macht zweiten Ranges abgestiegen, behauptete er: »Dass die amerikanische Union in den Kampf eintrat, hat sie maritim zur Stärke Englands emporgehoben, weltpolitisch aber zu einer Macht von ausschlaggebender Bedeutung gestempelt.«[29] Auch ein Bündnis mit Russland käme für Deutschland keinesfalls in Frage, fuhr Hitler fort. Abermals glichen seine wesentlichen Darlegungen den einschlägigen Passagen in *Mein Kampf*, waren aber durch Exkurse ergänzt. So machte er sich Sorgen um die möglichen Folgen eines Luftkrieges des Westens, vor allem Frankreichs gegen Deutschland: »Es gibt bei der heutigen Lage der deutschen Grenzen nur mehr ein ganz kleines, wenige Quadratkilometer umfassendes Gebiet, das nicht innerhalb der ersten Stunde bereits den Besuch feindlicher Flugzeuge erhalten könnte.«[30] In Hitlers Reden gibt es 1927/28 keine entsprechenden Ausführungen; daher ist anzunehmen, dass sich der NSDAP-Chef zu dieser Bemerkung durch die aktuelle Lektüre in Zeitungen oder Zeitschriften hatte anregen lassen.

Das letzte Drittel des Typoskripts, rund hundert Seiten, war dann tatsächlich einer nationalsozialistischen Außenpolitik im engeren Sinne gewidmet. Es begann mit acht Feststellungen über die Ausgangslage. Vom Völkerbund erhoffte sich Hitler erwartungsgemäß nichts, stellte aber auch fest, dass mit militärischen Mitteln allein die Situation Deutschlands nicht zu verbessern wäre. Notwendig sei, dass es »seiner bisherigen schwankenden Schaukelpolitik endgültig entsagt und sich dafür grundsätzlich nach einer Richtung hin entscheidet und dabei auch alle Konsequenzen übernimmt und trägt«.[31] Dabei werde Frankreich immer sein Feind sein, sodass ein Bündnis mit dem Nachbarn im Westen von vornherein aussichtslos sei. Als Konsequenz aus dieser Konstellation formulierte Hitler mögliche Ziele – allerdings handelte es sich hier wieder um ein offensichtlich unvollendetes Kapitel, das sich in der Wiederholung bekannter Forderungen erschöpfte: Eine auf Außenhandel gerichtete Politik müsse zum Konflikt mit Großbritannien führen, die Wiederherstellung des Status quo von 1914 sei unnütz, das einzige sinnvolle Ziel hingegen die Eroberung von Lebensraum im Osten.

Dem stellte er seine Vision eines Bündnisses mit der weltweit engagierten See- und Kolonialmacht gegenüber. Ihr lag eine grundsätzliche falsche Wahrnehmung zugrunde, die Hitler aber seinen Gegnern unterstellte: »Es ist in Deutschland besonders eine sehr irrtümliche Auffassung weit verbreitet, dass nämlich England jede europäische Vormacht sofort bekämpfe. Dies ist tatsächlich nicht richtig. England hat sich eigentlich um die europäischen Verhältnisse immer so lange wenig gekümmert, solange ihm nicht aus ihnen heraus ein drohender Weltkonkurrent entstand, wobei es die Bedrohung stets nur in einer Entwicklung empfand, die seine See- und Kolonialherrschaft eines Tages durchkreuzen musste.«[32] In Wirklichkeit hatten britische Politiker seit Mitte des 18. Jahrhundert zwar stets ihr Weltreich vor Augen, achteten aber ebenso streng darauf, durch ein multipolares Mächtegefüge in Europa die Entstehung eines starken Konkurrenten zu unterbinden – das hatte Hitler im zweiten Band von *Mein Kampf* noch durchaus konkret beschrieben.[33]

In einer überraschenden Wendung erklärte er im Anschluss: »In Europa selbst ist der zur Zeit für England gefährlichste Staat Frankreich.« Seine militärische Hegemonie bedrohe Großbritannien »infolge der geographischen Lage, die Frankreich zu England« einnehme: »Nicht nur, dass ein großer Teil wichtiger englischer Lebenszentren französischen Fliegerangriffen nahezu schutzlos ausgesetzt erscheinen, kann selbst eine Anzahl englischer Städte durch Ferngeschütze von der französischen Küste aus erreicht werden.« Offenbar bezog sich Hitler auf aktuelle Lektüre, als er weiter diktierte: »Ja, wenn es der modernen Technik gelingt, noch eine wesentliche Steigerung der Schussleistungen schwerster Ferngeschütze herbeizuführen, dann liegt selbst eine Beschießung Londons vom französischen Festlande aus nicht außerhalb des Bereichs aller Möglichkeiten.«[34] Angesichts der 1928 laufenden Verhandlungen zur Ächtung von Angriffskriegen und der auch in Deutschland wohlbekannten Überlegungen Pariser Politiker und Militärs, primär die Ostgrenze Frankreichs zu befestigen, um vor einer Invasion aus Deutschland besser als 1914 geschützt zu sein, war das vollkommen irreal.

Das Kapitel schloss mit Ausfällen gegen den nationalliberalen und den nationalkonservativen Flügel der Gesellschaft, die Deutschland zu einer »zweiten Schweiz« machen wollten, die »politisch« und »rassisch« verkommen sei: »Das können unsere bürgerlich-nationalen und vaterländischen Politikaster schon erreichen, dazu brauchen sie nur auf dem Wege ihrer heutigen Phrasendrescherei weiter fortfahren, mit dem Maul Proteste hinausschleudern, ganz Europa bekriegen und vor jeder Tat feige ins Loch kriechen.« Hier brach offenbar der Ärger über die offensichtlichen Erfolge von Gustav Stresemanns Außenpolitik durch, denn Hitler fuhr fort: »Nationalbürgerlich-vaterländische Politik der Wiedererhebung Deutschlands heißt man dann das.« Doch in seinem Eifer attackierte er nicht nur die nationalliberale Deutsche Volkspartei Stresemanns, sondern auch die deutlich weiter rechts stehende Anhängerschaft der DNVP: »So, wie unser Bürgertum es verstanden hat, im Laufe von knappen 60 Jahren den Begriff national zu entwürdigen und zu kompromittieren, so zerstört es noch in seinem Untergang den schönen Begriff vaterländisch, indem es auch ihn in seinen Verbänden zu einer reinen Phrase herabdegradiert.«[35] Das war eine klare Anspielung auf den »Stahlhelm – Bund der Frontsoldaten«, den deutschnationalen Veteranenverband, der in Konkurrenz zur SA stand.

Zum Thema kehrte Hitler dann mit dem 15. Kapitel zurück, das mit 74 Blatt mit Abstand das längste des Typoskripts war: »Italien ist der zweite Staat in Europa, der nicht grundsätzlich mit Deutschland verfeindet sein muss, ja, dessen außenpolitische Ziele sich mit Deutschland überhaupt nicht zu kreuzen brauchen.« Im Gegenteil gebe es eine große Übereinstimmung der Interessen, was nicht zuletzt mit der ungefähr zeitgleichen Staatswerdung zwischen 1861 und 1871 zusammenhänge. »Ähnlich, wie der deutschen Einigung in erster Linie Frankreich und Österreich als wirkliche Feinde gegenüberstanden, so hatte auch die italienische Einigungsbewegung unter diesen beiden Mächten am meisten zu leiden«, befand er. Auch in der Gegenwart bedrängten Italien ähnliche Probleme wie Deutschland: Es müsse sein Territorium erweitern, um seine wachsende Bevölkerung versorgen zu können. »Das natürliche Gebiet der italienischen Expansion ist und bleibt dabei das Randbecken des mittelländischen Meeres.«[36] Aus dieser Parallelität ergebe sich eine natürliche Nähe beider Staaten. Angesichts des in Deutschland weithin als Verrat wahrgenommenen Eintritts Italiens in den Ersten Weltkrieg 1915 auf Seiten der Entente, der auch mehr als ein Dutzend Jahre später immer noch nachwirkte, war das zumindest gewagt.

Nach Hitlers Darstellung hätte sich die Interessenidentität seit der Machtübernahme des »genialen Staatsmannes Benito Mussolini« sogar noch verstärkt.[37] Beide Staaten seien natürliche Feinde Frankreichs, hätten aber untereinander keine gravierenden Streitigkeiten. Um zu diesem Ergebnis zu kommen, musste er allerdings das Problem Südtirol kleinreden; deshalb wiederholte er mehrfach die Feststellung, dass dort lediglich 200 000 oder sogar nur 164 000 Deutsche unter italienischer Herrschaft stünden.[38] In einem vertiefenden Absatz wollte Hitler, Leerstellen im Typoskript deuten es an, offenbar noch genauere Zahlen nachtragen, wozu es aber nicht mehr kam. Insgesamt folgte seine Argumentation zu Südtirol den Reden, die er in den Monaten zuvor gehalten hatte, insbesondere der vom 23. Mai 1928.[39] Bekannt und weitgehend identisch war auch die Darlegung, nicht er und die NSDAP hätten Südtirol verraten, sondern einerseits jene Politiker, deren Unterschriften auf den Verträgen von Versailles und Saint-Germain stünden und die seit 1919 eine Politik der Erfüllung verfolgten, andererseits natürlich »die Juden«, auf die Hitler im gesamten Typoskript fast zwei Dutzend Mal zu sprechen kam, vor allem im Schlusswort.

Hier legte er gerafft die Kernpunkte seines Rassismus dar. Das Endziel »der Juden« sei die »blutige Bolschewisierung«. Entschieden sei dieser Kampf bereits in Russland und Frankreich, jeweils mit einem »Sieg des Judentums«. Dagegen werde in Großbritannien noch gekämpft: »Der jüdischen Invasion tritt dort immer noch eine altbritische Tradition entgegen. Noch sind die Instinkte des Angelsachsentums so scharf und lebendig, dass von einem vollständigen Sieg des Judentums nicht gesprochen werden kann.« Umgekehrt sei die Situation in Mussolinis Staat: »Mit dem Sieg des Faschismus hat in Italien das italienische Volk gesiegt. Wenn auch der Jude gezwungenerweise heute sich in Italien dem Faschismus anzupassen versucht, so zeigt doch seine Einstellung außerhalb Italiens zum Faschismus seine innere Auffassung über ihn.« Hitler wusste selbstverständlich, dass Mussolini selbst den Antisemitismus jedenfalls Ende der 1920er-Jahre nicht förderte; vielmehr hatte er sogar einige Juden auf Ministerposten befördert und hielt sich eine jüdische Geliebte. Zwar gab es zugleich in der faschistischen Partei einen kleinen radikal judenfeindlichen Flügel, der gelegentlich Pogrome inszenierte, doch Antisemitismus gehörte nicht zum ideologischen Kern von Mussolinis Diktatur. Hitler überging diesen evidenten Widerspruch zum Nationalsozialismus, weil »kein anderer Staat so wie Italien heute für Deutschland als Bundesgenosse geeignet« sei.[40] Mit einer Spitze gegen die Deutschvölkische Freiheitsbewegung, eine noch kleinere rechtsextreme Splittergruppe als die NSDAP, die bei der Reichstagswahl 1928 mit knapp 270 000 Stimmen kein einziges Mandat errungen hatte, endete das Typoskript.

Offenbar nahm Hitler die 324 Blatt nach dem Diktat im Juni und Anfang Juli 1928 nie mehr zur Hand; jedenfalls gibt es nur eine einzige unbedeutende handschriftliche Korrektur, die wohl nicht von ihm stammt.⁴¹ Ansonsten blieb der ursprünglich formulierte, unvollständige Text unverändert.

Warum seine außenpolitischen Überlegungen nicht als Buch erschienen, ist unklar. Möglicherweise riet ihm Max Amann, der Geschäftsführer des Eher-Verlages, ab, denn der Verkauf von *Mein Kampf* hatte sich im Jahr 1928 außerordentlich schlecht entwickelt; es lagen noch Tausende Exemplare beider Bände auf Lager. Durch ein neues Hitler-Buch wäre ihr Absatz sicher noch weiter zurückgegangen. Da der Verlag dem Autor einen erheblichen Vorschuss bezahlt hatte, der sich noch längst nicht amortisiert hatte, konnte es nicht in Amanns wirtschaftlichem Interesse sein, noch einen Band des Parteichefs zu veröffentlichen.

Möglicherweise erschienen auch die Unterschiede zur ersten nennenswerten Darlegung der nationalsozialistischen Außenpolitik zu gering, die Alfred Rosenberg 1927 ebenfalls im Eher-Verlag unter dem Titel *Der Zukunftsweg einer deutschen Außenpolitik* vorgelegt hatte. Darin hatte der Chefredakteur des *Völkischen Beobachters* als Grundsatz festgelegt, die NSDAP strebe ein Bündnis mit Mächten an, »deren organische Raumpolitik mit der deutschen nicht im Gegensatz steht, d. h. mit solchen, die an der Herrschaft nicht nur der Hochfinanz, sondern auch Frankreichs und des ganzen französischen Systems kein Lebensinteresse haben«.⁴² Das waren Rosenberg zufolge Großbritannien und Italien – die zugrundeliegenden Gedankengänge entsprachen weitgehend denen Hitlers. Allerdings sah der Ideologe Mussolini nicht so positiv wie sein Parteichef: »Wir wissen nicht, was Mussolini innerlich denkt, Tatsache ist nur, dass er offiziell jeden Antisemitismus abgelehnt hat.«⁴³

Ein dritter möglicher Grund für die Nichtveröffentlichung könnte sein, dass Hitlers Ausführungen binnen kurzer Zeit überholt waren. Am 20. Oktober 1928 ließ sich der reaktionäre Verleger Alfred Hugenberg an die Spitze der DNVP wählen, die nach dem Verlust von fast einem Drittel ihrer Stimmen bei der Reichstagswahl 1928 einen weiteren Rechtsrutsch vollzogen hatte. Auch wenn die NSDAP Hugenberg keineswegs als natürlichen Verbündeten ansah, hätten die Ausfälle gegen das nationale Bürgertum in Hitlers Diktat nun ungewollte Folgen haben können. Ab Sommer 1929 war die Hitler-Bewegung sogar mit der DNVP und dem Stahlhelm verbündet, um in einem Volksbegehren den Young-Plan zur Regelung der deutschen Reparationspflichten zu verhindern.

Jedenfalls blieb ein Exemplar des Typoskripts beim Eher-Verlag, der es streng geheim hielt und in einem Tresor wegschloss. Den Durchschlag behielt Hitler vermutlich bei sich; er dürfte spätestens am 22. April 1945 zerstört worden sein, als Chefadjutant Julius Schaub in München und auf dem Obersalzberg die persönlichen Unterlagen des Diktators verbrannte. Das Exemplar im Verlagsbestand blieb erhalten; der ehemalige Chef der Eher-Buchabteilung übergab es im Mai 1945 einem US-Offizier. Es sollte sich um das »Manuskript eines angeblich unveröffentlichten Werkes von Adolf Hitler« handeln, hielt der Captain dazu in einem kurzen Begleitschreiben fest.[44] Zusammen mit vielen anderen beschlagnahmten Akten wurde es in die Vereinigten Staaten gebracht und hier fälschlich als Entwurf für *Mein Kampf* inventarisiert.

Erst 1958 gelang es dem deutschstämmigen Historiker Gerhard L. Weinberg, das Konvolut korrekt zu identifizieren. Er erkannte die Bedeutung des unveröffentlichten Dokuments und begann die Arbeit an einer kritischen Edition. Zwei Jahre später sickerte diese Information in der Bundesrepublik durch und erreichte auch das Nürnberger Hauptkriegsverbrechergefängnis: »Die *Welt* hat unlängst eine Notiz gebracht, wonach ein zweites Buch von Hitler aufgefunden worden sei, es werde demnächst veröffentlicht«, notierte der dort einsitzende Albert Speer und beschrieb die Reaktionen seiner verbliebenen Mitgefangenen: »Schirach lacht höhnisch und meinte, auf diesen Schwindel sei man ja wirklich etwas spät gekommen. Auch Heß bestritt, dass es eine Art Fortsetzung zu *Mein Kampf* gebe, als Sekretär Hitlers müsse er das schließlich wissen.« Der frühere Architekt und Rüstungsminister war sich da nicht so sicher: »Ich selber erinnerte mich aber, wie Hitler beim Neubau des Berghofs das Geld ausgegangen war und er sich daraufhin auf ein vorliegendes Manuskript, das er aus außenpolitischen Gründen noch nicht veröffentlicht sehen wollte, einige hunderttausend Mark Vorschuss hatte geben lassen.«[45] Heß räumte schließlich ein, es könne sich eventuell um eine längere Denkschrift aus dem Jahr 1931 handeln. Baldur von Schirach, einst Chef der Hitler-Jugend, bestritt auch das.

Tatsächlich aber lag Speer richtig. Hitler selbst hatte am 17. Februar 1942 in einem seiner endlosen Monologe auf eine »andere, nicht veröffentlichte Schrift« hingewiesen.[46] Unter den Sekretärinnen des Diktators war ebenfalls bekannt, dass es ein solches Typoskript gab; eine von ihnen, die seit 1933 zum Stab Hitlers gehörte, berichtete jedenfalls bei ihrer Vernehmung durch einen französischen Offizier 1945 davon. Und sogar Rudolf Heß hatte zweimal in Briefen die Arbeit Hitlers an einem weiteren Buch erwähnt. An seine Eltern schrieb er am 28. Juni 1928, am Wochenende werde er nach Berchtesgaden fahren, »wo ich zum Tribunen muss, der dort ein neues, anscheinend sehr gutes Buch über Außenpolitik schreibt«.[47] Am selben Tag unterschrieb Heß auch einen Brief an die NSDAP-Gauleitung Hannover-Nord, in dem es hieß, »dass Herr Hitler Anfang Juli voraussichtlich einige Tage in Berlin sein wird«. Vorher komme der erbetene Termin für einen Besuch »kaum in Betracht, da Herr Hitler bis zur Abreise nach Berlin wahrscheinlich von München abwesend sein wird, um sein Buch zu schreiben«.[48] Offenbar war also wenigstens Ende Juni 1928 in der Führung der NSDAP bekannt, dass Hitler noch ein Buch diktierte, denn sonst hätte Heß kaum eine so knappe Bemerkung gemacht.

Die nie veröffentlichte Fortsetzung von *Mein Kampf* behandelte vor allem die Außenpolitik. Hitler hielt sie für notwendig, weil er durch sein Eintreten für ein Bündnis mit dem faschistischen Italien unter Druck geraten war, als der Streit um die kulturell deutsch geprägten Bewohner Südtirols eskalierte. Allerdings enthielt das Typoskript abgesehen von aktuellen Anspielungen wenig mehr als Variationen bereits bekannter Behauptungen Hitlers. Ob es nicht erschien, um den ohnehin schleppenden Absatz von *Mein Kampf* nicht zu gefährden oder weil es schon bald inhaltlich überholt war, muss aber offen bleiben.

ABSATZ

> Jedes Buch hat seine Auflage. Hitlers *Mein Kampf*
> hatte viel zu viele. Seine Verbreitung in deutschen Haushalten
> dürfte heute noch stark unterschätzt werden.
>
> MICHAEL NAUMANN, KULTURSTAATSMINISTER A. D.[1]

Erfolg ist auch ohne Werbung möglich; gutes Marketing erhöht aber erfahrungsgemäß die Verkaufschancen jedes Produkts. Das gilt auch für Bücher: Idealerweise beginnt die Reklame schon deutlich vor Erscheinen. In diesem Sinne war die Firma Franz Eher Nachfolger GmbH, der Parteiverlag der NSDAP, sehr fortschrittlich. Zwar war das kleine Unternehmen nach dem gescheiterten November-Putsch nicht formal verboten worden, im Gegensatz zu seinem wichtigstem Produkt, dem Parteiorgan *Völkischer Beobachter*. Da aber durch das Verbot der Partei der einzige Gesellschafter weggefallen war, befand der Liquidator des eingezogenen Vermögens, müsse der Verlag ebenfalls als »untergegangen« betrachtet werden, weil »ein notwendiges Organ« fehlte.[2] Allerdings bestand die 1923 gegründete »Deutschvölkische Verlagsbuchhandlung« unter dem gleichen Namen »Franz Eher Nachfolger« unverändert weiter und diente als Hülle für den fortlaufenden Geschäftsbetrieb. Offiziell brachte deshalb die Verlagsbuchhandlung bereits in der ersten Juni-Hälfte 1924 ein Werbeblatt für das erste Buch des verurteilten und inhaftierten Parteiführers Adolf Hitler heraus. Der Titel der »Abrechnung« sollte demnach »4 ½ Jahre Kampf gegen Lüge, Dummheit und Feigheit« lauten.[3]

Was holprig klang, war in Wirklichkeit eine zentrale Chiffre Hitlers und daher seinen Anhängern wohl bekannt. Schon im Juli 1920 hatte er in einer Rede die Formel »4 ½ Jahre Krieg« genutzt, ebenso im April 1922. Auch im März 1923 verwendete er die Angabe, nun aber bezogen auf die Zeit seit Beginn der Revolution im November 1918.[4] So wichtig war ihm diese Chiffre, dass er sie gleich zu Beginn seiner ersten Ausführungen vor dem Volksgericht München aufgegriffen hatte: »Ich glaube, es ist vielleicht eigentümlich, dass ein Mann, der über 4 ½ Jahre, praktisch fast sechs Jahre gelernt hat, den Vorgesetzten zu achten, niemandem zu widersprechen, sich blindlings zu fügen, auf einmal in den größten Widerspruch, den es im Staatsleben geben kann, kommt, nämlich zur sogenannten Verfassung.«[5] Daher lag es nahe, sein Buch so zu nennen – jedenfalls solange das Erscheinen noch im Verlauf des Jahres 1924 erwartet wurde.

Laut Werbung sollte der Band »im Laufe des Monats Juli« herauskommen. Das war extrem optimistisch, existierten doch nur wenige Seiten des Textes, als das Reklameblatt gedruckt wurde. Entsprechend hatte der in der Werbung angekündigte Inhalt wenig mit dem tatsächlich später erschienenen Buch zu tun. Vermutlich rechnete Max Amann, Geschäftsführer des Eher-Verlages, kaum damit, das Buch seines Parteichefs so rasch publizieren zu können – der angekündigte Erscheinungstermin dürfte eher eine Marketingmaßnahme gewesen sein. Denn das Angebot auf dem Werbezettel schien verlockend: Wer den Band vor Erscheinen bestellte, sollte vom Subskriptionspreis von nur zehn statt zwölf Reichsmark profitieren; fünf Reichsmark mussten angezahlt werden. Nach späterer NS-Darstellung sollten davon

MARKETING

drei Reichsmark als Provision an den Vermittler gehen und nur zwei Reichsmark an den Eher-Verlag.[6] Das ist aber unwahrscheinlich, weil so die Erstauflage kaum hätte vorfinanziert werden können; außerdem hatte Hitler sich einen Vorschuss in fünfstelliger Höhe zusichern lassen – der natürlich in späteren NSDAP-Darstellungen nicht vorkam.

In der Festgabe des Verlages zum 50. Geburtstag seines Geschäftsführers hieß es 1941: »Während seiner Festungshaft hatte der Führer sein grundlegendes Werk *Mein Kampf* begonnen und den ersten Teil *Eine Abrechnung* fertiggestellt. Max Amann bekam den Auftrag, es zu verlegen. Geld war nicht vorhanden. Aber auch vor dieser Situation kapitulierte Amann nicht. Er ging neue Wege. Die arbeitslos gewordenen Männer aus dem Verlag und der Parteigeschäftsstelle, die die einzelnen Parteigenossen ja am besten kannten, wurden mit Bestellscheinen ausgestattet und als Werber in Marsch gesetzt. Sie hatten Bestellungen zu sammeln und gleich Anzahlungen entgegenzunehmen. Mit diesen Vorauszahlungen wurden dann Drucklegung, Buchbindearbeit, Vertrieb und Propaganda finanziert. Die Besteller, fast nur Parteigenossen, warteten geduldig.«[7] Laut NSDAP-Angaben konnten dank der Werbung rund 3000 Vorbestellungen für das inzwischen nach den Verzögerungen in *Mein Kampf* umbenannte Hitler-Buch akquiriert werden. Eine Startauflage von 10 000 Exemplaren erschien daher realistisch. Tatsächlich verzeichnete das »Honorarbuch« des Eher-Verlages für die Zeit zwischen dem Erscheinen der Erstauflage Mitte Juli 1925 und dem zweiten Druck Anfang Dezember desselben Jahres einen Verkauf von 9586 Exemplaren; beim Rest dürfte es sich um Verlags- und Autorenfreistücke sowie um den kleinen, aber bei Büchern unvermeidlichen Anteil von Fehldrucken gehandelt haben.[8]

ABSATZ

Doch der Absatz von *Mein Kampf* brach bereits mit der zweiten Auflage ein. 8000 Stück hatte der Verlag davon im November 1925 drucken lassen, die aber erst nach fast drei Jahren verkauft waren. Schlimmer noch: Der zweite Band, der am 10. Dezember 1926 erschien und eigentlich den Verkauf auch des ersten Teils ankurbeln sollte, fiel beim Publikum weitgehend durch: Nur 3543 Exemplare setzte der Verlag 1927 ab und 2199 im folgenden Jahr. Die hergestellte Menge von 10 000 Exemplaren reichte bis weit ins Jahr 1929 hinein, sodass erst im August ein Nachdruck von bescheidenen 3000 Exemplaren erschien. Augenscheinlich hatten viele Käufer des ersten Bandes damit genug von Hitlers Werk, zumal auch der zweite Teil die stattliche Summe von zwölf Reichsmark kostete. Für das gleiche Geld konnte man auch, bei den üblichen Eintrittspreisen zwischen 30 Pfennig und einer Reichsmark, ein halbes Dutzend NSDAP-Veranstaltungen besuchen, auf denen Hitler sprach – und hatte dann sogar noch Geld für ein bis zwei Maß Bier zu jeweils 60 bis 90 Pfennig übrig.[9] Das war in jedem Fall gemeinschaftsfördernder und lebendiger, insgesamt unterhaltsamer als die Lektüre seines Buches.

Verlegerisch war *Mein Kampf* bis Ende 1928 eindeutig kein Erfolg, trotz einer verkauften Gesamtauflage von etwa 23 000 Exemplaren zu je zwölf Reichsmark; daran änderten auch die 7664 verkauften Bände des Jahres 1929 nichts. Die wesentlich teureren Sammler- und Liebhaberausgaben mit Pergament- oder Ledereinbänden wurden ohnehin nur in minimalen Stückzahlen abgesetzt. Was genau zum Umdenken bei Verlag und Autor führte, ist unbekannt; jedenfalls bereitete Franz Eher Nachfolger nun eine radikal anders kalkulierte Neuauflage vor: Die ausdrücklich und selbstbewusst »Volksausgabe« genannte Version erschien am 7. Mai 1930, umfasste beide Teile in einem Band, war deutlich kleiner ge-

DURCHBRUCH 1930

setzt und auf einfachem statt auf voluminösem Papier gedruckt. Statt 24 Reichsmark für die beiden Bände der bisher günstigsten Ausgabe wurde jetzt nur noch ein Drittel verlangt, acht Reichsmark. Gemessen an anderen Büchern ähnlichen Umfangs und vergleichbarer Ausstattung war das immer noch recht teuer: Sie kosteten in der Regel fünf bis sieben Reichsmark. Rückblickend lobte der Eher-Verlag seinen Schritt: »Im Jahre 1930 konnte dann endlich an die Schaffung einer Volksausgabe herangegangen und dem Buche ein Weg in die breiten Volksschichten geöffnet werden«, hieß es in einer Werbebroschüre von 1938: »Kein Wunder, dass nunmehr die Auflagenziffer sprunghaft anstieg.«[10] In Wirklichkeit war der unternehmerische Mut des Verlages begrenzt: Die erste Auflage der neuen Ausgabe betrug 10 000 Exemplare.

Doch auf einmal florierte der Verkauf. In schneller Folge musste die Volksausgabe viermal nachgedruckt werden, um die Nachfrage zu befriedigen. Mehrere Regionalwahlen seit dem demütigenden Ergebnis bei der Reichstagswahl 1928 von deutschlandweit 2,8 Prozent der Stimmen hatten allerdings schon darauf hingewiesen, dass sich die NSDAP im Aufwind befand. Bei der Berliner Kommunalwahl am 17. November 1929 hatte die Hitler-Bewegung ihren örtlichen Stimmenanteil gegenüber 1928 bereits auf 5,8 Prozent steigern und damit mehr als verdreifachen können. Dieses gute Abschneiden war kein »Ausrutscher« – das bestätigten ähnliche Ergebnisse der Landtagswahlen in Baden (7,1 Prozent) und Thüringen (11,3 Prozent) sowie der Wahl zur Lübecker Bürgerschaft (8,1 Prozent). 1930 setzte sich der Trend fort: Am 22. Juni erzielte die NSDAP in Sachsen 14,4 Prozent der Stimmen, in Braunschweig am 14. September sogar 22,2 Prozent. Am selben Tag gelang der Hitler-Partei auch reichsweit der Durchbruch: Mit 18,3 Prozent aller Stimmen und 107 Abgeordneten stieg sie schlagartig von der Splitterpartei zur zweitstärksten Fraktion im Reichstag auf.[11] 6,4 Millionen Deutsche hatten die NSDAP gewählt – und immerhin jeder 118. von ihnen erwarb, statistisch gesehen, *Mein Kampf*, dessen gemeldeter Absatz zum Ende des Jahres 54 086 Exemplare aller Versionen betrug, zu fast 90 Prozent Volksausgaben. Die Hoffnung des Eher-Verlages in einer Werbeanzeige im Börsenblatt für den deutschen Buchhandel blieb gleichwohl unerfüllt: »Für Millionen kommt als Weihnachtsbuch in Frage: *Mein Kampf* von Adolf Hitler.«[12]

Obwohl die NSDAP auch im Jahr 1931 bei mehreren Landtagswahlen enorme Zuwächse erzielte, etwa auf 37,2 Prozent der Stimmen in Oldenburg kam und auf 37,1 Prozent in Hessen, stagnierte der Absatz von *Mein Kampf* – wenn auch auf hohem Niveau: 50 808 Exemplare aller Ausgaben wurden nach offizieller Mitteilung des Verlages abgesetzt. Die zahlreichen Wahlen des Jahres 1932, zwei Abstimmungen über den Reichspräsidenten, zwei Reichstagswahlen, außerdem Landtagswahlen in Preußen, Bayern, Württemberg und mehreren kleineren Ländern, stabilisierten den Anteil der Hitler-Partei fast überall zwischen 30 und 40 Prozent. Im zweiten Wahlgang der Reichspräsidentenwahl und bei der Reichstagswahl am 31. Juli stimmten jeweils fast 14 Millionen Deutsche für die NSDAP. Zum Millionenseller wurde das Buch des Parteichefs aber dennoch nicht; die Verkäufe erreichten im gesamten Jahr zwar die neue Rekordmarke von 90 000 Exemplaren, die Gesamtauflage aller Ausgaben stieg damit auf 225 000. Aber trotzdem besaß nur höchstens jeder 60. Hitler-Wähler ein Exemplar. Der Eher-Verlag hatte mit einer abermals günstigeren, broschierten Ausgabe in zwei Bänden zu jeweils 2,85 Reichsmark den Verkauf angekurbelt; von ihr wurden rasch mehr als 20 000 Stück abgesetzt, allerdings wieder vom ersten Band deutlich mehr als vom zweiten.

Ende 1932 schien der Aufstieg Hitlers gestoppt, wenn auch auf hohem Niveau von fast einem Drittel der Wähler. Bei der Reichstagswahl im November 1932 hatte die NSDAP erstmals an Unterstützung verloren und war auf 11,8 Millionen Stimmen zurückgefallen. In der Partei zeigten sich deutliche Risse; ein pragmatischer Flügel um Gregor Straßer lehnte Hitlers Politik des »Alles oder nichts«, der Kanzlerschaft für sich oder der Totalopposition, ab. Deutschlands liberale Blätter gaben sich der Hoffnung hin, die Hitler-Bewegung könnte erledigt sein. Die *Frankfurter Zeitung* etwa stellte zum Jahreswechsel 1932/33 fest: »Der gewaltige nationalsozialistische Angriff auf den demokratischen Staat ist abgeschlagen und durch einen mächtigen Gegenangriff aus der Sphäre Papen/Schleicher beantwortet worden, der zwar manche Anforderungen an unsere Nerven stellte und manchen Schaden mit sich brachte, der aber in die Reihen der NSDAP große Verwirrung getragen hat.« Das *Berliner Tageblatt* höhnte: »Überall, in der ganzen Welt, sprachen die Leute von ... wie hieß er doch schon mit Vornamen: Adalbert Hitler. Später? Verschollen!« Die *Vossische Zeitung* kommentierte: »Die Hyperpolitisierung des letzten Jahres, das die Nationalsozialisten um jeden Preis zum ›Jahr der Entscheidung‹ machen wollten, war zu jäh, um echt zu sein. Was Feuer schien, war Fieber. Umso größer ist jetzt die Ermattung.« Das traditionsreiche Blatt sah ruhigere Zeiten auf Deutschland zukommen: »Die Republik ist trotzdem gerettet worden. Nicht, weil sie verteidigt wurde, sondern weil sich die Angreifer wechselseitig erledigten.«[13]

In Wirklichkeit trennten nur noch 29 Tage Deutschland von der Ernennung Adolf Hitlers zum Reichskanzler. Im ganzen Januar 1933 steigerte sich die Spannung im Berliner Regierungsviertel. Dass eine Entscheidung bevorstand, war deutlich; aber nicht, welche. Als wahrscheinlich galten ein Auseinanderbrechen der NSDAP und die Beteiligung des pragmatischen Flügels, ohne Hitler, an einer neuen, deutschnational-reaktionären Regierung. Die Alternative war eine Militärdiktatur wie im November 1923. Klar war nur: Weitergehen wie bisher konnte es nicht. Das geschah auch nicht, denn das völlig unberechtigte Gerücht, die Reichswehr wolle gegen Reichspräsident Paul von Hindenburg putschen, sorgte für eine unerwartete Entwicklung: Am Vormittag des 30. Januar 1933 ernannte das Staatsoberhaupt trotz seines Standesdünkels den eigentlich verachteten »böhmischen Gefreiten« zum Reichskanzler. Der Eher-Verlag reagierte rasch auf die radikal neue, sowohl für die Öffentlichkeit als auch für die NSDAP überraschende Lage: Schon in der nächsten Ausgabe des Börsenblattes des deutschen Buchhandels erschien eine Werbeanzeige: »Das Buch des Tages ist *Mein Kampf*. Der deutsche Buchhändler stellt dieses Werk reihenweise ins Schaufenster.«[14]

Die Regierungsbeteiligung der Nationalsozialisten ließ die Verkäufe von *Mein Kampf* noch stärker ansteigen als die Mitgliederzahl der Partei. Die brutale Eroberung der fast ungeteilten Macht im Frühjahr 1933 änderte daran nicht nur nichts, sondern fachte die Konjunktur sogar noch an. Hitler schien Deutschlands Zukunft zu sein, und wer eine Karriere erhoffte oder sich bislang zu kurz gekommen glaubte, nutzte die Chance. Von etwa 720 000 Mitgliedern Ende 1932 stieg die Zahl der Partei-Aufnahmeanträge bis Anfang Mai 1933 auf rund 2,5 Millionen.[15] In vielen NSDAP-Geschäftsstellen stapelten sich unbearbeitete Anmeldescheine buchstäblich bis unter die Decke, wie Fotos zeigen; auch die Parteizentrale in München kam nicht mehr nach mit der Registrierung. Deshalb wurde Ende April ein Aufnahmestopp verkündet. Dagegen konnte *Mein Kampf* auch weiterhin frei gekauft werden – solange Exemplare lieferbar waren. Mehrere Buchdruckereien waren gut ausgelastet mit der Produktion von immer neuen Auflagen, meistens der einbändigen Volksausgabe. Die Angaben über die Gesamtzahl schwankten. Am 2. Oktober 1933 wurde laut Zeitungsmeldungen das »1 000 000ste Exemplar« ausgeliefert.[16] Gedruckt wurde mittlerweile in drei Firmen, zwei in München und eine in Leipzig. Vom 1. Januar bis zum 17. November 1933 konnten 854 127 Exemplare abgesetzt werden.[17] Der Gesamtverkauf bis Ende des Jahres lag noch deutlich höher; nach NSDAP-Angaben betrug er 1,182 Millionen, nach anderen Schätzungen immer noch 1,08 Millionen.[18] Das war rund das Fünffache des Verkaufs bis Ende 1932, während sich die Zahl der Parteimitglieder, allerdings gedeckelt durch den Aufnahmestopp, in derselben Zeit etwas mehr als verdreifachte.

Die einbändige Volksausgabe zu acht Reichsmark und die üblichen Buchpreisen angepasste zweibändige Broschurversion zu 5,70 Reichsmark standen beim Publikum fast gleichberechtigt nebeneinander. Der Preisunterschied war spürbar, aber nicht allzu schmerzhaft – er entsprach ungefähr fünf Schachteln Zigaretten. Daneben erschienen aber bald auch aufwendiger ausgestattete Geschenkausgaben, teilweise halb oder sogar ganz in Leder gebunden, sowie reihenweise »Jubiläumsausgaben«. Zudem gab es zahlreiche Sonderversionen, die oft als Einzelstücke oder in Kleinstauflagen entstanden. Beispielsweise stellten Lehrlinge des Setzer- und Druckergewerbes eine maßstabsgetreu vergrößerte einbändige Riesenausgabe im praktisch nicht nutzbaren Format DIN A3 her.[19] Als Hauptpreis in einem Preisausschreiben des *Illustrierten Beobachters* winkte eine in Pergament gebundene Prachtausgabe von *Mein Kampf* mit persönlicher Widmung. Die Aufgabe war, den zehnjährigen Hitler auf einem Klassenfoto von 1899 zu identifizieren.[20]

Im Vertrauen auf einen weiter steigenden Absatz hatte der Eher-Verlag gewaltige Druckaufträge vergeben – doch der Verkauf brach nach dem ersten Jahr des Dritten Reiches stark ein, auf nur noch etwa ein Drittel. 1934 gingen 380 000 Exemplare über die Ladentische, 1935 sogar nur noch 350 000.[21] Der Verlag saß offenbar auf großen Lagerbeständen und drängte deshalb darauf, neue Märkte für sein mit Abstand wichtigstes Produkt zu erschließen. So schenkte, vermutlich auf diskreten Druck aus der Reichskanzlei, der Reichsstand der Deutschen Industrie jedem Schwerversehrten des Weltkrieges und der »Kampfzeit« ein Exemplar von Hitlers Buch.[22] Auch innerhalb der NSDAP hatte dieses Werben durchaus Erfolg. So ordnete Martin Bormann, Stabsleiter von Hitlers Parteistellvertreter Rudolf Heß, an: »Die weitest mögliche Verbreitung des Buches *Mein Kampf* ist vordringlichste Pflicht aller Stellen der Partei, ihrer Gliederungen und angeschlossenen Verbände. Erstrebenswert ist, dass eines Tages jede deutsche Familie, auch die ärmste, des Führers grundlegendes Werk besitzt.«[23] Dabei ging es jedoch immer um den Absatz voll bezahlter Exemplare, keineswegs um Angebote aus zweiter Hand. Im Oktober 1938 forderte der Präsident der Reichsschrifttumskammer Hanns Johst die deutschen Buchhändler nach einem Bericht der Londoner *Times* auf, nur noch Neuexemplare von *Mein Kampf* anzubieten, »da jeder nationalsozialistisch denkende Deutsche peinlich berührt sei, das Werk des Führers in unserer Zeit als ›antiquarisch‹ bezeichnet zu sehen«.[24] In Wirklichkeit dürfte das handfeste Verkaufsinteresse des Eher-Verlages hinter dieser Aufforderung gesteckt haben, auch wenn Johst persönlich nur selten bei Eher und meist beim ebenfalls NSDAP-nahen Verlag Langen-Müller publizierte.

Doch mancher Vorschlag zur Verkaufsförderung ging der politischen Führung zu weit. Deshalb schrieb der Leiter der

DIE HOCHZEITSAUSGABE

Zweigniederlassung Berlin des *Völkischen Beobachters* am 21. Juni 1935 an die Schriftleitung des Fachblattes *Die NS-Gemeinde*. Die Zeitschrift möge eine Anregung, »dass es nun endlich Zeit wäre, dass auch die deutschen Behörden das Werk des Führers obligatorisch für den Schulgebrauch einführen«, nicht verbreiten: »Wie uns inzwischen bekannt wurde, hat der Stellvertreter des Führers mit dem Reichsminister Rust eine Vereinbarung getroffen, wonach vorerst die Einführung des Werkes in den Schulen zurückgestellt wird.«[25]

Auch die Anregung, die Standesämter sollten zur Hochzeit jedem frisch vermählten Ehepaar ein (selbstverständlich zum vollen Preis gekauftes) Exemplar von *Mein Kampf* überreichen, führte nicht zu einer substantiellen Auflagensteigerung: Viele Kommunen verzögerten aus finanziellen Gründen die Umsetzung der Empfehlung. Obwohl sogar das Reichsinnenministerium Druck auf den Gemeindetag ausübte, weigerten sich Mitte 1937 noch fast drei Viertel aller Lokalverwaltungen, Hitlers Buch als Hochzeitsgeschenk zu verteilen. Selbst zwei Jahre später, unmittelbar vor Kriegsbeginn, erhielten Frischvermählte in nur sechs der 20 größten Städte Deutschlands einschließlich der »Ostmark« *Mein Kampf* ausgehändigt. Die Reichshauptstadt Berlin und beispielsweise Hamburg, Essen, Dresden, Breslau und Frankfurt/Main weigerten sich weiterhin; Wien, München, Stuttgart, Köln, Leipzig und Hannover dagegen kamen dem Wunsch des Eher-Verlages inzwischen nach.[26]

Trotz des unbefriedigenden Erfolges der Hochzeits-Ausgabe erholte sich im Jahr der Olympischen Spiele 1936 der Absatz etwas, auf 590 000 Exemplare, stieg dann auf 740 000 und schließlich 1938 auf 900 000 Exemplare.[27] Allerdings zeigten die Angaben in den Ausgaben selbst durchaus andere Werte. Ihnen zufolge wurden etwa 1938 rund 1,15 Millionen

Stück gedruckt. Da die Angaben zu *Mein Kampf* im »Honorarbuch« des Eher-Verlages nur bis November 1933 reichen und danach »die Honorarabrechnung in der Herstellerkartei vermerkt« wurde, die im Zweiten Weltkrieg verloren ging, gibt es wenig gesicherte Zahlen. Ende August 1938 jedenfalls überschritt die Gesamtauflage die Marke von vier Millionen Exemplaren, was der *Völkische Beobachter* stolz vermerkte und der Eher-Verlag mit einer Werbebroschüre über »Das Buch der Deutschen« feierte.[28] Ein Jahr später, unmittelbar vor Kriegsbeginn, waren mit der elegant ausgestatteten Halblederausgabe der 483. Auflage schon insgesamt mehr als 5,5 Millionen Exemplare gedruckt. 1940 und 1941 lag die hergestellte Zahl jeweils knapp unter einer Million, die von 1942 bis 1944 noch einmal deutlich anstieg, bis auf mehr als 1,6 Millionen. Jetzt dominierten »Tornisterausgaben« auf Dünndruckpapier zu 7,20 Reichsmark, hergestellt für die Soldaten der Wehrmacht. Die Produktion ging weiter bis in den Spätsommer oder Frühherbst 1944; mit der 1027.–1031. Auflage, der letzten bekannten Ausgabe, erreichte die Gesamtzahl die Marke von 12,4 Millionen Exemplaren. Zwei Drittel davon erschienen während des Zweiten Weltkrieges.[29]

Angesichts solcher Zahlen marginal war eine ganz spezielle Ausgabe, die gleichwohl über Monate hinweg Beamte mehrerer Reichsministerien und Mitarbeiter des Eher-Verlages beschäftigte: *Mein Kampf* für Blinde. In Brailleschrift übertragen worden war der Text nach einem Pressebericht bereits 1932; die 782 Druckseiten der Volksausgabe würden nach einer Schätzung in dieser Form elf Bände brauchen.[30] Wie bei jedem Buch für Blinde erforderte jedoch auch diese Ausgabe hohe Zuschüsse: Die Herstellung der Prägeplatten war teuer, ebenso das notwendige spezielle Papier und die Bindung – bei gleichzeitig vernachlässigbar kleiner Nachfrage, die eine wirtschaftlich tragfähige Produktion ausschloss. Deshalb wandte sich Carl Streh, der selbst erblindete Direktor der Deutschen Blindenstudienanstalt in Marburg, am 22. Juni an die Reichskanzlei mit der Bitte um Unterstützung: »Die Genehmigung zum Druck dieses Werkes in Blindenschrift wurde uns durch Autor und Verlag unter dem 27. April erteilt. Die Auflage darf bis zu 500 Stück betragen.«[31] Dass er die erteilte Genehmigung so betonte, war begründet, denn auch unter Blindenorganisationen gab es Konkurrenz: Parallel mit Strehl hatte der Berliner Verein zur Förderung der wirtschaftlichen Selbstständigkeit der Blinden die Bitte um Unterstützung für eine Blindenausgabe an einen finanzkräftigen Förderer geschickt, an Hitlers Stellvertreter für Parteiangelegenheiten Rudolf Heß.[32]

Die Marburger obsiegten – vielleicht, weil sie die wichtigste Blindenbildungseinrichtung in Deutschland waren, möglicherweise aber auch, weil Strehl weitgehendes Entgegenkommen zusagte: »Nationalsozialistische Blindenorganisationen oder Blinde werden bei der Belieferung bevorzugt behandelt. Das Werk wird durch den Verlag der Marburger Blindenstudienanstalt zum Selbstkostenpreis herausgebracht.« Der Direktor rechnete mit »sechs starken Bänden im Format von etwa 40 × 30 × 8 – 9 Zentimeter«, was zu einem Selbstkostenpreis von 31,50 Reichsmark pro Stück bei einer Auflage von 100 Exemplaren oder von 21,60 Reichsmark bei der maximal zulässigen Auflage von 500 Stück führen werde: »Da jedoch die Blinden kaum in der Lage sind, den angegebenen Preis, selbst bei einer Auflage von 500 Exemplaren, zu zahlen, würde der Verlag der Marburger Blindenstudienanstalt es aufrichtig und dankbar begrüßen, wenn aus Fonds der Reichskanzlei die Herausgabe des Werkes – sei es durch einen Zuschuss oder durch Subskription einer größeren Anzahl von Exemplaren – gefördert werden könnte.«[33]

So einfach war das freilich in der Regierungsbürokratie nicht. Zwar verfügte das Reichsarbeitsministerium über Mittel zur Blindenförderung, die aber nur für Institutionen ausgegeben werden dürften, nicht zur Unterstützung von Verlagsprodukten. Außerdem lehnte der Referent es ab, *Mein Kampf* für Blinde, wie von Strehl vorgeschlagen, auf einen Verkaufspreis von 2,30 Reichsmark herunterzusubventionieren: »Meines Erachtens wäre ein Preis von 5,70 Reichsmark angemessen, der dem Preise der zweibändigen broschierten Volksausgabe entspricht.«[34] Angesichts dessen diktierte Strehl Briefe an weitere potentielle Geldgeber. Das preußische Ministerium für Wissenschaft, Kunst und Volksbildung sagte daraufhin 2530 Reichsmark zu; das Reichspropagandaministerium gewährte sogar einen Zuschuss von 3000 Reichsmark. Der Reichsinnenminister dagegen lehnte den Antrag ab, »da mir Mittel für den Zweck nicht zur Verfügung stehen«.[35] Trotz zahlreicher Einzelbestellungen blieb ein Fehlbetrag von 3700 Reichsmark, um den Strehl schließlich den Staatssekretär der Reichskanzlei bat. Doch der Bearbeiter in der Regierungszentrale hielt fest: »Meines Erachtens ist es nicht möglich, aus hiesigen Mitteln einen so hohen Beitrag zu gewähren. Ich würde jedoch einen Zuschuss von 2000 Reichsmark für angemessen halten.«[36] Das Geld solle aus einem Sonderfonds bereitgestellt werden. Genau so wurde verfahren, sodass schließlich am 21. November 1933 die Bestätigung des preußischen Bildungsministeriums nach Marburg abging. Die Beamten hatten nochmals 995 Reichsmark Zuschuss zusätzlich genehmigt, allerdings unter der Bedingung, dass die Einzelbezieher 7,50 Reichsmark bezahlen sollten.[37] Strehl stimmte zu, und so erschien die Blindenausgabe von *Mein Kampf* in sechs Bänden von zusammen 1100 Seiten in Punktschrift schließlich noch Ende 1933.

Bis 1945 wurden allein in der Originalsprache mehr als

zwölf Millionen Exemplare von Hitlers Buch gedruckt und überwiegend auch abgesetzt. Damit kam theoretisch auf jeden sechsten Angehörigen der potentiellen Leserschaft ein Exemplar. Eine höhere Verbreitung in der Zielgruppe hat ein Autorenbuch wohl niemals erreicht.

ERTRAG

Entgegen seinem stets zelebrierten Nimbus des
»einfachen Mannes aus dem Volk« war Hitler allein durch
die Bucheinnahmen mehrfacher Millionär.

MICHAEL WILDT, HISTORIKER[1]

Steuern müssen sein – aber wer verzichtet schon freiwillig darauf, nach Schlupflöchern zu suchen, um die eigene Abgabenlast zu reduzieren? Oft genug reicht das bis zur direkten Steuerhinterziehung im großen Maßstab. Doch besondere Chuzpe erfordert es, umsorgt von persönlichen Angestellten zu leben und gleichzeitig das eigene Einkommen jahrelang kleinzurechnen; vor allem, wenn man darüber mit dem zuständigen Finanzamt auch noch fortlaufend streitet. Und erfolgreich sein kann damit nur, wer entweder viel Glück und kriminelles Geschick beweist – oder aus politischen Gründen amnestiert wird. Beides traf, nacheinander, auf Adolf Hitler zu.

Zu den wesentlichen Antrieben, *Mein Kampf* zu schreiben, gehörte der Wunsch, sich ein eigenes Einkommen zu verschaffen. Seit seiner Entlassung aus dem Heer zum 31. März 1920 hatte Hitler keine regelmäßigen Einnahmen mehr gehabt. Er bezeichnete sich wie schon in Wien 1909 als »Schriftsteller«, veröffentlichte jedoch nur zwischen Januar und Juni 1921 regelmäßig Artikel im *Völkischen Beobachter*; insgesamt erschienen rund 40 meist mit »A. H.« gezeichnete Beiträge.² Zwischen Ende April und Anfang Juni 1921 wurden in den halbwöchentlich erscheinenden Nummern des Blattes zwei, manchmal auch drei Hitler-Aufsätze nebeneinander gedruckt.³ Wären diese Beiträge ordentlich honoriert worden, so hätte Hitler für diese Zeit sicher einen ausreichenden Verdienst gehabt. Allerdings nahm die verkaufte Auflage des Parteiblattes in dieser Zeit von mehr als 11 000 Exemplaren pro Ausgabe auf weniger als 8000 ab; der *Beobachter* war nicht nur nicht einträglich, sondern ein Zuschussgeschäft.⁴ Die NSDAP hatte nach dem Erwerb des maroden Blattes im Dezember 1920 die Mitgliedsbeiträge erst einmal verdoppelt und zudem zinslose Anteilsscheine am Eher-Verlag verkauft.⁵ Daher ist es unwahrscheinlich, dass Hitler für seine Leitartikel nennenswert bezahlt wurde. Zudem erschienen nach Juni 1921 nur noch ausnahmsweise und in längeren Abständen von Wochen oder Monaten Beiträge, die direkt von Hitler stammten; stattdessen wurden seine Reden ausführlich referiert.⁶ Derlei aber honoriert keine Redaktion.

Eigenen Angaben zufolge lebte der Parteichef in den frühen 1920er-Jahren vor allem von Honoraren, die er als Gastredner bei Veranstaltungen anderer Organisationen als der NSDAP erhielt. In Wirklichkeit wurde er von einer Reihe wohlhabender Sympathisanten aus der besseren Münchner Gesellschaft ausgehalten, die sich den Bohemien als politisierenden Unterhalter in ihre Salons einluden. Dazu gehörten der völkische Schriftsteller Dietrich Eckart, die Verleger Julius Lehmann und Hugo Bruckmann, das teils in Berlin, teils in Oberbayern lebende Ehepaar Edwin und Helene Bechstein sowie der in Harvard ausgebildete Großbürgersohn Ernst Hanfstaengl. Wie viel Geld genau an Hitler floss, wurde nie festgestellt; ebenso wenig, ob die Mittel eigentlich für ihn

»ZUM GELDMACHEN«

oder für die Partei gedacht waren – der Vorsitzende machte zwischen beidem keinen Unterschied. In jedem Fall ging es um erhebliche Summen. So übergab ihm Helene Bechstein im August 1923 vier Platin- und Silberringe sowie zwei wertvolle Textilien, die Hitler als Pfand für ein Privatdarlehen von 60 000 Schweizer Franken hinterlegte.[7] Für sein persönliches Leben brauchte er eigentlich wenig Geld, da er in einer schlichten Wohnung im Stadtteil Lehel zur Untermiete wohnte, nur wenige einfache Anzüge besaß und sich zum Essen fast immer einladen ließ. So entstanden ihm trotz schier endloser Aufenthalte in Lokalen wie dem Sternäckerbräu oder dem Café Neumayr nur geringe Lebenshaltungskosten.

Die Abhängigkeit von Geldgebern missfiel Hitler. Zugleich war er der Überzeugung, mit seinen Schriften ein großes zahlendes Publikum erreichen zu können. Immerhin strömten trotz erheblicher Eintrittsgelder schon vor dem misslungenen Putsch im November 1923 regelmäßig Tausende Zuhörer in NSDAP-Veranstaltungen, sofern der Parteichef selbst das Wort ergriff. Ein umfangreicher Sonderdruck seiner Rede vom 12. April 1922 über »Die Hetzer der ›Wahrheit‹« verkaufte sich sogar so gut, dass der *Völkische Beobachter* davon eine zweite Auflage herausbringen musste.[8] In den folgenden Monaten stieg der Absatz des Blattes, trotz Umstellung auf werktägliches Erscheinen im Februar 1923, und stabilisierte sich jenseits von 25 000 Exemplaren. Nach dem von bayerischer Polizei zusammengeschossenen Marsch auf die Feldherrnhalle am 9. November 1923 wurden die Partei und ihre Zeitung verboten, die Putschisten festgenommen und angeklagt. Das Publikum konnte zwar auf andere völkische oder nationalistische Publikationen ausweichen, doch keine war so radikal wie der eingestellte *Völkische Beobachter*.

ERTRAG

In der Haft in Landsberg hatte Hitler also Gründe anzunehmen, dass sich ein Buch von ihm gut verkaufen könnte. Sein enger Vertrauter Julius Schaub sagte viele Jahre später, Hitler habe *Mein Kampf* »nur als Propagandaschrift zum Geldmachen verfasst«.[9] Ähnlich sah es Gottfried Feder, einer seiner wichtigsten politischen Förderer. Nach einem Besuch in Landsberg 1924 notierte er in sein Tagebuch, Hitler »muss arbeiten, schreiben, um Geld zu verdienen«.[10] Denn der NSDAP-Chef hatte Schulden, vor allem bei seinem Verteidiger Lorenz Roder und bei der bayerischen Justizkasse: »Ich habe ja außerdem nun sofort meine Gerichts- und Prozesskosten ebenfalls zu begleichen, dass mir schon jetzt die Haare zu Berge stehen«, schrieb Hitler am 13. September 1924 an einen Münchner Autohändler.[11] Auch Gefängnisdirektor Otto Leybold wusste um die finanziellen Erwägungen seines prominentesten Häftlings: »Er erwartet sich eine hohe Auflage des Buches und hofft aus dem Erträgnis des Verkaufs seine finanziellen Verpflichtungen insbesondere aus dem Strafverfahren und Strafvollzug erfüllen zu können.«[12]

Hitler war nicht der einzige, der sich ein gutes Geschäft versprach: Neben dem parteieigenen Eher-Verlag bemühten sich auch verschiedene andere Verlage, das in völkischen Kreisen längst publik gewordene Buchprojekt unter Vertrag zu nehmen. Zu den Interessenten gehörte Ernst Hanfstaengl: »Da Hitler inzwischen so bekannt geworden war, konnte sein Buch sicher ein verlegerischer Erfolg werden, selbst wenn der Erwerb der Rechte einen außergewöhnlichen Honorarvorschuss erfordern würde«, schrieb er rückblickend. Er besprach die Idee mit seinem Bruder, dem Geschäftsführer des Familienbetriebs. »Doch was ich schon halb und halb geahnt hatte, trat ein: Mein Bruder lehnte den Vorschlag ohne jede Erörterung kurzerhand ab, und selbst mein Einwand, doch erst einmal das Manuskript zu prüfen, war kein Argument

»ZUM GELDMACHEN«

für ihn.«[13] Das scherte den künftigen Autor jedoch nicht, denn an Angeboten mangelte es nicht, im Gegenteil – es gab zu viele. Direktor Leybold berichtete: »Verleger, die sich für das Hitler-Buch oder andere schriftstellerische Arbeiten Hitlers interessierten, versuchten teils mit, teils ohne Erfolg Zutritt zu Hitler zu bekommen. Viele wurden mit und ohne Hitlers Zustimmung von der Anstaltsleitung zurückgewiesen.«[14] Immerhin fünfmal zwischen dem 25. April und 4. Juni 1924 vorgelassen wurden Vertreter des Großdeutschen Ringverlags, ausnahmslos entscheidungsbefugte Geschäftsführer und Teilhaber.[15] Doch ausweislich der erhaltenen Sprechkarten hatte Hitler ihnen nicht allzu viel zu sagen: Nach gerade acht bis 15 Minuten verließen die bis zu drei Besucher das Sprechzimmer jeweils schon wieder. Das reichte in keinem Fall, um Verhandlungen über eine Buchveröffentlichung zu führen.

Offenbar war Hitler schon früh einig mit Max Amann, dem Eher-Geschäftsführer, trotz anderer Anfragen. Jedenfalls schloss er bereits am 17. April 1924 einen Vertrag, mit dem er ihm »das Alleinverlagsrecht meines Buches *Mein Kampf* übertragen« habe.[16] So hieß es wenigstens in einer Erklärung Hitlers für den Eher-Verlag, die er am 28. Februar 1934 ausstellte; warum diese Notiz nötig war, muss offen bleiben: War der Originalvertrag verloren gegangen? Hatte es sich vielleicht nur um einen Handschlag gehandelt? Oder war Hitler mit den vereinbarten Regelungen nicht mehr zufrieden? An schlechten Konditionen konnte es kaum gelegen haben, denn Amann war seinem Autor sehr weit entgegengekommen. Das mag daran gelegen haben, dass der Parteivorsitzende faktisch Haupteigner des Parteiverlages war. Hitler hatte ausgesprochen hohe Honorarvorstellungen, die der Geschäftsführer schwerlich verweigern konnte: Pro verkauftem Exemplar von *Mein Kampf* verlangte der Autor zwei Reichsmark – also 20 Prozent vom Subskriptionspreis und immerhin noch 16,6 Prozent vom vorgesehenen regulären Verkaufspreis von zwölf Reichsmark; üblich waren Tantiemen in höchstens halber Höhe.[17] Außerdem wollte Hitler einen Vorschuss in fünfstelliger Höhe, zahlbar nach seiner Entlassung aus Landsberg. Er bekam ihn, wie ein Anfang März 1925 verfasster Brief von Rudolf Heß über den neuen Mercedes des Parteichefs belegt: »Erworben hat ihn Hitler sich durch einen Teil des Vorschusses, den er für sein in Druck befindliches Buch bekommen hat.«[18]

Dieses Kompressor-Auto der Luxusklasse kostete mehr als 20 000 Reichsmark und war 1925 das einzige Exemplar des Modells, das überhaupt in Deutschland zugelassen war. Irritiert darüber zeigte sich das Finanzamt München; es hatte schon während Hitlers Haftzeit in der Festungshaftanstalt einen »Vormerkungsbogen« für die künftige Veranlagung des »Hitler, Adolf – Schriftsteller« angelegt mit dem Vermerk zum Wohnort »noch in Landsberg«.[19] Vorher, also in den Jahren 1913/14 sowie zwischen 1919 und 1923 hatte die Steuerverwaltung den in München polizeilich gemeldeten Österreicher offenbar noch nicht wahrgenommen. Das änderte sich jetzt.

Auf die Aufforderung des Finanzamtes München Ost vom 1. Mai 1925, sein Einkommen für das erste Quartal 1925 anzugeben, immerhin schon mit der Androhung einer Strafe von zehn Reichsmark oder einem Tag Gefängnis verbunden, schrieb Hitler 18 Tage später unhöflich knapp: »Ich habe im Jahr 1924 sowie im ersten Vierteljahr 1925 keinerlei Einkommen gehabt.«[20] Seine Lebenshaltungskosten decke er mit Hilfe eines Kredits, dessen Höhe er nicht nannte. Tatsächlich hatte er bei der NSDAP-Hausbank Hansa-Bank AG ein Darlehen aufgenommen, über die enorme Summe von 45 000 Reichsmark; als Bürge fungierte Edwin Bechstein, der schließlich auch den größeren Teil des Kredits und der Zinsen zahlte.[21] Faktisch handelte es sich um eine Schenkung. Das Finanzamt gab sich mit Hitlers Auskunft nicht zufrieden: Am 23. Juli 1925 stellte ein Beamter fest, dass der angeblich einkommenslose Steuerpflichtige ein Auto für 20 000 Reichsmark gekauft habe; Anfang September wurde dann die angekündigte Strafverfügung erlassen. Das machte allerdings keinen Eindruck auf Hitler, denn eine Woche später antwortete er: »Zu der anliegenden Steuer-Voranmeldung für das zweite Kalendervierteljahr 1925 versichere ich noch, dass ich im zweiten Vierteljahr 1925 aus meiner schriftstellerischen Tätigkeit keine Einnahmen hatte. Ausweislich der Bücher der Firma Franz Eher Nachfolger, Verlag in München, Thierschstraße 15 habe ich erstmals am 4. August 1925 eine Honorarvorauszahlung von 7500 Reichsmark erhalten.«[22]

Damit konnte er einer Steuererklärung für das dritte Quartal 1925 aber nicht mehr aus dem Weg gehen – und lieferte auch, freilich verspätet. Die Finanzbeamten dürften kaum zufrieden gewesen sein. Hitler räumte zwar ein ausgesprochen üppiges Quartalseinkommen von 11 231 Reichsmark ein, machte aber zugleich Werbungskosten von 6540 Reichsmark geltend und gezahlte Kreditzinsen von 2245 Reichsmark. Danach blieb, seiner eigenen Rechnung zufolge, ein versteuerbares Einkommen von 2446 Reichsmark. Die enormen Abzüge begründete er: »Meine Tätigkeit als Politiker kann von meiner Tätigkeit als Schriftsteller so wenig getrennt werden wie etwa die Reisen eines Reiseschriftstellers von seiner schriftstellerischen Tätigkeit. Nicht nur, dass die Einnahmen aus einem Werk stammen, das als politisches Werk zu betrachten ist, würde ich erstens ohne politische Tätigkeit nicht in der Lage sein, dieses Werk zu schreiben und würde zweitens dieses Werk auch nicht annähernd im gleichen Umfange gekauft werden.«

ERTRAG

Zu den Werbungskosten, die er vor Steuer abziehen wollte, zählten auch die Gehälter für seinen Assistenten Rudolf Heß, für eine Schreibkraft und für seinen persönlichen Chauffeur Emil Maurice. Seine monatlichen Reisekosten bezifferte er auf pauschal 500 Reichsmark, also das Vierfache des Durchschnittsmonatseinkommens zu dieser Zeit; gleichwohl erklärte er: »Tatsächlich fahre ich in Deutschland nicht zur Befriedigung meines persönlichen Luxusbedürfnisses herum, genauso wie ich mir persönlich nicht einen Sekretär und eine Hilfskraft halten müsste, wenn nicht der gesamte Komplex meiner Tätigkeit dieses als Voraussetzung auch für meine wirtschaftliche Stellung erfordern würde.« Seine Lebenshaltungskosten seien immer noch gering: »Ich schränke meine persönlichen Bedürfnisse gezwungenermaßen so weit ein, dass ich als vollständiger Antialkoholiker und Nichtraucher in den bescheidensten Gaststätten esse und außer meiner geringen Wohnungsmiete keinerlei Ausgaben besitze, die nicht eben auf das Konto des politischen Schriftstellers gingen.«[23] Dass er inzwischen täglicher Stammgast in gutbürgerlichen Lokalen wie dem Café Heck, dem Schellingsalon oder der Osteria Bavaria war, außerdem regelmäßig abends ins Kino, in Operetten und vor allem in Wagner-Opern ging, verschwieg er natürlich. Das Finanzamt akzeptierte vorerst nur 5785 Reichsmark als abzugsfähig; eine abschließende Entscheidung wurde auf den Jahressteuerbescheid für 1925 verschoben.[24] Dagegen ließ Hitler Widerspruch einlegen und erreichte, dass im Januar 1927 schließlich von 10 285 Reichsmark geltend gemachter Abzüge 6265 Reichsmark anerkannt wurden.[25]

In den folgenden Jahren setzte sich der Kleinkrieg zwischen dem Finanzamt und Hitler fort. Da der Eher-Verlag die anfangs erfreulichen Verkaufszahlen von *Mein Kampf* gern be-

EINE LUXUSWOHNUNG

kannt gab, musste Hitler die Tatsache von Einnahmen aus seiner Tätigkeit als Schriftsteller einräumen. Zusätzlich gab er lediglich wenige Honorare für Beiträge im *Völkischen Beobachter* und gelegentlich Zahlungen für Reden oder Interviews an. Dagegen verschwieg er völlig, dass Reichsschatzmeister Franz Xaver Schwarz ihm wiederholt höhere Summen aus NSDAP-Parteimitteln aushändigte. Der Absatz seines Buches brach jedoch ein: Statt etwas mehr als 15 000 Exemplaren vom ersten Band zwischen Juli 1925 und Dezember 1926 verkaufte der Eher-Verlag von beiden Bänden zusammen 1927 nur mehr knapp 5600 Exemplare. Entsprechend klagte Hitler in der Steueranmeldung für das dritte Quartal 1927: »In den Monaten Juli, August, September wurde mir vom Verlag Franz Eher Nachfolger, der meine Schriften und Bücher verlegt, kein Honorar ausgezahlt.«[26]

In den beiden folgenden Jahren blieben die Absätze von *Mein Kampf* gering, 1929 verkauften sich vom ersten Band lediglich 4122 Exemplare und vom zweiten 3542.[27] Da der Eher-Verlag halbjährlich statt wie das Finanzamt vierteljährlich abrechnete, meldete Hitler für das erste Quartal 1929 keinerlei Einkünfte, für das zweite Quartal bescheidene 3890 Reichsmark; im dritten Quartal gab er wieder ein Einkommen von null an und für das letzte Vierteljahr immerhin 11 558 Reichsmark. Die Summe von 15 448 Reichsmark entsprach ziemlich genau dem Honoraranteil von zwei Reichsmark für jedes der 7664 verkauftem Exemplare; die Differenz von 110 Reichsmark dürfte durch den Verkauf einer nicht genau bekannten Anzahl von Prachtausgaben zustande gekommen sein.[28]

Als Hitler seine Angaben für das zweite Halbjahr 1929 zusammenstellte, wohnte er nicht mehr bescheiden zur Untermiete in der Thierschstraße, sondern seit dem 5. Oktober 1929 in einer riesigen Luxuswohnung am eleganten Prinzregentenplatz. Der Verleger Hugo Bruckmann hatte dem Eigentümer gegenüber für eventuell ausstehende Mietzahlungen gebürgt, die immerhin 4176 Reichsmark pro Jahr betrugen. Die 397 Quadratmeter große Wohnung umfasste laut Mietvertrag neun Zimmer, zwei Küchen, zwei Kammern und zwei Badezimmer.[29] Als der Vorsitzende der Bayerischen Volkspartei Fritz Schäffer diese Tatsache verbreitete, geriet der NSDAP-Chef in Bedrängnis und wütete in einem offenen Brief: »Sie haben weiter in Ihren Versammlungen behauptet, dass ich eine Neun-Zimmerwohnung bewohnte, obwohl Ihnen bekannt ist, dass ich allerdings in einer Acht-Zimmerwohnung, allein mit zwei anderen Parteien zusammen lebe, so dass mir persönlich drei Räume zur Verfügung stehen. Ich kenne nicht die Größe Ihrer Wohnung, Herr Schäffer, allein ich weiß, dass Ihre Partei den wenigsten Grund hätte, einem politischen Führer den Besitz von drei Zimmern vorzuwerfen.«[30] Tatsächlich handelte es sich bei den angeblich »anderen Parteien« um Maria Reichert, seine ehemalige Vermieterin aus der Thierschstraße und jetzige Haushälterin, sowie um seine Nichte Geli Raubal; beide hatten je ein Zimmer. Außerdem waren in der Wohnung noch ein Dienerehepaar und eine Putzfrau beschäftigt, die aber nicht dort wohnten. Falls das Finanzamt München Ost Anstoß nahm an dieser Bleibe, so fand das allerdings nicht Eingang in die Steuerakte Hitler.

Ab 1930 gab Hitler wesentlich höhere Einkünfte an; das musste er, denn der Verkauf von *Mein Kampf* stieg mit Erscheinen der preisgünstigen Volksausgabe steil an. Von den acht Reichsmark, die jedes einbändige Exemplar kostete, erhielt er anfangs zehn Prozent. Bei mehr als 50 000 verkauften Exemplaren gab Hitler Einkünfte aus *Mein Kampf* von 45 472 Reichsmark für 1930 an, für das folgende Jahr bei 50 808 verkauften Exemplaren Tantiemen von 40 780 Reichsmark und 1932 bei fast verdoppelten Verkäufen von 90 000 Exemplaren

EINE LUXUSWOHNUNG

Einnahmen von 62 340 Reichsmark – verglichen mit den in den Jahren 1925 bis 1929 insgesamt für sein Buch bezahlten Honoraren von 70 844 Reichsmark eine neue Dimension. Hatte Hitlers Bruttoeinkommen, also die Einnahmen abzüglich der Werbungskosten, 1925 noch 13 578 Reichsmark betragen, von denen er 1552 Reichsmark an Steuern, Gebühren und Strafzuschlägen entrichten musste, so fiel es bis 1927 auf 3515 Reichsmark. In den folgenden Jahren verzwölffachte sich das jährliche Bruttoeinkommen bis 1932 auf 44 745 Reichsmark. Entsprechend stiegen die eingeforderten Steuern auf 12 130 Reichsmark, also gut ein Viertel seiner Bruttoeinkünfte.[31]

Allerdings stiegen auch seine Ausgaben, denn bei seinen Berlin-Besuchen pflegte Hitler nun mit seinem gesamten Gefolge im Hotel Kaiserhof zu wohnen, dem besten Haus der Reichshauptstadt. Die Ausgaben dort waren zwar nicht so exorbitant, wie Hitler 1942 behauptete, nämlich 10 000 Reichsmark pro Woche – etwa halb so viel, wie ein Reichsminister im Jahr verdiente.[32] Aber zum Beispiel berechnete das Hotel im September 1931 für sieben Zimmer an drei Tagen einschließlich aller Mahlzeiten nach einer zufällig überlieferten Originalrechnung immerhin 650,86 Reichsmark.[33] Pro Tag gaben Hitler und seine Begleiter im Kaiserhof mehr aus, als ein Deutscher durchschnittlich im Monat verdiente.

Das Münchner Finanzamt ging mit dem Steuerzahler Hitler bis 1932 nachsichtig um, aber im Wesentlichen doch rechtmäßig. Die Beamten überprüften nicht, ob die Einkünfte aus *Mein Kampf* tatsächlich die einzigen nennenswerten Einnahmen waren, die er hatte; ebenso wenig wurden fragwürdige Darlehen hinterfragt. Hart war die Veranlagung des NSDAP-Chefs sicher nicht. Jedoch wurden die exorbitanten Werbungskosten, die Hitler stets abzusetzen verlangte, meist nur knapp zur Hälfte anerkannt. Einschüchtern ließen sich die

ERTRAG

Sachbearbeiter der Finanzverwaltung also nicht, auch nicht von den großen Wahlerfolgen der NSDAP ab Herbst 1930, die übrigens im vorwiegend katholischen Bayern spürbar geringer ausfielen als in protestantischen Regionen. Gerade Oberbayern war nicht mehr die Hochburg des Nationalsozialismus wie noch zehn Jahre zuvor.

Mit Beginn des Jahres 1933 änderten sich die Umstände gleich doppelt. Einerseits stieg Hitlers Honoraranteil an den Volksausgaben von *Mein Kampf* ab dem 1. Januar von zehn auf 15 Prozent, also auf 1,20 Reichsmark pro verkauftem Exemplar der Volksausgabe. Andererseits ernannte Reichspräsident Paul von Hindenburg am 30. Januar Adolf Hitler zum Reichskanzler – und schon sechs Wochen später erließ Reichsfinanzminister Ludwig Schwerin von Krosigk persönlich Sonderregelungen für den Regierungschef. Formal fragwürdig, aber nicht vollkommen unberechtigt war noch die Weisung, die Amtsbezüge des Reichskanzlers künftig nicht mehr zu versteuern; immerhin ließ Hitler sie, jedenfalls 1933, einem Kuratorium zukommen, das den Angehörigen getöteter SA- und SS-Männer Unterstützungen auszahlte. Dafür gab es zwar keine gesetzliche Grundlage, im weiteren Sinne konnte das aber als Spende angesehen werden.[34] Klar rechtswidrig dagegen war, dass der nationalsozialistische Staatssekretär im Reichsfinanzministerium dem Reichskanzler genehmigte, fortan die Hälfte seiner privaten Einkünfte aus *Mein Kampf* pauschal und ungeprüft als Werbungskosten abzusetzen. Genau so geschah es auch: Von den 1 232 335 Reichsmark, die Hitler im Jahr 1933 als Einkünfte aus dem Verkauf von rund einer Million Exemplaren seines Buches angab, setzte er exakt 616 167 Reichsmark ab. Auf die genauso hohe zu versteuernde Summe wurde der Progression wegen eine Einkommensteuer von 297 005 Reichsmark fällig.[35]

Hitler bezahlte offenbar nicht. Jedenfalls wies seine Steuerakte am 20. Oktober 1934 ausstehende Restzahlungen von 272 190 Reichsmark Einkommenssteuer für 1933 aus sowie zusätzlich 24 383,20 Reichsmark Kirchensteuer, 14 315 Reichsmark Ehestandshilfe und 23 776,70 Reichsmark Umsatzsteuer. An Vorauszahlungen für das dritte Quartal 1934 mahnte das Finanzamt rund 70 000 Reichsmark an – insgesamt betrug die Steuerschuld des Reichskanzlers exakt 405 494,40 Reichsmark, also mehr als seine regulären Bezüge für insgesamt 13 Amtsjahre.[36] Das Reichsfinanzministerium und der Präsident des Landesfinanzamtes München kamen nach einigen Briefwechseln zu einer völlig einseitigen Einigung: Die Steuerschuld wurde erlassen, das eröffnete Verfahren niedergeschlagen – und Adolf Hitler verschwand am 12. März 1935 aus dem Blick der deutschen Finanzverwaltung. Fortan zahlte er überhaupt keine Steuern mehr, weder auf die Tantiemen aus *Mein Kampf* noch auf die umgehend wieder auf seine Privatkonten überwiesenen Amtsbezüge als Reichskanzler und zusätzlich als Reichspräsident.[37]

Fleißig überwies der Eher-Verlag weiter Honorare, doch existieren darüber keine exakten Angaben mehr. Mindestens eine Million Reichsmark pro Jahr brachte *Mein Kampf* ein – auch, weil sich Geschäftsführer Max Amann äußerst restriktiv zeigte und nur höchst selten Mengenrabatte auf den Verlagsbestseller gewährte. So bat der Chef der Reichskanzlei Hans-Heinrich Lammers am 3. Januar 1934 den Eher-Verlag: »Dem Herrn Reichskanzler gehen des Öfteren Gesuche privater Personen um Überlassung seines Buches *Mein Kampf* zu. Er ordnet in solchen Fällen vielfach an, das Buch geschenkweise abzugeben. Bis jetzt ist das Buch für solche Zwecke gegen Zahlung des vollen Buchhändlerpreises hier angekauft worden.« Das fand der Staatssekretär offensichtlich ärgerlich. Er musste sich zurückhalten und freundlich bitten:

ERTRAG

»Ich nehme an, dass der Verlag die Möglichkeit hat, für die im Auftrag des Herrn Reichskanzlers als Geschenk abzugebenden Stücke seines Buches eine Anzahl von Exemplaren unbezahlt oder wenigstens zu einem ermäßigten Preis zur Verfügung zu stellen.« Der Staatssekretär zeigte sich bescheiden: »Sollte dies der Fall sein, so wäre ich dankbar, wenn der Reichskanzlei zunächst etwa 20 Stück des Buches überlassen werden könnten.«[38]

Ähnliche Probleme hatte fünf Jahre später das Reichspropagandaministerium, als es »zwei- bis dreitausend Exemplare« von *Mein Kampf* für die deutschen Auslandsbüchereien bereitstellen wollte. Der zuständige Beamte wandte sich an die Reichskanzlei, um einen Ankauf »aus Mitteln des Führers« zu erbitten. Dort fühlte man sich nicht zuständig und reichte die Anfrage weiter an die NSDAP. Hier nahm sich der persönliche Referent von Rudolf Heß der Angelegenheit an und berichtete am 22. März 1939, der Verlag werde 2500 Stück berechnen und weitere 500 bis 600 Stück unberechnet bereitstellen: »Der Eher-Verlag möchte diesen Weg gehen, weil er im Allgemeinen Buchverbilligungen nicht vornimmt und auf diese Weise für ähnliche Anforderungen keinen Präzedenzfall schaffen möchte.«[39] Tatsächlich stellte der Verlag der Reichskanzlei schließlich 18 000 Reichsmark in Rechnung, für 2500 Exemplare zum offiziellen Ladenpreis von inzwischen 7,20 Reichsmark; weitere 500 Exemplare wurden kostenlos geliefert. Insgesamt betrug der Rabatt gerade einmal 16,6 Prozent. Die Rechnung wurde aus einem Fonds des Reichskanzlers zu dessen freier Verfügung bezahlt, der mit Steuermitteln gefüllt worden war. Hitler dürfte zudem für die 2500 berechneten Exemplare ganz regulär Tantiemen von 1,08 Reichsmark pro Band erhalten haben.

Auch für die Exemplare, die einem Erlass des Reichsinnenministeriums von 1936 zufolge gerade vermählten Ehepaaren

EIN MULTIMILLIONÄR

vom Standesbeamten ausgehändigt werden sollten, berechnete der Eher-Verlag den vollen Preis der Volksausgabe. Die überwiegende Zahl der deutschen Kommunen verweigerte sich dem Wunsch des Ministeriums, meist wegen der schlechten finanziellen Lage. Bei rund 7000 Eheschließungen im Jahr hätte etwa die Stadt Frankfurt/Main mehr als 50 000 Reichsmark für eine mit dem Stadtwappen ausgestattete einbändige Ausgabe bezahlen müssen – Geld, das es im städtischen Haushalt schlicht nicht gab. Erst nach längeren Verhandlungen mit dem Deutschen Gemeindetag gab der Eher-Verlag nach, allerdings nur minimal: Nun sollte Städten mit mehr als 100 000 Einwohnern beim Einkauf der Hochzeitsausgaben von *Mein Kampf* ein Preisnachlass gewährt werden: magere fünf Prozent.[40]

Wie viel Geld Adolf Hitler insgesamt mit *Mein Kampf* verdiente, ist nicht genau zu beziffern, sondern nur grob zu schätzen. Es dürften deutlich mehr als zwölf Millionen Reichsmark gewesen sein, bei einer Gesamtauflage von 12,4 Millionen deutschen Exemplaren und einem Autorenhonorar von mindestens einer Reichsmark pro verkauftem Exemplar. 1944 verzeichnete sein Autorenkonto beim Eher-Verlag trotz früherer Auszahlungen und Abhebungen angeblich ein Guthaben von 5,5 Millionen Reichsmark; ein Jahr später, als die US-Militärregierung das Konto beschlagnahmte, sollen es sogar fast sieben Millionen Reichsmark gewesen sein.[41] Eine enorme Summe, gewiss, aber für den Reichskanzler dennoch ein Betrag, der kaum ins Gewicht fiel. Weitaus mehr Geld, wohl mindestens 50 Millionen Reichsmark, bezog er für den Abdruck seines Konterfeis auf deutschen Briefmarken – für die Nutzung der Persönlichkeitsrechte am eigenen Bild.[42]

Außerdem hatten er und seine Bevollmächtigten wie Mar-

ERTRAG

tin Bormann oder Chefadjutant Julius Schaub Zugriff auf die Mittel der »Adolf-Hitler-Spende der deutschen Wirtschaft«. Diese Sondersteuer, die jährlich ein halbes Prozent der Lohnsumme der meisten Unternehmen betrug, brachte bis 1945 insgesamt rund 700 Millionen Reichsmark ein, die zur freien Verfügung Hitlers und seiner Entourage standen. Davon wurden größenwahnsinnige Bauprojekte wie die Neue Reichskanzlei in Berlin teilweise bezahlt. Allein der Ausbau des Berghofs auf dem Obersalzberg kostete einschließlich der Bunkeranlagen, Kasernen und einer Dependance für die Reichskanzlei insgesamt fast eine Milliarde Reichsmark. Nur ein kleiner Teil des Geldes floss von Hitlers Privatkonten, denn er bediente sich ungeniert aus anderen Töpfen und sogar aus öffentlichen Haushalten.[43] Dagegen konnte nie belegt werden, dass tatsächlich Geld von Hitler auf Schwarzgeld-Konten in der Schweiz überwiesen wurde und möglicherweise dort noch immer angelegt ist – bei einem Bericht des US-Nachrichtendienstes *Office for Strategic Services* von Ende 1944 handelte es sich um reines Hörensagen.[44]

Nur zeitweise, vor allem zwischen 1930 und 1932, erfüllte *Mein Kampf* die Erwartungen, die Hitler damit verknüpft hatte. Vorher waren die Erträge absolut betrachtet zwar durchaus ordentlich, lagen aber weit unter dem, was er für seine Mitarbeiter sowie für persönlichen Luxus, wie sein schnelles Auto oder die exklusive Unterkunft auf Reisen, benötigte. Ab 1933 trennte Hitler nicht mehr zwischen den nun explodierenden Erträgen seines Buches und anderen Geldquellen, die so üppig sprudelten, dass *Mein Kampf* nur noch ein Nebenertrag war.

LESER

Oft wird behauptet, dass *Mein Kampf* kaum gelesen worden sei. Doch die Vermutung ist angebracht, dass es sich dabei um die Schutzbehauptung einer Generation handeln könnte.

ANTON PELINKA, POLITOLOGE[1]

Wie viele Exemplare eines Buches gedruckt und verkauft werden, ist in der Regel leicht festzustellen: Unterlagen des jeweiligen Verlages geben Auskunft, manchmal sogar Auflagennachweise in den Bänden selbst, oft zusätzlich die Steuerakten des Verfassers. Wie viele der Käufer dagegen ein erworbenes Buch tatsächlich mehr als nur durchblättern, kann man höchstens sehr vage schätzen. Denn Lesen hinterlässt nur ausnahmsweise nachweisbare Spuren, etwa in Form von Anstreichungen oder Bemerkungen in Tagebüchern und Briefen. Zudem sind solche Beweise für Lektüre leicht zu vernichten: Papier brennt gut.

Mehrere Millionen Exemplare von *Mein Kampf* dürften, zuerst im Raum Aachen ab Herbst 1944, in den folgenden Monaten dann in ganz Deutschland, schlicht verheizt worden sein. Jedenfalls stießen alliierte Soldaten bei den Hausdurchsuchungen, die während ihres Vormarsches ins Dritte Reich hinein häufig vorkamen, nicht allzu oft auf Bücher von Hitler, die als Devotionalien begehrt waren. Natürlich konnten nicht alle Keller, Dachböden oder Schuppen inspiziert werden, in denen sicher noch unzählige Ausgaben versteckt waren. Dass gleich zwölf Exemplare der handsignierten und pergamentgebundenen Sonderausgabe der zweiten Auflage von 1925 im Safe von Hitlers Privatwohnung am Münchner Prinzregentenplatz entdeckt wurden, wenn auch keine anderen relevanten Unterlagen, war der *New York Times* eine Meldung wert.[2] Aber insgesamt fanden amerikanische Soldaten Hitlers Buch viel seltener, als sie erwartet hatten, wie sich Ernst J. Cramer erinnerte; der aus Augsburg vertriebene, 1938/39 im KZ Buchenwald inhaftierte Jude war als GI in seine Heimat zurückgekehrt.[3]

Die Militärverwaltung im besetzten Land wollte jedoch wissen, wie viele Deutsche *Mein Kampf* ungefähr gelesen hatten, um sich ein Bild von der Breitenwirkung der NS-Propaganda machen zu können. Doch weil es keinerlei Möglichkeiten gab, das anhand von sachlichen Indizien festzustellen, mussten Umfragen genügen. Seit Herbst 1945 führte die kurz zuvor eingerichtete Meinungsforschungsabteilung des Office of the Military Government of the United States solche Befragungen in Deutschland durch. Da alle Einwohner auf Lebensmittelkarten angewiesen waren und diese nur nach ausführlichen Angaben über ihre persönlichen Verhältnisse erhielten, bot die amerikanische Zone nahezu perfekte Bedingungen, um sozialwissenschaftlich repräsentative Stichproben zu ziehen. Zwar handelte es sich bei der Hochrechnung solcher Befragungen noch um ein relativ neues Forschungsfeld, doch Erfahrungen bei den Präsidentschaftswahlen seit 1936 hatten gezeigt, dass mit einem statistisch seriös gewählten Sample relativ verlässliche Ergebnisse zu erreichen waren. Zwar rechneten die Experten durchaus mit einer Fehlerquote, doch genauere Daten waren mit keiner anderen Methode zu gewinnen.

Gleich der zweite offizielle Bericht der Meinungsforscher,

dem ihre 14. Umfrage von Mitte Februar 1946 zugrunde lag, beschäftigte sich mit den Lesern von Hitlers Buch. Befragt worden waren 954 Einwohner der amerikanischen Zone; die rohen Werte wurden hochgerechnet auf die gesamte Bewohnerschaft in den Ländern Hessen, Württemberg-Baden, Bayern und Bremen. Die Überschrift des Reports lautete schlicht: »Who in Germany has read *Mein Kampf*?« Das wesentliche Ergebnis war: Rund 23 Prozent der erwachsenen Bevölkerung gaben an, Hitlers Buch mindestens teilweise gelesen zu haben; vollständig hatten demnach sieben Prozent die beiden Bände rezipiert. Bewusst falsch, das war den Meinungsforschern klar, konnte in der Situation Anfang 1946 nur die Behauptung sein, Hitlers Buch nicht zu kennen; umgekehrt hätte sich zu dieser Zeit wahrheitswidrig niemand damit gebrüstet, *Mein Kampf* studiert zu haben. Also durfte man die Umfrageergebnisse als Mindestwerte betrachten.

Die Meinungsforscher untergliederten ihre Daten noch, auch wenn die Hochrechnungsungenauigkeiten damit zwangsläufig zunahmen, wie ihnen bewusst war. Wenig überraschend war die Einsicht, dass frühere NSDAP-Mitglieder *Mein Kampf* überdurchschnittlich oft gelesen hatten: 18 Prozent vollständig und weitere zehn Prozent zum Teil. Immerhin fast jedes dritte ehemalige Parteimitglied kannte also das Werk des Parteichefs näher. Ebenso wenig konnte erstaunen, dass junge Erwachsene ab dem Jahrgang 1916 mit Werten von fünf und 17 Prozent leicht unter dem Durchschnitt lagen: Erfahrungsgemäß lesen junge Menschen seltener als ältere. Spannender waren zwei weitere Ergebnisse: Angehörige der oberen Mittel- und der Oberschicht hatten unabhängig von ihrer politischen Überzeugung sogar noch etwas öfter als die sozialstatistisch weitgehend dem Bevölkerungsdurchschnitt entsprechenden NSDAP-Mitglieder Hitlers Buch gelesen – 14 Prozent komplett und weitere 17 Prozent teilweise. Akademiker übertrafen diese Werte sogar noch: Gleich 41 Prozent von ihnen gaben an, *Mein Kampf* mindestens teilweise studiert zu haben. Über alle Schichten und Bildungsniveaus gerechnet, hatten Männer das Buch zu elf Prozent komplett gelesen und damit deutlich öfter als Frauen, die aber einen höheren Anteil bei der teilweisen Lektüre aufwiesen. Statistisch signifikante Unterschiede zwischen Katholiken und Protestanten ließen sich nicht feststellen.[4]

Im Wesentlichen bestätigte eine weitere Umfrage anderthalb Jahre später diese Ergebnisse, die nicht veröffentlicht worden waren. Im November 1947 befragten die Meinungsforscher der Militärregierung rund 3000 erwachsene Einwohner der amerikanischen Zone. Dabei gaben 19 Prozent der Befragten an, ganz oder teilweise *Mein Kampf* gelesen zu haben – die Abweichung von vier Prozent gegenüber der Umfrage von 1946 lag zwar oberhalb der statistisch üblichen Schwankungsbreite, andererseits hatten die Befragten in der Zwischenzeit die vergleichsweise milden Sanktionen kennen gelernt, mit denen die Besatzungsbehörden auf falsche Angaben reagierten. In der Detailauswertung ergaben sich weitgehend ähnliche Ergebnisse wie bei der Erhebung im Februar 1946: Überdurchschnittlich oft hatten vor allem Angehörige der oberen Mittel- und der Oberschicht sowie Akademiker Hitlers Buch gelesen. Es gab allerdings auch Abweichungen; so kannten nach den Daten von 1947 insgesamt mehr Männer als Frauen *Mein Kampf* aus eigener Anschauung; bei den verschiedenen Altersgruppen ergab sich anders als im Jahr zuvor kein signifikanter Unterschied.[5]

Auch wenn sich die Daten der beiden Umfragen in der amerikanischen Zone nicht direkt auf die anderen Besatzungszonen übertragen ließen, so machten sie doch wahrscheinlich, dass zumindest jeder fünfte der 1946 lebenden erwachsenen Deutschen *Mein Kampf* teilweise oder ganz gelesen hatte; dazu waren noch entsprechende Anteile der 5,2 Millionen gefallenen Wehrmachtssoldaten und der mindestens anderthalb Millionen infolge des Krieges getöteten Zivilisten zu rechnen. Insgesamt wies die Erhebung darauf hin, dass wenigstens zwölf Millionen Deutsche Hitlers Buch aus eigener Anschauung und mehr als nur oberflächlich kannten. In fast zwei Dritteln der 1939 rund 21 Millionen Haushalte Deutschlands lebte also jemand, der wenigstens etwas ausführlicher in Hitlers Buch hineingeschaut hatte. Dem entsprach ungefähr die nachweislich gedruckte Gesamtauflage von 12,4 Millionen Exemplaren. Ein »ungelesener Bestseller« war *Mein Kampf*, allen anderslautenden späteren Schutzbehauptungen zum Trotz, mit Sicherheit nicht.

Aber wie nahmen die Leser Hitlers Buch wahr – und ab wann? Aufgrund der Sprunghaftigkeit seiner Argumentation war es nicht leicht und flüssig lesbar; andererseits unterschied sich der Text von *Mein Kampf* nicht grundsätzlich von seinen Reden, die nahezu alle Deutschen während des Dritten Reiches immer wieder hören konnten, entweder persönlich oder – meist – als Übertragungen im Radio. Zwischen seinen rhetorisch für große Teile des Publikums faszinierenden Ansprachen und den Ausführungen in seinem Buch konnte wohl kaum ein Deutscher unterscheiden. Beides ruhte ja auch tatsächlich auf derselben Grundlage, Hitlers ganz persönlicher Weltsicht in seinem ebenso spezifischen Tonfall. Die Reden und *Mein Kampf* waren gleichermaßen von suggestiven Behauptungen geprägt, außerdem von stark vereinfachten Problembeschreibungen, populistischen Forderungen und klaren Feindbildern. Hitler appellierte an bewusste und unbewusste Ängste seines Publikums, bediente Affekte und Vorurteile, vermied zugleich aber komplexe Argumente.

Bis zum Durchbruch der NSDAP auf nationaler Ebene bei

der Reichstagswahl im September 1930 hatten vor allem Anhänger oder Sympathisanten der Bewegung das Werk zur Kenntnis genommen. Allerdings auch längst nicht alle: Der Universitätsassistent für Architektur Albert Speer zum Beispiel trat zwar zum 1. März 1931 der Partei bei, als Mitglied Nr. 474 481 – aber von Hitlers Programm »wusste ich so gut wie nichts«; das jedenfalls sagte er nach 1945. Demnach las er *Mein Kampf* während der NS-Zeit nicht systematisch oder gar vollständig; erst in seiner Zelle im Nürnberger Hauptkriegsverbrechergefängnis habe er sich intensiv mit dem Buch beschäftigt.[6] Wahrscheinlich macht diese Ausführungen Speers, sonst als Zeuge in eigener Sache oft unzuverlässig, eine schlichte Tatsache: Im Jahr 1932, als der NSDAP zeitweise der Griff nach der Mehrheit in regulären Abstimmungen möglich erschien und neben den Mitgliedern bis zu 13 Millionen weitere Deutsche ihr Kreuz bei Hitler machten, stieg die verkaufte Auflage von *Mein Kampf* lediglich auf insgesamt 225 000 Exemplare – statistisch konnte also höchstens jeder 60. NSDAP-Wähler ein Exemplar besitzen.

Erfreut registrierte Hitler in einem eigenhändig unterschriebenen Brief von Mitte Juli 1932, dass der Bonner Neuropsychologe Walther Poppelreuter für das kommende Wintersemester eine Vorlesung über »Politische Psychologie als angewandte Psychologie anhand von Hitlers Buch *Mein Kampf*« angekündigt hatte: »Sie können versichert sein, dass es mir eine Freude ist zu sehen, dass ein Universitätsprofessor zum ersten Mal mein Buch als Grundlage für eine Vorlesung an der Hochschule nimmt.«[7] Poppelreuter, selbst seit November 1931 Mitglied der NSDAP, nannte *Mein Kampf* »eigentlich das Lehrbuch der politischen Psychologie« und veröffentlichte 1934 seine Vorlesung als 40-seitige Broschüre.[8]

Wirklich verbreitet gelesen wurde Hitlers Buch wahrscheinlich erst nach dem 30. Januar 1933. Die Verkaufszahlen stiegen steil an, wohl ebenso die Zahl der Leser. Einige Wochen später jedenfalls hielt Frankreichs Botschafter André François-Poncet fest: »Wohl jeder kennt seine Ideen, seine Lehren. Er hat sie in seinem Buch *Mein Kampf* niedergelegt, das in vielen Auflagen erscheint. Für viele seiner Anhänger ist es ein heiliges Buch, eine Bibel, ein Koran.«[9] Nach einer anderen Version schrieb der Diplomat über Hitlers Doktrin sogar noch deutlicher: »Jeder kennt seine Ideen, seine Lehren. Er hat sie in seinem Buch *Mein Kampf* niedergelegt, und jeder hat es gelesen.«[10] Das war freilich übertrieben, denn gleichzeitig ergingen in verschiedenen Behörden und Verwaltungen Anweisungen an die Mitarbeiter, sich rasch mit *Mein Kampf* zu beschäftigen. Die Hamburger Schutzpolizei bekam schon im April 1933 einen neuen Lehrplan, demzufolge sich der Unterricht in den Fächern Staatsbürgerkunde und Geschichte fortan vor allem auf Hitlers Buch stützen sollte. Ein Erlass mit ähnlicher Stoßrichtung erging drei Monate später für die preußische Polizei; mitunter wurde sogar eine Frist gesetzt, bis zu der *Mein Kampf* gelesen werden sollte.[11]

Nicht verpflichtend vorgeschrieben, aber nahegelegt wurde den Angehörigen der Reichswehr die Auseinandersetzung mit Hitlers Buch, das nach einer Anweisung von August 1933 alle Mannschaftsbüchereien anschaffen sollten, wofür sogar Geld bereitgestellt wurde. Außerdem betonte Reichswehrminister Werner von Blomberg, ganz im Sinne des Eher-Verlages: »Den Soldaten kann die private Beschaffung dieses Buches empfohlen werden.«[12] In die stark überarbeiteten Lehrpläne der Militärschulen wurde *Mein Kampf* bald als ein wichtiges, teilweise sogar als wesentliches Werk für bestimmte Themen aufgenommen. Konsequent ordnete der Minister im Juli 1935 an, dass »alle Offiziere die nationalsozialistische Weltanschauung zu bejahen« hätten.[13] Blombergs

Vertrauter Walter von Reichenau empfahl seinen Untergebenen sogar, sie sollten »Nationalsozialisten ohne Parteibuch« sein, die »besten, treuesten und ernstesten«.[14] Umgekehrt dienten Verweise auf Hitlers Werk dazu, die enge Verbindung der nun politischen Armee mit dem Nationalsozialismus zu betonen: »In seinem Buch *Mein Kampf* ist die volkserzieherische Bedeutung der Wehrmacht oft hervorgehoben«, lobte Blomberg 1935.[15] Zur offiziellen Pflichtlektüre erhob die Wehrmacht die Schrift des »Führers« aber nicht.

Auch der größten von Staats wegen zu beeinflussenden potentiellen Leserschaft, den Schülern, wurde Hitlers Buch lediglich empfohlen, nicht aber auferlegt. Zwar hatte der nationalsozialistische Bildungspolitiker und preußische Kultusminister Bernhard Rust im März 1933 dem britischen Publizisten Rajani Palme Dutt zufolge angeordnet: »Ich habe die Schulbehörden gebeten, besonders darauf zu achten, dass die Schulen mit geeigneten Büchern versorgt werden. An erster Stelle steht natürlich das Buch des Führers *Mein Kampf*. Es soll keine Jungen und keine Mädchen geben, die dieses Buch nicht gelesen haben.« Es sei die Aufgabe jedes einzelnen Lehrers, den »darin dargelegten Geist des wahren Nationalsozialismus« zu vermitteln; Hitlers Werk solle das »leitende Prinzip des Unterrichts werden«.[16] Doch möglicherweise war Dutt einem Gerücht aufgesessen, denn ein entsprechender Erlass von Rust ist nicht nachweisbar. Jedenfalls wurde *Mein Kampf* gerade nicht als Pflichtlektüre eingeführt, und als der Eher-Verlag 1935, wahrscheinlich um den Absatz zu steigern, einen Vorstoß in dieser Richtung unternahm, konnte er sich nicht durchsetzen: Auf Weisung der NSDAP-Parteizentrale wurde »vorerst die Einführung des Werkes in den Schulen zurückgestellt«.[17] Daran änderte sich bis 1945 formal nichts mehr.

SCHULLEKTÜRE?

Trotzdem spielte Hitlers Buch ab 1933 natürlich eine große und zunehmende Rolle im Unterricht an vielen Schulen. Lehrer, die entweder tatsächlich NSDAP-Anhänger waren – der Nationalsozialistische Lehrerbund hatte Anfang 1933 etwa 10 000 Mitglieder, ein Dreivierteljahr später aber bereits zwei Dutzendmal so viele – oder umgehend ihre Unterstützung für die Regierung Hitler demonstrieren wollten, trugen ihren Schülern aus *Mein Kampf* vor. Bis neue Lehrbücher die noch im Wesentlichen rechtsstaatlich, in Preußen sogar meist demokratisch orientierten Schulbücher aus der Weimarer Republik in großem Umfang ersetzten, dauerte es oft noch zwei, teilweise drei Jahre. Diese Zeit überbrückten viele Pädagogen, indem sie Passagen aus nationalsozialistischen Schriften behandeln ließen. Allerdings wurde im Unterricht über Hitlers Buch nicht diskutiert, und seine Thesen wurden schon gar nicht hinterfragt; vielmehr galt *Mein Kampf* als Klassiker ähnlich wie Goethe. Die Schulbuchverlage passten sich der neuen Zeit so schnell wie möglich an: In ergänzenden Broschüren zu ihren Lesebüchern und in folgenden Neuauflagen wurden Passagen aus Hitlers Reden, aber auch aus seinem Buch eingebaut. Durchschnittlich kam er als Autor genauso oft vor wie Friedrich Schiller.[18]

Lehrer waren es gewohnt, für die Vorbereitung ihrer Unterrichtsstunden Handreichungen zu bekommen. Wohl am schnellsten reagierte ein Schulrat namens Paul Sommer, der beim auf Lehrwerke spezialisierten Verlag Hermann Beyer in Leipzig schon solche Broschüren zu zahlreichen Werken der deutschen Literatur vorgelegt hatte, unter anderem zu Theodor Storms *Immensee*, zu Heinrich von Kleists *Penthesilea* oder zu Franz Grillparzers *Bruderzwist im Hause Habsburg*. In wenigen Wochen erarbeitete der Schulrat eine immerhin 118 Seiten starke Broschüre mit Erläuterungen zu *Mein Kampf*, die »dem bewährten Reichskanzler und Führer des

Deutschen Volkes in dankbarer Verehrung und Treue zugeeignet« war. Nach einer Einführung bot Sommer einen gerafften Überblick über »Aufbau und Planung des Werkes« auf 15 Seiten, dann folgten 30 Seiten »Wort- und Sacherklärungen« aufgegliedert nach Kapiteln. Den Kern der Broschüre bildeten 291 ausgewählte Hitler-Zitate, anhand derer Lehrer ohne allzu großen Aufwand Unterrichtsstunden konzipieren konnten; da stets die Fundstelle nach der Volksausgabe angegeben war, konnte jeder Pädagoge ihn interessierende Passagen schnell finden. Abschließend bot Sommer seinen Lesern noch zwölf »Aufsatzentwürfe« an, etwa zu »Adolf Hitlers *Mein Kampf*, ein Spiegel unseres Führers«, zum »rechten Führertum« oder zur »Bedeutung des Rasseproblems für Deutschland«. Dazu nannte er jeweils passende Passagen, auf die Schüler sich beziehen konnten.[19] Die Broschüre wurde bis 1935 mehrfach nachgedruckt, verkaufte sich also offenbar erfreulich gut.

Inhaltlich fand des Schulrats Arbeit allerdings nicht nur Zustimmung. Die »Parteiamtliche Prüfungskommission zum Schutze des nationalsozialistischen Schrifttums«, angesichts der Welle von Veröffentlichungen angeblich oder tatsächlich nationalsozialistischer Schriften im Frühjahr 1934 gegründet, kritisierte seine »Erläuterungen« scharf; ihr Mitglied Karl Heinrich Köpke schrieb, man könne auf diese Schrift »sehr gut verzichten«, insbesondere da diese Erläuterungen »von einem Schulmeister gegeben werden, der sich damit wichtig tut, die in *Mein Kampf* enthaltenen Fremdworte zu übersetzen und sonstige nichtssagende Erklärung zu geben«.[20] Verboten wurde Sommers Broschüre offenbar trotzdem nicht.

Welche Rolle *Mein Kampf* im Unterricht tatsächlich spielte, wurde von den Schulbehörden offenbar nicht erfasst. Einzelne Informationen darüber erreichten allerdings die Exil-

SCHULLEKTÜRE?

SPD, die sie in ihren monatlichen Deutschland-Berichten verbreitete – im Ausland, aber illegal und unter der Hand auch im Dritten Reich. Im Februar 1935 schnappte einer ihrer Zuträger auf, in einer Hamburger Oberrealschule hätten die »älteren Schüler Hitlers *Mein Kampf* unter sich nur *Mein großer Irrtum* genannt« – vermutlich die Folge allzu intensiver, von den Lehrern durchgesetzter Beschäftigung.[21] Vor der mit einer Einheitsliste abgehaltenen, daher bedeutungslosen Reichstagswahl am 29. März 1936, bei der zugleich die Besetzung des Rheinlandes durch deutsche Soldaten drei Wochen zuvor mit einem Plebiszit legitimiert werden sollte, berichtete ein Informant: »Tatsächlich fiel in der letzten Woche vor der Wahl der normale Unterricht aus.« Stattdessen stand, wenigstens in dieser nicht näher bezeichneten Schule, anderes auf dem Lehrplan: »Drei Vormittage dieser Woche waren ausgefüllt mit Vorlesungen aus *Mein Kampf* und Erzählungen aus dem Leben des Führers, wobei vor der Klasse auf dem Katheder ein Hitler-Bild, von Kerzen flankiert, aufgestellt werden musste.«[22] Ein gutes Jahr später meldete ein anderer Berichterstatter aus Südwestdeutschland: »In den Schulen wird jetzt täglich ein bis zwei Stunden aus nationalsozialistischen Büchern vorgelesen (*Mein Kampf, Vom Kaiserhof zu Reichskanzlei* usw.), so dass es den Schülern schon zum Halse heraushängt.«[23] Allerdings konnte es auch Probleme mit sich bringen, den Unterricht allzu eng an diesen Veröffentlichungen auszurichten – das jedenfalls befürchtete ein Volksschullehrer aus Bayern laut einem SPD-Informanten im Spätsommer 1939: »Jetzt muss man in der Schule recht vorsichtig sein«, sollte er »letzthin« gesagt haben: »Auf einmal liest man aus Hitlers Buch *Mein Kampf* etwas vor und dann kommt man nach Dachau wegen Verächtlichmachung der jetzigen Regierung.«[24] Tatsächlich widersprach die im Hitler-Stalin-Pakt vom 23. August 1939 vereinbarte intensive

Zusammenarbeit mit der Sowjetunion ungefähr allem, was in *Mein Kampf* zu den Beziehungen zu Russland und zum Bolschewismus nachzulesen war.

Der Verzicht auf die verpflichtende Lektüre in den Schulen war möglich, weil Kinder und Jugendliche auch so mit Hitlers Buch in Kontakt kamen. In der Hitler-Jugend gehörte *Mein Kampf* nämlich tatsächlich zur offiziell verordneten Lektüre. In der Regel am Mittwochnachmittag stand für die Mitglieder der Jugendorganisation »weltanschauliche Schulung« auf dem Programm. Dazu gab es Lehrmaterialien zu wesentlichen Teilen der NS-Ideologie, in denen stets auch Zitate aus *Mein Kampf* und aus »Führer«-Reden verarbeitet waren. Zusätzlich gab es Nachmittage, an denen gemeinsam aus Hitlers Buch gelesen wurde. Da die Hitler-Jugend Ende 1933 schon 2,3 Millionen Jungen und Mädchen zwischen zehn und 18 Jahren umfasste, Mitte 1939 nach Einführung der Jugenddienstpflicht mit 8,7 Millionen fast 98 Prozent der überhaupt zugelassenen, also »arischen« Jugend, nahm praktisch jeder Heranwachsende in den 1930er-Jahren *Mein Kampf* wenigstens in kleineren Auszügen zur Kenntnis.

Bis mindestens 1936, möglicherweise auch 1937 hielt das verbreitete Interesse an *Mein Kampf* bei der Leserschaft an – dann aber ließ die Lektürebereitschaft nach. Darauf deuten jedenfalls die allerdings nur bruchstückhaft überlieferten Ausleihzahlen öffentlicher Bibliotheken und Büchereien hin.[25] Nachdem das Grundbedürfnis an Information über Hitlers Denken offenbar gestillt war, änderten sich die Motive für die Entscheidung, sich mit dem Buch des »Führers« zu beschäftigen. Schon im Oktober 1936 meldete die Exil-SPD in ihren Deutschland-Berichten: »Trotz der sehr eindeutigen Reden der führenden Nazis gegen den Osten ist man keineswegs davon überzeugt, dass die kriegerische Aktion unter allen Umständen mit einem Angriff in diese Richtung beginnen wird und muss. Man hat inzwischen gelernt, die Entwicklungstendenzen und Absichten des Systems in dem offenherzigen Werk *Mein Kampf* nachzulesen und ist dabei auf die Feststellung gestoßen, dass nach Hitlers Meinung ein erfolgreicher Schlag gegen den Osten nur zu führen ist, wenn im Rücken die französische Gefahr beseitigt ist.« Ob der Berichterstatter hier tatsächliche Gedankengänge seiner Gesprächspartner wiedergab oder seine eigene Analyse, blieb offen; jedenfalls traf die geschilderte Vermutung zu: »Man glaubt, dass ein einheitlicher Plan noch nicht besteht, dass etwa dann, wenn man Frankreich von seinen Bündnisverpflichtungen gegenüber Polen, der Tschechoslowakei und Russland abbringen kann, auch umgekehrt operiert werden kann, also erst der Osten, dann der Westen an die Reihe kommt.«[26]

In jedem Fall gab es neben solchen kritischen Überlegungen ungefähr zur selben Zeit auch bei gut ausgebildeten Deutschen das Gegenteil – uneingeschränkte Bewunderung. Im Dezember-Bericht 1936 erschien die Mitteilung einer Informantin: »Sie habe in mehreren Fällen Akademiker gesprochen, die begeistert erzählt hätten, ja, nachdem sie das Buch *Mein Kampf* gelesen hätten, seien sie doch überzeugt, dass Hitler ein wunderbar großer Mann sei.« Damit mochte sich die Anhängerin der verbotenen SPD nicht zufriedengeben, sie wollte mehr wissen: »Da sie die Naziliteratur sehr genau kennt, habe sie dann examiniert und regelmäßig gefunden, dass diese Gebildeten die Jugendgeschichte Hitlers, vielleicht auch noch ein paar Abschnitte über die Juden gelesen hatten, aber niemand lese das ganze Buch.«[27]

Die Zuspitzung der bewusst herbeigeführten Krise in Europa, mit der Besetzung der »Resttschechei« im März 1939 und den immer aggressiveren Tönen gegen Polen ab dem gleichen Zeitpunkt, steigerte als Nebenwirkung das Interesse an *Mein Kampf* wieder. Mit fast 1,2 Millionen verkauften Exemplaren erreichte das letzte Friedens- und erste Kriegsjahr des Dritten Reiches fast wieder den bisherigen Rekord von 1933. Allerdings musste schon dem halb aufmerksamen Leser das Buch mit dem Hitler-Stalin-Pakt vom 23. August 1939 überholt erscheinen – hatte der NSDAP-Chef doch 1926 geschrieben: »So liegt schon in der Tatsache des Abschlusses eines Bündnisses mit Russland die Anweisung für den nächsten Krieg. Sein Ausgang wäre das Ende Deutschlands.« Diese Haltung hatte Hitler vergleichsweise detailliert begründet: »Die heutigen Machthaber Russlands denken gar nicht daran, in ehrlicher Weise einen Bund einzugehen oder ihn gar zu halten. Man vergesse doch nie, dass die Regenten des heutigen Russlands blutbefleckte gemeine Verbrecher sind, dass es sich hier um einen Abschaum der Menschheit handelt.« Es sei unmöglich, einen Vertrag mit einem Partner zu schließen, dessen einziges Interesse die Vernichtung des anderen sei. In *Mein Kampf* zog Hitler einen klaren Schluss: »Der Kampf gegen die jüdische Weltbolschewisierung erfordert eine klare Einstellung zu Sowjetrussland. Man kann nicht den Teufel mit Beelzebub austreiben.«[28]

Mit der Weltsensation des Paktes zwischen den beiden mächtigsten Diktatoren Europas war das auf keine Weise vereinbar. NS-Gegner jedenfalls amüsierten sich untereinander: »In marxistischen Kreisen wird das Gerücht verbreitet, die NSDAP werde aufgelöst und das Buch *Mein Kampf* werde nicht mehr erscheinen«, hieß es im »Bericht zur innenpolitischen Lage«, den der Sicherheitsdienst der SS, nun Teil des aus staatlichen und aus Parteieinrichtungen zusammengefügten Reichssicherheitshauptamtes, Mitte Oktober 1939 an einen kleinen Kreis von Beziehern in der NS-Führung verschickte.[29] Offenbar handelte es sich bei den »marxistischen

Kreisen« um Sozialdemokraten, denn die illegalen Kommunisten machten eher keine Scherze über Hitlers Kehrtwende – sie hatten größte Probleme, den Kurswechsel Stalins zu akzeptieren. Zwei Wochen später kursierte ein offenbar aus Prag verbreitetes Flugblatt, »das anhand des Buches *Mein Kampf* zu beweisen versucht, dass der Führer am Ende sei, da er jetzt mit der früher als ›Todfeind‹ bezeichneten Sowjetunion paktiere«.[30] Doch nicht nur bei den Resten der Arbeiterbewegung wurde gespottet – regimekritische Katholiken argumentierten ähnlich; in Darmstadt etwa spekulierte man, »das Buch des Führers *Mein Kampf* werde wegen der darin enthaltenen Angriffe auf Russland eingezogen«.[31]

Doch nichts derartiges geschah; im Gegenteil brachte der Eher-Verlag eine einbändige Dünndruckversion heraus, die »Tornister-« oder »Feldausgabe« genannt wurde. Offenbar erfüllte sie ein Bedürfnis der Käufer- und Leserschaft. Der Sicherheitsdienst jedenfalls meldete Mitte März 1940, die Feldausgabe finde »bei der Bevölkerung allergrößtes Interesse. Überall lässt sich der Wunsch feststellen, den Angehörigen dieses Buch als Geschenk ins Feld zu senden«. Für Ärger jedoch sorgte einmal mehr die Preispolitik des Verlages: Der Preis von 7,20 Reichsmark, also identisch mit der regulären einbändigen Volksausgabe, aber deutlich teurer als die zweibändige kartonierte Ausgabe für 5,70 Reichsmark, sei zu hoch: »Besonderen Absatz fand des Führers *Mein Kampf*, dessen Dünndruckausgabe gern für Sendungen an die Front verwendet wurde«, meldete der Sicherheitsdienst: »Von minderbemittelten Volksgenossen wurde, wie aus Neustadt an der Weinstraße gemeldet wird, bedauert, dass diese Feldausgabe nicht zu einem niedrigeren Preise herausgekommen sei.«[32] Knapp eine Million Stück der Feldausgabe erschien bis 1943, etwa ein Viertel der insgesamt in dieser Zeit gedruckten Exemplare.

Im Dezember 1940 wurde in großen Städten zum ersten Mal die deutliche Einschränkung des Angebots durch den Krieg spürbar: »Bei ihren Einkäufen für das bevorstehende Weihnachtsfest sind die Volksgenossen unzufrieden über die allgemeine Knappheit an Waren, vor allem der Geschenkartikel und Spielwaren«, warnten Gestapo-Spitzel.[33] Was es aber gab, waren *Mein Kampf* und Alfred Rosenbergs *Mythus des 20. Jahrhunderts*. Die beiden wichtigsten »Standardwerke des Nationalsozialismus« waren gut nachgefragt, während andere Parteipublikationen Ladenhüter blieben.[34] Das hatte auch damit zu tun, dass angesichts der immer schlechteren Versorgung mit Gütern fast aller Art viel Kaufkraft in Dinge umgelenkt wurde, die ohne Bezugsmarken zu erwerben waren – zum Beispiel Bücher.

Das Interesse der Publikums hielt an; Ende Februar 1942 berichtete der Sicherheitsdienst, dass *Mein Kampf* weiterhin stark nachgefragt werde, ergänzte allerdings einen Vorschlag, um die Leserschaft weiter zu erhöhen: »Verschiedentlich wird angeregt, kürzere Auszüge aus diesen Werken herauszubringen, die es breiten Schichten der Bevölkerung, besonders der ländlichen, erleichterten, sich mit den geschichtlichen und weltanschaulichen Grundlagen des Nationalsozialismus genauer vertraut zu machen.«[35] Zwar hatten verschiedene Herausgeber in den Jahren nach der Machtübernahme Sammlungen von Hitler-Zitaten erscheinen lassen, meistens aus *Mein Kampf* und aus Reden, doch der Diktator persönlich ließ derlei unterbinden: »Der Führer wünscht nicht, dass sein Werk in Teile zerlegt und nach verschiedensten Gesichtspunkten geordnet herausgebracht wird«, ordnete die NSDAP-Prüfungskommission an.[36] Dabei blieb es; eine offizielle gekürzte Ausgabe erschien auf Deutsch niemals.

Obwohl allein im Jahr 1944 mehr als 1,6 Millionen Exemplare gedruckt wurden und fast elf Millionen weitere im Umlauf waren, führte der Krieg dazu, dass *Mein Kampf* auf einmal Mangelware wurde. Ein Ladenhüter war das Buch ganz offensichtlich nicht; außerdem dürfte eine große Anzahl bei den nun fast täglichen Luftangriffen auf deutsche Städte, oft mit Brandbomben, ein Raub der Flammen geworden sein. Sogar der im Dritten Reich beinahe allmächtige SS-Apparat hatte Anfang Juli 1944 Probleme, tausend deutsche Feldausgaben aufzutreiben; sie seien »augenblicklich nicht greifbar«, musste das SS-Hauptamt dem Persönlichen Stab Heinrich Himmlers melden und fügte hinzu: »Leider wird die Durchführung dieses Auftrages bei den heutigen Verhältnissen eine ziemlich lange Zeit in Anspruch nehmen.« Ende desselben Jahres, inzwischen stellte keine Buchdruckerei in Deutschland mehr *Mein Kampf* her, versuchte ein Leutnant vergeblich, einige Exemplare als Geschenke für seine Fähnriche zu besorgen, doch »in allen Erlanger Buchhandlungen« versuchte er vergeblich, »dieses Werk zu bekommen«.[37] An Bombenschäden kann das kaum gelegen haben, denn bis auf zwei kleinere Attacken auf Siedlungen am Stadtrand 1942/43 trafen Erlangen keine nennenswerten Luftangriffe. Auch wenn schlicht der Nachschub an *Mein Kampf* ausgeblieben sein sollte: Die bis Herbst 1944 vom Eher-Verlag sicher in die fränkische Stadt gelieferten Exemplare waren offenbar verkauft worden.

Ein ungelesener Bestseller war *Mein Kampf* sicher nicht; seine Botschaft war weit verbreitet im Dritten Reich. Unmittelbar nach dem Zweiten Weltkrieg räumte ein Fünftel der Deutschen ein, Hitlers Buch ganz oder teilweise gelesen zu haben – in Wirklichkeit dürften es eher noch mehr gewesen sein. Allerdings lässt sich gar nicht feststellen, wie viele davon *Mein Kampf* verstanden und ernstgenommen haben.

VOLLZUG

> Gleichwohl sollte man die Bedeutung von *Mein Kampf*
> auch nicht überschätzen: Mehr als die Blaupause für die
> Inszenierung des Nationalsozialismus als politische Religion
> bietet das Buch nicht.
>
> LUDOLF HERBST, HISTORIKER[1]

Wer ein politisches Programm schreibt, formuliert gewöhnlich klare Forderungen: Die Ziele müssen eindeutig erkennbar werden. Nicht zwangsläufig ist dagegen, dass ein solcher Text stets knapp ausfällt. Parteiprogramme können weniger als tausend, gut 2000 oder auch mehr als 20 000 Wörter umfassen. Ihre Länge sagt nichts über den politischen oder moralischen Wert aus, ebenso wenig über die Realisierbarkeit: Mancher enorm detaillierte Entwurf für eine künftige Politik bleibt reine Fiktion, während kurze Willenserklärungen durchaus langfristig positive Entwicklungen anstoßen können. Möglich ist allerdings auch das genaue Gegenteil.

Genau 890 Wörter zählte das 25-Punkte-Programm der NSDAP, das Hitler nach seiner faktischen Machtübernahme in der Partei am 24. Februar 1920 bekanntgegeben hatte. Es forderte unter anderem ein Großdeutschland, die Aufhebung des Versailler Vertrages, die vollständige Ausgrenzung aller »Juden« und neuen Lebensraum. Schon aus der Präambel konnte man schließen, dass es das einzige Programm der NSDAP bleiben sollte: »Die Führer lehnen es ab, nach Erreichung der im Programm aufgestellten Ziele neue aufzustellen, nur zu dem Zweck, um durch künstlich gesteigerte Unzufriedenheit der Massen das Fortbestehen der Partei zu ermöglichen.«[2] Im Gegensatz zum formalen Vorsitzenden Anton Drexler nahm Hitler diese Festlegung ernst. Als im Juli 1921 über seinen Kopf hinweg über eine Fusion mit anderen völkischen Splittergruppen und auch über ein mögliches neues Programm beraten wurde, trat Hitler wutentbrannt aus. Als Grund führte er den Verstoß gegen Grundprinzipien der NSDAP an: »Ihr Programm wurde als unverrückbar und unverletzlich vor einer tausendköpfigen Volksmenge beschworen, in mehr denn hundert Massenversammlungen als granitene Grundplatte verwendet. Die Partei hat sich bisher noch stets dem breiten Volk gegenüber verpflichtet, für unbedingte Ehrlichkeit in ihren Reihen zu sorgen, die unentwegte Befolgung der niedergelegten Grundsätze zu verbürgen, jedes Abweichen davon auf das Schärfste zu bekämpfen, Heuchler oder gar verkappte Gegner in den Reihen der Bewegung nicht zu dulden, sondern unbarmherzig zu entfernen.«

Da die Splittergruppe NSDAP auf ihren wichtigsten Redner nicht verzichten konnte, hatte Hitler Erfolg. Er erzwang den Rücktritt Drexlers und ließ sich selbst zum »ersten Vorsitzenden mit diktatorischer Machtbefugnis« wählen. Zugleich setzte er durch: »Jede weitere Veränderung des Namens oder des Programms wird ein für alle Mal zunächst auf die Dauer von sechs Jahren vermieden.«[3] Das war zwar schon von der Formulierung her unlogisch, denn jede Änderung sollte »ein für alle Mal«, aber trotzdem lediglich auf Zeit verboten bleiben. Doch Hitler fiel dieser Widerspruch vermutlich nicht einmal auf.

»UNVERÄNDERLICHES PROGRAMM«

Auch bei der Neugründung der Partei nach dem gescheiterten Putsch galt das 25-Punkte-Programm weiter. In der Satzung vom 21. August 1925 hieß es ausdrücklich: »Vereinsprogramm ist das am 24. Februar 1920 zu München herausgegebene grundsätzliche Programm der Nationalsozialistischen Deutschen Arbeiterpartei. Dieses Programm ist unabänderlich. Es findet seine Erledigung nur durch seine Erfüllung.«[4]

Sogar als die Reichskanzlei 1941/42 Vorkehrungen für die Nachfolge Hitlers treffen wollte, kam dem Programm eine entscheidende Bedeutung zu. Der künftige »Führer« sollte nach seiner Wahl durch einen eigens bestimmten »Senat« einen klaren Eid leisten: »Ich schwöre, dass ich unerschütterlich und unter Einsatz meines Lebens zu dem Programm der Nationalsozialistischen Deutschen Arbeiterpartei – wie es der Führer Adolf Hitler am 24. Februar 1920 verkündet hat – stehen werde.«[5] Hitler mochte sich allerdings mit Regelungen für die Zeit nach seinem Tod nicht befassen und traf keine Entscheidung über das Procedere für seine Nachfolge. Das Programm der NSDAP jedenfalls blieb bis zur formalen Auflösung der Partei durch den Alliierten Kontrollrat am 10. Oktober 1945 unverändert in Kraft.[6]

Gerade der hohe Stellenwert, den Hitler dem Programm der NSDAP beimaß, erwies sich in der politischen Auseinandersetzung mitunter als Schwäche. Denn die »25 Punkte« waren nicht nur aus der Perspektive des Jahres 1920 formuliert, sondern mit ihrem deutlich antikapitalistischen Einschlag in den sozialistischen Punkten 11 bis 18 auch extrem wirtschaftsfeindlich. Die SPD-Zeitschrift *Das freie Wort* nannte das Programm deshalb 1931 »vielleicht unsere beste Waffe überhaupt« in der Auseinandersetzung mit der NSDAP.[7] Hitlers Partei hatte Erfolg nicht wegen, sondern trotz ihres »unveränderlichen« Programms.

Im Gegensatz zu den 25 Punkten wurde *Mein Kampf* bis 1933 nur selten als konkret gemeinte Ankündigung Hitlers wahrgenommen, sondern meist als autobiografisch fundierte Darlegung seiner Weltanschauung. Dabei hatte er schon im Vorwort den Anspruch erhoben, »die Ziele unserer Bewegung klarzulegen« und das »Grundsätzliche« der Lehre der NSDAP festzuhalten.[8] Nach der Machtübernahme stieg zwar das Interesse an dem Buch steil, das nun öfter auch als »Bibel« oder »Koran« der NS-Bewegung bezeichnet wurde.[9] Die heiligen Schriften der beiden großen Buchreligionen allerdings enthielten nur wenige konkrete Handlungsanweisungen – wie war es mit *Mein Kampf*?

Im neuen Reichskabinett bildeten die Nationalsozialisten zwar nur eine Minderheit, doch Hitler dominierte die anderen Minister durch seine Persönlichkeit völlig. Schon in seiner ersten Radioansprache am 1. Februar 1933 verkündete der Kanzler, was die Regierung zunächst vorhabe. Dabei benutzte er zwar keine seinem Buch direkt entlehnten Formulierungen, doch die Ähnlichkeit zentraler Punkte war deutlich. So hatte er dem »Marxismus« in *Mein Kampf* ebenso die »Vernichtung« prophezeit wie dem Bolschewismus; das sei eine »Frage der Zukunft der deutschen Nation«.[10] In seiner Regierungsproklamation sagte er: »14 Jahre Marxismus haben Deutschland ruiniert.«[11] Eine eindeutige Kriegserklärung an die SPD, der auch binnen weniger Tage erste Verbote sozialdemokratischer Zeitungen, Parteiversammlungen und willkürliche Verhaftungen folgten. Nachdem der holländische Anarchist Marinus van der Lubbe im Reichstag ein verheerendes Feuer gelegt hatte, nutzte die NSDAP die überraschend entstandene Gelegenheit, ihre innenpolitischen Feinde in einem staatlich geduldeten, oft sogar von der Polizei aktiv unterstützten Amoklauf auszuschalten.[12] Zehntausende Menschen wurden in einer wahren Explosion der Gewalt der Freiheit beraubt, misshandelt und in Hunderten von Fällen auch ermordet. Die »Vernichtung« des Marxismus lief zwar nicht nach einem in *Mein Kampf* enthaltenen Plan ab, wohl aber in dem dort formulierten Sinne.

Ähnlich war es mit den ersten antijüdischen Maßnahmen. Gegen individuelle antisemitische Ausschreitungen von Hitler-Anhängern schritt die Polizei schon im Februar 1933 kaum mehr ein, und im Verlauf der folgenden Wochen wurde aus solchen Exzessen eine staatlich formulierte Politik, etwa beim Boykott jüdischer Geschäfte am 1. April. Wer *Mein Kampf* gelesen hatte, konnte davon nicht überrascht sein, fanden sich dort doch Attacken auf den »Handel«, den »Juden« als »eigenstes Privileg« auffassten und rücksichtslos ausnutzten. In den Städten bildeten sie »besondere Viertel« mit jüdischen Geschäften, die zu einem »Staat im Staate« würden.[13] Genau gegen solche angeblichen Konzentrationen in den Innenstädten richtete sich der formal mit der Abwehr der »jüdischen Gräuelhetze« aus dem Ausland begründete Boykott, der allerdings kein Erfolg war und bereits am ersten Tag abgebrochen wurde statt – wie geplant – über fast eine Woche aufrechterhalten zu werden.[14]

Das Gesetz zur Wiederherstellung des Berufsbeamtentums vom 7. April 1933 war als Maßnahme gegen den in *Mein Kampf* beschriebenen angeblichen Niedergang der Staatsbediensteten zu verstehen. Über den Zustand des Apparats vor dem Weltkrieg hatte Hitler geschrieben: »Deutschland war das bestorganisierte und bestverwaltete Land der Welt.« Besonders Unabhängigkeit von den jeweiligen Regierungen habe die Verwaltung ausgezeichnet. Diese Vorzüge seien nach der Niederlage im Weltkrieg verloren gegangen: »Seit der Revolution allerdings hat sich dies gründlich geändert. An Stelle des Könnens und der Fähigkeit trat die Parteistellung, und ein selbstständiger, unabhängiger Charakter wurde eher hinderlich als fördernd.«[15] Genau in diesem Sinne legte das erste wichtige, offen antisemitische Gesetz des Dritten Reiches fest: »Beamte, die seit dem 9. November 1918 in das Beamtenverhältnis eingetreten sind, ohne die für ihre Laufbahn vorgeschriebene oder übliche Vorbildung oder sonstige Eignung zu besitzen, sind aus dem Dienste zu entlassen.« Im folgenden Paragraf hieß es weiter: »Beamte, die nicht arischer Abstammung sind, sind in den Ruhestand zu versetzen.« Aufgrund eines Einspruchs von Reichspräsident Paul von Hindenburg im Gesetzgebungsverfahren wurde zwar zugestanden, dies gelte nicht »für Beamte, die bereits seit dem 1. August 1914 Beamte gewesen sind oder die im Weltkrieg an der Front für das Deutsche Reich oder für seine Verbündeten gekämpft haben oder deren Väter oder Söhne im Weltkrieg gefallen sind«.[16] Doch am Prinzip änderte sich durch diese Ausnahmen nichts.

Während also viele innenpolitische Schritte den Eindruck stützen konnten, dass Hitler als Reichskanzler zwar nicht wörtlich, aber doch dem Grundsatz nach umsetzte, was aus der in *Mein Kampf* formulierten Weltanschauung folgte, so sah es in der Außenpolitik anders aus. So widersprach die »Friedensrede« des Reichskanzlers vom 17. Mai 1933 in wesentlichen Punkten den in seinem Buch niedergelegten Überzeugungen. »Indem wir in grenzenloser Liebe und Treue an unserem eigenen Volkstum hängen, respektieren wir die nationalen Rechte auch der anderen Völker aus dieser selben Gesinnung heraus und möchten aus tiefinnerstem Herzen mit ihnen in Frieden und Freundschaft leben«, sagte er vor dem zur bedeutungslosen Kulisse verkommenen Reichstag: »Wir sehen die europäischen Nationen um uns als gegebene Tatsache. Franzosen, Polen und so weiter sind unsere Nachbarvölker, und wir wissen, dass kein geschichtlich denkbarer Vorgang diese Wirklichkeit ändern könnte.« Daher sei Deutschland »jederzeit bereit, auf Angriffswaffen zu verzichten, wenn auch die übrige Welt ein gleiches tut«. Der Regierungschef ging sogar noch einen Schritt weiter: »Deutschland ist bereit, jedem feierlichen Nichtangriffspakt beizutreten, denn Deutschland denkt nicht an einen Angriff, sondern an seine Sicherheit.«[17]

Mit den Ausführungen in *Mein Kampf* war das unvereinbar. Demnach musste zuerst Frankreich vernichtet werden, um danach dem deutschen Volk die Möglichkeit zu Eroberungen in Osteuropa zu geben, also auf Kosten Polens und vor allem Russlands.[18] Die britische *Times* kommentierte erstaunt über diese scheinbare Kehrtwende: »Gestern hat die Welt zum ersten Mal den Staatsmann Hitler gesehen. Das meiste, was er gesagt hat, hätten auch seine Vorgänger sagen können.«[19] Natürlich wusste die Redaktion in London ebenso wenig wie die Weltöffentlichkeit, was Hitler am 3. Februar 1933 den Spitzen der Reichswehr vertraulich mitgeteilt hatte: »Ich setze mir die Frist von sechs bis acht Jahren, um den Marxismus vollständig zu vernichten. Dann wird das Heer fähig sein, eine aktive Außenpolitik zu führen, und das Ziel der Ausweitung des Lebensraumes des deutschen Volkes wird auch mit bewaffneter Hand erreicht werden.« Das Ziel werde wahrscheinlich der Osten sein, hatte er fortgeführt und auch die Methode bekanntgegeben, die er einzusetzen gewillt war: »Eine Germanisierung der Bevölkerung des annektierten beziehungsweise eroberten Landes ist nicht möglich. Man kann nur Boden germanisieren.«[20] Die vertrauliche Rede folgte weitgehend *Mein Kampf*, die vor dem Reichstag gehaltene Ansprache wich in weiten Teilen diametral davon ab.

Allerdings gab es auch einige Übereinstimmungen, vor allem hinsichtlich des Völkerbundes. Hitler kündigte am

17. Mai 1933 wenig kaschiert den Austritt aus dem Völkerbund an. Deutschland besitze genug Charakter, »seine Mitarbeit den anderen Nationen nicht aufoktroyieren zu wollen, sondern, wenn auch schweren Herzens, die dann einzig möglichen Konsequenzen zu ziehen«.[21] Das entsprach der Verachtung, die er in seinem Buch über die Genfer Organisation geäußert hatte. Sie sei eine »phantastische Erfindung«, auf die man zwar »fromm« hoffen könne, was aber lediglich so sinnvoll sei wie »feierliche Anrufungen des lieben Herrgotts«. Abermals vermied Hitler aber, den in *Mein Kampf* offen formulierten Schluss auch vor dem Weltpublikum zu wiederholen. Denn im zweiten Band hatte er 1926 unmissverständlich geschrieben, man müsse sich klar sein, dass die »Wiedergewinnung der verlorenen Gebiete« letztlich »nur durch Waffengewalt« möglich sein würde.[22]

Eigentlich unvereinbar mit den in Hitlers Buch dargelegten außenpolitischen Maximen war auch der deutsch-polnische Nichtangriffspakt, der Ende Januar 1934 formal unterzeichnet worden war und »zur Begründung eines gutnachbarlichen Verhältnisses führen« sollte, »das nicht nur beiden Ländern, sondern auch den übrigen Völkern Europas zum Segen gereicht«.[23] In *Mein Kampf* hatte er noch jede Bündnispolitik mit der Regierung in Warschau als »für alle Zukunft« unmöglich bezeichnet und die Polen als Teil »dieses ganzen Völkergemischs« bezeichnet, das »widerwärtig« sei.[24] Entsprechend war das Abkommen von Januar 1934 rein taktisch; Hitler sagte das, einem allerdings wenig zuverlässigen Zeugen zufolge, im engeren Kreis auch ganz offen: »Alle Abmachungen mit Polen haben nur vorübergehenden Wert. Ich denke gar nicht daran, mich ernstlich mit Polen zu verständigen.«[25] Seinem Denken dürfte dieses ansonsten nicht überlieferte Zitat durchaus entsprochen haben.

Ganz ausgeschlossen erscheinen musste schließlich, jedenfalls nach *Mein Kampf*, die deutsch-sowjetische Einigung im August 1939. Immerhin herrschte hier, Hitler zufolge, der »jüdische Bolschewismus«, der »dreißig Millionen Menschen in wahrhaft fanatischer Wildheit teilweise unter unmenschlichen Qualen tötete oder verhungern ließ«. Das Verhältnis zu Russland war den Ausführungen im zweiten Band zufolge die »wichtigste außenpolitische Frage« für Deutschland. Hier und nur hier war nämlich der Boden zu gewinnen, den er als »Lebensraum« für das deutsche Volk erobern wollte. In der Oktoberrevolution 1917 sah Hitler deshalb einen »Fingerzeig« des Schicksals: »Indem es Russland dem Bolschewismus überantwortete, raubte es dem russischen Volke jene Intelligenz, die bisher dessen staatlichen Bestand herbeiführte und garantierte.«[26] Die Konsequenz aus dieser in der NSDAP allgemein verbreiteten Wahrnehmung formulierte Joseph Goebbels in seinen Tagebüchern: »Unsere Aufgabe ist die Zertrümmerung des Bolschewismus. Bolschewismus ist jüdische Mache! Wir müssen Russland beerben!«[27]

Anders als seinem späteren Propagandaminister erschienen Hitler aber auch gewagte taktische Manöver in der Außenpolitik nützlich. Er führte das am Beispiel Bismarcks aus, der als preußischer Ministerpräsident wie als Reichskanzler stets Wert auf gute Beziehungen zu Russland gelegt hatte. Das sei jedoch kein Argument, da »das heutige Russland auch nicht mehr das Russland von damals« sei, kommentierte Hitler. Bismarck wäre es, laut *Mein Kampf*, »niemals eingefallen, einen politischen Weg taktisch prinzipiell für immer festlegen zu wollen. Er war hier viel zu sehr der Meister des Augenblicks, als dass er sich selbst eine solche Bindung auferlegt hätte«.[28] Das war ein kaum kaschiertes Plädoyer für maximale machtpolitische Flexibilität. Typisch für Hitler war allerdings, dass er bereits wenige Seiten später schrieb: »Wenn man vor dem Kriege noch unter Hinabwürgen aller möglichen Gefühle mit Russland hätte gehen können, so kann man dies heute nicht mehr.«²⁹

Auch wenn es in *Mein Kampf* also durchaus einzelne Sätze gab, mit denen man den Hitler-Stalin-Pakt rechtfertigen konnte, so handelte es sich doch um Ausnahmen. Insofern war es konsequent, dass die Zusammenarbeit der nationalsozialistischen mit der bolschewistischen Diktatur durch den Überfall der Wehrmacht auf die verbündete Sowjetunion am 22. Juni 1941 obsolet wurde, obwohl es dadurch zu der Situation kam, die die NS-Führung als Konsequenz aus dem Weltkrieg 1914 bis 1918 eigentlich hatte vermeiden wollen: »Nur gut, dass wir keinen Zweifrontenkrieg führen brauchen«, hatte zum Beispiel Goebbels im November 1939 festgehalten: »Nun kommen uns die Westmächte allein vor die Klinge.«³⁰ Anderthalb Jahre später war zwar Frankreich geschlagen, nicht aber Großbritannien. Trotzdem gab Hitler ohne unmittelbaren Grund den Pakt mit Stalin auf, der zwar Glaubwürdigkeit gekostet, aber strategische Optionen eingebracht hatte. Einmal mehr hatte die Weltanschauung über die praktische Politik obsiegt.

Über mehrere Seiten hatte sich Hitler im zweiten Band von *Mein Kampf* zur »Rassenhygiene« geäußert. Seine Ausführungen gipfelten in der Feststellung über die Hauptaufgabe des »völkischen Staats« in dieser Hinsicht: »Er muss dafür Sorge tragen, dass nur wer gesund ist, Kinder zeugt; dass es nur eine Schande gibt: bei eigener Krankheit und eigenen Mängeln dennoch Kinder in die Welt zu setzen, doch eine höchste Ehre: darauf zu verzichten. Umgekehrt aber muss es als verwerflich gelten: gesunde Kinder der Nation vorzuenthalten.«³¹ Das war in den 1920er-Jahren kein originärer Gedanke, sondern herrschende Meinung eines wesentlichen Teils der Erbbiologen und Humangenetiker in Europa und den Vereinigten Staaten. Unabhängig von der NSDAP hatten 1932 mehrere Biologen in Preußen einen Gesetzentwurf vorgelegt, der die Sterilisation erbkranker Menschen auf freiwilliger Basis vorsah; treibende Kräfte waren der streng katholische Hermann Muckermann und der assimilierte jüdische Deutsche Richard Goldschmidt gewesen. Beide hatten für den Nationalsozialismus wenig bis nichts übrig – sie verloren nach 1933 ihre Professuren.

Muckermanns Konzeption für ein Eugenik-Gesetz wurde zur Vorlage des Gesetzes zur Verhütung erbkranken Nachwuchses, das die Reichsregierung am 14. Juli 1933 verabschiedete. Der wesentliche Unterschied zwischen dem ursprünglichen Entwurf und dem verabschiedeten Text war die Einfügung eines Paragrafen, dem zufolge nicht nur die Betroffenen selbst oder ihre gesetzlichen Vertreter die Sterilisation beantragen konnten, sondern auch der zuständige Amtsarzt oder der Leiter der Pflegeanstalt. In der Praxis ordneten spezielle Erbgesundheitsgerichte die weitaus meisten der etwa 350 000 Sterilisationen bis 1945 aufgrund solcher Anträge an. Als Beamte oder Angestellte des öffentlichen Dienstes waren Amtsärzte und Anstaltsleiter an Aufträge der Verwaltung gebunden; deren politisch vorgegebene Haltung wurde in der Begründung des Gesetzes klar formuliert: »Der fortschreitende Verlust wertvoller Erbmasse muss eine schwere Entartung aller Kulturvölker zur Folge haben. Von weiten Kreisen wird heute die Forderung gestellt, durch Erlass eines Gesetzes zur Verhütung erbkranken Nachwuchses das biologisch minderwertige Erbgut auszuschalten. So soll die Unfruchtbarmachung eine allmähliche Reinigung des Volkskörpers und die Ausmerzung von krankhaften Erbanlagen bewirken.«[32] Das stützte sich unmittelbar auf Hitlers Ausführungen: »Eine nur 600-jährige Verhinderung der Zeugungsfähigkeit und Zeugungsmöglichkeit seitens körperlich Degenerierter und geistig Erkrankter würde die Menschheit nicht nur von einem unermesslichen Unglück befreien, sondern zu einer Gesundung beitragen, die heute kaum fassbar erscheint.«[33] Warum Hitler hier gleich von 20 biologischen Generationen ausging statt von zwei, wie die zeitgenössische »Wissenschaft« der »Rassenhygiene«, ist unklar. Vielleicht handelte es sich um ein Missverständnis oder einen Lesefehler.

Ein weit verbreitetes Merkblatt zu diesem »Erbgesundheitsgesetz« begann mit einem Zitat aus *Mein Kampf*: »Wer körperlich und geistig nicht gesund und würdig ist, darf sein Leid nicht im Körper seines Kindes verewigen.«[34] Tatsächlich setzte die Verschärfung des Gesetzentwurfes unmittelbar Hitlers Willen um. Er hatte schon im ersten Band geschrieben: »Die Forderung, dass defekten Menschen die Zeugung anderer ebenso defekter Nachkommen unmöglich gemacht wird, ist eine Forderung klarster Vernunft und bedeutet in ihrer planmäßigen Durchführung die humanste Tat der Menschheit. Sie wird Millionen von Unglücklichen unverdiente Leiden ersparen.«[35] Ansonsten aber hatte er sich in seinen Reden bis 1933 nur sehr selten zu diesem Thema geäußert, ausdrücklich eigentlich nur am 10. Oktober 1928: »Wir Nationalsozialisten sind daher zunächst dafür, dass man beispielsweise sämtliche Verbrecher und alle Menschen, die unheilbar sind, auch wenn sie geistig unheilbar sind, sterilisiert.«[36] Daher ist anzunehmen, dass tatsächlich Hitlers Ausführungen in *Mein Kampf* den Anstoß für die Einführung der Zwangssterilisation gegeben hatten. Führende Humangenetiker und Rassenbiologen wie Fritz Lenz kannten diese Passagen nachweislich; letzterer hatte schon 1930 in einem Aufsatz kommentiert: »Aus der Tatsache, dass Hitler von ›Millionen von Unglücklichen‹ spricht, folgt, dass er die Sterilisierung nicht nur für extreme Fälle fordert, was für die

Gesundung der Rasse ziemlich bedeutungslos sein würde, sondern sie auf den gesamten minderwertigen Teil der Bevölkerung erstreckt wissen will.«[37] Lenz, der 1933 Nachfolger des aus politischen Gründen entlassenen Muckermann wurde, und seine Kollegen konnten also wissen, welchen Umfang die Sterilisationen annehmen würden.

Zu den sicher nach 1945 am häufigsten zitierten Stellen aus *Mein Kampf* gehört eine Bemerkung aus dem allerletzten Kapitel: »Hätte man zu Kriegsbeginn und während des Krieges einmal 12 000 oder 15 000 dieser hebräischen Volksverderber so unter Giftgas gehalten, wie Hunderttausende unserer allerbesten deutschen Arbeiter aus allen Schichten und Berufen es im Felde erdulden mussten, dann wäre das Millionenopfer der Front nicht vergeblich gewesen. Im Gegenteil: 12 000 Schurken zur rechten Zeit beseitigt, hätte vielleicht einer Million ordentlicher, für die Zukunft wertvoller Deutschen das Leben gerettet.«[38] Historiker und Journalisten, vor allem aber viele interessierte Laien sahen eine direkte Verbindung zwischen diesen Sätzen Hitlers und den nationalsozialistischen Vernichtungslagern vor allem im besetzten Polen.[39] Angesichts der »innovativen« Methode, mit der fast die Hälfte der rund sechs Millionen jüdischen Opfer des Rassenwahns ermordet wurde, der Vergasung mit Kohlenmonoxid oder dem Blausäurepräparat Zyklon B, schien das nachvollziehbar. Vor 1945 dagegen war diese Stelle so gut wie überhaupt nicht wahrgenommen worden. Zu den ganz wenigen Ausnahmen zählte 1932 Wilhelm Knevels, ein evangelischer Theologe aus Baden, der aber auch die antisemitische Stoßrichtung der Passage ignorierte.[40]

Tatsächlich hatte die Stelle aus *Mein Kampf* mit der Mordmethode in den wichtigsten Vernichtungslagern Auschwitz, Treblinka, Belzec, Sobibór, Chelmno/Kulmhof und Lublin-

Majdanek nichts zu tun. Hitler wollte die massenhafte Tötung der europäischen Juden zwar ohne jeden Zweifel; er hatte sie auch wiederholt angekündigt, am prominentesten wohl in seiner Rede vor dem Reichstag am 30. Januar 1939: »Wenn es dem internationalen Finanzjudentum in und außerhalb Europas gelingen sollte, die Völker noch einmal in einen Weltkrieg zu stürzen, dann wird das Ergebnis nicht die Bolschewisierung der Erde und damit der Sieg des Judentums sein, sondern die Vernichtung der jüdischen Rasse in Europa.«[41] Für die konkrete Umsetzung aber interessierte sich Hitler offenbar nicht; es gibt keinen einzigen Hinweis, dass er sich jemals detailliert über das Verfahren der Vergasung oder der Massenerschießungen durch Einsatzgruppen hätte unterrichten lassen. Joseph Goebbels war da offensichtlich besser informiert; jedenfalls diktierte der Propagandaminister seinem Sekretär am 27. März 1942: »Aus dem Generalgouvernement werden jetzt, bei Lublin beginnend, die Juden nach dem Osten abgeschoben. Es wird hier ein ziemlich barbarisches und nicht näher zu beschreibendes Verfahren angewandt, und von den Juden selbst bleibt nicht mehr viel übrig.«[42] Von der Führungsspitze des Dritten Reiches erlebte lediglich SS-Chef Heinrich Himmler mehrere Vergasungen mit eigenen Augen mit; das Mordpersonal gehörte ausnahmslos zu seiner Organisation.

Es gibt keine Indizien dafür, dass die »Erfinder« dieser Mordmethode an *Mein Kampf* gedacht hätten, als sie sich für sie entschieden. Die ersten Morde mittels giftiger Gase auf deutschem Boden fanden im Januar 1940 im Gefängnis Brandenburg/Havel statt. Das Kriminaltechnische Institut des Reichssicherheitshauptamtes hatte zuvor hochkonzentriertes Kohlenmonoxid aus Flaschen als besonders geeignetes Tötungsmittel empfohlen. Sicher wurde auch der Einsatz anderer Gifte geprüft; ob allerdings dazu auch Kampfgase gehörten, wie sie im Ersten Weltkrieg eingesetzt wurden, ist unbekannt. Nach dem »Erfolg« einer »Probevergasung« wurde das Verfahren für den verharmlosend »Euthanasie« genannten Krankenmord eingesetzt; wahrscheinlich mit Billigung Hitlers, dessen Vertraute Philipp Bouhler und Karl Brandt Augenzeugen des »Tests« waren. Mehr als 70 000 geistig oder körperlich behinderte Menschen aus deutschen Heil- und Pflegeanstalten wurden in den kommenden etwa anderthalb Jahren auf diese Weise ermordet.

Mit der Übernahme derselben Methode für die Vernichtung von Juden hatte weder Hitler noch *Mein Kampf* etwas zu tun. Die Initiative dazu ging vielmehr von dem Juristen und mittleren SS-Funktionär Rolf-Heinz Höppner aus, der im besetzten Posen für die Deportation polnischer Juden weiter nach Osten zuständig war. Am 16. Juli 1941 schickte er einen Aktenvermerk an seinen Vorgesetzten Adolf Eichmann, in dem er feststellte: »Es besteht in diesem Winter die Gefahr, dass die Juden nicht mehr sämtlich ernährt werden können. Es ist ernsthaft zu erwägen, ob es nicht die humanste Lösung ist, die Juden, soweit sie nicht arbeitseinsatzfähig sind, durch irgendein schnellwirkendes Mittel zu erledigen. Auf jeden Fall wäre dies angenehmer, als sie verhungern zu lassen.«[43] Da Hitler zufällig fünf Wochen später den Krankenmord nach dem Aufkommen von Gerüchten und Kritik in Deutschland unterbrechen ließ, stand ab Anfang September 1941 das Personal der bisher für die »Euthanasie« zuständigen Tötungsanstalten für neue Aufgaben zur Verfügung. Ungefähr zur gleichen Zeit suchte Heinrich Himmler nach einer Mordmethode, die für seine SS-Männer weniger belastend sein sollte als das schon hunderttausendfach vollzogene individuelle Töten per Genickschuss. Gemeinsam führten Höppners Vorschlag einer »humanen« Menschenvernichtung, die Verfügbarkeit der arbeitslosen »Euthanasie«-Spezialisten und Himmlers Sorge um seine Massenmörder im Herbst 1941 zur Entscheidung für Vergasung als Mordmethode. Binnen weniger Monate baute die SS die Infrastruktur für die »Endlösung der Judenfrage« auf, das größte Mordprogramm der Weltgeschichte. Weil dafür nicht genügend industriell produziertes Kohlenmonoxid zur Verfügung stand, wurden die Abgase bewusst unsauber eingestellter Motoren von Lastwagen oder aus Beutepanzern benutzt, um das giftige Gas zu erzeugen. Die niedrigere Konzentration machte das Sterben der Menschen in mobilen und stationären Gaskammern noch grausamer als in den Tötungsanstalten des »Euthanasie«-Programms.

Im größten Vernichtungslager Auschwitz-Birkenau setzte die SS beim Massenmord dagegen das Schädlingsbekämpfungsmittel Zyklon B ein, mit dem normalerweise Kleidung desinfiziert wurde. Das wirkte zwar wie eine Konsequenz aus *Mein Kampf*, in dem Juden wiederholt als »Ungeziefer« oder »Parasiten« bezeichnet wurden, hatte aber in Wirklichkeit nichts damit zu tun.[44] Vielmehr führte ein Zufall zu dieser besonders »effektiven« Mordmethode: Zyklon B wurde in den meisten KZs ständig benutzt, um Kleidung zu entlausen und war deshalb auch in Auschwitz in größeren Mengen vorrätig. Auschwitz-Kommandant Rudolf Höß beschrieb die Entscheidung für diese Mordmethode: »Durch Gas sollte es wohl sein, aber wie und was für ein Gas? Nun hatten wir das Gas und auch den Vorgang entdeckt.«[45]

Hitler wirkte an den technischen Details des Massenmordes nicht mit, wurde aber offensichtlich über die eingesetzte Methode informiert, wie das letzte Schriftstück seines Lebens dokumentiert, das politische Testament vom 29. April 1945. In zynischer Verkehrung der tatsächlichen Umstände hieß es dort: »Ich habe weiter keinen darüber im Unklaren gelassen, dass dieses Mal nicht nur Millionen Kinder von Europäern

MASSENMORD MIT GAS

der arischen Völker verhungern werden, nicht nur Millionen erwachsener Männer den Tod erleiden und nicht nur Hunderttausende an Frauen und Kindern in den Städten verbrannt und zu Tode bombardiert werden dürften, ohne dass der eigentlich Schuldige, wenn auch durch humanere Mittel, seine Schuld zu büßen hat.«[46] Allerdings war absolut nichts am Sterben durch Gas, ob nun Kohlenmonoxid oder Zyklon B, human.

Mein Kampf enthielt kein ausformuliertes politisches Programm, das Hitler nach seiner Machtübernahme »abarbeitete«; dafür war das Buch schon seiner Struktur nach völlig ungeeignet. Das Dritte Reich und seine Verbrechen folgten nicht einem »Masterplan«, den der spätere Diktator in der Haft in Landsberg formuliert hätte. Wohl aber legte Hitler darin in der für ihn typischen sprunghaften Art die Grundzüge seiner Weltanschauung dar, die vielen taktischen oder pragmatischen Abweichungen in Einzelfragen zum Trotz insgesamt die Basis seiner Politik ab 1933 wurde.

AUSLAND

Gerade in der [britischen] Presse und Publizistik war die Auffassung weit verbreitet, *Mein Kampf* sei als Pamphlet des verbitterten Gefängnisinsassen nicht ernst zu nehmen.

DETLEV CLEMENS, HISTORIKER[1]

Wer Böses im Schilde führt, behandelt sein Vorhaben gewöhnlich strikt vertraulich. Wenn das jedoch nicht möglich ist, etwa weil die eigene Anhängerschaft bei Laune gehalten werden muss, dann sorgt man vorsichtigerweise wenigstens dafür, dass potentielle Gegner nicht zu viel erfahren, also am besten nur gesiebte Informationen bekommen. An diese einfache Maxime glaubten auch viele internationale Journalisten in Berlin in den Vorkriegsjahren; jedenfalls kursierte diese Überlegung in Kreisen der Auslandspresse in der Reichshauptstadt. Nur wenige Beobachter fielen darauf nicht herein: »Viel von dem, was hier geschieht und geschehen wird, könnte das Ausland in *Mein Kampf* nachlesen – der Bibel und zugleich dem Koran des Dritten Reiches«, schrieb William L. Shirer, der Korrespondent der New Yorker Radiogesellschaft CBS, am 27. September 1937 in sein Tagebuch und fuhr fort: »Aber überraschenderweise gibt es keine vernünftige Übersetzung ins Englische oder Französische, und Hitler wird auch nicht erlauben, eine anfertigen zu lassen, da sie wohl viele im Westen schockieren würde.«[2]

Das klang durchaus logisch. Tatsächlich gab es, als der amerikanische Reporter seine Überlegung aufschrieb, noch keine vollständige englischsprachige Ausgabe. Auch die meisten anderen zu diesem Zeitpunkt bereits erschienenen Übersetzungen, unter anderem ins Italienische, Portugiesische, Spanische und Ungarische, waren mehr oder weniger gekürzt.[3] Doch anders als Shirer annahm, steckte dahinter kaum Kalkül; jedenfalls keines, das seiner Vermutung entsprochen hätte. Denn zeitgleich gab es nicht nur vollständige Übersetzungen unter anderem ins Dänische und Schwedische, sondern auch viele mehrsprachige Ausländer in Berlin, die problemlos die in den Ausgaben in ihren Sprachen entfallenen Passagen hätten übersetzen und in ihrer Heimat bekanntmachen können. Das vermochte auch das Propagandaministerium von Joseph Goebbels nicht zu verhindern, selbst wenn es sich bemühte, die akkreditierten internationalen Korrespondenten zu überwachen und zu beeinflussen. Doch die deutsche Ausgabe von *Mein Kampf* war seit 1933 in fast jeder deutschen Buchhandlung zu kaufen; nichts konnte Besucher daran hindern, ein Exemplar zu erwerben und Passagen daraus in ihrer Heimat zu verbreiten. Doch dazu kam es zunächst nur selten und wenn, dann ohne nennenswerte öffentliche Resonanz in Großbritannien, den Vereinigten Staaten und Frankreich.

Im Gegensatz zu Shirers naheliegender Vermutung war Hitler durchaus daran interessiert, das Buch außerhalb des deutschen Sprachgebietes bekanntzumachen; er wollte allerdings möglichst die Kontrolle behalten und zusätzlich gutes Geld verdienen. Bereits 1925 und 1927 beantragte der Eher-Verlag Titelschutz in Amerika, zugleich die Voraussetzung, eventuell Urheberrechtsansprüche durchzusetzen. Ein Jahr später bot die britische Literaturagentur Curtis Brown die internationalen Rechte an *Mein Kampf* an; von wem die Initiative dazu ausgegangen war, ist unklar. Jedenfalls hatte sich Cherry Kearton, ein leitender Mitarbeiter der traditionsreichen Agentur, 1928 in Deutschland ein Exemplar besorgt und es nach London mitgebracht. Er versuchte, britische Verleger für den Titel zu interessieren, hatte damit jedoch keinen Erfolg – angesichts der offensichtlichen Bedeutungslosigkeit der NSDAP mit enttäuschenden 2,6 Prozent der Stimmen bei der Reichstagswahl Ende Mai 1928 wenig überraschend: Wer wollte schon den Chef einer Splitterpartei verlegen, dessen Buch sich selbst in Deutschland schlecht verkaufte? Wegen offensichtlicher Aussichtslosigkeit stellte Kearton seine Bemühungen vorerst ein; die beiden Bände verstaubten fortan im Lager. Daran änderte sich auch nichts, als die NSDAP bei der nächsten Reichstagswahl Mitte September 1930 mit einem Erdrutschsieg zur zweitstärksten Partei Deutschlands aufstieg: *Mein Kampf* war für den englischsprachigen Buchmarkt bis auf weiteres nicht attraktiv, obwohl die Verkaufszahlen der deutschen Ausgabe inzwischen steil anstiegen.

Hitlers Ernennung zum Reichskanzler änderte alles. Kaum hatten die Londoner Morgenzeitungen am 31. Januar 1933 die Meldung verbreitet, griff Cherry Kearton zum Telefon. Er war inzwischen zum bekannten Verlag Hurst & Blackett gewechselt, doch sein ehemaliger Assistent arbeitete weiter bei Curtis Brown. Ohne sich lange aufzuhalten, fragte Kearton ihn, ob sein Verlag die Übersetzungsrechte kaufen könne. Die Literaturagentur verlangte daraufhin eine Sofortzahlung von 350 Pfund und zusätzlich Tantiemen auf jedes gedruckte Exemplar.[4] Der aufgerufene Preis in britischer Währung entsprach etwa 8000 Reichsmark, also mehr als vier Monatsgehältern eines Reichsministers – eine enorme Summe, zumal dadurch nur die Rechte für die Übersetzung abgegolten sein sollten. Selbst bei einem hohen Einzelverkaufspreis, der etwa den 24 Reichsmark für die zweibändige deutsche Originalausgabe entsprach, mussten in kurzer Zeit mehrere tausend Exemplare abgesetzt werden, bevor die Vorauszahlung sowie die Übersetzungs- und die Druckkosten verdient wären, zumal ja vom Bruttoumsatz auch noch Tantiemen, außerdem die Gewinnspanne der Buchhändler und die Steuern abgezogen werden mussten. Kearton zögerte, doch sein Vorgesetzter griff zu: Er war davon überzeugt, dass Hitler sich ähnlich wie Benito Mussolini in Italien an der Macht halten würde; außerdem erstarkte in Großbritannien gerade die faschistische Partei von Oswald Mosley, die 1933 bis zu 50 000 Mitglieder, also potentielle Käufer, zählte. So erging der Auftrag, mit der Agentur Curtis Brown einen Vertrag über die Veröffentlichung von *Mein Kampf* auf Englisch auszuhandeln.

Während Verlag und Agentur noch um Details feilschten, ergab sich unerwartet eine Möglichkeit für Cherry Kearton, die Kosten zu senken. Eines Tages im April 1933 stand Edgar Dugdale in seinem Büro und bot überraschend seine eigene, gekürzte Übersetzung von *Mein Kampf* ins Englische kostenlos an, weil ihn bereits deutsche Verleger dafür bezahlt hätten. Da Kearton ohnehin die Rechte offiziell erwerben wollte, musste der Eher-Verlag in jedem Fall die Übersetzung akzeptieren. Also brachte er bei Hans Wilhelm Thost, dem Londoner Korrespondenten des *Völkischen Beobachters*, in Erfahrung, dass die deutsche Seite jedenfalls nichts Grundsätzliches gegen Dugdale einzuwenden hatte.

Der uneigennützige Übersetzer gehörte zur britischen Oberschicht. Geboren 1876 und zweisprachig aufgewachsen, hatte er die Elite-Colleges Eton in Windsor und Balliol in Oxford absolviert, als Offizier im Ersten Weltkrieg gedient und sich in den Schützengräben seine Gesundheit ruiniert, weshalb er den Rest der Kriegszeit in der Postzensur der britischen Armee verbrachte. Nach 1918 war er vorwiegend als Übersetzer tätig, unter anderem im Auftrag des Foreign Office.⁵ Wann genau und warum Dugdale entschieden hatte, Hitlers Buch zu übertragen, legte er nicht offen. Wahrscheinlich hatte seine Frau Blanche ihn im September 1930 auf die Idee gebracht. Kurz nach dem Erfolg der NSDAP bei den Reichstagswahlen jedenfalls schrieb sie ihm: »Ich habe diese Woche gelesen, dass Hitler eine Art Autobiografie geschrieben hat. Ich bin sicher, dass – sofern sie bisher nicht übersetzt worden ist – ein Verlag jetzt interessiert sein dürfte. Aber ich weiß nicht mehr über die Sache als das.« Blanche Dugdale, Nichte des früheren britischen Premierministers Arthur Balfour und stark engagiert in prozionistischen Organisationen, war jeder Sympathie für den Nationalsozialismus unverdächtig. Offenbar galt das auch für ihren Mann, denn sie schrieb ihm als Begründung für den Vorschlag: »Während sich die ganze Welt jetzt für Hitler interessiert, trifft dies besonders und schmerzvoll für die Juden zu – wegen des Antisemitismus, der Teil des NS-Programms ist.«⁶

Trotzdem interessierte Dugdale der Judenhass jedenfalls auf den ersten Blick nicht vorrangig. Erstmals im Oktober 1931 machte er der britischen Öffentlichkeit durch einen Aufsatz über »National Socialism in Germany« bekannt, dass er sich intensiv mit *Mein Kampf* befasste. In seinem Artikel spielte der Antisemitismus als Teil der NS-Ideologie eine untergeordnete Rolle; wesentlich wichtiger erschien ihm Hitlers außenpolitisches Konzept, das er treffend zusammenfasste: Frankreich sei der ewige Feind Deutschlands, England und Italien dagegen seien die natürlichen Verbündeten. Prägnant beschrieb er auch zwei der leitenden Prinzipien des Autors, die Vorstellung von der persönlichen Verantwortung des »Führers« im künftigen Deutschland und die Aufgabe, die »deutsche Rasse« zu perfektionieren. Die Botschaft von *Mein*

Kampf sei »tief eingedrungen in die deutsche Nation, die bereit ist, jede Idee anzunehmen, wenn sie nur mit Nachdruck vorgetragen« werde.[7] Warum Dugdale, seiner offenbar prozionistischen Einstellung zum Trotz, Hitlers judenfeindliche Ausfälle nicht stärker betonte, bleibt rätselhaft. Denkbar wäre, dass der Weltkriegsoffizier vermeiden wollte, die Fehler der »Gräuelpropaganda« von 1914 zu wiederholen. Seinerzeit hatten britische Zeitungen reale deutsche Kriegsverbrechen in Belgien derartig übertrieben dargestellt, dass sie ihre Vertrauenswürdigkeit beim Publikum weitgehend verloren hatten – mit der Folge, dass fortan auch korrekte Beschreibungen tatsächlicher Übergriffe nicht mehr geglaubt wurden. Aus dieser Erfahrung gespeiste Vorsicht bestimmte anderthalb Jahrzehnte später viele Berichte britischer Journalisten über den Aufstieg der NSDAP: Man nahm die konkret gemeinten Drohungen von Hitler und seinen Anhängern nicht wörtlich.

Ähnlich musste sich, schon um den Verkauf der englischen Ausgabe nicht abzuwürgen, auch Hurst & Blackett verhalten: Wer würde schon das Buch eines Wahnsinnigen kaufen? Doch diese Zurückhaltung reichte Cherry Kearton nicht: Um sich abzusichern, händigte er eine Abschrift von Dugdales Übersetzung Hans Wilhelm Thost aus; der Korrespondent des *Völkischen Beobachters* nahm das Konvolut zur Überprüfung nach Deutschland mit. Nach einiger Zeit kam die überarbeitete, zum Druck freigegebene Fassung zurück; sie war gegenüber dem Original noch einmal stark gekürzt worden: Aus den 782 Textseiten der Volksausgabe von *Mein Kampf* waren nun rund 250 englische Seiten geworden. Unklar ist, welche Streichungen auf Dugdale zurückgingen und welche vom Eher-Verlag, vom Propagandaministerium oder möglicherweise der NSDAP-Parteikanzlei verlangt wurden. Jedenfalls fielen viele besonders widerliche Stellen weg, zum

DIE ERSTE ÜBERSETZUNG

Beispiel die Ausführungen zur »Rassenschande« aus dem elften Kapitel des ersten Bandes. Hitlers Beschreibung des »jüdischen Bolschewismus« fehlte in Dugdales zusätzlich eingekürzter Übersetzung ebenfalls; über die Brutalität des sowjetischen Regimes, angeblich mit dem Ziel, »einem Haufen jüdischer Literaten und Börsenbanditen die Herrschaft über ein großes Volk zu sichern«, fand sich kein Wort mehr.[8] Aber auch die ausufernde Beschreibung der Jugend Hitlers und seiner Prägung in Wien waren in der schließlich gedruckten Übersetzung um bis zu 85 Prozent gekürzt. Noch am wenigsten gestrichen wurde in den Kapiteln über die Entstehung der NSDAP, über die Ursachen des Zusammenbruchs des Kaiserreichs 1918 und über die SA – doch auch hier umfasste die englische Version höchstens ein Drittel bis knapp die Hälfte des Originaltextes.

Trotzdem enthielt die Übersetzung immer noch genügend antisemitische Ausfälle – allerdings meist auf den ersten Blick eher sachlich scheinende Behauptungen, die zudem durch dezente Übersetzungskosmetik in ihrer Wirkung abgeschwächt wurden. Typisch dafür war Hitlers allgemeine Charakterisierung des »jüdischen Volkes«, aus der in Dugdales Version beinahe so etwas wie Anerkennung durchschien: »Den gewaltigsten Gegensatz zum Arier bildet der Jude. Bei kaum einem Volke der Welt ist der Selbsterhaltungstrieb stärker entwickelt als beim sogenannten auserwählten. Als bester Beweis hierfür darf die einfache Tatsache des Bestehens dieser Rasse allein schon gelten. Wo ist das Volk, das in den letzten 2000 Jahren so wenigen Veränderungen der inneren Veranlagung, des Charakters und so weiter ausgesetzt gewesen wäre als das jüdische? Welches Volk endlich hat größere Umwälzungen mitgemacht als dieses – und ist dennoch immer als dasselbe aus den gewaltigsten Katastrophen der Menschheit hervorgegangen? Welch ein unendlich zäher Wille zum Leben, zur Erhaltung der Art spricht aus diesen Tatsachen!«[9]

Als die gekürzte Übersetzung von *Mein Kampf* im Oktober 1933 bei Hurst & Blackett in London unter dem Titel *My Struggle* und zeitgleich bei Houghton Mufflin in Boston als *My Battle* erschien, bewerteten Rezensenten die Kürzungen sehr unterschiedlich. Henry Wickham Steed, ehemaliger Chefredakteur der *Times*, bemerkte im konservativen *Observer*, es sei zwar eine Leistung, die »geschätzt 240 000 Wörter des deutschen Originals in etwa 93 000 Wörter guten Englischs zu pressen«, allerdings biete die Übersetzung den britischen Lesern »trockene Bohnen statt den Atem des morbiden Lebens« des deutschen Originals. Trotzdem müsse »jeder intelligente Nazi – falls es solche gibt – bei der Ansicht der 280 übriggebliebenen Seiten von *My Struggle* versucht sein zu schreien: ›Das hat ein Feind getan!‹« Insgesamt handele es sich um eine »ärmliche englische Version«, eine »Karikatur« von *Mein Kampf*.[10] Auch ein Artikel in Steeds ehemaligem Blatt kritisierte, die »Abschwächung wirkt vorsätzlich«. Ein weiterer Text auf derselben Seite befand jedoch, die »Übersetzung versuche nicht, Hitlers Antisemitismus kleinzureden«.[11] Treffend drückte es James W. Gerard, der 1913 bis 1917 als Botschafter die Vereinigten Staaten in Berlin repräsentiert hatte, in der *New York Times* aus: »Auch in der gekürzten Fassung gibt es Seiten um Seiten von Angriffen auf die Juden.«[12]

Die breite publizistische Aufmerksamkeit führte in Großbritannien zu gutem Absatz; für Hurst & Blackett jedenfalls lohnte sich die Ausgabe. Die erste, mit 18 Shilling, also einem Dreiviertelpfund Sterling, pro Exemplar für ein 280 Seiten starkes Buch ausgesprochen teure Auflage von 5000 Stück war innerhalb weniger Wochen ausverkauft. Das war umgerechnet nach Kaufkraft und angesichts des geringeren Umfanges ein deutlich höherer Preis als selbst für die zweibändige deutsche Erstausgabe. Es folgten sieben, allerdings mit jeweils 1750 Exemplaren deutlich kleineren Auflagen einer preisgünstigen Ausgabe für dreieinhalb Shilling – deutlich günstiger als die freilich fast dreimal so umfangreiche Volksausgabe auf Deutsch. Ende 1933 waren insgesamt etwas mehr als 15 000 Exemplare von *My Struggle* verkauft, Ende März 1934 weitere rund 3000 Stück. Fortan erschienen mehrfach jährlich weitere Auflagen in unterschiedlichen Ausstattungen.

Auch in den Vereinigten Staaten gab es heftige Reaktionen in der Presse; die Zeitschrift *American Hebrew* hatte sogar versucht, die Veröffentlichung zu verhindern, damit aber wiederum Widerspruch geerntet. Das änderte nichts an der grundsätzlich negativen Aufnahme von *My Battle*: »Wie bei der Voreingenommenheit der amerikanischen Presse zu erwarten war, lauten die Kritiken, von denen ich einige ergebenst anbei vorlege, im Allgemeinen recht unfreundlich«, berichtete Botschafter Hans Luther. Der konservative ehemalige Reichskanzler bediente sich, obwohl selbst keineswegs ein Hitler-Anhänger, einer typisch antisemitischen Erklärung: »Der in den Blättern angeschlagene feindselige Ton lässt sich zum Teil mit der Befürchtung der unter jüdischem Einfluss stehenden Presse erklären, dass der ohnehin in Amerika bereits vorhandene Unwillen über den starken Einfluss der Juden durch die Veröffentlichung des Werkes neue Nahrung erhalten könne.«[13] Trotz der öffentlichen Aufmerksamkeit blieb der Absatz deutlich hinter den Erwartungen von Houghton Mufflin zurück. Obwohl die einfach ausgestattete Ausgabe von *My Battle* nur drei Dollar kostete, umgerechnet 12,60 Reichsmark und nach der Abwertung des Dollars Ende Januar 1934 sogar nur noch etwa 7,50 Reichsmark, wurden im ersten halben Jahr lediglich knapp 13 000 Exemplare auf dem großen amerikanischen Markt abgesetzt.[14] Offenbar hielt das dortige Publikum Hitler und das nationalsozialistische Deutschland für deutlich weniger interessant als die britische Öffentlichkeit – das war nachvollziehbar, spielten doch die Vereinigten Staaten in *Mein Kampf* im Gegensatz zu Großbritannien und seinen politischen Interessen fast keine Rolle: Es fanden sich kaum mehr als ein halbes Dutzend direkter oder indirekter Erwähnungen.

Anders als das englischsprachige Publikum dies- und jenseits des Atlantiks war die Regierung in London nicht auf eine noch dazu stark gekürzte Übersetzung angewiesen, um sich ein Bild von Hitlers Buch zu machen. Denn selbstverständlich sprachen die meisten Diplomaten der Botschaft in Berlin hervorragend Deutsch. Dennoch interessierte sich bis zur Ernennung des NSDAP-Chefs zum Reichskanzler offenbar keiner der Mitarbeiter ernsthaft für *Mein Kampf*. Die erste Erwähnung in diplomatischen Berichten überhaupt datiert vom 30. November 1931, war aber nicht mehr als die Zusammenfassung eines deutschen Zeitungsberichts über die innere Struktur der NSDAP; der Autor, Botschaftsrat Basil Newton, hatte das Buch offensichtlich nicht selbst gelesen. Dasselbe galt für den Militärattaché James Marshall-Cornwall, der im Januar 1932 aus zweiter Hand aus *Mein Kampf* zitierte.[15] Allgemein herrschte in der Botschaft in der Wilhelmstraße wie im Foreign Office in London die Ansicht vor, man dürfe den Bestseller nicht überbewerten, da es sich um das Produkt eines verbitterten Gefängnisinsassen handele, nicht um auch Jahre später noch ernstgemeinte Überzeugungen. Diese Haltung fasste der bestens vernetzte Außenpolitik-Experte und Journalist Vernon Bartlett zusammen, als er Hitlers Buch als »Nonsens« beschrieb und befand, es sei ungerecht, den Staatsmann Hitler für das zu kritisieren, was er als Häftling geschrieben habe, als er ein junger, unerfahrener

Politiker gewesen sei, der gerade mit einem Putsch gescheitert sei.[16]

Horace Rumbold, der erfahrene Botschafter in Berlin, las Hitlers Buch erstmals im Frühjahr 1933. Er amtierte, nachdem er bereits die Zeit unmittelbar vor Beginn des Ersten Weltkriegs 1914 als Diplomat in Berlin erlebt hatte, seit 1928 auf seinem letzten Posten vor der Pensionierung als höchster Repräsentant Großbritanniens in Deutschland. Stets hatte Rumbold den Aufstieg der NSDAP kritisch verfolgt, doch nicht wirklich nachvollziehen können; Ende 1929 versuchte er die Wahlerfolge der Hitler-Bewegung und der Kommunisten hilflos mit einem Bild zu erklären: »Verglichen mit den anderen, eher nüchternen Parteiorchestern haben sie die magnetische Anziehungskraft einer Jazzband.«[17] Allerdings nahm er noch an, dass der Parteichef eher zu den gemäßigten Kräften der NSDAP gehöre; für die Exzesse der ersten Regierungswochen zum Beispiel machte er Hermann Göring verantwortlich. Persönlich lernte der Botschafter Hitler erst Mitte Februar 1933 kennen, bei einem inoffiziellen Gespräch. Bald darauf begann er, ein Exemplar der 17. Auflage der Volksausgabe zu lesen, die Ende 1932 oder Anfang 1933 erschienen war; ob die Botschaft es vor oder nach der Ernennung Hitlers zum Reichskanzler gekauft hatte, steht nicht fest.[18]

Bis dahin hatten britische Diplomaten stets das 25-Punkte-Programm der NSDAP von 1920 für die wesentliche Richtschnur von Hitlers Politik gehalten. Nun machte *Mein Kampf* Rumbold deutlich, dass die nationalsozialistische Weltanschauung viel konkreter nachzulesen war. In einem Bericht von Mitte April 1933, knapp zwei Wochen nach dem Boykott jüdischer Geschäfte durch die SA, der international für Entsetzen gesorgt hatte, fasste der Botschafter seinen Eindruck von Hitlers »Juden«-Bild zusammen, wie es in seinem Buch zum Ausdruck kam: »Deutschland beherbergt demnach eine fremde Rasse, und das deutsche Blut muss von dieser Verschmutzung gereinigt werden.« Der Antisemitismus der NSDAP unterscheide sich grundsätzlich von der auch in anderen Ländern verbreiteten Judenfeindschaft. Es handele sich keineswegs um eine Ablehnung der jüdischen Religion, sondern um Rassismus. Offenbar war Rumbold bei seiner Lektüre schon weit fortgeschritten, denn obwohl er sich in seinen offiziellen Bewertungen oft vorsichtig zurückhielt, merkte er doch in aller Klarheit an, dass Hitlers Buch vor Widersprüchen und schlichten Fehlern nur so strotze. Als Ergebnis hielt er fest, dass Hitlers Intention sei, Juden grundsätzlich aus Deutschland zu »entfernen«.[19]

Diesem auf den Antisemitismus konzentrierten Bericht ließ Horace Rumbold wenige Tage später, am 26. April 1933, einen langen Bericht folgen, in dem er Hitlers Buch für die Regierung in London zusammenfasste. Unter dem Titel »*Mein Kampf* Despatch« wurde diese Analyse nicht nur Premierminister Ramsay MacDonald und dem Kabinett vorgelegt, sondern sogar dem König und den Repräsentanten des Commonwealth. Tatsächlich hatte der Botschafter viel von Hitlers Denken richtig erfasst. So prognostizierte er, dass Hitler immer wieder seinen Friedenswillen beschwören würde, um die ausländischen Mächte in Sicherheit zu wiegen. Tatsächlich jedoch sei er an Frieden nicht interessiert, denn Hitlers Außenpolitik, wie er sie in seinen Reden und in seinem Buch formuliert hatte, sei »beunruhigend«. Sie erstrebe eine Ausweitung des deutschen Territoriums auf Russlands Kosten. Diesen Kernpunkt seines Programms werde der NSDAP-Chef nicht aufgeben; daher werde er versuchen, seine Gegner »in einen derartig tiefen Schlaf zu versetzen, dass sie es zulassen, einer nach dem anderen bekämpft zu werden«. Zunächst brauche Deutschland jedoch einige Jahre Frieden, um aufzurüsten und dann nicht mehr durch einen

Präventivkrieg aufzuhalten zu sein. Klar erkannte Rumbold: »Eine Rückkehr zur Vernunft oder eine wesentliche Änderung der Ansichten des Kanzlers und seiner Umgebung ist nicht zu erwarten.« Je mehr Zeit vergehe, desto schwieriger werde es, die Vorgänge in Deutschland richtig einzuschätzen. Der Botschafter warnte davor, dass Hitler Propaganda virtuos einsetzte, und befand: »Er zeigt ein zynisches und zugleich sehr klares Verständnis der Psychologie der deutschen Bevölkerung.« Der »Hitlerismus« habe den Minderwertigkeitskomplex der Deutschen abgebaut, »aber nur, indem Europa ein neuer Ausbruch des Nationalismus aufgebürdet« werde.[20]

Der »*Mein Kampf* Despatch« führte zu einer grundsätzlichen Kontroverse im Foreign Office über die Ausrichtung der künftigen Deutschlandpolitik. Allerdings ergab sich dabei keine klare Präferenz für einen harten Kurs gegen Hitler, der letztlich bis zu einem präventiven militärischen Eingreifen hätte führen können. Der ranghöchste Beamte, Unterstaatssekretär Robert Vansittart, schrieb auf das Umlaufexemplar von Rumbolds Bericht seinen Eindruck, dass Deutschland so schnell wie möglich einen neuen Krieg in Europa anzetteln würde. Man müsse einen Präventivschlag ins Auge fassen. Doch er konnte sich mit dieser Auffassung nicht durchsetzen. Der Chef der Mitteleuropa-Abteilung Ralph Wigram schlug hingegen vor, Hitler-Deutschland durch einen Vier-Mächte-Pakt mit Italien, Frankreich und Großbritannien Gleichrangigkeit als europäische Großmacht zu geben – im Grunde ein Vorgriff auf das Münchner Abkommen von 1938. Zu einer klaren Entscheidung zwischen diesen unterschiedlichen Positionen kam es vorerst nicht; die britische Außenpolitik gegenüber dem Dritten Reich blieb vage und schwenkte schließlich auf das Konzept der Beschwichtigung (Appeasement) ein. Als sich das abzeichnete, änderte ausgerechnet Wigram seine Position grundlegend und versorgte fortan Winston Churchill, den Hitler-kritischen Außenseiter der britischen Politik, mit vertraulichen Berichten aus dem Foreign Office. Rumbolds »*Mein Kampf* Despatch« hatte nicht den Erfolg gehabt, den sein Verfasser erhofft hatte; trotzdem galt er intern lange als die »Bibel unseres Wissens über Hitler«.[21]

Hitler und der Eher-Verlag hatten nichts gegen eine vollständige Übersetzung ins Englische, im Gegenteil: 1936 erteilte das Reichspropagandaministerium dem gebürtigen Iren James Murphy offiziell den Auftrag, eine neue und komplette englische Fassung von *Mein Kampf* zu erarbeiten. Der Journalist hatte zuvor eine englische Ausgabe ausgewählter Hitler-Reden zusammengestellt und eine freundliche Biografie des Reichskanzlers verfasst. Andererseits übersetzte Murphy auch Bücher der Hitler-kritischen Nobelpreisträger Max Planck und Erwin Schrödinger sowie von Emil Ludwig, dessen Biografien bereits seit 1933 auf der Liste der zu verbrennenden Bücher in Deutschland standen. Im Frühjahr 1938 wurde Murphy wegen »Unzuverlässigkeit« der Übersetzungsauftrag entzogen. Noch blieb er aber in Berlin; seine Frau verdiente etwas Geld, indem sie Englischstunden gab.[22] Doch der Bruch mit dem NS-Regime war nicht mehr zu kitten, und Murphy verließ Deutschland im September 1938. Zwei Monate später kehrte seine Frau noch einmal kurz zurück, um eine private Kopie seiner Übersetzung von *Mein Kampf* zu holen. Sie erschien schließlich, nach einigen Auseinandersetzungen mit dem Eher-Verlag, beim angestammten Londoner Haus Hurst & Blackett anstelle von Dugdales gekürzter Fassung, die nun nicht mehr nachgedruckt wurde.[23] Kritiker bemängelten, die Einleitung Murphys zeige zu viel Sympathie; er sei »pro Hitler«.[24]

NEUE ÜBERSETZUNGEN

Anfang 1939 kündigten die New Yorker Verlage Reynal & Hitchcock sowie Stockpole an, eigene, vollständige Übersetzungen herausbringen zu wollen – ohne Vertrag mit dem Eher-Verlag, dessen Copyright »ungültig« sei. Da Hitler zum Zeitpunkt des Erscheinens staatenlos gewesen sei, gelte nach US-Verständnis das deutsche Urheberrecht nicht. »Zwei Verleger offenbar jüdisch oder jüdisch kontrolliert ankündigen Februar Veröffentlichung Hitler *Mein Kampf* im Volltext«, telegrafierte der Korrespondent des offiziellen Deutschen Nachrichtenbureaus in New York. Das Buch solle von »Professoren hiesiger Emigranten-Universität« übersetzt und mit Kommentaren versehen werden, wodurch der Umfang auf über tausend Seiten anschwellen werde. »Teilertrag aus Buchverkauf, dessen erste Auflage 250 000 Exemplaren gedruckt, soll flüchtigen deutschen Juden zufließen«.[25]

Angesichts dessen und obwohl der Rechteinhaber für Nordamerika, Houghton & Mifflin, eine Klage bis vor den Obersten Gerichtshof in Washington trug, entschied der Eher-Verlag missmutig, der als weniger schlimm empfundenen der beiden »Piraten-Ausgaben« eine Lizenz zu erteilen. So erschien die Übersetzung von Alvin Johnson und anderen bei Reynal & Hitchcock im März 1939 schließlich doch mit dem Segen aus Deutschland und offiziell »in Abstimmung mit Houghton & Mifflin«.[26] Die sehr viel kritischere Ausgabe von Stockpole wurde dagegen zwar im Oktober 1939 und letztinstanzlich im August 1940 untersagt, was aber angesichts der politischen Entwicklung in Europa, vor allem dem Beginn des Krieges, und im US-Präsidentschaftswahlkampf lieber nicht groß thematisiert wurde. Zu dieser Zeit hatte die Johnson-Übersetzung bereits die 17. Auflage erreicht und anderthalb Jahre später waren dann fast eine Viertelmillion Stück abgesetzt worden; noch größere Auflagen erreichten stark gekürzte, illegal gedruckte Auszüge, darunter eine

32 Seiten umfassende Broschüre im Kleinformat mit dem in sich widersinnigen Untertitel *Mein Kampf – An unexpurgated Digest. Read what Hitler tried to hide from you.*[27] Die letzte neue englische Ausgabe erschien 1943, wieder bei Houghton & Mifflin – da hatte Hitler den Vereinigten Staaten bereits den Krieg erklärt. Es ist diese Fassung, übersetzt von Ralph Manheim, die bis heute im englischen Sprachraum offiziell verkauft wird, mit immerhin einigen tausend Exemplaren pro Jahr.

Im Gegensatz zu Großbritannien und den Vereinigten Staaten konnte es in Frankreich eigentlich keine Unklarheit über die Bedrohung durch Hitler geben. Im zweiten Band von *Mein Kampf* hatte er unmissverständlich geschrieben: »Der unerbittliche Todfeind des deutschen Volkes ist und bleibt Frankreich.« Die »Vernichtung Frankreichs« sei »wirklich nur ein Mittel«, um »danach unserem Volke endlich an anderer Stelle die mögliche Ausdehnung geben zu können«.[28] Doch wie in Großbritannien wurde dem 25-Punkte-Programm der NSDAP noch 1932 eine größere Bedeutung beigemessen als Hitlers Buch. Zwar gab es zu dieser Zeit schon einzelne Veröffentlichungen über den Parteichef, die sich auch auf *Mein Kampf* bezogen, doch keine umfangreiche Rezeption des Buches; frühe Warnungen französischer Diplomaten versickerten in Paris. Nach der Machtübernahme der Nationalsozialisten dagegen steigerte sich die Erregung in Frankreich, beeinflusst durch die zahlreichen deutschen Emigranten, die in Paris oder im Süden des Landes Zuflucht gefunden hatten. Die massiven Übergriffe in den ersten Monaten des neuen Regimes verdrängten Hitlers mögliche langfristige Ziele aus der Aufmerksamkeit der Öffentlichkeit.

Vielleicht deshalb hatte ein umfangreicher Bericht des Botschafters in Berlin, André François-Poncet, keine Folgen. Er hatte ihn offenbar im späten Frühjahr 1933 geschickt, doch blieb er nur in seinen bald nach Kriegsende geschriebenen Memoiren erhalten. Hellsichtig fasste der Diplomat darin den Kern von *Mein Kampf* zusammen und zeigte unbarmherzig die Mängel des Werkes auf – etwa, dass fast keine seiner Thesen belegt werde. Die entscheidenden Elemente der Ideologie beschrieb François-Poncet treffend: »Der Antisemitismus ist also in der Lehre Hitlers und des Nationalsozialismus nicht etwas Zusätzliches, ein Anhang; er ist ein Hauptbestandteil, der Schlussstein des Gewölbes. Um Deutschland zu reinigen, die Reinheit der germanischen Rasse wiederherzustellen, sie mit neuem Bewusstsein ihrer Sendung zu erfüllen, dazu muss man das Judentum bekämpfen, niederschlagen, ausrotten, nicht nur in Deutschland, sondern überall, wo es besteht«, charakterisierte er den Judenhass. Und über die Ausweitung des deutschen Territoriums schrieb er: »Statt seine Kräfte auf der Suche nach Kolonialgebieten zu verzetteln, wird Deutschland sie zusammenfassen, um im Osten einen ›Lebensraum‹ zu schaffen, Gebiete, die ihm die für seine Existenz notwendigen und ergänzenden Produkte liefern.«[29] Auf deutscher Seite sah man die Erregung in Frankreich über die neue Regierung in Berlin mit Sorge. Ungefähr zur gleichen Zeit, als François-Poncet über *Mein Kampf* berichtete, plante der Eher-Verlag laut Walther Funk, dem Staatssekretär im Propagandaministerium, eine gekürzte Variante von Hitlers Buch auf Französisch herauszubringen. Das jedenfalls erfuhr der Botschafter Mitte Juni 1933 und berichtete darüber nach Paris.[30] Es blieb beim Plan; schon Ende Juli dementierte Hitler. Auch künftig weigerte er sich, »sein Buch in französischer Sprache herauszubringen«.[31]

Schon wenige Monate später erwog der Eher-Verlag trotzdem erneut eine französische Übersetzung – weil im Herbst

1933 beim Pariser Verlag Haumont das Buch *Hitler par lui-meme d'après son livre Mein Kampf* erschienen war, verfasst von dem Leiter der deutschen Abteilung des Musée-bibliothèque de la guerre in Paris, Charles Appuhn. Auf 169 Seiten beschrieb der schon 71 Jahre alte, erfahrene Übersetzer die politischen Ziele des Reichskanzlers, indem er systematisch aus dessen Buch zitierte. Nach einem Vergleich, den das NSDAP-Hauptarchiv anfertigte, hatte Appuhn den Originaltext durchaus treffend übertragen, auch wenn der Parteiarchivar Karl Epting das ganz anders darstellte: »Die Übersetzung ist weitschweifig, flach, ungenau, an einigen Stellen falsch, wie Sie sich aus der beiliegenden Aufstellung überzeugen können.«[32] Der Eher-Verlag schäumte; Max Amann schrieb an Rudolf Heß: »In dem Werk sind, soweit wir feststellen konnten, gerade jene Stellen aus dem Buch *Mein Kampf* herausgesucht, die demjenigen, der die Originalausgabe nicht kennt, ein ganz falsches Bild vom Führer geben.« Allerdings wusste der Eher-Geschäftsführer auch: »Nach deutschem Recht stellt das Buch eine selbstständige Arbeit dar; man könnte hier dagegen nicht gerichtlich vorgehen. Vermutlich wird dies auch in Frankreich so sein. Wir bitten Sie aber wenigstens zu veranlassen, dass durch das Auswärtige Amt gegen eine absichtliche Entstellung des Hitler-Buches in Frankreich Einspruch erhoben wird.« Postwendend bat Heß in einem Brief an Reichsaußenminister Konstantin von Neurath: »Ich wäre dankbar, wenn Sie eine Prüfung veranlassen würden, ob etwas gegen das Erscheinen des Buches in Frankreich getan werden kann und wenn Sie mir mitteilen würden, welche Schritte eventuell unternommen werden können.«[33]

Unabhängig von den rechtlichen Schritten gegen Appuhns Buch interessierte die Arbeit Hitler offenbar. Jedenfalls fand eine deutsche Übersetzung als Typoskript einen Weg in seine

Privatbibliothek.³⁴ Es dürfte sich um denselben Text gehandelt haben, den das NSDAP-Hauptarchiv, der Eher-Verlag und deutsche Diplomaten zur Grundlage ihrer Beratungen gemacht hatten. Im Schlusskapitel schrieb Appuhn dieser Übersetzung zufolge: »Wir haben in diesem kleinen Buch versucht, in aller Loyalität und indem wir uns immer von Hitler selbst leiten ließen, einen Begriff von diesem Menschen und seinem Werk zu geben.« Vorsichtig merkte der Autor an: »Wir wissen nicht, wie der Ausgang seines Unternehmens sein wird, welche kleine oder große Spur er in der Geschichte hinterlassen wird. Aus diesem Grunde werden wir uns jedes Urteils seines politischen Handelns und der Wirkungen, die er schon ausgelöst hat und noch in der Folge auslösen wird, enthalten.« *Mein Kampf* aber bewertete Appuhn doch – und sein Schluss dürfte Hitler nicht gefallen haben. »Eines springt sofort ins Auge: Sein Buch ist schlecht geschrieben und voll langweiliger Wiederholungen.«³⁵

Schon Anfang März 1934 interessierte Appuhns Buch freilich nicht mehr, denn inzwischen war eine eindeutig rechtswidrige, weil nicht lizenzierte vollständige Übersetzung von *Mein Kampf* unter dem Titel *Mon Combat* in Paris erschienen. »Jeder Franzose muss dieses Buch lesen«, stand als Motto vor dem Vorwort der Herausgeber – ein Zitat von Marschall Hubert Lyautey, der im Ersten Weltkrieg Kriegsminister gewesen war.³⁶ Der Frankreich-Korrespondent der *Vossischen Zeitung*, als nationalliberales Blatt des gerade »arisierten« Ullstein-Verlages beim Propagandaministerium ohnehin verhasst, hatte berichtet: »Die Frage, ob das Buch tendenziös oder sinngetreu übersetzt worden ist, lässt sich nicht ohne weiteres mit Ja oder Nein beantworten. Im Großen und Ganzen aber wird man nach einem flüchtigen Vergleich von Original und Übersetzung nicht sagen können, dass die Verfasser bewusst tendenziös übersetzen wollen.«³⁷ Für das

Ministerium war das Grund genug für eine Anweisung an die gesamte übrige deutsche Presse: »Insbesondere darf die Meldung der *Vossischen Zeitung*, Ausgabe vom 6. März 1934, nicht weiter verbreitet werden, da sie von falschen Voraussetzungen ausgeht. Die sogenannte Übersetzung ist in besonders bösartiger Weise tendenziös.«[38]

Der Verstoß gegen das Urheberrecht war eindeutig. Der Eher-Verlag schickte einen des Französischen mächtigen Rechtsanwalt nach Paris, der rechtliche Schritte einleitete; gleichzeitig gab Hitler dem deutschen Botschafter in Paris bei einer persönlichen Besprechung in Berlin den Auftrag, bei Frankreichs Außenminister zu protestieren.[39] Der französische Verlag argumentierte, bei *Mein Kampf* handele es sich »weniger um ein literarisches Werk als um das Manifest einer politischen Partei«, deshalb falle das Buch nicht unter das Urheberrecht.[40] Wie eine Parlamentsrede gehe es um »öffentliche Worte und Schriftstücke eines im öffentlichen Leben stehenden Mannes«, die »der Öffentlichkeit gehörten«.[41] Dahinter steckte wohl der Versuch, den Urheber Hitler zu einem demütigenden Auftritt vor einem Pariser Gericht zu zwingen, was aber nicht gelang. Jedenfalls gestehe das Vorwort der Ausgabe, so teilte ein französischer NS-Sympathisant dem Auswärtigen Amt mit, den Rechtsverstoß: »Die feindseligen Absichten der Übersetzung werden offen eingestanden.«[42]

Weil die Gesetzeslage aber klar war, fiel das Urteil eindeutig aus: Es »gibt dem Kläger in fast allen Punkten recht«, teilte die Deutsche Botschaft in Paris mit.[43] Nachdem schon einmal im Frühjahr Exemplare von *Mon Combat* beschlagnahmt worden waren, erfolgten Ende Oktober 1934 noch einmal Durchsuchungen in zwei Pariser Buchhandlungen. Offensichtlich aber kursierten Exemplare der Übersetzung weiter, nun zu deutlich höheren Preisen als den ursprünglich verlangten, bereits teuren 60 Francs. Ohnehin hatten inzwischen weitere Raubdrucke stattgefunden; so brachten französische Jungsozialisten aus der vollständigen Übersetzung ausgewählte Passagen auf 109 kleinformatigen Seiten als Broschüre heraus. Da es keinen regulären Verlag gab, den Eher hätte verklagen können, war gegen diese Art der unerwünschten Verbreitung ein juristisches Vorgehen nicht möglich.

Das Pariser Handelsgericht hatte den verursachten Schaden durch *Mon Combat* auf exakt einen Franc festgesetzt, denn der ganze Rechtsstreit sei als Werbung anzusehen, falls sich der Eher-Verlag entschließen sollte, selbst eine französische Ausgabe herauszubringen. Ein renommierter französischer Verlag, Flammarion, hatte sich darum beworben. Während anfangs eine solche offizielle Übersetzung noch erwogen wurde und ein deutscher Diplomat sogar vermerkte, dass »der Führer sich im Augenblick mit der Absicht trage, das Buch und vor allem die sich auf Frankreich beziehenden Stellen umzuarbeiten«, folgte Monate später die Absage: Flammarion möge sich statt an die Deutsche Botschaft direkt an Eher wenden. »Bisher habe allerdings der Verlag derartige Anfragen stets mit der Begründung abgelehnt, dass der Zeitpunkt für die Ausgabe einer französischen Übersetzung noch nicht gekommen sei.«[44] Dabei blieb es.

Spätestens Anfang 1935 erwies sich Hitlers Verbot einer autorisierten französischen Übersetzung als Fehler. Der deutsche Gesandte in Äthiopiens Hauptstadt Addis Abeba berichtete nämlich von einem Gespräch mit Kaiser Haile Selassie unter anderem über die deutsche Judenpolitik und den Umgang mit der Hohenzollernfamilie. Der Monarch bat um Zusendung von Propagandamaterial auf Französisch und äußerte noch eine Bitte: »Ganz besonders interessiere er sich für das Buch des Führers *Mein Kampf* und frage an, ob ihm eine

Übersetzung dieses Buches in französischer Sprache zugänglich gemacht werden könne.« Der Gesandte regte an, solches Material zur Verfügung zu stellen, gegebenenfalls auch auf Englisch, das »vom Außenminister und seinen Verwandten verstanden wird«.[45] Ob Haile Selassie daraufhin ein Exemplar der gekürzten englischen Ausgabe von *Mein Kampf* zur Verfügung gestellt wurde, da es nun einmal keine offiziell akzeptierte französische Übersetzung gab, verraten die überlieferten Akten nicht. Jedenfalls schlug sich der äthiopische Kaiser nach dem Angriff des faschistischen Italien auf sein Land 1936 auf die Seite der Westmächte, obwohl Großbritannien und Frankreich Benito Mussolini aus Sorge, ihn von Hitler abhängig zu machen, kaum unter Druck setzten.

Auch im Mai 1938 machten die Verwirrungen um eine französische Ausgabe von *Mein Kampf* dem Propagandaministerium wieder Sorgen. Ein Berliner Pressebüro hatte aus Paris berichtet, in der französischen Arbeiterschaft sei Hitlers Buch »stark verbreitet«. Umgehend wies das Ministerium die deutschen Redaktionen an: »Diese Meldung ist nicht so aufzufassen, als ob die französische Arbeiterschaft voller Begeisterung sich zum Nationalsozialismus bekenne.« Im Gegenteil gebe es »bisher gar keine autorisierte französische Ausgabe des Buches. Die vorhandene französische Ausgabe, die nur Auszüge aus *Mein Kampf* darstellt, ist stark tendenziös gefärbt.« Offenbar ging Goebbels' Apparat davon aus, dass bei der Beschlagnahmeaktion gegen die vollständige Übersetzung 1934 alle oder fast alle Exemplare vernichtet worden seien, und konnte sich daher nur vorstellen, dass in der Meldung aus Paris das Buch von Charles Appuhn gemeint sei: »Es wird daher gebeten, diese anscheinend von Frankreich selbst lancierte Meldung nicht zu übernehmen.«[46]

Erst im Sommer 1938 erschien tatsächlich eine vom Eher-Verlag autorisierte, nur 345 Seiten starke Veröffentlichung unter dem Titel *Ma doctrine*, die allerdings mit Hitlers eigenem Text kaum mehr etwas zu tun hatte; es handelte sich um eine themenorientierte Aneinanderreihung von längeren Zitaten aus *Mein Kampf*, aber auch aus verschiedenen Hitler-Reden. Das erste Kapitel bestand zum Beispiel aus Passagen, die im Original auf elf verschiedenen Seiten vor allem aus dem dritten Kapitel des ersten Bandes, aber auch auf der zweiten Seite des zweiten Bandes zu finden waren.[47] Unbescheiden erhoben die beiden Redakteure und Übersetzer den Anspruch, Hitler verbessert und aktualisiert zu haben: »Indessen ist *Mein Kampf* zwischen 1924 und 1926 verfasst worden. Seit dieser Zeit hat der Kanzler Hitler in vielen Reden und Proklamationen, um der Entwicklung der wirtschaftlichen und politischen Kräfte in der Welt Rechnung zu tragen, Elemente in die nationalsozialistische Weltanschauung eingeführt, die gewisse Lehren in *Mein Kampf* vervollständigen oder auch entkräften und ersetzen.«[48] Die deutschen Diplomaten in Paris reagierten irritiert; Botschafter Johannes Graf von Welczeck erbat »Weisung, wie vorzugehen« sei.[49]

Tatsächlich ergab sich aus *Ma doctrine* ein deutlich anderes Bild der NS-Ideologie als aus Hitlers Buch. So kamen viele Ausfälle gegen Frankreich in dieser Ausgabe kaum mehr vor. Zwar war nicht alles gestrichen, was Franzosen als Angriff verstehen konnten, doch die verbliebenen Passagen waren stark entschärft. So war keine Rede mehr von der Isolierung Frankreichs durch ein Bündnis aus Deutschland, Großbritannien und Italien. Die heftigen Angriffe gegen den Pazifismus waren weitgehend verschwunden, ebenso die Gegenüberstellung der »in Wirklichkeit geradezu grenzenlosen Humanität« des Friedensvertrages von Brest-Litowsk zwischen dem kaiserlichen Deutschland und dem bolschewistischen Russland von 1918 mit der »unmenschlichen Grausamkeit« des Versailler Vertrages von 1919.[50] Anders als beim deutschen Publikum hätte dieser Vergleich bei politisch interessierten Franzosen sicher nicht eingeschlagen – sie wussten in der Regel, dass der Versailler Vertrag zwar sehr hart, aber doch deutlich weniger brutal als das Abkommen von Brest-Litowsk war.

Die antisemitischen Passagen waren zwar ebenfalls deutlich gegenüber dem Original gekürzt, aber deshalb kaum weniger scharf. Die offen judenfeindliche Politik des Dritten Reichs konnte und wollte Hitler ja auch gar nicht kaschieren, im Gegenteil: Er setzte darauf, Antisemiten auch in anderen Ländern zu gewinnen. Ein deutscher Exilant rezensierte *Ma doctrine* in der Zeitschrift *Das Neue Tage-Buch* und kam zu einem niederschmetternden Ergebnis: »Den größten Dienst haben die Übersetzer dem Original allerdings ohne Absicht geleistet. Das grauenhafte Deutsch von *Mein Kampf*, dass in jeder Zeile den völligen Mangel an Gefühl für die Gesetze und die Tradition der deutschen Sprache verrät, ist in richtiges Französisch verwandelt worden. Dadurch fällt von vornherein eines der wichtigen Erkennungsmerkmale weg.«[51]

Was Übersetzungen in andere Sprachen als Englisch und Französisch anging, reagierte der Eher-Verlag nicht einheitlich. So mochte es noch konsequent sein, vollständige Übersetzungen ins Dänische und Schwedische zu erlauben; immerhin galten Skandinavier nach NS-Verständnis als »nordisch«. Andererseits bestand bis in den Zweiten Weltkrieg hinein an Übersetzungen ins Rumänische und Bulgarische kein Interesse, obwohl beide Balkanstaaten zu den Verbündeten des Dritten Reiches zählten. In Ungarn dagegen, ebenfalls eng mit dem Dritten Reich verbunden, erschien unter dem Titel *Harcom*, »was die wortgetreue Übersetzung von *Mein Kampf* ist«, eine Ausgabe ohne Probleme.[52] Gegen eine unautorisierte Übersetzung ins Tschechische ging der Verlag juristisch nicht vor, ließ aber das Parteiblatt *Völkischer Beobachter* empört berichten.[53]

Arabische Versionen lösten keine Einwände aus. Im März 1934 druckte die Beiruter Zeitung *Al-Nidda*, das Organ der frankreich-feindlichen syrischen Nationalisten, eine eigene Übersetzung von Auszügen nach der englischen Auswahlausgabe, ab April brachte die Bagdader Tageszeitung *Al-Alam-Ul-Arabi* in insgesamt 117 Folgen den vollständigen Text der Dugdale-Fassung auf Arabisch. *Mein Kampf* werde, so meldete die deutsche Gesandtschaft in Bagdad, »von der hiesigen arabischen Leserschaft mit allergrößtem Interesse, zum Teil gar mit Begeisterung gelesen«.[54] Mehrere Folgen wurden zu Dokumentationszwecken an den Eher-Verlag nach München gesandt.[55] Im November 1936 schickte dann das Propagandaministerium das Manuskript einer vollständigen arabischen Übersetzung von *Mein Kampf* an das Auswärtige Amt, mit der Bitte, sie durch einen Arabisten »überprüfen lassen zu wollen«. Allerdings habe sich Hitler nur unter der Bedingung mit dem Erscheinen einverstanden erklärt, »dass von einer Übersetzung derjenigen Stellen abzusehen sei, die in Anbetracht der heutigen politischen Lage und im Hinblick auf das Empfinden der arabischen Völker für eine Übersetzung nicht geeignet erscheinen und ihm vor der Gruppierung noch einmal Vortrag in dieser Angelegenheit gehalten« werde.[56] Doch nach der Prüfung wurde festgestellt, dass die gekürzte Übersetzung »zur Veröffentlichung nicht geeignet« sei.[57]

Anfang 1936 erschien eine chinesische Übersetzung von Auszügen der englischen Ausgabe, allerdings stark gekürzt: Alle Passagen, die »nicht von allgemeinem Interesse« seien, wurden weggelassen – offenbar auch alle autobiografischen Ausführungen.[58] Eine offizielle Anfrage, eine japanische Ausgabe zu genehmigen, lehnte Hitler nach Monaten ab: Der Reichskanzler halte sie »weder für zweckmäßig noch für notwendig«, teilte das Propagandaministerium dem Auswärtigen Amt mit.[59] 1938 allerdings kam dann eine Übersetzung ins Japanische doch heraus, ohne Genehmigung des Eher-Verlages, dafür aber mit Unterstützung der Regierung in Tokio: Der Justizminister und der einflussreiche Kabinettsstaatssekretär steuerten Geleitworte bei. Der Text orientierte sich an der US-Ausgabe von 1933. Als die deutsche Botschaft protestierte, reagierte der Verlag mit einem eigenwilligen Argument: An die Verletzung der Urheberrechte habe man gar nicht gedacht, weil man Rechte amerikanischer Verlage in Japan ohnehin nicht achte. Man sei aber bereit, Tantiemen zu zahlen. Zehn Prozent wurden für das erste Tausend angeboten, für alle weiteren Verkäufe 7,5 Prozent. Das erschien dem Eher-Verlag nicht diskutabel, doch die Botschaft Tokio teilte wenige Tage später mit, die japanische Auswahlausgabe werde nicht mehr weiter gedruckt, die Erstauflage von 3000 Stück sei inzwischen verkauft.[60] In Indien erschienen offenbar Anfang 1937 Broschüren mit Auszügen aus der englischen Übersetzung von *Mein Kampf* in verschiedenen regionalen Dialekten. Davon erfuhr der Eher-Verlag erst durch Konsulatsberichte und die Anfrage eines Sympathisanten, der zusätzlich eine Ausgabe auf Birmesisch vorschlug – es handelte sich also offenbar um Raubdrucke. Hitler lehnte nach mehrfacher Nachfrage des zuständigen Referats im Auswärtigen Amt eine solche Ausgabe ab. Er habe »keinerlei Interesse an irgendwelchen indischen Ausgaben seines Werkes«.[61] Gegen die bereits verbreiteten Versionen konnte man aber nicht mehr vorgehen.

Der sicher prominenteste Übersetzer von *Mein Kampf* war Grigori Sinowjew, während der Russischen Revolution ein führender Bolschewist und zeitweiliger Chef der Kommunistischen Internationale. 1927 abgesetzt, aus der Partei ausgeschlossen und verbannt, hatte Sinowjew offenbar viel Zeit – jedenfalls machte er sich 1932 daran, Hitlers Buch ins Russische zu übersetzen. Seine Version des ersten Bandes war vermutlich zur Jahreswende 1932/33 fertig; er erhielt jedenfalls ein durchgesehenes Typoskript am 23. Februar 1933 zurück. Der Bolschewist hatte freilich Schwierigkeiten; er fragte sich, ob er *Mein Kampf* möglichst originalgetreu übertragen oder eine verständliche Fassung anstreben solle: »Hitler spricht und schreibt nicht wie normale Menschen, sondern wie Pythia, schleierhaft und verworren. Manchmal erläutert er das Thema sprachlich richtig, hauptsächlich dann, wenn er sich dem Gebiet der sozialen Gruppen und dem ›Philosophieren‹ widmet. Aber manchmal ist Hitler daran interessiert, seine Offenbarung in bewusst verwickelter Form zu präsentieren, damit man sie so oder so deuten kann.«[62] Mit dieser Annahme lag Sinowjew zwar falsch, das Problem jedes Übersetzers von *Mein Kampf* aber hatte er treffend umschrieben. Die russische Ausgabe erschien offenbar Ende 1933; sogar Stalin soll sie gründlich gelesen und mit Anmerkungen versehen haben. Dem Übersetzer brachte seine Arbeit allerdings kein Glück: Grigori Sinowjew wurde 1936 als einer der ersten früheren KPdSU-Spitzenfunktionäre ein Opfer der stalinistischen Säuberungen.

International erwies sich *Mein Kampf* vor allem zwischen 1933 und 1941 als Erfolg. Gut eine Million Exemplare in allen Sprachen außer Deutsch wurden zu Hitlers Lebzeiten verkauft, bezieht man nur die Versionen ein, die wenigstens die Hälfte des Originaltextes umfassten. Absolut betrachtet war das sicher eine hohe Zahl, doch verglichen mit dem Verkauf in Deutschland eher enttäuschend: In der gesamten Welt wurden weniger zehn Prozent der Auflage abgesetzt, die im Dritten Reich Abnehmer fand.

STREIT

Das Bayerische Finanzministerium hat keine Ahnung, worum es bei *Mein Kampf* geht. Sachkundige Äußerungen habe ich von den dortigen Juristen nicht gehört.

HANS MOMMSEN, HISTORIKER[1]

Was einmal richtig war, muss nicht für immer richtig bleiben. Umstände ändern sich, und nur wer das erkennt und sein Verhalten nach kritischer Prüfung gegebenenfalls anpasst, bleibt glaubwürdig. Wer dagegen starr an einmal gefällten Entscheidungen festhält und jede Korrektur seines Standpunktes kategorisch ausschließt, läuft Gefahr, von der Wirklichkeit überholt zu werden. Auch über das Ende des Dritten Reiches 1945 hinaus könnte das Gift der nationalsozialistischen Ideologie weiterwirken – darüber waren sich die Siegermächte des Zweiten Weltkrieges im Klaren. Weil aber die Entnazifizierung Deutschlands für die gemeinsam verabredete Besatzungspolitik große Bedeutung hatte, gleichberechtigt neben der Entmilitarisierung, der Dezentralisierung und der Demokratisierung, zählte der künftige Umgang mit *Mein Kampf* zwar nicht zu den drängendsten, wohl aber zu den nennenswerten Aufgaben.

Schon 1945 hatte die US-Militärregierung von Bayern, gestützt auf Besatzungsrecht, das vollständige Vermögen der NSDAP einschließlich ihres Parteiverlages Franz Eher Nachfolger GmbH eingezogen und es der neuen Regierung Bayerns treuhänderisch übergeben. Im März 1946 folgte eine Norm im Gesetz zur Befreiung von Nationalsozialismus und Militarismus, das zum persönlichen Nachlass führender NS-Funktionäre festlegte: »Ist der Betroffene tot, so kann auf Anordnung des Ministers für politische Befreiung ein Verfahren zur ganzen oder teilweisen Einziehung des im Lande gelegenen Nachlasses ohne Rücksicht auf gesetzliche Erbfolge oder letztwillige Verfügungen durchgeführt werden.«[2] Hitler hatte unzweifelhaft am 30. April 1945 in Berlin Selbstmord verübt, war aber bis zuletzt privat in München gemeldet, weshalb hier auch seine Bankkonten geführt wurden. Die spärlichen nicht zerstörten Reste seines Eigentums befanden sich ebenfalls überwiegend in Bayern. Im Rahmen der Entnazifizierung urteilte deshalb die Spruchkammer München I am 15. Oktober 1948: »Der im Lande Bayern gelegene Nachlass Adolf Hitlers wird vollständig eingezogen. Die Kosten des Verfahrens werden auf den Nachlass überbürdet.«[3] Fortan nahm der Freistaat Bayern die Verwaltung dieser Hinterlassenschaft wahr. Damit lagen sowohl Urheber- als auch Verlagsrechte an *Mein Kampf* beim Münchner Finanzministerium, verbunden mit dem ausdrücklichen Auftrag der US-Militärregierung, gegen jede Wiederverbreitung nationalsozialistischer Botschaften einzuschreiten.

Die Urheberrechte waren der wesentliche Teil des verbliebenen Nachlasses, denn mehrere Immobilien auf dem Obersalzberg und in München wurden schon längst von der US-Besatzungsmacht und der bayerischen Regierung anderweitig genutzt – als Erholungsheim für Soldaten und als Polizeirevier. Der Urheber oder nach dessen Tod 70 Jahre lang der rechtmäßige Inhaber der Urheberrechte darf uneingeschränkt bestimmen, was mit seinem Werk geschieht. Da 1958 auch das Bundeskabinett auf Konrad Adenauers Vor-

JURISTEN GEGEN HISTORIKER

schlag hin beschloss, das laut Testament theoretisch der Bundesrepublik als Rechtsnachfolger des Deutschen Reiches zustehende Erbe Hitlers auszuschlagen, war die Zuständigkeit Bayerns eindeutig.[4] Sie wurde zwar gelegentlich noch von entfernten Verwandten Hitlers in Frage gestellt, die meist wohl an Geld oder öffentlichem Aufsehen interessiert waren; Aussicht auf Erfolg hatten sie aber nie.[5]

Für *Mein Kampf* hatten die Juristen im Finanzministerium schon in den 1950er-Jahren ein Ziel festgelegt, das seither immer wieder bestätigt wurde. Alle paar Jahre wieder gab es teilweise hochkarätig besetzte Treffen, mal in München, mal im Auswärtigen Amt in Bonn, die stets im Kern zum selben Schluss kamen: »Die Besprechung hatte zum Ergebnis, dass die bisherige Linie grundsätzlich eingehalten werden soll. Dies bedeutet, dass der Verbreitung des Buches, je nach Lage der Einzelfälle, mit zivilrechtlichen, strafrechtlichen, administrativen und anderen geeigneten Mitteln tatkräftig entgegengetreten werden soll.«[6]

Historiker sahen und sehen die Sachlage fast einhellig anders. Schon seit Jahrzehnten fordern Geschichtswissenschaftler, dass Hitlers Buch kritisch kommentiert herausgegeben werden soll. Bereits ein knappes Vierteljahrhundert nach Hitlers Selbstmord wollten zwei Unternehmen unabhängig voneinander Auszüge aus *Mein Kampf* erläutert neu veröffentlichen. Sie versicherten sich der Unterstützung von Helmut Krausnick, des damaligen Chefs des Instituts für Zeitgeschichte. Er war zwar selbst 1932 mit 27 Jahren Mitglied der NSDAP geworden, zählte aber nach den Erfahrungen des Zweiten Weltkrieges zu den schärfsten Gegnern jeder Relativierung von NS-Verbrechen. Der Deutsche Taschenbuch-Verlag in München schlug 1969 vor, in einer Auswahl ein gutes Drittel des Originaltextes, etwa 260 Seiten, mit einordnenden Texten und Kommentaren zu veröffentlichen. Der Wiener Fritz-Molden-Verlag, gegründet von einem früheren Widerstandskämpfer gegen das NS-Regime, plante einen Band mit dem Titel *Was Hitler wirklich dachte*, in dem Zitate aus *Mein Kampf* ebenso wie aus Hitler-Reden und anderen Quellen zu einem allgemeinverständlichen Überblick zusammengefasst werden sollten. Beide Projekte kamen nach Einspruch des Auswärtigen Amtes in Bonn und des bayerischen Finanzministeriums in München nicht zustande.[7]

Ein Jahrzehnt später machte der Stuttgarter Historiker Eberhard Jäckel einen neuen Anlauf. Mit seinem Kollegen Gerhard L. Weinberg, dessen Familie vor den Nazis aus Deutschland in die Vereinigten Staaten hatte flüchten müssen, bot Jäckel Krausnicks Nachfolger Martin Broszat an, eine kritische Ausgabe von Hitlers »Hauptwerk« zu erarbeiten. Doch der Institutschef lehnte ab, weil – wie Jäckel vermutete – es eine »Forschungskernthese« gewesen sei, von einer Edition von *Mein Kampf* abzusehen.[8] Dabei wären die beiden Wissenschaftler prädestiniert für das Projekt gewesen: Jäckel hatte gerade die Edition *Hitler. Sämtliche Aufzeichnungen 1905 bis 1924* vollendet, während Weinberg schon 1962 das *Zweite Buch Hitlers* herausgegeben hatte. Jäckel beklagte die Absage und kritisierte den »bedenklichen Umstand, dass der Staat auf diesem Wege Zensur ausübt«. Es sei »hinderlich und zu bedauern«, dass eine kritische Ausgabe nicht zur Verfügung stehe, denn das Buch lege den »verbrecherischen Charakter Hitlers überzeugender offen als viele Kommentare«.[9] Als 1983 im Zuge der Entlarvung der Hitler-»Tagebücher« als Fälschung allerdings bekannt wurde, dass Jäckels Edition knapp 80 von Konrad Kujau gefälschte Notizen enthielt, war sein Ruf als Hitler-Experte so beschädigt, dass an eine Herausgabe von *Mein Kampf* unter seiner Leitung nicht mehr zu denken war.

JURISTEN GEGEN HISTORIKER

In den 1990er-Jahren veröffentlichte das Institut für Zeitgeschichte als Fortsetzung von Jäckels Ausgabe der frühen Aufzeichnungen in 17 Bänden Hitlers *Reden, Schriften und Anordnungen* aus den Jahren 1925 bis 1933, zu denen auch eine verbesserte Edition des *Zweiten Buches* und vier Bände über den Hochverratsprozess gegen den NSDAP-Chef 1924 gehörten. Es hätte nahegelegen, in diesem Zusammenhang auch die wichtigste Veröffentlichung Hitlers aus dieser Zeit, eben *Mein Kampf*, kritisch kommentiert zu edieren. Doch dazu kam es nicht – auch wenn dasselbe renommierte Institut zur selben Zeit mit Unterstützung aus Steuermitteln in mehr als 30 Bänden die Tagebücher von Joseph Goebbels herausgab, wegen der schieren Menge seiner Aufzeichnungen sogar unkommentiert, obwohl sie mindestens genauso hetzerisch waren. Zahlreiche Fachleute wiesen auf diesen Widerspruch hin, denn alle Quellenausgaben über den Nationalsozialismus kreisten gewissermaßen um eine Leerstelle, solange *Mein Kampf* der Wissenschaft nicht in einer zeitgemäßen Ausgabe zugänglich war.

Doch auch mehrere Vorstöße des britischen Hitler-Biografen Ian Kershaw änderten daran nichts. 1999 hatte er »vehement« eine wissenschaftliche Ausgabe gefordert, im folgenden Jahr nannte er die Weigerung aus Bayern »töricht« und fügte hinzu: »Warum das Buch in Deutschland verboten bleibt, ist mir ein großes Rätsel.«[10] Die Bundesrepublik sei eine intakte Demokratie, betonte Kershaw: »Daher ist es besser, sich dem Buch zu stellen, als es zu verstecken und ein mystisches Traktat daraus zu machen, das womöglich böse Geister in der Gesellschaft heraufbeschwören könnte.« Es gebe nichts, wovor man in *Mein Kampf* Angst haben müsste.[11]

Auch der Publizistikprofessor Bernd Sösemann nannte eine kommentierte Edition »seit Jahrzehnten überfällig«.[12] Ähnlich sah das 2004 der Journalist Rafael Seligmann: »Die fortwährende Indizierung von *Mein Kampf* ist unnütz, anachronistisch, lächerlich – vor allem würdelos.«[13] Im Ton moderater, aber in der Sache ähnlich warnte der Sozialhistoriker Hans-Ulrich Wehler im Jahr 2008 vor einer »völlig falschen Tabuisierung« und forderte: »Da Hitler eine ungeheuer verderbliche Wirkung in der Weltgeschichte gehabt hat, muss man *Mein Kampf* in einer kritischen Ausgabe präsent halten.«[14] Der Generalsekretär des Zentralrates der Juden in Deutschland, Stephan Kramer, unterstützte eine solche wissenschaftliche Version: »Grundsätzlich bin ich dafür, dass das Buch mit einer Kommentierung öffentlich und sogar noch über den eigentlichen Druck eines Buches hinaus vor allem im Internet zugänglich gemacht wird.« Zwar habe auch er dabei »Bauchschmerzen«. Aber »wir brauchen statt eines erzwungenen Schweigens eine breite öffentliche Diskussion darüber«.[15]

Einzelne Experten wie Wolfgang Benz, der langjährige Direktor des Berliner Zentrums für Antisemitismusforschung, lehnten zwar eine vollständige Edition von *Mein Kampf* ab, hielten aber dennoch das Verbot auch von Auswahlausgaben für »blödsinnig«. 2008 stellte er fest, den Erfolg Hitlers, »die Verführbarkeit seiner Zeitgenossen, den Jubel, mit dem so viele Deutsche dem Nationalsozialismus folgten«, erkläre das Buch nicht. Es sei keineswegs »die Blaupause nationalsozialistischer Herrschaft«; Geld für eine komplette Edition auszugeben sei unnötig. Das Bedürfnis, den Text in voller Länge zu konsumieren, lege sich meist nach der Lektüre einiger Passagen, dann lähme Langeweile jede weitere Neugier. »Der notwendigen Aufklärung ist Genüge getan, wenn sich jeder Interessierte vom Wortlaut der Sprache, der Diktion und vom Geist des Ideologen Hitler selbst überzeugen kann.« Dazu würden »einige Kostproben des Hitler-Textes genügen, eingebettet in eine Darstellung der Entstehungs- und Begleitumstände, der ideologischen Absichten des Verfassers und der verhängnisvollen Wirkungen der zur Herrschaft gelangten Ideologie«. Wem nach der Lektüre einer solchen Auswahl der Sinn nach mehr stehe, sei »selbst verantwortlich für die Mühe, die er sich macht«.[16]

Jüngere deutsche Historiker plädierten dafür, das Thema *Mein Kampf* durch eine überzeugende Auswahledition zu erledigen. Thomas Weber, Experte für Hitlers Erfahrungen im Ersten Weltkrieg, nannte die Idee einer stark gekürzten Schulausgabe »löblich«.[17] Sönke Neitzel, seinerzeit Professor an der renommierten London School of Economics, rief 2012 dazu auf, Hitlers Buch wie andere »wichtige Quellentexte auszugsweise zu publizieren und zu kommentieren«. Nur so könne man verstehen, »dass dieser Text in seiner Zeit durchaus überzeugen konnte«.[18] Sogar der Verband der Historikerinnen und Historiker Deutschlands, sonst mit öffentlichen Äußerungen zu inhaltlichen Fragen zurückhaltend, positionierte sich eindeutig und verlangte, eine kritische Edition zu erarbeiten und zu veröffentlichen: »Eine solche Ausgabe ist nicht nur für die Forschung ein dringendes Desiderat, sondern auch für eine aufgeklärte Geschichtskultur wichtig. Die Veröffentlichung einer kritischen Edition ist am besten geeignet, der gefährlichen Mythisierung von Hitlers *Mein Kampf* entgegenzuwirken.«[19]

In Deutschland kümmerten sich die bayerischen Beamten um die Durchsetzung ihrer Entscheidung, indem sie alle Anfragen nach Neu- oder Wiederveröffentlichungen von Hitlers Buch kategorisch ablehnten. Für ähnliche Fälle im Ausland erteilte man dem Außenministerium »Generalvollmacht für alle Maßnahmen, die ihm zur Verhinderung einer weiteren Verbreitung des Buches erforderlich erscheinen«. Um aber »einer Politisierung der Angelegenheit entgegenzuwirken«, sollten nicht die Bonner Diplomaten tätig werden, sondern die Münchner Juristen, jedenfalls »nach außen hin in allen Fällen, in denen das Auswärtige Amt dies für notwendig erachtet«. Dies sollte insbesondere für die »Erteilung von Prozessvollmacht an Anwälte für die Erstattung von Strafanzeigen« gelten. Außerdem stellten sie fest: »Abtretung der Urheber- und Verlagsrechte des Freistaats Bayern an nichtdeutsche Stellen – etwa die Unesco – scheidet aus.«[20]

Entsprechend informierten deutsche Diplomaten, wo immer sie vom Verkauf von Übersetzungen von *Mein Kampf* im Ausland erfuhren, über das Auswärtige Amt in Bonn das Finanzministerium in München. Hunderte Briefe und Berichte entstanden in dieser Angelegenheit. Immerhin 21 Seiten stark geriet eine Zusammenfassung von 1966, die alphabetisch geordnet über Hitlers Buch im Ausland berichtete. Es gab illegale Nachdrucke unter anderem in Argentinien, Brasilien, Griechenland, dem Libanon, Spanien und der Türkei. In Japan erreichte eine dreibändige Ausgabe eine verkaufte Auflage von bis zu 11 200 Exemplaren; in Mexiko erwies sich Hitlers Buch als begehrt, erlebte innerhalb kurzer Zeit mehrere Auflagen und erschien sogar als preisgünstige Taschenbuchausgabe. Befürchtungen, auch in Frankreich, Belgien und Madagaskar könnte ein Neudruck in französischer Sprache kursieren, erwiesen sich dagegen als übertrieben – es handelte sich um Restexemplare der freilich ebenfalls illegalen Übertragung von 1934.[21] Später kamen beispielsweise noch Ausgaben in Indien, Schweden und Singapur hinzu, hier als illegale Nachdrucke genehmigter Übersetzungen aus den 1930er-Jahren.[22]

In allen Fällen prüften die Botschaften oder Konsulate vor Ort, ob man mit Strafanzeigen oder Zivilklagen vorgehen könne. Dazu musste in der Regel festgestellt werden, wer für die Ausgaben rechtlich verantwortlich war. In Fällen eindeutiger Raubdrucke, also mit gefälschten Verlagsangaben oder ganz ohne Impressum, wurden gelegentlich lokale Polizeibehörden eingeschaltet; auch über Beschlagnahmen von Hitler-Übersetzungen berichteten einzelne Auslandsvertretungen. Damit bat die Bundesrepublik ausländische Behörden um einen Gefallen und verpflichtete sich so selbst. Waren aber existierende Verlage genannt, dann beschränkten sich die deutschen Diplomaten häufig darauf, Kontakt zu den Verantwortlichen aufzunehmen und ihnen den Rechtsstandpunkt der Bundesrepublik darzulegen, gegebenenfalls zu drohen. In den meisten Fällen genügte das, um weitere Neuauflagen zu unterbinden. Oft ergaben rechtliche Prüfungen durch Vertrauensanwälte der Botschaften, dass Klagen wenig aussichtsreich seien. In Italien etwa empfahl der zuständige Diplomat in Rom nach mehr als einem Jahr Beratungen 1971, »wegen des zu hohen Prozessrisikos« von einer Einschaltung der Justiz abzusehen.[23]

Manchmal allerdings löste das Verlangen, *Mein Kampf* nicht weiterzuverbreiten, Proteste aus. In Dänemark etwa, das im Zweiten Weltkrieg von der Wehrmacht besetzt und ausgeplündert worden war, wehrte sich die kritische Öffentlichkeit 1966 gegen die »Einmischung aus Deutschland«. Kopenhagener Zeitungen erregten sich über die Bevormundung, denn das dänische Publikum wolle wissen, wie Hitler gedacht habe. Da die ungenehmigte Neuauflage der offiziellen Übersetzung von 1934 in Höhe von 5000 Exemplaren schon ausgeliefert war, sich aber trotz des Aufsehens weniger gut verkaufte als erhofft, empfahl die Botschaft, die Angelegenheit nicht weiter zu verfolgen.[24]

Gegen den Vertrieb in Großbritannien und den Vereinten Staaten konnte das bayerische Finanzministerium allen Bemühungen zum Trotz nichts ausrichten. Der Übertragungsvertrag an die Londoner Agentur war juristisch zweifelsfrei gültig; 1969 erschien eine Neuausgabe, von der seither einige tausend Exemplare pro Jahr abgesetzt wurden. Um sich von *Mein Kampf* zu distanzieren, blieb der Deutschen Botschaft in London wenig anderes übrig, als die Annahme der Tantiemen zu verweigern. Da es sich im April 1970 um die eher bescheidene Summe von 3848 Pfund Sterling handelte, war das kein großer Verlust; die britische Agentur überwies das Honorar auf ein Sperrkonto. Später gingen die Erträge in aller Stille an eine Organisation namens German Welfare Council, die emigrierte deutsche Juden in Großbritannien finanziell unterstützte.[25] Auch gegen die US-Ausgaben gab es keine Ansatzpunkte. Denn sie waren nicht nur durch einen gültigen Vertrag von 1933 rechtlich abgesichert. Zusätzlich hatte die Regierung in Washington D. C. 1943 die Rechte an Hitlers Buch wie an allem Eigentum des deutschen Staates in den Vereinigten Staaten beschlagnahmt; seither flossen die Autorenhonorare an die Feindvermögensverwaltung.[26]

Auch in den 1990er-Jahren blieben Bayerns Finanzministerium und Auswärtiges Amt ihrer Linie treu: Offizielle Anfragen nach Neuausgaben wurden kategorisch abgelehnt; illegale Nachdrucke registrierte man aufmerksam und unterband sie nach Möglichkeit mit den jeweils angemessenen Mitteln von freundlicher Ermahnung bis formaler Klage. Manchmal aber griff die Bundesregierung auch zu anderen Methoden: 1997 wurden den Verlegern zweier spanischer Übersetzungen die kompletten Auflagen abgekauft, um sie am Vertrieb in Lateinamerika zu hindern. Die druckfrischen Exemplare wanderten ins Altpapier.[27]

Ausnahmen machte das Auswärtige Amt allerdings im Nahen Osten. Gegen die meist als Broschüren veröffentlichten Auswahlausgaben von *Mein Kampf* auf Arabisch gingen deutsche Diplomaten in Kairo, Beirut, Tripolis oder Damaskus nicht vor. Das lag sicher auch daran, dass die verantwortlichen Herausgeber meist nicht zu greifen waren. Andererseits waren die Beziehungen zu den arabischen Staaten wegen der Kontakte mit Israel ohnehin belastet; 1965, nach dem offiziellen Austausch von Botschaftern zwischen Bonn und Tel Aviv, wurden sie zum Teil für mehrere Jahre unterbrochen. Nach ihrer Wiederaufnahme hätte ein Protest gegen die Schriften des bekanntesten Antisemiten aller Zeiten wohl zu einer Belastung geführt, der kein signifikanter Vorteil gegenübergestanden hätte. Also verzichtete man informell darauf.[28]

Auch in Israel intervenierte das Auswärtige Amt nicht – allerdings aus ganz anderen Motiven. Hier waren schon seit Jahrzehnten Auszüge aus *Mein Kampf* in Schulbüchern gedruckt worden; auch gab es Nachdrucke englischer Ausgaben. Eine vollständige Übersetzung ins Hebräische kündigte 1987 der nach dem »Anschluss« Österreichs mit seiner Familie aus Wien geflüchtete Dan Yaron an: »Nach 50 Jahren sollten wir stark genug sein, um zu erkennen, wer Hitler war. Die junge Generation muss über die Gefahren Bescheid wissen, die aufkommen können.«[29] Der Plan löste in Israel eine intensiv geführte Debatte aus. Anfang 1992 erschienen Auszüge, drei Jahre später die komplette Übersetzung, und die staatliche Kommission für den Holocaust empfahl dem Parlament, kein Gesetz gegen diese Veröffentlichung zu erlassen.[30] Die Bundesrepublik verzichtete darauf, im Land mit den meisten Holocaust-Überlebenden politisch oder juristisch zu intervenieren.

Anders in Tschechien. Als hier im März 2000 eine unkommentierte Übersetzung von *Mein Kampf* in zunächst 6000 Exemplaren erschien, unterstützte die Deutsche Botschaft in Prag rechtliche Schritte gegen den Verleger Michal Zitko. Auch Vertreter jüdischer Gemeinden und von Opferverbänden protestierten; schließlich stellte der tschechische Kulturminister persönlich Strafanzeige. Das Buch entwickelte sich jedoch zum Bestseller: Bis die Polizei die noch nicht verkauften Exemplare der Ausgabe beschlagnahmte, waren rund 90 000 Stück abgesetzt. In mehreren Strafverfahren wurde Zitko zu einer hohen Geldstrafe und zu drei Jahren Haft auf Bewährung verurteilt. Nach Überzeugung auch des Berufungsgerichtes hatte er sich der »Verbreitung nationalsozialistischen und menschenverachtenden Gedankenguts« schuldig gemacht. Der Angeklagte hatte eingewandt, er habe lediglich ein historisches Dokument herausgebracht. Ein Verstoß gegen das Urheberrecht lag dagegen nicht vor, denn nach tschechischem Gesetz war *Mein Kampf* bereits gemeinfrei. »Deutsches Recht gilt bei uns schon seit 1945 nicht mehr«, argumentierte Zitko während seines Verfahrens.[31]

Neuausgaben im In- und Ausland konnte man gestützt auf Urheber- und Verlagsrechte unterbinden. Aber was war mit den Originalausgaben aus den 1930er- und 1940er-Jahren? Insgesamt 12,4 Millionen Stück waren in deutscher Sprache gedruckt worden; die meisten davon dürften zwar an der Front, bei den Bombenangriffen auf deutsche Städte und vor allem kurz vor oder nach dem Einmarsch alliierter Truppen zerstört worden sein, doch mindestens einige hunderttausend Exemplare existierten auch Jahrzehnte nach dem Ende des Dritten Reiches noch. Seit den 1950er-Jahren wurden sie auch gehandelt, allerdings meist unter den Ladentheken von Antiquariaten oder gleich ganz privat. Formal verboten war der Besitz von originalen Ausgaben *Mein Kampf* aber nicht, denn dafür lieferten das Urheber- und das Verlagsrecht keine Handhabe. Dass der Inhalt volksverhetzend und beleidigend war, stand zwar außer Frage – jedoch war das nach Gesetzeslage kein Grund, Hitlers Buch grundsätzlich zu verbieten und auch aus Privatbesitz zu beschlagnahmen. Wegen Verletzung gleich mehrerer Grundrechte hätte ein solches Vorgehen vor dem Bundesverfassungsgericht sicher keine Chancen gehabt.

Ein anders begründeter Versuch, den Handel mit *Mein Kampf* zu unterbinden, misslang Ende der 1970er-Jahre. Im Juni 1978 hatte ein fränkischer Antiquitätenhändler auf einem Markt in Fürth zwei Ausgaben von Hitlers Buch angeboten, aus den Jahren 1935 und 1943. Ähnliches hatte es sicher schon unzählige Male gegeben, doch diesmal schritt die Polizei ein. Das Landgericht Nürnberg-Fürth verurteilte den Anbieter am 5. Februar 1979 wegen »Vorrätighaltens von Propagandamitteln« verfassungsfeindlicher Organisationen zu 1200 Mark Geldstrafe, weil auf dem Einband eines der beiden Exemplare ein goldenes Hakenkreuz eingeprägt war. Der Verurteilte legte Revision ein, und ungewöhnlich schnell entschied der Bundesgerichtshof, Deutschlands höchstes Strafgericht: Es sprach den Antiquitätenhändler Ende Juli 1979 von allen Vorwürfen frei.

Die juristisch ziselierte Begründung sorgte für Kopfschütteln in der deutschen Öffentlichkeit. Zwar treffe es zu, so das Karlsruher Gericht, dass *Mein Kampf* »den Konstitutionsprinzipien jeder freiheitlichen Demokratie sowie dem Gedanken der Völkerverständigung Hohn« spreche. »Damit sind aber die Kriterien des Paragrafen 86 Absatz (2) Strafgesetzbuch noch nicht ohne Weiteres erfüllt.« Einfacher formuliert: Hitlers Buch sei jedenfalls im Original kein Propagandamittel verfassungsfeindlicher Organisationen. Die Vorschriften des einschlägigen Paragrafen dienten nämlich »nicht allgemein der Bekämpfung freiheitsfeindlicher Ideen, sondern – mit unterschiedlicher Abgrenzung im Einzelnen – dem Schutz der Bundesrepublik Deutschland, der in ihr geltenden Verfassung sowie ihrer Verfassungsorgane und Symbole gegen gefährliche Angriffe«. Da Originalausgaben von *Mein Kampf* spätestens fünf Jahre vor Inkrafttreten des Grundgesetzes erschienen, also »vorkonstitutionell« waren, könnten sie nicht als verfassungsfeindliche Propagandamittel beurteilt werden. Anders allerdings, räumten die Bundesrichter ein, sei der Sachverhalt, »wenn die Schrift oder ein unveränderter Neudruck durch ein Vorwort, durch andere Ergänzungen oder Zusätze in der Weise aktualisiert wird, dass nunmehr aus ihrem Inhalt selbst die Zielrichtung gegen die Verfassung der Bundesrepublik hervorgeht«.[32]

Gegen das höchstrichterliche Urteil gab es keine Rechtsmittel mehr. Kritiker forderten zwar, die »Fehlentscheidung« zu revidieren.[33] Wegen der massiven antisemitischen Ausführungen in *Mein Kampf* hätten, so verlangten sie, auch andere Strafvorschriften wie Volksverhetzung, Aufstachelung zum Rassenhass und Beleidigung geprüft werden müssen. Zudem sei jeder Handel mit Hitlers Buch überflüssig; wer sich informieren wolle, könne dies in öffentlichen Bibliotheken tun. Tatsächlich waren in vielen Universitäts- oder Seminarsammlungen Ausgaben vorhanden, die Lesern gegen Nachweis ihres wissenschaftlichen Interesses zur Verfügung gestellt wurden. Doch der Bundesgerichtshof sah keine Veranlassung, sein Urteil zu revidieren. Antiquare, die *Mein Kampf* anbieten wollten, durften dies fortan unter der Bedingung tun, dass sie dafür nicht aggressiv Werbung machten und dem Käufer die Zusage abverlangten, den Band nur zu wissenschaftlichen Zwecken erwerben zu wollen. Faktisch war damit der Vertrieb antiquarischer Exemplare freigegeben; dabei ist es seither geblieben.

Doch nicht nur höchste Richter überraschten mit eigenwilligen Entscheidungen, sondern auch bayerische Beamte. Im Jahr 1974 nämlich beanstandete das Finanzministerium ein

ÜBERSEHENE AUSGABEN

Buch des Münchner List-Verlages mit dem Titel »Adolf Hitlers *Mein Kampf*. Eine kommentierte Auswahl« nicht.[34] Der Herausgeber Christian Zentner, ein Historiker und Geschichtsjournalist, veröffentlichte auf rund 160 Textseiten thematisch geordnete Auszüge, die meist aber nicht als Zitat wiedergegeben waren, sondern als Paraphrasen in indirekter Rede; der addierte Umfang der Hitler-Passagen betrug vorsichtig geschätzt hundert Seiten, also ein Achtel des Originaltextes. Auf 47 separaten Seiten fügte Zentner Anmerkungen hinzu. Offenbar hatte er sich nicht um eine offizielle Genehmigung bemüht, die ihm sicher verweigert worden wäre. Sein Kalkül ging auf: Sein Buch blieb unter der Aufmerksamkeitsschwelle des Ministeriums. Mangels Kläger gab es keinen Richter, der gegen diese Auswahl hätte vorgehen können. Zentners Band stürmte zwar nicht die Bestsellerlisten, erwies sich aber als Langzeiterfolg: In den kommenden 40 Jahren wurde er nahezu unverändert immer wieder aufgelegt und erreichte eine verkaufte Auflage von insgesamt mehr als 50 000 Exemplaren.[35] Bis heute ist kein Einspruch des bayerischen Finanzministeriums gegen die Ausgabe bekannt geworden.

Ebenso wenig fiel den Münchner Beamten offenbar auf, dass 1981 in einem kleinen Bremer Spezialverlag ein vollständiges Kapitel aus *Mein Kampf* als Faksimile erschien. Es handelte sich um einen Nachdruck der Broschüre *Die Südtiroler Frage und das deutsche Bündnisproblem*, in der im Frühjahr 1926 der Eher-Verlag das 13. Kapitel als Vorab-Auskopplung veröffentlicht hatte. Der ungenehmigte Reprint, offiziell laut Impressum »für Forschungszwecke, insbesondere zur Ergänzung von Sammlungen« gedacht, umfasste gut 10 000 Wörter Originaltext und damit ein Zehntel des zweiten Bandes von *Mein Kampf*. Da die Broschüre aber einen eigenständigen Titel trug und auch als solche im Katalog der Bayerischen

Staatsbibliothek auftauchte, konnten Unkundige den Eindruck gewinnen, der Text habe nichts mit Hitlers Hetzschrift zu tun. Trotzdem galt juristisch gesehen das Urheberrecht und damit der von Bayern beanspruchte Unterlassungsanspruch für den Auszug ebenso wie für vollständige Nachdrucke von *Mein Kampf*. Eine Anfrage, ob die Broschüre geprüft und für unbedenklich erklärt worden sei oder ob man in München von der Wiederveröffentlichung gar nichts mitbekommen habe, beantwortete das Finanzministerium nicht.

Hartleibig zeigten sich die Beamten dagegen im Januar 2012. Der britische Verleger Peter McGee, der sich bereits wegen der Veröffentlichung von Faksimiles des *Völkischen Beobachters* und des Goebbels-Blattes *Der Angriff* vor Gericht mit ihnen duelliert hatte, kündigte medienwirksam an, drei jeweils 16 Seiten starke Broschüren mit Auszügen aus *Mein Kampf* unter dem Titel *Das unlesbare Buch* an Deutschlands Kioske bringen zu wollen. Sie sollten in jeweils einer Spalte Zitate bringen und direkt daneben, durch den Satz abgehoben, die dazu gehörenden Kommentare des Historikers Horst Pöttker. Vorworte und Begleittexte hatten renommierte Experten wie Hans Mommsen oder Wolfgang Benz beigesteuert. McGee begründete sein Vorhaben: »Wir wissen um die dunkle Macht dieses Buches, aber die rührt daher, dass niemand es gelesen hat. Die Aura des Verbotenen macht seinen Mythos aus.«[36]

Vielleicht weil McGee dem Freistaat 2009 vor dem Oberlandesgericht München eine empfindliche juristische Niederlage beigebracht hatte, die in deutschen Medien fast einhellig gelobt worden war, stellten sich die Beamten stur. Und sie konnten sich durchsetzen – zuerst per einstweiliger Verfügung, dann im ordentlichen Verfahren. Ohne inhaltliche Prüfung hatte das Landgericht München zunächst entschieden, dass »die Herstellung und Verbreitung kommentierter

Auszüge aus *Mein Kampf* verboten« sei.[37] Wieder einmal ungewöhnlich rasch folgte die Entscheidung in der Hauptsache; der Vorsitzende Richter der zuständigen Zivilkammer befand: »Wir sind der Meinung, Zitate sind nur zulässig, wenn sie einen Zitatzweck verfolgen, also Anregungen zu weiterführenden Gedanken bieten. Unserer Meinung nach verlassen die Zitate in der Broschüre diesen Zitatzweck.« Pöttkers Kommentar diente nach Ansicht der Kammer »nur der ergänzenden Erläuterung des Originaltexts, der vorrangig für sich selbst sprechen soll«.[38] Das Interesse von McGee sei die Verbreitung der Originalzitate aus *Mein Kampf* und nicht deren Aufbereitung durch die Kommentare, die neben den Auszügen aus Hitlers Text stehen sollten. Wie Juristen ohne geschichtswissenschaftliche Ausbildung oder Erfahrung derlei beurteilen sollten, verriet das Gericht nicht; gegenteilige Bewertungen von Experten wie der Passauer Politikwissenschaftlerin Barbara Zehnpfennig ignorierten die Richter.[39] Ebenso die nächste Instanz, das Oberlandesgericht; es bestätigte in der Berufungsverhandlung die Entscheidung. Die Anmerkungen dienten nur dazu, »das Original am Urheberrecht vorbei zugänglich zu machen«.[40] Dass es nur um ein Prozent des Umfanges ging, nicht einmal ein Zehntel der in der nie beanstandeten Auswahl von Christian Zentner verbreiteten Textmenge, gehört zu den Absurditäten des Urteils.

Mit dieser Entscheidung war zwar Peter McGees Auswahlausgabe vorerst gescheitert. Doch an der Sachlage hatte sich nichts geändert: Unweigerlich am 31. Dezember 2015 laufen die Urheberrechte Bayerns an *Mein Kampf* aus. Danach ist Hitlers Buch gemeinfrei, kann von jedermann in jeder Form verbreitet werden. Historiker trieben schon lange Sorgen vor den Folgen um, doch erst im April 2012 hatte die Regierung des Freistaates ein Einsehen. Allerdings gegen den Widerstand des Finanzministeriums; ernsthaft hatte man dort sogar in Erwägung gezogen, per Sondergesetz die Sperrung von *Mein Kampf* über das Auslaufen des Urheberrechts hinaus zu verlängern. Offenbar im letzten Moment ließen sich die Beamten überzeugen, dass eine solche Spezialnorm verfassungsrechtlich keinen Bestand haben dürfte. In jedem Fall wäre eine Änderung des Urheberrechts Bundessache und damit dem Zugriff der bayerischen Staatsregierung weit entzogen. So setzten die Staatskanzlei und das Kultusministerium durch, dass Bayern das Institut für Zeitgeschichte mit der Erstellung einer wissenschaftlichen kommentierten Gesamt- und einer stark gekürzten Schulausgabe von Hitlers Buch beauftragte. Immerhin eine halbe Million Euro wurde dafür zunächst bereitgestellt.[41]

Doch die Festlegung der bayerischen Regierung hatte lediglich anderthalb Jahre Bestand. Auf einer Israel-Reise ließ sich Ministerpräsident Horst Seehofer nämlich die Zusage abringen, die staatliche Unterstützung für die kritische Edition zurückzuziehen. Man wolle eine Veröffentlichung von Hitlers Hetzschrift trotz des Auslaufens der Urheberrechte verhindern, erklärte seine Staatskanzlei nun überraschend. Sollte ein Verlag dann dennoch das Buch veröffentlichen, werde Bayerns Regierung Strafanzeige stellen. »Ich kann nicht einen NPD-Verbotsantrag stellen in Karlsruhe und anschließend geben wir sogar noch unser Staatswappen her für die Verbreitung von *Mein Kampf* – das geht schlecht«, begründete Seehofer die Kehrtwende.[42] Doch schnell zeigte sich, dass der CSU-Politiker falsch kalkuliert hatte. Statt Zustimmung löste seine Entscheidung nahezu ausschließlich Kritik aus. Bayern korrigierte sich. Zwar blieb es dabei, dass es kein weiteres Steuergeld für die Edition geben sollte, womit die vorgesehene Kurzausgabe für Schulen ersatzlos wegfiel und die kostenlose Veröffentlichung im Internet gefährdet war. Doch auf andere Weise wollte die Politik die kommentierte Ausgabe der Münchner Forscher nicht mehr behindern: »Dass das Institut für Zeitgeschichte von der Wissenschaftsfreiheit Gebrauch macht und Gebrauch machen wird, ist ebenso selbstverständlich«, gab Seehofers Kultusminister Ludwig Spaenle die erneute Kursänderung bekannt.[43]

Trotzdem drängte der Freistaat im Juni 2014 auf die Entscheidung der Justizministerkonferenz, Straftatbestände so auszulegen, dass die Veröffentlichung von *Mein Kampf* künftig als Volksverhetzung bestraft werden könne. »Die ganze demokratische Welt schaut auf Deutschland, und da haben wir auch die Gefühle der Überlebenden des Holocaust auf besondere Weise zu beachten«, begründete Bayerns Justizminister Winfried Bausback die Entscheidung.[44] Für die laufende Arbeit an der kommentierten Edition des Instituts für Zeitgeschichte war das ein weiterer Tiefschlag: Staatsanwälte sollen beurteilen, ob ihr kritischer Kommentar zulässig oder unzulässig sei. Mit Wissenschaftsfreiheit hatte das nicht mehr viel zu tun.

Der inzwischen amtierende Institutschef Andreas Wirsching beschrieb das Projekt seines Hauses: »Ziel ist es, Hitlers Weltanschauung, seine ideologischen Wurzeln, seine Widersprüche und letztlich auch die Folgen seiner Programmatik offenzulegen.« Gegen die Angriffe aus der Politik setzte er sich zur Wehr: »Das hat mit Volksverhetzung natürlich nichts zu tun. Ich sehe hier überhaupt keine strafrechtliche Relevanz und bin auch sicher, dass es von staatlicher Seite keine Versuche geben wird, die Arbeit des Instituts zu kriminalisieren.«[45] Letztlich werden wohl trotzdem Juristen zu entscheiden haben. Auf Unterstützung aus der Geschichtswissenschaft dürfen sie allerdings nicht hoffen: Nicht ein einziger renommierter deutscher oder internationaler NS-

Forscher spricht sich noch gegen eine kommentierte Komplett- oder Auswahlausgabe von Hitlers Buch aus.

Streit begleitet *Mein Kampf* seit 1945. Obwohl formal nicht verboten, erwecken doch die Maßnahmen des bayerischen Finanzministeriums bei wenig informierten Betrachtern genau diesen Eindruck. Damit erreichen die Münchner Beamten seit mehreren Jahrzehnten genau das Gegenteil des angestrebten Ziels: Statt Hitlers Buch zu marginalisieren, fördern sie den Mythos darum.

ZUKUNFT

Welcher Text wäre besser geeignet, die Brutalität und
Menschenverachtung der NS-Weltanschauung aufzuzeigen
als *Mein Kampf*?

ERNST PIPER, HISTORIKER[1]

Aufklärung ist immer besser als Heimlichkeit. Das zeigt alle Lebenserfahrung: In demokratischen Staaten findet sich immer irgendein Weg, Bilder und Texte zu verbreiten, seien sie nun angenehm oder unangenehm, schön oder hässlich. Was eindeutig kriminell ist, kann und sollte strafrechtlich sanktioniert werden; alles andere müssen freie Gesellschaften aushalten. Sie können es umso besser, je weiter das Wissen um die Hintergründe verbreitet ist: Breite Öffentlichkeit hat fast immer eine mäßigende Wirkung, denn radikale Botschaften sprechen stets nur Minderheiten an.

Seit Jahrzehnten versucht der Freistaat Bayern, die weitere Verbreitung von Hitlers *Mein Kampf* mit den Mitteln des Urheberrechts zu unterbinden, obwohl so ein Vorgehen verfassungsrechtlich zumindest fragwürdig ist: »Für die wissenschaftliche Auseinandersetzung mit historischen Quellen greift dieses Instrumentarium nicht«, sagen Experten.[2] Ohnehin konnten auf diese Weise lediglich Neuauflagen durch offizielle Verlage teilweise verhindert werden; gegen reine Raubdrucke aber war diese Methode aussichtslos. Spätestens seit der allgemeinen Verbreitung des Internets aber ist diese Strategie vollends gescheitert. Seit Mitte der 1990er-Jahre sind Versionen von *Mein Kampf* im World Wide Web verfügbar, eingescannte Originale ebenso wie mehr oder weniger fehlerfrei abgeschriebene, durchsuchbare Text-Dokumente. Auch die meisten Übersetzungen, die jemals offiziell oder inoffiziell erschienen sind, lassen sich seit einigen Jahren elektronisch abrufen.

Zunächst fand sich *Mein Kampf* vor allem auf politisch eindeutig zu verortenden Web-Seiten. Spätestens im Herbst 1996 konnte die englische Übersetzung von James Murphy über die Webpräsenz britischer Rechtsextremisten und Holocaust-Leugner abgerufen werden; dieses Angebot existiert allerdings schon seit mehreren Jahren nicht mehr. Anders die Seite »Radio Islam«, die ungefähr zur gleichen Zeit online ging.[3] Gegründet hat sie der marokkanische Flüchtling Ahmed Rami, der sie bis heute von Schweden aus betreibt. Die Inhalte der Seite, teilweise in 23 verschiedenen Sprachen angeboten, sind religiös-fundamentalistisch und antisemitisch. Abrufbar sind zahlreiche Texte, die den Holocaust leugnen und zum Aufstand gegen die »zionistische Weltverschwörung« aufrufen. Mehrfach wurde gegen Rami wegen Volksverhetzung ermittelt, mindestens zweimal verurteilten schwedische Gerichte ihn auch. Ungeachtet dessen ist die Website immer noch problemlos zu erreichen. Bereitgehalten zum Download werden dort elektronische Varianten von *Mein Kampf* unter anderem nach der Volksausgabe von 1930 und in einer gekürzten französischen Version unter dem Titel *Mon Combat*, die aber nicht identisch ist mit der gleichnamigen vollständigen, aber illegalen und verbotenen Übersetzung von 1934.

Von Hunderten weiterer Websites können heute verschiedenste Fassungen und Auflagen dieses Buches heruntergeladen werden. Bei den deutschen Texten handelt es sich meist um Digitalisate von in Antiqua gesetzten Fassungen, oft der 851. bis 855. Auflage aus dem Jahr 1943. Möglicherweise liegt diesen auf mindestens 31 verschiedenen Seiten im Internet zu findenden Download-Angeboten stets dieselbe Ursprungsdatei zugrunde; Unterschiede sind jedenfalls jenseits des mal aufwendiger, mal schlichter gestalteten Titelblattes nicht zu erkennen. Deutlich seltener findet man Bilddateien von Fraktur-Ausgaben: Offenbar beherrschen viele der potentiellen Leser, auch wenn sie Deutsch können, die altertümliche Schrift nicht oder nicht gut genug. Die meisten dieser Websites sind offen antisemitisch; oft werden sie von den Vereinigten Staaten aus betrieben, wo es fast keine Beschränkungen der Meinungsfreiheit gibt und selbst eindeutig volksverhetzende Inhalte straffrei bleiben. Nach deutschem Recht sind solche Downloads zwar wahrscheinlich illegal, doch ernsthaft dagegen vorgehen können Staatsanwälte unmöglich.

Wer den Originaltext von *Mein Kampf* in elektronischer Form lesen will, ist aber nicht auf rechtsextreme oder islamistische Seiten angewiesen. Seit einigen Jahren digitalisieren verschiedene Bibliotheken in den Vereinigten Staaten, Australien und teilweise auch Großbritannien ältere Veröffentlichungen, deren Urheberrechte nach dort geltendem Recht entweder ausgelaufen oder aber unklar sind. Mehr als hundert Hitler-Dateien bietet die Internet-Bibliothek Archive.org an, die von einer gemeinnützigen Organisation in San Francisco betrieben wird. Hier sind, neben rund einem Dutzend verschiedener deutscher Versionen, nahezu alle bis 1945 veröffentlichten Übersetzungen abrufbar, auf Portugiesisch ebenso wie auf Polnisch, auf Spanisch und Bulgarisch, Niederländisch und Tschechisch, sowie die meisten gekürzten oder vollständigen englischen Varianten. Dazu zählt auch die einzige bis heute verfügbare erläuterte Ausgabe, die 1939 in New York erschienen war. Allerdings beschränkten sich ihre Anmerkungen auf einige Zeilen alle paar Seiten; »umfassend kommentiert«, wie es diese Version für sich in Anspruch nahm, war sie in Wirklichkeit kaum.[4]

Ebenfalls heruntergeladen werden können die Scans von vier Bänden einer extrem freien englischsprachigen Adaption im Stil japanischer Manga-Comics. Auf rund 150 Seiten fassen der pseudonyme Übersetzer und der ebenso mit falschem Namen genannte Zeichner Hitlers Leben von der Kindheit bis zu seinem Aufstieg zum NSDAP-Parteichef 1921 zusammen. Die japanische Originalversion war 2008/09 durchaus ein Verkaufserfolg: In zehn Monaten setzte der Verlag immerhin 45 000 Exemplare ab.[5] Viel Gewicht wird auf den Ersten Weltkrieg gelegt, vor allem auf die Geschichte des Hitler zugelaufenen Terriers »Foxl«, der ihm angeblich einmal instinktiv bei Granatbeschuss im Schützengraben das Leben rettete – eine rührselige Geschichte, die Hitler nicht einmal selbst behauptete.[6] Der Judenhass als Kern seiner Weltanschauung kommt zwar in einigen wenigen Zeichnungen vor, wird aber in seiner Radikalität nicht deutlich. Wer *Mein Kampf* als Manga liest, lernt einen aufbrausenden, trotzdem aber insgesamt nicht unsympathischen Adolf Hitler kennen. Mit dem originalen Text hat diese Comicversion kaum mehr etwas zu tun.

Obwohl all diese Angebote kostenlos herunterladbar sind, gibt es dennoch einen Markt für bezahlte E-Book-Ausgaben von Hitlers Buch. Das Onlinekaufhaus Amazon und auch der iTunes-Shop von Apple bieten es zu Preisen zwischen 99 Cent und drei Dollar an; im Januar 2014 führte das Werk sogar zeitweise die Verkaufsliste in der Unterkategorie »Propaganda & Political Psychology« an. Wie oft die Datei tatsächlich bestellt wurde, verriet die Website nicht; unter allen E-Books erreichte *Mein Kampf* auf Englisch zur selben Zeit lediglich Rang 5316. Durchschnittlich wies Amazon für Hitlers Buch zu dieser Zeit eine Bewertung von 3,8 der fünf möglichen Sterne aus. Immerhin 354 Leser hatten ihre Meinung auf der Website hinterlassen – sie reichte von »faszinierende Übersetzung« bis hin zu »Fake«.[7]

Nicht nur virtuell, sondern auch ganz altmodisch gedruckt ist *Mein Kampf* rund um die Welt verfügbar. Amazon bietet mehr als ein Dutzend verschiedene druckfrische Hardcover- und Paperbackversionen an, die meisten davon verschiedene englische Übersetzungen; außerdem viele antiquarische Angebote. Als Zugeständnis an die Rechtsauffassung der Freistaates Bayern verschickt die US-Mutter des Konzerns diese Ausgaben aber nicht nach Deutschland; die deutsche Tochterfirma listet zudem keine einzige Textversion von Hitlers Buch, weder neu noch gebraucht. Trotzdem ist es kein Problem, bei Amazon.com ein Exemplar von *Mein Kampf* zu ordern: Man braucht nur eine Lieferadresse beispielsweise in der Schweiz und eine nichtdeutsche Kreditkarte anzugeben.[8]

Bis zu 15 000 Exemplare der verschiedenen neuen Ausgaben sollen in den Vereinigten Staaten im Jahr verkauft werden.[9] Noch deutlich höher dürfte der Absatz in traditionell antisemitischen und antizionistischen Ländern sein. »Die 18. Auflage von Hitlers *Mein Kampf* auf Persisch kann im Iran in jeder größeren Buchhandlung gekauft werden«, berichtet der Regime-Kritiker und Politologe Wahied Wahdat-Hagh.[10] In Bangladeschs Hauptstadt Dhaka gehört eine Übersetzung zu den »Hits« bei den meist jugendlichen Straßenhändlern: »An einem normalen Tag kann ich fünf oder sechs Stück davon verkaufen«, sagt ein solcher fliegender Händler.[11] Nach allerdings nicht überprüfbaren Angaben sollen Raubdrucke der gekürzten arabischen Übersetzung im Gazastreifen und im palästinensischen Westjordanland Bestseller sein, sogar den sechsten Rang der meistverkauften Bücher erreicht haben.[12] In Kairo sind Nachdrucke einer offiziellen arabischen Version von 1963 auch in renommierten Buchhandlungen erhältlich, zusätzlich zu Raubdrucken auf der Straße.[13] Auch im südostasiatischen Indonesien »ist *Mein Kampf* oft ausverkauft«, erklärt der Historiker Asvi Warman Adam vom indonesischen Institut für Wissenschaften.[14] Der Band wird deshalb regelmäßig nachgedruckt.

Während also Hitlers Buch in nahezu allen denkbaren Varianten heute weltweit verfügbar ist, gibt es bislang keine einzige kommentierte Version, weder des deutschen Originals noch in irgendeiner anderen Sprache. Zwar liegen mehr als 80 verschiedene seriöse Biografien des Diktators vor, Übersetzungen nicht eingerechnet. Die wissenschaftliche Literatur über den Nationalsozialismus hat, einschließlich zahlreicher Aufsätze, längst eine mittlere sechsstellige Gesamtzahl erreicht. Unzählige wichtige und weniger wichtige Quellentexte sind ediert, oft in hervorragender Qualität. Dennoch kreist die gesamte Forschung zum Nationalsozialismus um ein schwarzes Loch, weil der Freistaat Bayern bis zum unweigerlichen Auslaufen des Urheberrechts Ende 2015 jede konkrete Auseinandersetzung mit dem Originaltext verweigert. Zwar hat eine bayerische Politikwissenschaftlerin, Barbara Zehnpfennig aus Passau, in zwei Bänden eine umfangreiche »Interpretation« und einen deutlich knapperen »Studienkommentar« vorgelegt.[15] Doch vom eigentlichen Text zitiert sie aus rechtlichen Gründen vor allem einzelne Begriffe oder Sätze; viel öfter werden Hitlers Ausführungen zusammengefasst in Zehnpfennigs eigenen Worten wiedergegeben.

Anfang 2016 soll sich das ändern. Dann wird die Ausgabe erscheinen, an der das Institut für Zeitgeschichte arbeitet.

DAS ENDE DES MYTHOS?

Die Münchner Historiker haben sich viel vorgenommen: »Es gilt, durch eine wissenschaftlich einwandfreie Edition jedem ideologisch-propagandistischen oder kommerziellen Missbrauch von *Mein Kampf* entgegenzuwirken.« Sie soll »überall verfügbar sein«, um den Markt auszutrocknen. Ob das angesichts der Streichung der Subventionen möglich sein wird, muss sich zeigen. In jedem Fall wird es sich bei dieser Ausgabe um ein Großwerk von etwa 2000 Seiten Umfang handeln, denn sie soll mehrere Aufgaben gleichzeitig erfüllen: Die Quellen seien »Schritt für Schritt offenzulegen«, der »Kontext seiner Weltanschauung nachzuzeichnen« und »in Ansätzen auch die zeitgenössische Rezeption«. Zentral soll aber die Widerlegung von Hitlers Ideen und Behauptungen sein; sie seien »mit den Ergebnissen der modernen Forschung zu kontrastieren«. Zusammen mit einem ausführlichen Kommentar von rund 5000 einzelnen Erläuterungen werde so »ein Subtext zu *Mein Kampf*« entstehen, durch den »klar wird, wie Hitlers Ideologie entstand, wie selektiv und verzerrt er die Wirklichkeit wahrnahm und, ansatzweise auch, welche schrecklichen Folgen sich aus ihr ergaben«.[16] Verantwortlich für das Projekt ist der Historiker Christian Hartmann, der um seine Bedeutung weiß, denn »Editionen sind für die Ewigkeit«.[17]

In der unbedingt notwendigen Differenzierung aber wird sich das ambitionierte Programm der Forscher kaum allgemein verständlich darlegen lassen. Eine wissenschaftliche Edition kann sich nie an das breite Publikum richten; nicht einmal, wenn ihr vollständiger Text tatsächlich wie geplant ab 2017 im Internet zugänglich wäre. Das ist aber auch nicht schlimm, denn Einrichtungen wie das Institut für Zeitgeschichte leisten Grundlagenforschung. Was andere Historiker, Journalisten und interessierte Laien daraus machen, haben sie nicht zu bestimmen und wollen das in aller Regel

ZUKUNFT

auch nicht. Die Karriere des deutschen Buches *Mein Kampf* wird weitergehen – auch 70 Jahre nach dem Selbstmord seines Verfassers.

ANHANG

DANKSAGUNG

Bücher haben ihre eigene Geschichte – auch und gerade Bücher über Geschichte. Die Geschichte dieses Buches reicht mehr als 20 Jahre zurück. Es muss 1993 gewesen sein, als ich mein erstes Exemplar von *Mein Kampf* erwarb – natürlich unter dem Ladentisch, genau genommen im Keller eines Antiquariats in Berlin-Lichterfelde. 150 DM musste ich damals dafür investieren: das bis dahin teuerste Buch, das ich selbst gekauft hatte. Bezahlen konnte ich es mit dem monatlichen Büchergeld der Studienstiftung des deutschen Volkes. Ziemlich direkt ist also meine Beschäftigung mit Hitlers Hetzschrift durch Steuergelder ermöglicht worden.

Seit mehr als zwei Jahrzehnten begleitet mich *Mein Kampf* jetzt durch meine Arbeit als Geschichtsjournalist. Mein erster Artikel zu Hitlers Buch erschien wenige Wochen nach dem Erwerb meines ersten Exemplars, damals in der Berliner Zeitung; bis ins Frühjahr 2015 sind mehr als hundert weitere hinzugekommen, fast alle in der Welt. Auch in mehreren meiner Bücher, etwa in *Attentäter. Mit einer Kugel die Welt verändern* oder *Hitlers Berlin. Geschichte einer Hassliebe* hat *Mein Kampf* eine größere Rolle gespielt. Dennoch bedurfte es eines doppelten Anstoßes, damit ich mich speziell mit dieser Hetzschrift selbst in einem Buch beschäftigte. Die Idee entstand bei einem Mittagessen mit dem Büchermacher Christian Seeger, und mein Agent PD Dr. Ernst Piper drängte mich, am Thema dranzubleiben.

ANHANG

Doch ohne die mehr oder minder direkte Hilfe vieler Freunde wäre dieses Projekt nie zum Abschluss gekommen. Wie bei jedem meiner Bücher haben auch diesmal Wieland Giebel und Dr. Berthold Seewald den Entstehungsprozess auf ihre jeweils ganz eigene Weise gefördert. Lars-Broder Keil hat mir wieder den Rücken freigehalten – wie immer, wenn wir nicht gleich gemeinsam für ein neues Buch verantwortlich zeichnen. Dr. Eberhard Hoene hat mir in verfahrener Situation beigestanden, wofür ich unendlich dankbar bin. Unverzichtbar war einmal mehr die kritische Lektüre meiner Freunde Andrea Wieshuber, Dr. Andreas Lorenz, Dr. Tim Mennel und Dr. Ralf Georg Reuth, bei denen ich mich herzlich bedanke. Frank Lehmann hat mich wieder visuell und am Auslöser seiner Kamera unterstützt. Simon Hodgson hat freundlicherweise übersetzt.

Viele Unversitätshistoriker haben durch Rat und Tat über die Jahre hinweg meine Beschäftigung mit *Mein Kampf* gefördert. Ich meine Prof. Dr. Wolfgang Benz, PD Dr. Magnus Brechtken, Dr. Christian Hartmann, Prof. Dr. Hans Mommsen, Dr. Othmar Plöckinger, Prof. Dr. Wolfram Pyta, Prof. Dr. Thomas Weber und Prof. Dr. Barbara Zehnpfennig. Ohne das wissenschaftliche Handwerkszeug, das ich bei meinem akademischen Lehrer Prof. Dr. Alexander Demandt an der Freien Universität Berlin gelernt habe, hätte ich dieses Buch so wenig schreiben können wie meine übrigen Veröffentlichungen.

Wie die meisten meiner Bücher beruht auch dieses überwiegend auf Quellenrecherchen – und also auf der Unterstützung durch engagierte Archivare. Im Bundesarchiv Berlin haben mich besonders Christiane Ihlius, Dr. Monika Kaiser, Kerstin Risse und Torsten Zarwel unterstützt; ihnen und allen Mitarbeitern des Benutzerdienstes danke ich. Auch die Mitarbeiter des Hauptstaatsarchivs München waren sehr zu-

DANKSAGUNG

vorkommend. Im Politischen Archiv des Auswärtigen Amtes danke ich den Mitarbeitern, namentlich Dr. Johannes Freiherr von Boeselager und Martin Kröger. Bibliotheken sind immer wichtig, aber im Fall dieses Buches als besonders wichtig erwies sich die Handbibliothek des Deutschen Historischen Museums Berlin, wofür ich Dr. Matthias Miller und seinen Mitarbeitern danke.

Ohne Verlag kann auch heute kaum ein Buch erscheinen. Für die ausgesprochen professionelle und gleichzeitig immer erfreuliche Kooperation bei Klett-Cotta in Stuttgart danke ich Dr. Christoph Selzer sowie Katja Bäumlisberger, Mara Ebinger, Kathrin Karasek und Maria Stork.

Gewidmet ist dieses Buch einer wahren Zeugin des Jahrhunderts, Anna-Maria Lorenz, zu ihrem 90. Geburtstag.

Berlin, Sommer 2015   Sven Felix Kellerhoff

ANMERKUNGEN

Vorwort
1 Somuncu: *Tagebuch eines Massenmörders* (CD), Track 1, 1:54 – 2:04.
2 Beschluss der 85. Konferenz der Justizministerinnen und Justizminister am 25./25. Juni 2014 im Ostseebad Binz auf Rügen, Tagesordnungspunkt II.12.
3 Vgl. Maser: *Adolf Hitlers Mein Kampf* u. ders.: *Adolf Hitler – Mein Kampf.*
4 Vgl. Zentner: *Adolf Hitlers Mein Kampf.*
5 Vgl. Zehnpfennig: *Hitlers Mein Kampf* u. dies.: *Mein Kampf. Studienkommentar.*
6 http://www.welt.de/kultur/history/article13819610/Mein-Kampf-zeigt-Hitler-als-systematischen-Denker.html.
7 http://www.welt.de/geschichte/zweiter-weltkrieg/article1 22823437/Warum-Mein-Kampf-gedruckt-werden-sollte.html.
8 *Welt* v. 9. Juli 2014.
9 http://www.washingtonpost.com/world/europe/mein-kampf-a-historical-tool-or-hitlers-voice-from-beyond-the-grave/ 2015/02/24/f7a3110e-b950-11e4-bc30-a4e75503948a_story. html.
10 http://www.nytimes.com/2014/07/08/opinion/should-germans-read-mein-kampf.html?emc=eta1&_r=0.

Inhalt
1 Fest: *Hitler,* S. 290.
2 Hitler: *Mein Kampf* (1939), S. XXVII.
3 *Völkischer Beobachter* v. 7. September 1923.
4 Jäckel/Kuhn (Hrsg.): *Hitler 1905 – 1924,* S. 1022.
5 *Washington Post* v. 27. 9. 1923

6 Jäckel/Kuhn (Hrsg.): *Hitler 1905 – 1924*, S. 1054
7 Hitler: *Mein Kampf* (1939), S. 780 f.
8 Hitler: *Mein Kampf* (1939), S. 1.
9 Typoskriptblatt Nr. 1 (Kopie in der Sammlung des Verf.) u. Beierl/Plöcklinger: *Neue Dokumente*, S. 296.
10 Hitler: *Mein Kampf* (1939), S. 5.
11 Hitler: *Mein Kampf* (1939), S. 6 – 8.
12 Hitler: *Mein Kampf* (1939), S. 11 u. S. 14.
13 Hitler: *Mein Kampf* (1939), S. 20 f.
14 Hitler: *Mein Kampf* (1939), S. 70.
15 Hitler: *Mein Kampf* (1939), S. 93 u. S. 44.
16 Hitler: *Mein Kampf* (1939), S. 110.
17 Hitler: *Mein Kampf* (1939), S. 138 f.
18 Hitler: *Mein Kampf* (1939), S. 144 f.
19 Hitler: *Mein Kampf* (1939), S. 148 f.
20 Hitler: *Mein Kampf* (1939), S. 151 f.
21 Hitler: *Mein Kampf* (1939), S. 152 f.
22 Hitler: *Mein Kampf* (1939), S. 154. Vom »Platz an der Sonne« sprach der damalige Staatssekretär des Auswärtigen Amtes, Bernhard von Bülow, am 6. Dezember 1897 im Reichstag.
23 Hitler: *Mein Kampf* (1939), S. 171.
24 Hitler: *Mein Kampf* (1939), S. 177.
25 Hitler: *Mein Kampf* (1939), S. 189.
26 Hitler: *Mein Kampf* (1939), S. 192.
27 Vgl. Scholdt: Autoren über Hitler, S. 360 – 370.
28 Hitler: *Mein Kampf* (1939), S. 196.
29 Hitler: *Mein Kampf* (1939), S. 198 f.
30 Vgl. Kellerhoff: *Heimatfront*, S. 145 – 237.
31 Hitler: *Mein Kampf* (1939), S. 213.
32 Hitler: *Mein Kampf* (1939), S. 215 u. S. 217.
33 Hitler: *Mein Kampf* (1939), S. 219 – 221.
34 Hitler: *Mein Kampf* (1939), S. 223 – 225.
35 Hitler: *Mein Kampf* (1939), S. 229 – 232.
36 Hitler: *Mein Kampf* (1939), S. 234.
37 Hitler: *Mein Kampf* (1939), S. 265 u. S. 268.
38 Hitler: *Mein Kampf* (1939), S. 270.
39 Vgl. *Spiegel* v. 10. 5. 1947.
40 Vgl. Neumann/Eberle: *War Hitler krank?*, S. 51.
41 Hitler: *Mein Kampf* (1939), S. 291.

ANMERKUNGEN

42 Hitler: *Mein Kampf* (1939), S. 306.
43 Hitler: *Mein Kampf* (1939), S. 310.
44 Hitler: *Mein Kampf* (1939), S. 311 f.
45 Hitler: *Mein Kampf* (1939), S. 318.
46 Hitler: *Mein Kampf* (1939), S. 356.
47 Hitler: *Mein Kampf* (1939), S. 358.
48 Hitler: *Mein Kampf* (1939), S. 361 f.
49 Hitler: *Mein Kampf* (1939), S. 384 f.
50 Hitler: *Mein Kampf* (1939), S. 388.
51 Hitler: *Mein Kampf* (1939), S. 418; vgl. ebd., S. 188 f. Eine erneute Wiederholung auf S. 596 f.
52 Hitler: *Mein Kampf* (1939), S. 436 f.
53 Hitler: *Mein Kampf* (1939), S. 439; vgl. ebd., S. 1.
54 Hitler: *Mein Kampf* (1939), S. 443; vgl. ebd., S. 314.
55 Hitler: *Mein Kampf* (1939), S. 454; vgl. ebd., S. 277 f.
56 Hitler: *Mein Kampf* (1939), S. 587; vgl. ebd., S. 210.
57 Hitler: *Mein Kampf* (1939), S. 689; vgl. ebd., S. 144–151.
58 Hitler: *Mein Kampf* (1939), S. 732.
59 Hitler: *Mein Kampf* (1939), S. 739 f.
60 Hitler: *Mein Kampf* (1939), S. 742 u. S. 154.
61 Hitler: *Mein Kampf* (1939), S. 675.
62 Hitler: *Mein Kampf* (1939), S. 555 f.; vgl. Franz-Willing: Ursprung der Hitlerbewegung, S. 123–127.
63 Hitler: *Mein Kampf* (1939), S. 488–491.
64 25-Punkte-Programm der Nationalsozialistischen Deutschen Arbeiterpartei. http://www.documentArchiv.de/wr/1920/nsdap-programm.html.
65 RGBl I 1935, S. 1146.

Entstehung

1 Plöckinger: *Geschichte eines Buches*, S. 30.
2 Vgl. chronologisch geordnet etwa Olden: *Hitler der Eroberer*, S. 136; Heiber: *Hitler*, S. 46; Bullock: *Hitler*, S. 629; Fest: *Hitler*, S. 290; Zentner: *Adolf Hitlers Mein Kampf*, S. 9; Toland: *Hitler*, S. 269; Steinert: *Hitler*, S. 175 f.; Kershaw: *Hitler*, Bd. 1, S. 300 u. S. 831; Zehnpfennig: *Mein Kampf*, S. 331.
3 Werbebroschüre des Franz-Eher-Verlages, undatiert [1938], BArch Berlin NS 26/2247, S. 16 u. S. 1–3.
4 Möller: *Der Führer*, S. 96.

ANHANG

5 Aktennotiz Alfred Rosenberg, 15. Dezember 1938, in: BArch Berlin NS 11/23a.
6 Lurker: *Hitler hinter Festungsmauern*, S. 56.
7 Heinz: *Germany's Hitler*, S. 185.
8 Heiden: *Hitler*, S. 192 f.
9 Vgl. z. B. Adolf Hitler: Schreiben an das Finanzamt München III v. 31. Oktober 1925, in: StA München, FinÄ 496; Goebbels: *Tagebücher 1923 – 1941*, Bd. 1/II, S. 72; Bitte Heß' um Äußerungen zur bisherigen Propaganda im Reichspräsidenten-Wahlkampf v. 14. März 1932, in: Nationalsozialismus, Holocaust, Widerstand und Exil 1933 – 1945. Online-Datenbank. http://db.saur.de/DGO/basicFullCitationView.jsf?documentId=APK-008443
10 Frank: *Im Angesicht des Galgens*, S. 45; vgl. Schenk: *Hans Frank*, S. 132 – 135.
11 Frank: *Im Angesicht des Galgens*, S. 45.
12 Heß: *Briefe*, S. 341. Tatsächlich ist die Prachtausgabe in Pergament aus Schweinsleder gebunden, aber offenbar erst Monate nach der Erstausgabe gedruckt worden. Vgl. Hitler: *Mein Kampf* (1925) Prachtausgabe Nr. 91 u. Plöckinger: *Geschichte eines Buches*, S. 177 f. mit Anm. 33.
13 Vgl. Friedrich J. M. Rehses Gutachten v. 31. Mai 1924, Faksimile in: Dresler (Hrsg.): *Dokumente der Zeitgeschichte*, S. 174.
14 Heß: *Briefe*, S. 341 f.
15 Hitler: *Mein Kampf* (1939), S. 181.
16 Vgl. Heß: *Briefe*, S. 345.
17 Heß: *Briefe*, S. 346 f.
18 Heß: *Briefe*, S. 347 – 349.
19 Vgl. Hermann Historica (Hrsg.): *Mein Kampf*, S. 3 – 15.
20 Vgl. Beierl/Plöckinger: *Neue Dokumente*, S. 264 – 271.
21 Vgl. Plöckinger: *Geschichte eines Buches*, S. 32.
22 Vgl. Werbeblatt 4 ½ Jahre Kampf gegen Lüge, Dummheit und Feigheit. Eine Abrechnung von Adolf Hitler, in: BArch Berlin, NS 26/2247.
23 Vgl. Beierl/Plöckinger: *Neue Dokumente*, S. 276.
24 Vgl. z. B. Jäckel/Kuhn (Hrsg.): *Hitler 1905 – 1924*, S. 953 – 955, S. 967 – 973, S. 977 – 981, S. 992 – 998, S. 1005 – 1007 u. S. 1044 – 1046.
25 Konzeptblatt Nr. 13 (Kopie in der Sammlung des Verf.) und Hitler: *Mein Kampf* (1939), S. 205 – 225.

ANMERKUNGEN

26 Konzeptblatt Nr. 17f. (Kopien in der Sammlung des Verf.) und Hitler: *Mein Kampf* (1939), S. 305.
27 Otto Leybold an Staatsanwaltschaft München I v. 15. September 1924, zit. n. Lurker: *Hitler hinter Festungsmauern*, S. 61.
28 Vgl. Hanfstaengl: *Zwischen Braunem und Weißem Haus*, S. 173.
29 Vgl. Heiden: *Hitler*, S. 222; Maser: *Fahrplan*, S. 32; Bullock: *Hitler*, S. 114 u. S. 287; Fest: *Hitler*, S. 638 f.; Steinert: *Hitler*, S. 176 u. S. 285.
30 *Völkischer Beobachter* v. 17. Juni 1925.
31 Vgl. Sigmund: *Der Führers bester Freund*, S. 79 f.
32 Jochmann (Hrsg.): *Hitler-Monologe*, S. 205.
33 Bericht der Polizeidirektion München, zit. n. Plöckinger: *Geschichte eines Buches*, S. 91 f.
34 Briefwechsel Rudolf Heß/NSDAP-Gauleitung Hannover v. November 1925, in: *Nationalsozialismus, Holocaust, Widerstand und Exil 1933–1945*. Online-Datenbank. http://db.saur.de/DGO/basicFullCitationView.jsf?documentId=APK-008362
35 Vgl. z. B. Heiden: *Hitler* Bd. I, S. 222; Hammer: *Die deutschen Ausgaben*, S. 162; Maser: *Fahrplan*, S. 35 unter Berufung auf den allerdings notorisch unzuverlässigen amerikanischen Ankläger Robert M. W. Kempner; Zentner: *Adolf Hitlers Mein Kampf*, S. 179.
36 Vgl. BGBl. I 2002, S. 869 u. Adolf Hitler: Schreiben an das Finanzamt München III v. 31. Oktober 1925, in: StA München, FinÄ 496.
37 Hertha Oldenbourg (Starnberg) an Fritz Wiedemann v. 14. November 1936, in: *Nationalsozialismus, Holocaust, Widerstand und Exil 1933–1945*. Online-Datenbank. http://db.saur.de/DGO/basicFullCitationView.jsf?documentId=APK-001777
38 Vgl. Plöckinger: *Geschichte eines Buches*, S. 120.
39 Heß: *Briefe*, S. 370.

Quellen

1 *Der Spiegel* v. 21. Mai 2012.
2 NSDAP-Mitgliedsbuch, ausgestellt 12. Januar 1923 (Sammlung des Verf.).
3 Vgl. Ryback: *Hitlers Bücher*, S. 14 u. Gassert/Mattern: *Hitler Library*, S. 5–32.
4 Vgl. Ryback: *Hitlers Bücher*, S. 77 f.

5 Vgl. Plöckinger: *Unter Soldaten*, S. 13, Anm. 12.
6 Vgl. Hitler: *Mein Kampf* (1939), S. 239.
7 Hitler: *Mein Kampf* (1939), S. 296.
8 Vgl. Falb: *Luther und die Juden*; Maurenbrecher: *Goethe und die Juden*; Groener: *Schopenhauer und die Juden*.
9 Zit. n. Ryback: *Hitlers Bücher*, S. 78.
10 Jäckel/Kuhn (Hrsg.): *Hitler 1905–1924*, S. 1232.
11 Kallenbach: *Mit Hitler auf Festung Landsberg* (1939), S. 106.
12 Frank: *Im Angesicht des Galgens*, S. 46 f.
13 Hitler: *Mein Kampf* (1939), S. 36–38.
14 Frank: *Im Angesicht des Galgens*, S. 46 f.
15 Vgl. Ryback: *Hitlers Bücher*, S. 65 f.
16 Eckart: *Der Bolschewismus*, S. 50.
17 Tarnschrift 0574, in: *Nationalsozialismus, Holocaust, Widerstand und Exil 1933–1945*. Online-Datenbank. http://db.saur.de/DGO/basicFullCitationView.jsf?documentId=BTS-0560, S. 8.
18 Eckart: *Der Bolschewismus*, S. 55.
19 Eckart: *Der Bolschewismus*, S. 11.
20 Hitler: *Mein Kampf* (1939), S. 234.
21 Hitler: *Mein Kampf* (1939), S. 341.
22 Maurenbrecher: *Goethe und die Juden*, S. 91 f.
23 Schopenhauer: *Parerga*, Bd. 2, S. 379.
24 Vgl. Jäckel/Kuhn (Hrsg.): *Hitler 1905–1924*, S. 463, S. 577, S. 620 u. S. 909.
25 Hitler-Rede v. 23. Mai 1928, in: *Nationalsozialismus, Holocaust, Widerstand und Exil 1933–1945*. Online-Datenbank. http://db.saur.de/DGO/basicFullCitationView.jsf?documentId=HRSA-0446 sowie Hitler: Politik der Woche, in: *Nationalsozialismus, Holocaust, Widerstand und Exil 1933–1945*. Online-Datenbank. http://db.saur.de/DGO/basicFullCitationView.jsf?documentId=HRSA-0538 und Hitler-Rede v. 24. Juli 1930, in: *Nationalsozialismus, Holocaust, Widerstand und Exil 1933–1945*. Online-Datenbank. http://db.saur.de/DGO/basicFullCitationView.jsf?documentId=HRSA-0773.
26 Hitler: *Mein Kampf* (1939), S. 253.
27 Hitler: *Mein Kampf* (1939), S. 335.
28 Hitler: *Mein Kampf* (1939), S. 386.
29 Hitler: *Mein Kampf* (1939), S. 335.

ANMERKUNGEN

30 Vgl. Goebbels: *Tagebücher 1923–1941*, Bd. 3/II, S. 358; Goebbels: *Tagebücher 1941–1945*, Bd. 12, S. 278 u. Jochmann (Hrsg.): *Hitler-Monologe*, S. 195, S. 197, S. 314 u. S. 411.
31 Hitler: *Mein Kampf* (1939), S. 337.
32 *Times* v. 16., 17. u. 18. August 1921 (http://emperor.vwh.net/antisem/graves.pdf); vgl. Sammons: *Protokolle*, S. 8–18.
33 Zit. n. Plöckinger: *Geschichte eines Buches*, S. 18.
34 Rosenberg: *Die Protokolle*, S. 5
35 Hitler: *Mein Kampf* (1939), S. 337.
36 Goebbels: *Tagebücher 1923–1941*, Bd. 1/I, S. 120.
37 Goebbels: *Tagebücher 1941–1945*, Bd. 8, S. 282.
38 Ford: *Der Internationale Jude*, Bd. 1, S. 86.
39 Ford: *Der Internationale Jude*, Bd. 1, S. 134 f.
40 *New York Times* v. 20. Dezember 1922.
41 Zit. n. Reuth: *Hitlers Judenhass*, S. 227.
42 Hitler-Rede v. 12. Januar 1928, in: *Nationalsozialismus, Holocaust, Widerstand und Exil 1933–1945*. Online-Datenbank. http://db.saur.de/DGO/basicFullCitationView.jsf?documentId=HRSA-0385; vgl. Jäckel/Kuhn (Hrsg.): *Hitler 1905–1924*, S. 845.
43 Vgl. Lee: *Henry Ford*, S. 60–66 u. Reuth: *Hitlers Judenhass*, S. 227–229.
44 Hitler: *Mein Kampf* (1927), S. 298.
45 *Illustrierter Beobachter* v. 2. Februar 1929, in: *Nationalsozialismus, Holocaust, Widerstand und Exil 1933–1945*. Online-Datenbank.http://db.saur.de/DGO/basicFullCitationView.jsf?documentId=HRSA-0561
46 Hitler: *Mein Kampf* (1939), S. 723.
47 Vgl. Hitler: *Mein Kampf* (1940), S. 930 u. Hitler: *My Struggle* (1933), S. 256–262.
48 Hitler: *Mein Kampf* (1939), S. 201 u. S. 370.
49 Langbehn: *Rembrandt als Erzieher*, S. 66; vgl. Kuchler (Hrsg.): *NS-Propaganda*, S. 67 f.
50 Vgl. Hitler: *Mein Kampf* (1939), S. 446–449.
51 Fritz Lenz: »Die Stellung des Nationalsozialismus zur Rassenhygiene«, in: *Archiv für Rassen- und Gesellschaftsbiologie* 25 (1930), zit. n. http://www.toolan.com/hitler/append13a.html; vgl. Pammer: *Hitler und seine Vorbilder*, S. 137 f.
52 Lundborg: *Rassenbiologische Übersichten*, S. 14.

53 Hitler: *Mein Kampf* (1939), S. 313 u. S. 316.
54 Lundborg: *Rassenbiologische Übersichten*, S. 11.
55 Hitler: *Mein Kampf* (1939), S. 446.
56 Hitler: *Mein Kampf* (1939), S. 437.
57 Günther: *Rassenkunde*, S. 38 – 130.
58 Vgl. Ryback: *Hitlers Bücher*, S. 99.
59 Hitler: *Mein Kampf* (1939), S. 491.
60 Zit. n. Kuchler (Hrsg.): *NS-Propaganda*, S. 71, Anm. 32 sowie Plöckinger: *Geschichte eines Buches*, S. 18.
61 RGBl I 1935, S. 1146.
62 Hitler: *Mein Kampf* (1939), S. 148 f.
63 Konzeptblatt Nr. 6 (Kopie in der Sammlung des Verf.).
64 Heß: *Briefe*, S. 345.
65 Vgl. Beierl/Plöcklinger: *Neue Dokumente*, S. 280.
66 Zit. n. Lange: *Der Terminus »Lebensraum«*, S. 430.

Judenhass

1 Reuth: *Hitlers Judenhass*, S. 21.
2 Jäckel/Kuhn (Hrsg.): *Hitler 1905 – 1924*, S. 89.
3 Hitlers politisches Testament v. 29. April 1945, http://www.ns-archiv.de/personen/hitler/testament/politisches-testament.php.
4 Vgl. Wrisberg: *Heer und Heimat*, S. 93 – 95.
5 Vgl. Segall: *Die deutschen Juden*, S. 38 u. passim.
6 Hitler: *Mein Kampf* (1939), S. 211.
7 Oppenheimer: *Die Judenstatistik*, S. 48.
8 Hitler: *Mein Kampf* (1939), S. 54 f.
9 Hitler: *Mein Kampf* (1939), S. 62, S. 69 u. S. 137.
10 Hitler: *Mein Kampf* (1939), S. 163, S. 212 u. S. 225.
11 Kubizek: Adolf Hitler, S. 268 u. S. 281 f.
12 Hitler: *Mein Kampf* (1939), S. 170 f.
13 Jäckel/Kuhn (Hrsg.): *Hitler 1905 – 1924*, S. 69.
14 Zit. n. Reuth: *Hitlers Judenhass*, S. 38.
15 Heinz: *Germany's Hitler*, S. 98.
16 Zit. n. Toland: *Adolf Hitler*, S. 96.
17 Hitler: *Mein Kampf* (1939), S. 182 – 184.
18 Wiedemann: *Der Mann, der Feldherr werden wollte*, S. 3.
19 Hitler: *Mein Kampf* (1939), S. 552.
20 Hitler: *Mein Kampf* (1939), S. 226.

ANMERKUNGEN

21 Vgl. http://www.welt.de/kultur/article3300435/Adolf-Hitler-wurde-spaet-zum-Antisemiten.html.
22 Vgl. das Faksimile der Wahlergebnisse v. 15. April 1919, in: Joachimsthaler: *Hitlers Weg begann in München*, S. 211.
23 Zit. n. Joachimsthaler: *Hitlers Weg begann in München*, S. 212.
24 Marx: *Die deutschen Juden*, S. 20.
25 Hitler: *Mein Kampf* (1939), S. 226.
26 Vgl. Plöckinger: *Unter Soldaten und Agitatoren*, S. 63 f.
27 Noske: *Von Kiel bis Kapp*, S. 136.
28 Zit. n. Joachimsthaler: *Hitlers Weg begann in München*, S. 212.
29 Hitler: *Mein Kampf* (1939), S. 227.
30 Hitler: *Mein Kampf* (1939), S. 235.
31 Vgl. Plöckinger: *Unter Soldaten und Agitatoren*, S. 111 f.
32 Adolf Gemlich an Karl Mayr v. 4. September 1919 u. Karl Mayr an Adolf Hitler v. 10. September 1919, Faksimile in: Joachimsthaler: *Korrektur einer Biografie*, S. 243–245.

Zuverlässigkeit

1 Mail von Thomas Weber an den Verf., 4. August 2014.
2 Hitler: *Mein Kampf* (1939), S. 18.
3 Vgl. Hamann: *Hitlers Wien*, S. 42.
4 Jäckel/Kuhn (Hrsg.): *Hitler 1905–1924*, S. 44.
5 Abgebildet in Kubizek: *Adolf Hitler*, nach S. 16.
6 Hitler: *Mein Kampf* (1939), S. 54.
7 Hitler: *Mein Kampf* (1939), S. 103.
8 *Linzer Tages-Post* v. 8. Januar 1903 zit. n. Jetzinger: *Hitlers Jugend*, S. 73.
9 Kubizek: *Adolf Hitler*, S. 52.
10 Hitler: *Mein Kampf* (1939), S. 2.
11 Hitler: *Mein Kampf* (1939), S. 20.
12 Hitler: *Mein Kampf* (1939), S. 16 f.
13 Vgl. Hamann: *Hitlers Edeljude*, S. 82 u. S. 92.
14 Vgl. Jetzinger: *Hitlers Jugend*, S. 122–129 sowie Marckhgott: »... *von der Hohlheit*«, S. 275 u. Hamann, *Hitlers Wien*, S. 34 f.
15 Vgl. Marckhgott: »... *von der Hohlheit*«, S. 271.
16 Vgl. Hamann: *Hitlers Wien*, S. 196 u. S. 206.
17 Zit. n. Jetzinger: *Hitlers Jugend*, S. 165.
18 Jäckel/Kuhn (Hrsg.): *Hitler 1905–1924*, S. 525.
19 Hitler: *Mein Kampf* (1939), S. 23.

20 Hitler: *Mein Kampf* (1939), S. 20.
21 Vgl. Jäckel/Kuhn (Hrsg.): *Hitler 1905 – 1924*, S. 52.
22 Hitler: *Mein Kampf* (1939), S. 30.
23 Zit. n. Joachimsthaler: *Korrektur einer Biografie*, S. 49.
24 Hitler: *Mein Kampf* (1939), S. 25.
25 Zit. n. Jetzinger: *Hitlers Jugend*, S. 226.
26 *Reichsgesetzblatt für die im Reichsrathe vertretenen Königreiche und Länder*, 1889, S. 93 – 108.
27 *Reichsgesetzblatt für die im Reichsrathe vertretenen Königreiche und Länder*, 1912, S. 411 – 437; vgl. Jetzinger: *Hitlers Jugend*, S. 253 f.
28 Hitler: *Mein Kampf* (1939), S. 134 – 136.
29 Jäckel/Kuhn (Hrsg.): *Hitler 1905 – 1924*, S. 54 f.
30 Jetzinger: *Hitlers Jugend*, S. 253.
31 Vgl. Joachimsthaler: *Korrektur einer Biografie*, S. 260 f. u. Jetzinger: *Hitlers Jugend*, S. 285 – 294.
32 Jetzinger: *Hitlers Jugend*, S. 265.
33 Hitler: *Mein Kampf* (1939), S. 174 u. S. 177.
34 Vgl. Kellerhoff: *Heimatfront*, S. 18 – 23.
35 Hitler: *Mein Kampf* (1939), S. 176.
36 Hitler: *Mein Kampf* (1939), S. 179.
37 Zit. n. Joachimsthaler: *Hitlers Weg*, S. 104
38 Hitler: *Mein Kampf* (1939), S. 179.
39 Heinz: *Germany's Hitler*, S. 52.
40 Vgl. Joachimsthaler: *Hitlers Weg*, S. 101.
41 *Deutsche Wehrordnung*, S. 27 u. Joachimsthaler: *Hitlers Weg*, S. 103.
42 Jäckel/Kuhn (Hrsg.): *Hitler 1905 – 1924*, S. 526.
43 Hitler: *Mein Kampf* (1939), S. 179.
44 Jäckel/Kuhn (Hrsg.): *Hitler 1905 – 1924*, S. 60 u. S. 66.
45 Jäckel/Kuhn (Hrsg.): *Hitler 1905 – 1924*, S. 64 - 69.
46 Z. B. *Frankfurter Zeitung* u. *Berliner Tageblatt* v. 11. November 1914 u. *Berliner Morgenpost* v. 12. November 1914.
47 Vgl. Weber: *Hitlers erster Krieg*, S. 65.
48 Solleder (Hrsg.): *Vier Jahre Westfront*, S. 51.
49 Zit. n. Weber: *Hitlers erster Krieg*, S. 68 f.
50 Solleder (Hrsg.): *Vier Jahre Westfront*, S. 54.
51 Hitler: *Mein Kampf* (1939), S. 181.
52 Vgl. Weber: *Hitlers erster Krieg*, S. 297 f.

53 Zit. n. Joachimsthaler: *Hitlers Weg*, S. 123.
54 So Thomas Weber, vgl. http://www.welt.de/kultur/history/article12719808/Fuer-Frontsoldaten-war-Hitler-ein-Etappenhengst.html.
55 Hitler: *Mein Kampf* (1939), S. 210.
56 Zit. n. Weber: *Hitlers erster Krieg*, S. 219.
57 Zit. n. Joachimsthaler: *Hitlers Weg*, S. 173 f.
58 Zit. n. Weber: *Hitlers erster Krieg*, S. 286.
59 Zit. n. Plöckinger: *Soldaten und Agitatoren*, S. 19.
60 Brandmayer: *Meldegänger Hitler*, S. 55.
61 Jochmann (Hrsg.): *Hitler-Monologe*, S. 132.
62 *Sozialdemokratischer Pressedient* v. 27. Februar 1932, S. 3 f.
63 *Sozialdemokratischer Pressedient* v. 9. März 1932, S. 7.
64 Vgl. Joachimsthaler: *Hitlers Weg*, S. 126 f. u. S. 339.
65 Zit. n. Eberle: *Hitlers Weltkriege*, S. 110.
66 Hitler: *Mein Kampf* (1939), S. 238–244.
67 Deuerlein (Hrsg.): *Der Aufstieg der NSDAP*, S. 97 f. Vgl. Richardi: *Hitler und seine Hintermänner*, S. 72.
68 BArch Berlin NS 26/230; vgl. Tyrell (Hrsg.): *Führer befiehl…*, S. 22.
69 Deuerlein (Hrsg.): *Der Aufstieg der NSDAP*, S. 97 f.

Kritik

1 *FAZ* v. 4. August 2014.
2 Dresler (Hrsg.): *Dokumente der Zeitgeschichte*, S. 175.
3 Werbeblatt des Franz-Eher-Verlages zur Gesamtauflage von drei Millionen von *Mein Kampf*, undatiert [1936/37], BArch Berlin NS 26/2247.
4 Vgl. *Völkischer Beobachter* v. 29. Juli, 6. u. 16./17. August 1925.
5 *Das Bayerische Vaterland* v. 29. Juli 1925, zit. n. Plöckinger: *Geschichte eines Buches*, S. 176.
6 *Miesbacher Anzeiger* v. 29. Juli 1925, zit. n. Plöckinger: *Geschichte eines Buches*, S. 331.
7 *Simplicissimus* v. 31. August 1925, S. 1.
8 Goebbels: *Tagebücher 1923–1941*, Bd. 1/I, S. 339, S. 347 u. S. 365.
9 Grossmann: *Hitlers Memoiren*. In: *Das Tagebuch* 1925, S. 1665–1669. Vgl. zum Abdruck in einer nicht identifizierten Berliner Zeitung (dem Satz nach weder der *Vossischen Zeitung* noch dem

ANHANG

Berliner Tageblatt und auch nicht der *Berliner Morgenpost*) den faksimilierten Ausriss in der Werbebroschüre des Franz-Eher-Verlages, undatiert [1938], BArch Berlin NS 26/2247, S. 9; zur *Neuen Freien Presse* vgl. Plöckinger: *Geschichte eines Buches*, S. 226.

10 *Neue Zürcher Zeitung* v. 8. November 1925.
11 Hitler: *Mein Kampf* (1939), S. 268.
12 *Frankfurter Zeitung* v. 11. November 1925.
13 *Deutsche Zeitung* v. 9. September 1925.
14 *Neue Preußische Zeitung* v. 1. Oktober 1925.
15 Mitteilungen Rosenbergs über die Fortsetzung der Angriffe von Prof. Walter Frank, in: *Nationalsozialismus, Holocaust, Widerstand und Exil 1933–1945.* Online-Datenbank. http://db.saur.de/DGO/basicFullCitationView.jsf?documentId=APK-013695
16 *Augsburger Neueste Nachrichten* v. 15. Dezember 1925, zit. n. Plöckinger: *Geschichte eines Buches*, S. 227.
17 Hitler: *Die Südtiroler Frage und das deutsche* Bündnisproblem, *S. 46;* vgl. Hitler: *Mein Kampf* (1939), S. 723 f; vgl. Hitler: *Mein Kampf* (1927), S. 299.
18 *Weltbühne* 1/1926, S. 673.
19 Hitler: *Mein Kampf* (1939), S. 318 f.
20 *Deutsches Schrifttum* 19 (1927), S. 1 f., zit. n. Scholdt: *Autoren über Hitler*, S. 367.
21 Goebbels: *Tagebücher 1923–1941*, Bd. 1/I, S. 159, S. 164 u. S. 170.
22 Hitler-Stellungnahme o. O. [vor dem 20. August 1927] zur Sondertagung für Organisationsfragen, in: *Nationalsozialismus, Holocaust, Widerstand und Exil 1933–1945.* Online-Datenbank. http://db.saur.de/DGO/basicFullCitationView.jsf?documentId=HRSA-0331
23 Hitler: *Mein Kampf* (1939), S. 394 f.
24 *Frankfurter Zeitung* v. 24. August 1930.
25 Binding: *Antwort eines Deutschen*, o. S.
26 BArch Berlin R 43 I/961, Bl. 12 f.
27 Zit. n. Scholdt: *Autoren über Hitler*, S. 356.
28 BArch Berlin R 43 I/961, Bl. 22 u. 19.
29 Ottwalt: *Deutschland erwache*, S. 171.
30 Hitler: *Mein Kampf* (1939), S. 311 u. 40.
31 Hitler: *Mein Kampf* (1939), S. 23; vgl. Ottwalt: *Deutschland erwache*, S. 171.

ANMERKUNGEN

32 Ottwalt: *Deutschland erwache*, S. 172.
33 Ottwalt: *Deutschland erwache*, S. 183.
34 Ottwalt: *Deutschland erwache*, S. 188 f.
35 *Weltbühne* 1/1932, S. 805.
36 Hitler: *Mein Kampf* (1939), S. 766 f.
37 *Weltbühne* 2/1932, S. S. 126–130.
38 *Weltbühne* 2/1932, S. 500 f.
39 Hitler: *Mein Kampf* (1939), S. 61.
40 *Weltbühne* 2/1932, S. 501.
41 Hitler: *Mein Kampf* (1939), S. 67.
42 *Weltbühne* 2/1932, S. 501.
43 Hitler: *Mein Kampf* (1939), S. 94, S. 286, S. 96 u. S. 281.
44 *Weltbühne* 2/1932, S. 502.
45 *Weltbühne* 1/1933, S. 305–307.
46 Vgl. Wirsching: »*Man kann nur Boden germanisieren*«, S. 545–548 u. Müller: *Hitlers Rede vor der Reichswehrführung 1933*, S. 73–90.
47 Zit. n. Sprenger: *Der Dichter stand auf hoher Küste*, S. 32.
48 Das Exemplar befindet sich in der Staatsbibliothek Preußischer Kulturbesitz zu Berlin, Gerhart-Hauptmann-Bibliothek 203.168. Vgl. Thamer/Erpel (Hrsg.): *Hitler und die Deutschen*, S. 54 f. u. 177 sowie Sprenger: *Der Dichter stand auf hoher Küste*, S. 32 f.
49 Hitler: *Mein Kampf* (1939), S. 41 f.
50 Hitler: *Mein Kampf* (1939), S. 40.
51 Hitler: *Mein Kampf* (1939), S. 44 u. S. 46; vgl. Brescius: *Gerhart Hauptmann*, S. 237 u. Sprenger: *Der Dichter stand auf hoher Küste*, S. 32 f.
52 Hitler: *Mein Kampf* (1939), S. 61; Hauptmanns Kommentar in seinem persönlichen Exemplar auf S. 61. Vgl. Brescius: *Gerhart Hauptmann*, S. 238 u. Sprengel: *Der Dichter stand auf hoher Küste*, S.33.
53 Schneider: *Tagebuch*, S. 754–758.
54 Feuchtwanger: *Erfolg*, S. 197 f.
55 Feuchtwanger: *Centum Opuscula*, S. 377 u. S. 506 f.

ANHANG

Überarbeitungen

1 Mitteilung von Barbara Zehnpfennig an den Verf., 3. März 2015.
2 Frank: *Im Angesicht des Galgens*, S. 45.
3 Hitler: *Mein Kampf* (1939), S. 512.
4 Frank: *Im Angesicht des Galgens*, S. 45 f.
5 Wagener: *Hitler aus nächster Nähe*, S. 415.
6 Bohrmann (Hrsg.): *NS-Presseanweisungen*, Bd. 4/I (1936), S. 118.
7 *Völkischer Beobachter* v. 18. Juli 1935.
8 Zit. n. Domarus (Hrsg.): *Hitler*, Bd. 2, S. 580.
9 Bohrmann (Hrsg.): *NS-Presseanweisungen*, Bd. 4/I (1936), S. 229.
10 Eher-Verlag an die Bibliothek der Universität Erlangen v. 28. August 1940, Faksimile in: Plöckinger: *Geschichte eines Buches*, S. 194.
11 Vgl. bspw. Hitler: *Mein Kampf* (1936), S. 244 mit Hitler: *Mein Kampf* (1939), S. 244 u. Hitler: *Mein Kampf* (1943), S. 244; vgl. Maser: *Fahrplan*, S. 71.
12 Vgl. Hitler: *Mein Kampf* (1939), S. VII–XXVI, bes. S. XII–XV u. S. XVII f.
13 Rundschreiben v. 23. Januar 1941, in: *Nationalsozialismus, Holocaust, Widerstand und Exil 1933–1945*. Online-Datenbank. http://db.saur.de/DGO/basicFullCitationView.jsf?documentId=APK-013470
14 Goebbels: *Tagebücher 1923–1941*, Bd. 9, S. 122.
15 Vgl. Hammer: *Die deutschen Ausgaben*, S. 165.
16 Hitler: *Mein Kampf* (1925), S. 104 u. Hitler: *Mein Kampf* (1939), S. 110.
17 Hitler: *Mein Kampf* (1925), S. 139 u. Hitler: *Mein Kampf* (1939), S. 146.
18 Hitler: *Mein Kampf* (1925), S. 32, S. 38, S. 189 u. S. 346 sowie Hitler: *Mein Kampf* (1927), S. 34; vgl. Hitler: *Mein Kampf* (1939), S. 34, S. 40, S. 198, S. 358 u. S. 444.
19 Eher-Verlag an die Bibliothek der Universität Erlangen v. 28. August 1940, Faksimile in: Plöckinger: *Geschichte eines Buches*, S. 194.
20 Hitler: *Mein Kampf* (1925), S. 364 f. u. Hitler: *Mein Kampf* (1939), S. 378.
21 Hitler: *Mein Kampf* (1939), S. 99; vgl. Hitler: *Mein Kampf* (1925), S. 94.
22 Scheunemann: *Der Nationalsozialismus*, S. 46.

ANMERKUNGEN

23 Hitler: *Mein Kampf* (1939), S. 104; vgl. Hitler: *Mein Kampf* (1925), S. 98 sowie Hitler: *Mein Kampf* (1942), S. 104 u. Hitler: *Mein Kampf* (1943), S. 104
24 Abschrift einer Abschrift: Martin Bormann an Hans-Heinrich Lammers v. 3. Juni 1941, in: *Nationalsozialismus, Holocaust, Widerstand und Exil 1933–1945*. Online-Datenbank. http://db.saur.de/DGO/basicFullCitationView.jsf?documentId=APK-021337; vgl. Original Martin Bormann an Hans-Heinrich Lammers v. 3. Juni 1941, in: *Nationalsozialismus, Holocaust, Widerstand und Exil 1933–1945*. Online-Datenbank. http://db.saur.de/DGO/basicFullCitationViewjsf?documentId=APK-005026
25 Hitler: *Mein Kampf* (1939), S. 693.
26 Speer: *Erinnerungen*, S. 436 f.
27 Fest: *Speer*, S. 153.
28 Sereny: *Speer*, S. 553 f.

Fortsetzung

1 Broszat: *Betrachtungen*, S. 422.
2 Vgl. RGBl 1926 II, S. 360 f.
3 Hitler-Rede in Heidelberg v. 6. August 1927, in: *Nationalsozialismus, Holocaust, Widerstand und Exil 1933–1945*. Online-Datenbank. http://db.saur.de/DGO/basicFullCitationView.jsf?documentId=HRSA-0326
4 Hitler: *Mein Kampf* (1939), S. 1.
5 Zit. n. Rosen: *Mussolini und Deutschland*, S. 23 f.
6 Jäckel/Kuhn (Hrsg.): *Hitler 1905–1924*, S. 728.
7 Hitler: *Mein Kampf* (1939), S. 707 u. S. 709.
8 Vgl. Phelps: *Die Autoren*, S. 33.
9 Vgl. Hitler: *Die Südtiroler Frage*, S. 6.
10 Zit. n. Piper: *Rosenberg*, S. 157.
11 *Völkischer Beobachter* v. 3. März 1928.
12 Vgl. *Völkischer Beobachter* v. 6. März 1928.
13 *Völkischer Beobachter* v. 7. März 1928.
14 Vgl. Hitler-Rede in München v. 17. April 1928, in: *Nationalsozialismus, Holocaust, Widerstand und Exil 1933–1945*. Online-Datenbank. http://db.saur.de/DGO/basicFullCitationView.jsf?documentId=HRSA-0424 u. Hitler-Rede in München v. 19. Mai 1928, in: *Nationalsozialismus, Holocaust, Widerstand und Exil*

ANHANG

1933 – 1945. 03.04.2015.http://db.saur.de/DGO/basicFullCitationView.jsf?documentId=HRSA-0444

15 *Oberbayerischer Generalanzeiger* v. 24. April 1928, in: *Nationalsozialismus, Holocaust, Widerstand und Exil 1933 – 1945.* Online-Datenbank. http://db.saur.de/DGO/basicFullCitationView.jsf?documentId=HRSA-0429

16 Vgl. Anm. 6 zu Hitlers Zeugenaussage vor dem Landgericht München I v. 4. Februar 1930, in: *Nationalsozialismus, Holocaust, Widerstand und Exil 1933 – 1945.* Online-Datenbank. http://db.saur.de/DGO/basicFullCitationView.jsf?documentId=HRSA-0709

17 Hitler: *Außenpolitische Standortbestimmung*, S. 2 f.

18 Hitler: *Außenpolitische Standortbestimmung*, S. 5 f.

19 Hitler: *Außenpolitische Standortbestimmung*, S. 5 – 7 u. S. 9; vgl. z. B. Hitler: *Mein Kampf* (1939), S. 496 – 498 u. S. 582 f.

20 Hitler: *Mein Kampf* (1939), S. 144 – 151 u. S. 689 – 691.

21 Hitler: *Außenpolitische Standortbestimmung*, S. 18; vgl. z. B. Hitler: *Mein Kampf* (1939), S. 164 – 169.

22 Hitler: *Außenpolitische Standortbestimmung*, S. 19; vgl. z. B. Adolf Hitler: Der Weg zum Wiederaufstieg. Aufsatz v. August 1927, in: *Nationalsozialismus, Holocaust, Widerstand und Exil 1933 – 1945.* Online-Datenbank. http://db.saur.de/DGO/basicFullCitationView.jsf?documentId=HRSA-0340 sowie Hitler-Rede in Chemnitz v. 16. November 1927, in: *Nationalsozialismus, Holocaust, Widerstand und Exil 1933 – 1945.* Online-Datenbank. http://db.saur.de/DGO/basicFullCitationView.jsf?documentId=HRSA-0358 u. Hitler-Rede in Karlsruhe v. 3. März 1928, in: *Nationalsozialismus, Holocaust, Widerstand und Exil 1933 – 1945.* Online-Datenbank. http://db.saur.de/DGO/basicFullCitationView.jsf?documentId=HRSA-0404.

23 Hitler: *Außenpolitische Standortbestimmung*, S. 25; vgl. z. B. Hitler: *Mein Kampf* (1939), S. 661 f.

24 Hitler: *Außenpolitische Standortbestimmung*, S. 33.

25 Hitler: *Außenpolitische Standortbestimmung*, S. 74; vgl. z. B. Hitler: *Mein Kampf* (1939), S. 739.

26 Hitler: *Außenpolitische Standortbestimmung*, S. 91 f.

27 Hitler: *Außenpolitische Standortbestimmung*, S. 90 f.

28 Hitler-Rede in Berlin v. 13. Juli 1928, in: *Nationalsozialismus, Holocaust, Widerstand und Exil 1933 – 1945.* Online-Datenbank.

ANMERKUNGEN

  http://db.saur.de/DGO/basicFullCitationView.jsf?documentId=HRSA-0477
29 Hitler: *Außenpolitische Standortbestimmung*, S. 100.
30 Hitler: *Außenpolitische Standortbestimmung*, S. 108.
31 Hitler: *Außenpolitische Standortbestimmung*, S. 120.
32 Hitler: *Außenpolitische Standortbestimmung*, S. 126.
33 Vgl. Hitler: *Mein Kampf* (1939), S. 696.
34 Hitler: *Außenpolitische Standortbestimmung*, S. 133.
35 Hitler: *Außenpolitische Standortbestimmung*, S. 135.
36 Hitler: *Außenpolitische Standortbestimmung*, S. 136–138.
37 Hitler: *Außenpolitische Standortbestimmung*, S. 142.
38 Vgl. Hitler: *Außenpolitische Standortbestimmung*, S. 148, S. 153f. u. S. 166.
39 Vgl. Hitler-Rede in München v. 23. Mai 1928, in: *Nationalsozialismus, Holocaust, Widerstand und Exil 1933–1945*. Online-Datenbank. http://db.saur.de/DGO/basicFullCitationView.jsf?documentId=HRSA-0446
40 Hitler: *Außenpolitische Standortbestimmung*, S. 185f.
41 Vgl. Hitler: *Außenpolitische Standortbestimmung*, S. 9, Anm. 4.
42 Rosenberg: *Der Zukunftsweg*, S. 143.
43 Rosenberg: *Der Zukunftsweg*, S. 42.
44 Zit. n. Hitler: *Außenpolitische Standortbestimmung*, S. 191.
45 Speer: *Spandauer Tagebücher*, S. 533.
46 Jochmann (Hrsg.): *Hitler-Monologe*, S. 280.
47 Heß: *Briefe*, S. 392.
48 Zit. n. Hitler: *Außenpolitische Standortbestimmung*, S. XIV.

Absatz

1 *Die Woche* v. 5. Mai 1995.
2 Deuerlein (Hrsg.): *Der Hitler-Putsch*, S. 629.
3 Werbeblatt 4½ Jahre Kampf gegen Lüge, Dummheit und Feigheit. Eine Abrechnung von Adolf Hitler, in: BArch Berlin, NS 26/2247.
4 Jäckel/Kuhn (Hrsg.): *Hitler 1905–1924*, S. 154, S. 608f. u. S. 842.
5 Hitler-Prozess, 1. Verhandlungstag nachmittags, in: *Nationalsozialismus, Holocaust, Widerstand und Exil 1933–1945*. Online-Datenbank. http://db.saur.de/DGO/basicFullCitationView.jsf?documentId=HPR-0008
6 Vgl. Dresler (Hrsg.): *Dokumente der Zeitgeschichte*, S. 173.

ANHANG

7 Amann: *Ein Leben für Führer und Volk*, S. 44 f.
8 Vgl. Phelps: *Die Autoren*, S. 32.
9 Vgl. z. B. Hitler-Rede in München v. 27. Februar 1925, in: *Nationalsozialismus, Holocaust, Widerstand und Exil 1933–1945*. Online-Datenbank. http://db.saur.de/DGO/basicFullCitationView.jsf?documentId=HRSA-0009, Anm. 2; Hitler-Rede in Nürnberg v. 4. Dezember 1925, in: *Nationalsozialismus, Holocaust, Widerstand und Exil 1933–1945*. Online-Datenbank. http://db.saur.de/DGO/basicFullCitationView.jsf?documentId=HRSA-0094, Anm. 2; Hitler-Rede in München v. 30. Juli 1927, in: *Nationalsozialismus, Holocaust, Widerstand und Exil 1933–1945*. Online-Datenbank. http://db.saur.de/DGO/basicFullCitationView.jsf?documentId=HRSA-0325, Anm. 1; Hitler-Rede in München v. 6. November 1929, in: *Nationalsozialismus, Holocaust, Widerstand und Exil 1933–1945*. Online-Datenbank. http://db.saur.de/DGO/basicFullCitationView.jsf?documentId=HRSA-0665, Anm. 2; Hitler-Rede in München v. 24. Februar 1930, in: *Nationalsozialismus, Holocaust, Widerstand und Exil 1933–1945*. Online-Datenbank. http://db.saur.de/DGO/basicFullCitationView.jsf?documentId=HRSA-0716, Anm. 2.
10 Werbebroschüre des Franz-Eher-Verlages, undatiert [1938], BArch Berlin NS 26/2247, S. 5 u. S. 7.
11 Wahlergebnisse nach den *Statistischen Jahrbüchern* des Deutschen Reiches 1930/1931.
12 Werbeanzeige *Börsenblatt für den deutschen Buchhandel* v. 2. Dezember 1930, BArch Berlin NS 26/1422.
13 *Frankfurter Zeitung* v. 1. Januar 1933; *Berliner Tageblatt* v. 1. Januar 1933; *Vossische Zeitung* v. 1. Januar 1933.
14 Werbeanzeige *Börsenblatt für den deutschen Buchhandel* v. 31. Januar 1933, BArch Berlin NS 26/1422.
15 Vgl. Weigel: »Märzgefallene«, S. 94.
16 Ausriss aus den *Münchner Neuesten Nachrichten* v. 21. September 1933, BArch Berlin NS 26/1422.
17 Vgl. Hale: *Adolf Hitler – Taxpayer*, S. 837.
18 Werbebroschüre des Franz-Eher-Verlages, undatiert [1938], BArch Berlin NS 26/2247, S. 12 u. Plöckinger: *Geschichte eines Buches*, S. 185.
19 Hitler: *Mein Kampf*. o. O. o. J., BArch Berlin ZIM 213.

ANMERKUNGEN

20 Ausriss aus dem *Illustrierten Beobachter*, o. D., BArch Berlin NS 26/1422.
21 Vgl. Werbebroschüre des Franz-Eher-Verlages, undatiert [1938], BArch Berlin NS 26/2247, S. 12.
22 Vgl. Adam: Lesen unter Hitler, S. 116.
23 Martin Bormann, Rundschreiben 41/39 v. 13. Februar 1939, BArch NS 6/232.
24 *Times* v. 25. Oktober 1938 zit. n. Hammer: *Die deutschen Ausgaben*, S. 161. Vgl. Adam: Lesen unter Hitler, S. 118.
25 VB-Zweigniederlassung Berlin an die Hauptschriftleitung der NS-Gemeinde, München, v. 21. Juni 1935, BArch Berlin NS 25/563.
26 Vgl. Plöckinger: *Geschichte eines Buches*, S. 436.
27 Vgl. Werbebroschüre des Franz-Eher-Verlages, undatiert [1938], BArch Berlin NS 26/2247, S. 12.
28 *Völkischer Beobachter* v. 31. August 1938 u. Werbebroschüre des Franz-Eher-Verlages, undatiert [1938], BArch Berlin NS 26/2247.
29 Vgl Kuchler (Hrsg.): *NS-Propaganda*, S. 65 u. Plöckinger: *Geschichte eines Buches*, S. 186–189.
30 Ausriss aus der *Süddeutschen Sonntagspost* o. D., in: BArch Berlin NS 26/1422
31 BArch Berlin R 43 I/787, Bl. 93 f.
32 Vgl. Bitte um finanzielle Unterstützung für Druck und Verbreitung von Hitlers Buch *Mein Kampf* v. 15. Mai 1933, in: *Nationalsozialismus, Holocaust, Widerstand und Exil 1933–1945*. Online-Datenbank. http://db.saur.de/DGO/basicFullCitationView.jsf?documentId=APK-000076
33 BArch Berlin R 43 I/787, Bl. 93 f.
34 BArch Berlin R 43 I/787, Bl. 95.
35 BArch Berlin R 43 I/787, Bl. 142.
36 BArch Berlin R 43 I/787, Bl. 151r.
37 BArch Berlin R 43 I/787, Bl. 160r.

Ertrag

1 Wildt: *Geschichte des Nationalsozialismus*; S. 38.
2 Vgl. Jäckel/Kuhn (Hrsg.): *Hitler 1905–1924*, S. 279–435.
3 Vgl. *Völkischer Beobachter* v. 28. April 1921: zwei »A. H.« gezeichnete Beiträge Hitlers; *Völkischer Beobachter* v. 5. Mai 1921: drei Beiträge; *Völkischer Beobachter* v. 8. Mai 1921: zwei Bei-

träge; *Völkischer Beobachter* v. 12. Mai 1921: zwei Beiträge; *Völkischer Beobachter* v. 15. Mai 1921: drei Beiträge; *Völkischer Beobachter* v. 19. Mai 1921: zwei Beiträge; *Völkischer Beobachter* v. 22. Mai 1921: drei Beiträge; *Völkischer Beobachter* v. 26. Mai 1921: zwei Beiträge; *Völkischer Beobachter* v. 29. Mai 1921: drei Beiträge; *Völkischer Beobachter* v. 2. Juni 1921: zwei Beiträge; *Völkischer Beobachter* v. 5. Juni 1921: zwei Beiträge.

4 Vgl. Sidman: *Die Auflagen-Kurve*, S. 113–116.
5 Vgl. das Faksimile in Amann: *Ein Leben für Führer und Volk*, S. 28.
6 Vgl. z. B. *Völkischer Beobachter* v. 25. Januar 1922, v. 22. Februar 1922, v. 12. April 1922 u. v. 23. September 1922.
7 Vgl. Franz-Willing: *Ursprung*, S. 172.
8 Jäckel/Kuhn (Hrsg.): *Hitler 1905–1924*, S. 607–625; vgl. Sidman: *Die Auflagen-Kurve*, S. 115.
9 Zit. n. Plöckinger: *Geschichte eines Buches*, S. 34.
10 Zit. n. Plöckinger: *Geschichte eines Buches*, S. 34.
11 Jäckel/Kuhn (Hrsg.): *Hitler 1905–1924*, S. 1270.
12 Otto Leybold an das bayerische Staatsministerium der Justiz v. 18. September 1924, Aktenkonvolut aus der Festungshaftanstalt Landsberg (Kopie in der Sammlung des Verf.).
13 Hanfstaengl: *Zwischen Braunem und Weißem Haus*, S. 172 f.
14 Otto Leybold an das bayerische Staatsministerium der Justiz v. 18. September 1924, Aktenkonvolut aus der Festungshaftanstalt Landsberg (Kopie in der Sammlung des Verf.).
15 Vgl. Zusammenstellung zu den »Besuchen für den Festungsgefangenen Adolf Hitler« (Abschrift), in: StA München StAW 14344, Bl. 144–146; Originale für die Monate April bis August 1924 im Aktenkonvolut aus der Festungshaftanstalt Landsberg (Kopie in der Sammlung des Verf.).
16 Beglaubigte Abschrift v. 28. Februar 1934 in: PAAA, R 121233.
17 Vgl. Phelps: *Die Autoren*, S. 32.
18 Heß: *Briefe*, S. 364.
19 Vormerkungsbogen, Sollbuch 1924, Bl. 3993, o. D., in: StA München, FinÄ 496.
20 Finanzamt München III an Adolf Hitler v. 1. Mai 1925, mit Marginalie Hitlers v. 19. Mai 1925, in: StA München, FinÄ 496.
21 Vgl. Joachimsthaler: *Hitlers Liste*, S. 73.
22 Voranmeldung an das Finanzamt München III v. 16. September 1925, in: StA München, FinÄ 496.

ANMERKUNGEN

23 Adolf Hitler an das Finanzamt München III v. 31. Oktober 1925, in: StA München, FinÄ 496.
24 Interner Vermerk des Finanzamtes München III v. 11. September 1925, in: StA München, FinÄ 496.
25 Vermerk des Finanzamtes München III v. 27. Januar 1927, in: StA München, FinÄ 496.
26 Voranmeldung für das Finanzamt München III v. 9. November 1927, in: StA München, FinÄ 496.
27 Vgl. Phelps: *Die Autoren*, S. 32.
28 Voranmeldungen für das Finanzamt München III v. 24. April 1929, 12. August 1929, 5. November 1929 u. 12. Februar 1930, in: StA München, FinÄ 496.
29 Adolf Hitler: Offener Brief an Fritz Schäffer v. 7. Dezember 1929 m. Anm. 41, in: *Nationalsozialismus, Holocaust, Widerstand und Exil 1933–1945*. Online-Datenbank. http://db.saur.de/DGO/basicFullCitationView.jsf?documentId=HRSA-0684m.
30 *Völkischer Beobachter* v. 7. Dezember 1929.
31 Vgl. FinÄ 496 passim sowie Hale: *Adolf Hitler – Taxpayer*, S. 835–839 u. Phelps: *Die Autoren*, S. 33.
32 Vgl. Picker: *Tischgespräche*, S. 423.
33 Vgl. Turner: *Großunternehmer*, S. 188.
34 Aktennotiz Ludwig Schwerin von Krosigk v. 15. März 1933, in: StA München, FinÄ 496.
35 Hale: *Adolf Hitler – Taxpayer*, S. 839.
36 Finanzamt München Ost, Steuerrückstände Adolf Hitler für 1933/34 (Entwurf) v. 20.10.1934, in: StA München, FinÄ 496.
37 Vgl. Hale: *Adolf Hitler – Taxpayer*, S. 841.
38 Hans-Heinrich Lammers an den Eher-Verlag v. 3. Januar 1934, in: BArch Berlin R 43 II/960, Bl. 11.
39 Briefwechsel Propagandaministerium-Reichskanzlei, Februar bis Mai 1939, in: BArch Berlin R 43 II/479a, Bl. 26–38.
40 Vgl. Plöckinger: *Geschichte eines Buches*, S. 432–437.
41 Vgl. Schwarzwäller: *Hitlers Geld*, S. 160 u. S. 225, jedoch ohne Belege.
42 Vgl. Interview mit Frank Bajohr v. 7. Juli 2014 (http://www.heise.de/tp/artikel/42/42183/1.html).
43 Vgl. http://www.welt.de/print-welt/article408407/Adolf-Hitler-Milliardaer.html.
44 Vgl. *Neue Zürcher Zeitung* v. 7./8. September 1996 u. http://www.

ANHANG

welt.de/geschichte/zweiter-weltkrieg/article129538313/Hitlers-Schwarzgeld-Milliarden-in-der-Schweiz.html.

Leser
1 Halhuber/Obenfeldner/Pelinka: *Mein Kampf – heute wieder gelesen*, S. 9.
2 *New York Times* v. 12. Mai 1945.
3 Persönliche Mitteilung von Ernst J. Cramer an den Verf., Frühjahr 2005.
4 Merritt/Merritt (Hrsg.): *Public opinion in occupied Germany*, S. 70f.
5 Merritt/Merritt (Hrsg.): *Public opinion in occupied Germany*, S. 199.
6 Speer: *Erinnerungen*, S. 34 u. S. 581, Anm. 81.
7 BArch Berlin R 43 II/959, Bl. 238.
8 Zit. n. Niesen: *Bonner Personenlexikon*, S. 371.
9 François-Poncet: *Botschafter in Berlin*, S. 83.
10 François-Poncet zit. n. Plöckinger: *Geschichte eines Buches*, S. 4.
11 Vgl. Plöckinger: *Geschichte eines Buches*, S. 408f.
12 Zit. n. Plöckinger: *Geschichte eines Buches*, S. 410.
13 Ueberschär (Hrsg.:): *Hitlers militärische Elite*, S. 31.
14 Zit. n. Müller: *Das Heer und Hitler*, S. 194.
15 Meier-Welcher (Hrsg.): *Offiziere*, S. 260.
16 Zit. n. Dutt: *World Politics*, S. 250, Anm. 1.
17 VB-Zweigniederlassung Berlin an die Hauptschriftleitung der NS-Gemeinde, München, v. 21. Juni 1935, BArch Berlin NS 25/563.
18 Vgl. Braun/Marxhausen: Herrschaftssymbol, S. 204.
19 Sommer: Erläuterungen, S. 3, S. 9–24, S. 25–54, S. 55–105 u. S. 105–118.
20 Zit. n. Braun/Marxhausen: *Herrschaftssymbol*, S. 204, Anm. 89.
21 SoPaDe (Hrsg.): *Deutschlandberichte* 2 (1935), S. 204.
22 SoPaDe (Hrsg.): *Deutschlandberichte* 3 (1936), S. 471.
23 SoPaDe (Hrsg.): *Deutschlandberichte* 4 (1937), S. 870.
24 SoPaDe (Hrsg.): *Deutschlandberichte* 5 (1939), S. 989.
25 Vgl. Plöckinger: *Geschichte eines Buches*, S. 420–429.
26 SoPaDe (Hrsg.): *Deutschlandberichte* 3 (1936), S. 1251.
27 SoPaDe (Hrsg.): *Deutschlandberichte* 3 (1936), S. 1357.
28 Hitler: *Mein Kampf* (1939), S. 749f. u. S. 752.

ANMERKUNGEN

29 Boberach (Hrsg.): *Meldungen aus dem Reich*, Bd. 2, S. 365.
30 Boberach (Hrsg.): *Meldungen aus dem Reich*, Bd. 2, S. 408.
31 Boberach (Hrsg.): *Meldungen aus dem Reich*, Bd. 3, S. 866.
32 Boberach (Hrsg.): *Meldungen aus dem Reich*, Bd. 4, S. 950.
33 Boberach (Hrsg.): *Meldungen aus dem Reich*, Bd. 6, S. 1834.
34 Boberach (Hrsg.): *Meldungen aus dem Reich*, Bd. 6, S. 1928.
35 Boberach (Hrsg.): *Meldungen aus dem Reich*, Bd. 9, S. 3353.
36 Zit. n. Plöckinger: *Geschichte eines Buches*, S. 414.
37 Zit. n. Plöckinger: *Geschichte eines Buches*, S. 443.

Vollzug

1 Herbst: *Hitlers Charisma*, S. 196.
2 25-Punkte-Programm der Nationalsozialistischen Deutschen Arbeiterpartei. http://www.documentArchiv.de/wr/1920/nsdap-programm.html.
3 Jäckel/Kuhn (Hrsg.): *Hitler 1905–1924*, S. 436–438.
4 Satzung der NSDAP/NSDAV e. V., in: *Nationalsozialismus, Holocaust, Widerstand und Exil 1933–1945*. Online-Datenbank. http://db.saur.de/DGO/basicFullCitationView.jsf?documentId=HRSA-0067
5 Korrespondenz in: *Nationalsozialismus, Holocaust, Widerstand und Exil 1933–1945*. Online-Datenbank. http://db.saur.de/DGO/basicFullCitationView.jsf?documentId=APK-006092
6 Vgl. *Amtsblatt des Kontrollrats in Deutschland*, S. 19.
7 *Das freie Wort* v. 21. Juni 1931 zit. n. Plöckinger: *Geschichte eines Buches*, S. 376.
8 Hitler: *Mein Kampf* (1939), S. XXVII.
9 Vgl. *Weltbühne* 1/1933, S. 305; Clemens: *Herr Hitler in Germany*, S. 286; François-Poncet: *Botschafter in Berlin*, S. 83.
10 Hitler: *Mein Kampf* (1939), S. 171.
11 Domarus: *Hitler*, Bd. 1, S. 192.
12 Vgl. Kellerhoff: *Der Reichstagsbrand*, S. 11–37 u. S. 48–63.
13 Hitler: *Mein Kampf* (1939), S. 339.
14 Vgl. Kellerhoff: *Hitlers Berlin*, S. 97 f.
15 Hitler: *Mein Kampf* (1939), S. 308 f.
16 *RGBl* I 1933, S. 175.
17 Domarus: *Hitler*, Bd. 1, S. 273–277.
18 Vgl. Hitler: *Mein Kampf* (1939), S. 766.
19 *Times* v. 18. Mai 1933.

20 Wirsching: »*Man kann nur Boden germanisieren*«, S. 547; vgl. Müller: *Hitlers Rede vor der Reichswehrführung 1933*, S. 73 – 90.
21 Domarus: *Hitler*, Bd. 1, S. 278.
22 Hitler: *Mein Kampf* (1939), S. 746 u. S. 708.
23 RGBl. II 1934, S. 118.
24 Hitler: *Mein Kampf* (1939), S. 720 u. S. 135.
25 Rauschning: *Gespräche mit Hitler*, S. 113.
26 Hitler: *Mein Kampf* (1939), S. 358, S. 727 u. S. 742.
27 Goebbels: *Tagebücher 1923 – 1941*, Bd. 1/II, S. 55.
28 Hitler: *Mein Kampf* (1939), S. 744.
29 Hitler: *Mein Kampf* (1939), S. 753.
30 Goebbels: *Tagebücher 1923 – 1941*, Bd. 7, S. 191.
31 Hitler: *Mein Kampf* (1939), S. 446.
32 Begründung zum Gesetz zur Verhütung erbkranken Nachwuchses, zit. n. Bundestagsdrucksache 16/3811, S. 2.
33 Hitler: *Mein Kampf* (1939), S. 448.
34 Hitler: *Mein Kampf* (1939), S. 447.
35 Hitler: *Mein Kampf* (1939), S. 279.
36 Adolf Hitler: Die Panzerkreuzer-Narretei der Kommunisten-Rede auf NSDAP-Versammlung in München v. 10. Oktober 1928, in: Nationalsozialismus, Holocaust, Widerstand und Exil 1933 – 1945. Online-Datenbank. http://db.saur.de/DGO/basic-FullCitationView.jsf?documentId=HRSA-0509
37 Fritz Lenz: »Die Stellung des Nationalsozialismus zur Rassenhygiene«. In: *Archiv für Rassen- und Gesellschaftsbiologie* 25 (1930), zit. n. http://www.toolan.com/hitler/append13a.html.
38 Hitler: *Mein Kampf* (1939), S. 772.
39 Vgl. z. B. Bein: »*Der jüdische Parasit*«, S. 134; *Der Spiegel* v. 22. August 1966; Hillgruber: *Die »Endlösung«*, S. 137; *Zeit* v. 18. Juli 1975; *Der Spiegel* v. 5. Dezember 1977; *Hamburger Abendblatt* v. 29. Januar 1979; *Die Zeit* v. 2. Februar 1979; *Bild am Sonntag* v. 22. April 1979; *Die Zeit* v. 3. August 1979; Jäckel: *Hitlers Weltanschauung*, S. 71; *Bild am Sonntag* v. 1. Mai 1983; Fest: *Hitlers Krieg*, S. 363 u. Rash: *Language of Violence*, S. IX.
40 Vgl. Plöckinger: *Geschichte eines Buches*, S. 260.
41 Domarus: *Hitler*, Bd. 3, S. 1058.
42 Goebbels: *Tagebücher 1941 – 1945*, Bd. 3, S. 561.
43 Aly u. a. (Hrsg.): *Verfolgung und Ermordung der europäischen Juden*, Bd. 4, S. 681.

ANMERKUNGEN

44 Hitler: *Mein Kampf* (1939), S. 186 u. S. 750.
45 Höß: *Kommandant in Auschwitz*, S. 190.
46 Hitlers politisches Testament v. 29. April 1945, http://www.ns-archiv.de/personen/hitler/testament/politisches-testament.php.

Ausland

1 Clemens: *Herr Hitler in Germany*, S. 335.
2 Shirer: *Berlin Diary*, S. 69.
3 Vgl. Caspar: *Mein Kampf – A Bestseller*, S. 12 f. u. S. 14 f. Das Verzeichnis der Übersetzungen in der Eher-Broschüre von 1938 unterschlägt die Tatsache, dass viele internationale Ausgaben gekürzt waren. Vgl. Werbebroschüre des Franz-Eher-Verlages, undatiert [1938], BArch Berlin NS 26/2247, S. 7 – 16.
4 Vgl. Korrespondenz in: BArch Berlin R 43 II /959, Verträge und Korrespondenz in: BArch Berlin NS 1/413 (unpaginiert).
5 Vgl. http://www.thepeerage.com/p6708.htm#i67072.
6 Blanche an Edgar Dugdale, o. D. [21. September 1930], zit. n. Barnes/Barnes: *Hitler's Mein Kampf in Britain and America*, S. 4.
7 *The English Review* 53 (1931), S. 566 – 571, zit. n. Plöckinger: *Geschichte eines Buches*, S. 467.
8 Hitler: *Mein Kampf* (1939), S. 357 u. S. 358; vgl. Hitler: *My Struggle* (1938), S. 128 – 131.
9 Hitler: *Mein Kampf* (1939), S. 329; vgl. Hitler: *My Struggle* (1938), S. 124.
10 *Observer* v. 15. Oktober 1933. Steed lag mit seiner Umfangskalkulation um etwa zehn Prozent falsch (240 000 Wörter gegenüber tatsächlich 219 000 Wörtern), weil er die großen gesperrten gesetzten Passagen nicht berücksichtigt hatte.
11 *Times* v. 13. Oktober 1933, zit. n. Barnes/Barnes: *Hitler's Mein Kampf in Britain and America*, S. 9.
12 *New York Times* v. 15. Oktober 1933.
13 BArch R 43 II/959, Bl. 234 f.
14 Vgl. Barnes/Barnes: *Hitler's Mein Kampf in Britain and America*, S. 16 – 18 u. S. 78.
15 Vgl. Clemens: *Herr Hitler in Germany*, S. 333.
16 Vgl. Granzow: *Mirror of Nazism*, S. 133.
17 Zit. n. Clemens: *Herr Hitler in Germany*, S. 145.
18 Laut dem Honorar-Buch des Eher-Verlages erschien die

17. Auflage erst Anfang März 1933; vgl. Phelps: *Die Autoren*, S. 32. Allerdings wurde die 19. Auflage bereits Ende 1932 ausgeliefert; vgl. Plöckinger: *Geschichte eines Buches*, S. 177, Anm. 31.
19 *Documents on British Foreign Policy*, Series II, Vol. 5, S. 41–44.
20 *Documents on British Foreign Policy*, Series II, Vol. 5, S. 47–55
21 Clemens: *Herr Hitler in Germany*, S. 286.
22 Vgl. http://www.bbc.com/news/magazine-30697262.
23 Korrespondenz in BArch Berlin NS 1/413 (unpaginiert).
24 *Spectator* v. 24. März 1939, zit. n. Barnes/Barnes: *Translator and Interpreter*, S. 220.
25 Aktennotiz des DNB-Vertreters in New York, »streng vertraulich«, v. 2. Januar 1939, in: PAAA R 121233.
26 Hitler: *Mein Kampf* (1940), S. IV.
27 Vgl. Barnes/Barnes: *Hitler's Mein Kampf in Britain and America*, S. 91–128 u. S. 135 sowie Hitler: *Mein Kampf – An unexpurgated digest (1939).*
28 Hitler: *Mein Kampf* (1939), S. 699 u. S. 766 f.
29 François-Poncet: *Als Botschafter in Berlin*, S. 86 f. u. S. 96.
30 Vgl. Mühle: *Frankreich und Hitler*, S. 177, Anm. 210.
31 Max Amann an Rudolf Hess v. 11. Januar 1934, in: *Nationalsozialismus, Holocaust, Widerstand und Exil 1933–1945*. Online-Datenbank. http://db.saur.de/DGO/basicFullCitationView.jsf?documentId=APK-008723
32 Karl Epting an Rolf Rienhardt v. 19. März 1934, in: BArch Berlin NS 26/2136.
33 Korrespondenz zu Charles Appuhn, in: *Nationalsozialismus, Holocaust, Widerstand und Exil 1933–1945*. Online-Datenbank. http://db.saur.de/DGO/basicFullCitationView.jsf?documentId=APK-008723
34 Vgl. Gassert/Mattern: *Hitler Library*, S. 39.
35 Übersetzung von Charles Appuhn: *Hitler par lui-meme d'après son livre Mein Kampf*, in: BArch Berlin NS 26/2136 (unpaginiert).
36 Hitler: *Mon Combat* (1934), S. 7.
37 *Vossische Zeitung* v. 6. März 1934.
38 Bohrmann (Hrsg.): NS-Presseanweisungen, Bd. 2 (1934), S. 119.
39 Vgl. Emil von Rintelen an Rudolf Heß v. 6. März 1934, in: *Nationalsozialismus, Holocaust, Widerstand und Exil 1933–1945*. Online-Datenbank. http://db.saur.de/DGO/basicFullCitationView.jsf?documentId=APK-008723.

ANMERKUNGEN

40 Hitler: *Mon Combat* (1934), S. 11 u. *Manchester Guardian* v. 20. Juni 1934.
41 Übersetzung eines nicht datierten Artikels aus der Zeitung *Comedia*, in: PAAA R100155, Bl. 20 f.
42 PAAA R 100155, Bl. 29 f.
43 PAAA R 100155, Bl. 110.
44 PAAA R 100155, Bl. 138 u. Bl. 144.
45 Gesandtschaft Addis Abeba an das Auswärtige Amt v. 27. Februar 1935, in: *Nationalsozialismus, Holocaust, Widerstand und Exil 1933–1945*. Online-Datenbank. http://db.saur.de/DGO/basicFullCitationView.jsf?documentId=APK-017359
46 Bohrmann (Hrsg.): *NS-Presseanweisungen*, Bd. 6/II (1938), S. 499.
47 Vgl. Hitler: *Ma Doctrine* (1938), S. 3–16 sowie Hitler: *Mein Kampf* (1939), S. 95, S. 84, S. 88, S. 97, S. 410, S. 96, S. 92, S. 93, S. 98 und S. 99.
48 Hitler: *Ma Doctrine* (1938), S. II; vgl. Caspar: *Mein Kampf – A Best Seller*, S. 13.
49 PAAA R 100155, Bl. 145.
50 Hitler: *Mein Kampf* (1939), S. 524.
51 *Das Neue Tage-Buch* 6 (1938), S. 865.
52 Gesandtschaft Budapest an das Auswärtige Amt v. 17. September 1935, in: PAAA R 121232.
53 *Völkischer Beobachter* v. 20. Dezember 1936.
54 Gesandtschaft Bagdad an das Auswärtige Amt v. 17. Mai 1934, in: PAAA R 121232.
55 BArch Berlin NS 26/2310.
56 Reichsministerium für Volksaufklärung und Propaganda am das Auswärtige Amt v. 12. November 1936, in: PAAA R 121232.
57 Aktennotiz v. 19. Januar 1937, in: PAAA R 121232.
58 Botschaft Nanking an das Auswärtige Amt v. 30. Januar 1936, in: PAAA R 121232.
59 Reichsministerium für Volksaufklärung und Propaganda am das Auswärtige Amt v. 21. September 1934, in: PAAA R 121232.
60 Vgl. Berichte der Botschaft Tokio an das Auswärtige Amt v. 3. März u. 1. April 1938, in: PAAA R 121233.
61 Korrespondenz in: PAAA R 121233.
62 Zit. n. Plöckinger: *Geschichte eines Buches*, S. 521.

ANHANG

Streit
1 Mitteilung von Hans Mommsen an den Verf., Januar 2009.
2 Gesetz zur Befreiung von Nationalsozialismus und Militarismus v. 3. März 1946, Art. 37.
3 Urteil der Spruchkammer München I v. 15. Oktober 1948, Aktenzeichen I-3568/48 (Kopie in der Sammlung des Verf.).
4 http://www.bundesarchiv.de/cocoon/barch/0/k/k1958k/kap1_2/kap2_44/para3_1.html
5 Vgl. *Tagesspiegel* v. 3. August 2003.
6 Vermerk v. 22. Dezember 1966, in: PAAA B 84 V5–88, 706. Ähnlich z. B. Aufzeichnung v. 23. Juli 1969, in: PAAA B 84 V5–88, 707.
7 Korrespondenz in PAAA B 84 V5–88, 707 u. 709.
8 *Frankfurter Allgemeine Zeitung* v. 8. Juli 2009
9 *Spiegel* v. 30. Januar 1995.
10 *Süddeutsche Zeitung* v. 25. Januar 1999 u. 19. Oktober 2000.
11 *Die Welt* v. 12. Dezember 2013.
12 *Die Welt* v. 18. August 1999.
13 *Die Welt* v. 5. März 2004.
14 *Die Welt kompakt* v. 25. April 2008.
15 http://www.bbc.com/news/magazine-17923208; vgl. *Süddeutsche Zeitung* v. 26. April 2008 u. *Hamburger Abendblatt* v. 24. Mai 2008.
16 *Welt Kompakt* v. 27. Juni 2008, *Tageszeitung* v. 4. Mai 2012 u. *Tagesspiegel* v. 6. November 2012.
17 *Frankfurter Allgemeine Zeitung* v. 30. Januar 2013.
18 *Die Welt* v. 8. Februar 2012.
19 http://www.historikerverband.de/presse/pressemitteilungen/vhd-unterstuetzt-editionsvorhaben-des-instituts-fuer-zeitgeschichte-von-hitlers-mein-kampf.html
20 Vermerk v. 22. Dezember 1966, in: PAAA B 84 V5–88, 706.
21 Aufzeichnung v. 12. Oktober 1966, in: PAAA B 84 V5–88, 708.
22 Vgl. Korrespondenz in: PAAA B 84 V5–88, 292 u. 706–709.
23 Korrespondenz in: PAAA B 84 V5–88, 708.
24 Korrespondenz und Ausschnitte aus dänischen Zeitungen mit Zusammenfassungen auf Deutsch in: PAAA B 84 V5–88, 707.
25 *Frankfurter Rundschau* v. 2. August 2001.
26 Korrespondenz in: PAAA B 84 V5–88, 708.
27 *Die Welt* v. 6. Februar 1997.

ANMERKUNGEN

28 Persönliche Mitteilung eines pensionierten deutschen Diplomaten mit Erfahrung im Nahen Osten an den Verf.
29 *Hamburger Abendblatt* v. 17. März 1989.
30 *Frankfurter Allgemeine Zeitung* v. 23. u. 24. Februar 1995; vgl. *Tribüne* 124 (1992), S. 72–74.
31 *Frankfurter Allgemeine Zeitung* v. 29. März u. 22. Dezember 2000 sowie *Berliner Morgenpost* v. 2. April 2000 u. *Süddeutsche Zeitung* v. 6. November 2001, 26. Februar 2002 u. 12. August 2003.
32 Urteil des Bundesgerichtshofes v. 25. Juli 1979 (Kopie in der Sammlung des Verf.).
33 *Tribüne* 72 (1979), S. 76.
34 http://www.welt.de/geschichte/zweiter-weltkrieg/article 122823437/Warum-Mein-Kampf-gedruckt-werden-sollte.html
35 Mitteilung des List-Verlages an den Verf. v. 6. Februar 2012.
36 *Tagesspiegel* v. 16. Januar 2012.
37 Einstweilige Verfügung LG München, Aktenzeichen 7 O 1533/12 (Kopie in der Sammlung des Verf.).
38 *Hamburger Abendblatt* v. 8. März 2012.
39 Eidesstattliche Versicherung Barbara Zehnpfennig v. 29. Januar 2012 (Kopie in der Sammlung des Verf.).
40 http://www.welt.de/regionales/muenchen/article106597354/ Auszuege-aus-Mein-Kampf-bleiben-im-Giftschrank.html.
41 http://www.welt.de/kultur/history/article106221845/Bayern-will-Hitlers-Buch-Mein-Kampf-herausgeben.html.
42 http://www.welt.de/geschichte/zweiter-weltkrieg/article 122802132/Bayern-will-nun-doch-keine-Edition-von-Mein-Kampf.html; vgl. Martens: Countdown zu einem Tabubruch, 15:15–16:00 u. 19:50–20:45.
43 http://www.welt.de/geschichte/zweiter-weltkrieg/article 124103451/Mein-Kampf-kann-kommen-ohne-bayerisches-Geld.html.
44 *Die Welt* v. 27. Juni 2014.
45 *Die Welt* v. 9. Juli 2014.

Zukunft

1 Mail von Ernst Piper an den Verf., 28. Februar 2015.
2 http://www.welt.de/kultur/history/article13855523/Historiker-Bayern-missbraucht-das-Urheberrecht.html.

ANHANG

3 *Berliner Zeitung* v. 2. Dezember 1996.
4 Vgl. Hitler: *Mein Kampf* (1940), S. III.
5 Vgl. http://www.telegraph.co.uk/news/worldnews/asia/japan/6247568/Manga-version-of-Hitlers-Mein-Kampf-a-hit-in-Japan.html.
6 Vgl. Jochmann (Hrsg.): *Hitler-Monologe*, S. 219f.
7 http://www.welt.de/geschichte/zweiter-weltkrieg/article123696319/Hitlers-Mein-Kampf-stuermt-eBook-Bestseller-listen.html.
8 Eigene Erfahrung des Verf. 2003. Ein antiquarisches Exemplar wurde anstandslos nach Basel geliefert; der Preis lag trotz der Versandkosten aus den Vereinigten Staaten deutlich unter den damaligen Angeboten deutscher Antiquare.
9 New Statesman v. 25. Juni 2001 zit. n. http://web.archive.org/web/20110605042124/http://www.newstatesman.com/200106250039.
10 http://www.freiewelt.net/nachricht/iranische-nazis-arbeiten-legal-16058/
11 http://news.bbc.co.uk/2/hi/south_asia/8382132.stm.
12 http://www.palwatch.org/main.aspx?fi=655.
13 http://www.jpost.com/Opinion/Op-Ed-Contributors/Reading-Mein-Kampf-in-Cairo.
14 http://www.spiegel.de/panorama/indonesien-umstrittenes-nazi-cafe-wieder-geoeffnet-a-976628.html.
15 Vgl. Zehnpfennig: *Hitlers Mein Kampf* u. Zehnpfennig: *Adolf Hitler – Mein Kampf*.
16 http://www.ifz-muenchen.de/aktuelles/themen/edition-mein-kampf/.
17 Zit. n. Martens: *Countdown zu einem Tabubruch*, 32:32 – 32:35.

QUELLEN- UND LITERATURVERZEICHNIS

1. Archivalien
Bundesarchiv Berlin
R 43 I – Bestand Reichskanzlei: 479a.
R 43 II – Bestand Reichskanzlei: 787; 959; 960; 961; 963; 963a; 1420; 1471; 1474a; 1480a; 1482.
R 56-V – Bestand Reichsschrifttumskammer: 234.
NS 1 – Bestand Reichsschatzmeister der NSDAP: 413.
NS 6 – Bestand Parteikanzlei der NSDAP: 232.
NS 11 – Parteiamtliche Prüfungskommission: 23a; 40.
NS 19 – Persönlicher Stab Reichsführer-SS: 3062.
NS 24 – Bestand Nationalsozialistisches Kraftfahrerkorps: 91.
NS 25 – Hauptamt für Kommunalpolitik: 563.
NS 26 – Hauptarchiv der NSDAP: 63; 230; 1422; 2136; 2247; 2256; 2310.

Politisches Archiv des Auswärtigen Amtes Berlin
R 98416 – Sonderreferat Deutschland.
R 100155 – Gruppe Inland.
R 121232/R 121233 – Presseabteilung.
B 84 (Referat 504/V5) – Rechtsabteilung: 292; 706; 707; 708; 709.

Staatsarchiv München
Bestand Staatsanwaltschaft München – 14344.
Bestand Finanzämter – 496.

ANHANG

Sammlung Sven Felix Kellerhoff Berlin
Manuskriptblätter zu *Mein Kampf* (Kopien).
Konzeptblätter zu *Mein Kampf* (Kopien).
Konvolut von Akten aus der Festungshaftanstalt Landsberg, darunter Sprechkarten, Originalbriefe, Besucherliste, Abschriften von offiziellen Schreiben der Gefängnisdirektion u. ä. (Kopien).
Unterlagen aus den Verfahren Freistaat Bayern ./. Albertas Ltd. 2009–2014
Ausschuss für Hochschule, Forschung und Kultur des Bayerischen Landtages: Wortprotokoll der Anhörung zum Thema »Umgang mit Nachdrucken von NS-Propaganda«. 16. Juni 2010.
Varia: Werbeblätter für *Mein Kampf*; NSDAP-Mitgliedsausweis von 1922 u. ä. (Kopien).

2. Gedruckte und digitale Quellen
Aly, Götz u. a. (Hrsg.): *Die Verfolgung und Ermordung der europäischen Juden durch das nationalsozialistische Deutschland 1933–1945.* Geplant 16 Bde. München 2008 ff.
Amann, Max: *Ein Leben für Führer und Volk 1891–1941.* München 1941.
Beek, Gottfried zur: *Die Geheimnisse der Weisen von Zion.* 7. Aufl. Berlin 1922 (zuerst 1922) (https://ia600409.us.archive.org/7/items/Beek-Gottfried-Die-Geheimnisse-der-Weisen-von-Zion-1/BeekGottfriedZur-DieGeheimnisseDerWeisenVon-Zion7.Auflage192284S..pdf).
Benz, Wolfgang u. a. (Hrsg.): *Nationalsozialismus, Holocaust, Widerstand und Exil 1933–1945. Online-Datenbank.* Berlin – München o. J. (http://db.saur.de/DGO/).
Binding, Rudolf G.: *Antwort eines Deutschen an die Welt.* Berlin 1933.
Boberach, Heinz (Hrsg.): *Meldungen aus dem Reich. Auswahl aus den geheimen Lageberichten des Sicherheitsdienstes der SS 1939–1944.* 17 Bde. und Registerband. Neuausgabe Herrsching 1984 [zuerst 1966].
Bohrmann, Hans (Hrsg.): *NS-Presseanweisungen der Vorkriegszeit. Edition und Dokumentation.* 7 in 20 Bden. München 1984–2013.
Brandmayer, Balthasar: *Meldegänger Hitler. Mitgeteilt von Heinz Bayer.* 2. Aufl. München 1933.

Chamberlain, Houston Stewart: *Die Grundlagen des XIX. Jahrhunderts.* 10. Aufl. München 1912 (zuerst 1899) (http://www.hschamberlain.net/grundlagen/grundlagen_download.html).

Domarus, Max (Hrsg.): *Hitler. Reden und Proklamationen 1932 – 1945.* 4 Bde. 4. Aufl. Leonberg 1988 [zuerst 1962].

Dresler, Adolf (Hrsg.): *Dokumente der Zeitgeschichte.* München 1938.

Dutt, Rajani Palme: World Politics 1918 – 1936. New York 1936 (https://ia600502.us.archive.org/6/items/worldpolitics 191028102mbp/worldpolitics191028102mbp.pdf).

Ebeling, Theresa u. a. (Hrsg.): *»Geliebter Führer«. Briefe der Deutschen an Adolf Hitler.* Berlin 2011.

Eckart, Dietrich: *Der Bolschewismus von Moses bis Lenin. Zwiegespräch zwischen Adolf Hitler und mir.* München o. J. [1924] (https://ia700807.us.archive.org/28/items/Eckart-Dietrich-Der-Bolschewismus-1/EckartDietrich-DerBolschewismusVonMoses BisLenin192457S.Scan.pdf)

Falb, Alfred: *Luther und die Juden.* München 1921 (http://sammlungen.ub.uni-frankfurt.de/freimann/content/titleinfo/427527).

Feder, Gottfried: *Das Manifest zur Brechung der Zinsknechtschaft des Geldes.* München 1919 (https://ia601705.us.archive.org/10/items/ ManifestZurBrechungDerZinsknechtschaftantikapitalismus/ Feder_Gottfried__Das_Manifest_zur_Brechung_der_Zinsknecht schaft_des_Geldes_1919_62_S..pdf).

Feuchtwanger, Lion: *Centum Opuscula. Eine Auswahl.* Rudolstadt 1956.

Ders.: *Erfolg. Drei Jahre Geschichte einer Provinz.* Berlin (Ost) 3. Aufl. 1973 [zuerst 1969].

Ford, Henry: *Der internationale Jude.* Deutsch von Paul Lehmann. 2 Bde Leipzig 11. u. 5. Aufl. 1922 [zuerst 1922] (https://ia600509.us.archive.org/29/items/Ford-Henry-Der-internationale-Jude-1/FordHenry-DerInternationaleJude-1. Band11.Auflage1922204S.ScanFraktur.pdf; https://ia601505.us.archive.org/22/items/Ford-Henry-Der-internationale-Jude-2/ FordHenry-DerInternationaleJude-2.Band5.Auflage1922156S. ScanFraktur.pdf.

François-Poncet, André: *Botschafter in Berlin 1931 – 1938.* Deutsch von Erna Stübel. 3. Aufl. Mainz-Berlin 1962 (zuerst 1947).

Frank, Hans: *Im Angesicht des Galgens. Deutung Hitlers und seiner Zeit aufgrund eigener Erlebnisse und Erkenntnisse. Geschrieben im*

ANHANG

Nürnberger Gerichtsgebäude. Hrsg. von Oswald Schloffer. München 1953.

Funck, Bernhard: *Morbus judaicus. Primärer und sekundärer Geist. Eine kleine Ergänzung zu Spengler.* München 1921 (http://sammlungen.ub.uni-frankfurt.de/freimann/content/titleinfo/260154)

Gobineau, Joseph Arthur de: *Versuch über die Ungleichheit der Menschenracen.* Deutsch von Ludwig Scheman. 2. Aufl. Stuttgart 1902–1904 (zuerst 1898-1902) (https://archive.org/stream/versuchberdieun02kleigoog#page/n12/mode/2up; https://archive.org/stream/versuchberdieun01kleigoog#page/n7/mode/2up; https://archive.org/stream/versuchberdieu03gobi#page/n5/mode/2up; https://archive.org/stream/versuchberdieun03kleigoog#page/n9/mode/2up)

Goebbels, Joseph: *Die Tagebücher von Joseph Goebbels.* Teil I. Aufzeichnungen 1923–1941. Hrsg. von Elke Fröhlich. 9 Bde. in 14 Teilbänden. München usw. 1998–2004.

Ders.: *Die Tagebücher von Joseph Goebbels.* Teil II: Diktate 1941–1945. 15 Bde. Hrsg. von Elke Fröhlich. München 1993–1996.

Ders.: *Die Tagebücher von Joseph Goebbels.* Teil III. Register. 3 Bde., 2005–2008.

Groener, Maria: *Schopenhauer und die Juden.* München 1920 (http://sammlungen.ub.uni-frankfurt.de/freimann/content/titleinfo/648940)

Gruchmann, Lothar/Weber, Reinhard/Gritschneder, Otto (Hrsg.): *Der Hitler-Prozess 1924. Wortlaut der Hauptverhandlung vor dem Volksgericht München I.* 4 Bde. München 1997–2000.

Günther, Hans F. K.: *Rassenkunde des deutschen Volkes.* 14. Aufl. München 1930 [zuerst 1922] (https://ia601208.us.archive.org/11/items/Guenther-Hans-Rassenkunde-des-deutschen-Volkes/GuentherHans-RassenkundeDesDeutschenVolkes14.Auflage1930540S.ScanFraktur.pdf).

Ders.: *Rassenkunde Europas. Mit besonderer Berücksichtigung der Rassengeschichte der Hauptvölker indogermanischer Sprache.* 3. Aufl. München 1929 [zuerst 1924] (https://ia600503.us.archive.org/20/items/Guenther-Hans-Rassenkunde-Europas/GuentherHans-RassenkundeEuropas1929356S.ScanFraktur.pdf).

Heiden, Konrad: *Adolf Hitler. Das Zeitalter der Verantwortungslosigkeit.* 2. Aufl. Zürich 1936 [zuerst 1936].

Heinz, Heinz A.: *Germany's Hitler.* 2. Auflage London 1938 [zuerst

1934] (http://www.jrbooksonline.com/PDF_Books/Germanys_Hitler-Heinz_A_Heinz-1938-263pgs-POL.pdf)

Heß, Rudolf: *Briefe 1908–1933*. Hrsg. von Wolf Rüdiger Heß. München – Wien 1987.

Hitler, Adolf: *Mein Kampf. Bd. 1: Eine Abrechnung.* München 1925.

Ders.: *Mein Kampf. Bd. 1: Eine Abrechnung.* Prachtausgabe Nr. 91. München 1925.

Ders.: *Die Südtiroler Frage und das deutsche Bündnisproblem.* München 1926.

Ders.: *Die Südtiroler Frage und das deutsche Bündnisproblem.* Faksimile Bremen 1981 [zuerst 1926].

Ders.: *Mein Kampf. Bd. 2: Die nationalsozialistische Bewegung.* München 1927 [richtig: 1926].

Ders: *Mein Kampf. Zwei Bände in einem Band.* 63.–84. Aufl. München 1931 [zuerst 1925-1926].

Ders.: *Mon Combat.* Traduction intégrale de *Mein Kampf*. Französisch von J. Gaudefroy-Demombynes und A. Calmettes. Paris o. J. [1934].

Ders.: *Mein Kampf. Zwei Bände in einem Band.* 172.–173. Auflage München 1936 [zuerst 1925–1926] (https://ia600509.us.archive.org/8/items/Hitler-Adolf-Mein-Kampf/HitlerAdolf-Mein-Kampf-Band1Und2173.Auflage1936828S.ScanFraktur.pdf).

Ders.: *My Struggle.* o. Ü. [Edgar Dugdale] 52. Aufl. London 1938 [zuerst 1933] (https://ia600308.us.archive.org/21/items/MyStruggle/MKULTRA.pdf).

Ders.: *Mein Kampf. Zwei Bände in einem Band.* 323.–327. Aufl. München 1938 [zuerst 1925–1926].

Ders.: *Mein Kampf. Zwei Bände in einem Band.* 479.–483. Auflage München 1939 [zuerst 1925–1926].

Ders.: *Mein Kampf. Complete and unabridged. Fully anotated.* Englisch von Alvin Johnson u. a. 17. Aufl. London – New York – Melbourne 1940 [zuerst 1939].

Ders.: *Mein Kampf. An Unexpurgated Digest.* Englisch von B. D. Shaw. New York 1939 (https://ia600506.us.archive.org/0/items/MeinKampfAnUnexpurgatedEdition/MK01.pdf).

Ders.: *Mein Kampf. Zwei Bände in einem Band.* 737.–741. Aufl. München 1942 [zuerst 1925–1926].

Ders.: *Mein Kampf. Zwei Bände in einem Band.* 851.–855. Aufl. München 1943 [zuerst 1925-1926].

Ders.: *Hitlers zweites Buch. Ein Dokument aus dem Jahr 1928.* Hrsg. von Gerhard L. Weinberg. Stuttgart 1961.

Ders.: *Sämtliche Aufzeichnungen 1905–1924.* Hrsg. von Eberhard Jäckel und Axel Kuhn. Stuttgart 1980 (vgl. jedoch Jäckel, Eberhard/Kuhn, Axel: »Neue Erkenntnisse zur Fälschung von Hitler-Dokumenten«. In: Vierteljahrshefte für Zeitgeschichte 32 [1984], S. 163 f.).

Ders.: *Reden – Schriften – Anordnungen 1925–1933.* Hrsg. von Christian Hartmann u. a. 6 Bde. in 13 Teilbänden. München usw. 1992–2002.

Ders.: *Außenpolitische Standortbestimmung nach der Reichstagwahl Juni–Juli 1928.* Hrsg. und kommentiert v. Gerhard L. Weinberg, Christian Hartmann u. Klaus Lankheit. München 1995.

Höß, Rudolf: *Kommandant in Auschwitz.* 14. Auflage der Neuausgabe München 1994 [zuerst 1958].

Jochmann, Werner (Hrsg.): *Adolf Hitler. Monologe im Führerhauptquartier 1941–1944. Die Aufzeichnungen Heinrich Heims.* Hamburg 1980.

Kallenbach, Hans: *Mit Hitler auf Festung Landsberg.* München 1933.

Ders.: *Mit Hitler auf Festung Landsberg.* Neuausgabe München 1939.

Kubizek, August: *Adolf Hitler. Mein Jugendfreund.* Sonderausgabe Graz 2002 [zuerst 1953].

Langbehn, Julius: *Rembrandt als Erzieher.* 29. Auflage Leipzig 1891 [zuerst 1890] (https://ia700805.us.archive.org/28/items/rembrandtalserzi00lang_1/rembrandtalserzi00lang_1.pdf).

Ley, Robert (Hrsg.): *Organisationsbuch der NSDAP.* 3. Aufl. München 1937 (https://ia902505.us.archive.org/34/items/1937NationalSocialistGermanWorkersPartyOrganizationBook/1937OrganisationsbuchDerNationalsozialistischeDeutscheArbeiterpartei.pdf).

Lundborg, Hermann: *Rassenbiologische Übersichten und Perspektiven.* Jena 1921.

Lurker, Otto. *Hitler hinter Festungsmauern. Ein Bild aus trüben Tagen.* Berlin 2. Aufl. 1933 [zuerst 1933] (https://ia700507.us.archive.org/4/items/Lurker-Otto-Hitler-hinter-Festungsmauern/LurkerOtto-HitlerHinterFestungsmauern193393S.ScanFraktur.pdf).

Marx, Jakob: *Das deutsche Judentum und seine jüdischen Gegner.* Berlin 1925 (http://sammlungen.ub.uni-frankfurt.de/freimann/content/titleinfo/177632).

QUELLEN- UND LITERATURVERZEICHNIS

Maurenbrecher, Max: *Goethe und die Juden. Eine Zusammenstellung*. München 1921. (http://sammlungen.ub.uni-frankfurt.de/freimann/content/titleinfo/649107).

Meerkatz, Albert: *Erläuterung zu Adolf Hitlers Mein Kampf*. Leipzig o. J. [1939].

Möller, Eberhard Wolfgang. *Der Führer. Das Weihnachtsbuch für die deutsche Jugend*. Hrsg. von Baldur von Schirach. München 1938.

Noske, Gustav: *Von Kiel bis Kapp. Zur Geschichte der deutschen Revolution*. Berlin 1920 (https://ia801404.us.archive.org/4/items/vonkielbiskappzu00nosk/vonkielbiskappzu00nosk.pd).

Olden, Rudolf: *Hitler der Eroberer. Entlarvung einer Legende*. Frankfurt/M. 1984 [zuerst 1955].

Oppenheimer, Franz: *Die Judenstatistik des preußischen Kriegsministeriums*. München 1922 (http://sammlungen.ub.uni-frankfurt.de/download/pdf/177609?name=Die%20Judenstatistik%20des%20preu%C3%9Fischen%20Kriegsministeriums).

Orwell, George: *Review of Mein Kampf by Adolf Hitler*. März 1940 (https://archive.org/stream/pdfy-dtXwJ5ruCne4fb1U/Review%20Of%20_Mein%20Kampf_%20by%20Adolf%20Hitler%20%5BMarch%201940%5D%20%20George%20Orwell#page/n0/mode/2up).

Ottwalt, Ernst: *Deutschland erwache. Geschichte des Nationalsozialismus*. Wien 1932.

Picker, Henry: *Hitlers Tischgespräche im Führerhauptquartier*. Neuausgabe Berlin 1989 [zuerst 1951].

Rauschning, Hermann: *Gespräche mit Hitler*. Neuausgabe Wien 1973 [zuerst 1940].

Rumbold, Horace: *Letter to Sir J. Simon. [Mein Kampf Despatch]*. In: Documents on British Foreign Policy II,5. London 1956, S. 47–55.

Rosenberg, Alfred: *Die Protokolle der Weisen von Zion und die jüdische Weltpolitik*. München 1923 (https://ia700503.us.archive.org/16/items/Rosenberg-Alfred-Die-Protokolle-der-Weisen-von-Zion-Scan-2/RosenbergAlfred-DieProtokolleDerWeisen-VonZionUndDieJuedischeWeltpolitik1923163S.ScanFraktur.pdf).

Ders.: *Der Zukunftsweg einer deutschen Außenpolitik*. München 1927.

Scheunemann, Walther: *Der Nationalsozialismus. Quellenkritische Studie seiner Staats- und Wirtschaftsauffassung*. Berlin 1931.

Schneider, Reinhold: *Tagebuch 1930–1935*. Frankfurt/Main 1983.
Schott, Georg: *Das Volksbuch vom Hitler*. 12. Aufl. München 1939 [zuerst 1924].
Segall, Jacob: *Die deutschen Juden als Soldaten im Kriege 1914–1918. Eine statistische Studie*. Berlin 1922 (http://www.archive.org/download/diedeutschenjude00segauoft/diedeutschenjude-00segauoft.pdf).
Solleder, Fridolin (Hrsg.): *Vier Jahre Westfront. Geschichte des Regiments List R.I.R. 16*. München 1932 (http://www.fschuppisser.ch/kuk/bayinfall.pdf).
Sommer, Paul: *Erläuterung zu Adolf Hitlers Mein Kampf*. Leipzig o. J. [1933].
Speer, Albert: *Erinnerungen*. Berlin 1969.
Ders.: *Spandauer Tagebücher*. Berlin 1975.
Stiehler, Annemarie: *Die Geschichte von Adolf Hitler. Den deutschen Kindern erzählt*. 2. Auflage Berlin o. J [1936] [zuerst 1935].
Thost, Hans Wilhelm: *England wollte keinen Frieden. Britische Reden und Aufsätze aus den letzten sieben Jahren*. München – Berlin 1940.
Tyrell, Albrecht (Hrsg.): *Führer befiehl… Selbstzeugnisse aus der Kampfzeit der NSDAP*. Düsseldorf 1969.
Wagener, Otto: *Hitler aus nächster Nähe. Aufzeichnungen eines Vertrauten 1929–1932*. Hrsg. von Henry A. Turner. 2. Aufl. Kiel 1987 [zuerst 1978].
Wiedemann: *Der Mann, der Feldherr werden wollte. Erlebnisse und Erfahrungen des Vorgesetzten Hitlers im Ersten Weltkrieg und seines späteren persönlichen Adjutanten*. Velbert 1964.
Deutsche Wehrordnung v. 22. November 1888. Neuabdruck unter Berücksichtigung der bis April 1904 eingetretenen Änderungen. Berlin 1904. (https://archive.org/stream/deutschewehrord00germ goog#page/n7/mode/2up).
Wrisberg, Ernst von: *Heer und Heimat*. Leipzig 1921.

3. Periodika

Amtsblatt des Kontrollrates in Deutschland; Der Angriff; Berliner Illustrirte; Berliner Lokal-Anzeiger; Berliner Morgenpost; Berliner Tageblatt; Bild am Sonntag; Börsenblatt für den deutschen Buchhandel; Bundesgesetzblatt; Deutsche Zeitung; Documents on British Foreign Policy; Frankfurter Zeitung; Frankfurter Allgemeine Zeitung;

QUELLEN- UND LITERATURVERZEICHNIS

Illustrierter Beobachter; Manchester Guardian; Neue Zürcher Zeitung; Nachtausgabe; Neue Preußische Zeitung; New York Times; Reichsgesetzblatt für das Deutsche Reich; Reichsgesetzblatt für die im Reichsrathe vertretenen Königreiche und Länder (= Österreich-Ungarn*); Rote Fahne; Simplicissimus; SoPaDe Deutschlandberichte; Sozialdemokratischer Pressedienst; Der Spiegel; Süddeutsche Zeitung; Das Tage-Buch; Der Tagesspiegel; The Times; Tribüne; Völkischer Beobachter; Vorwärts; Vossische Zeitung; Washington Post; Die Welt; Welt am Sonntag; Die Weltbühne; Die Woche; Die Zeit.*

4. Literatur

Adam, Christian: *Lesen unter Hitler. Autoren, Bestseller, Leser im Dritten Reich.* Berlin 2010.

Aigner, Dietrich: *Das Ringen um England. Das deutsch-britische Verhältnis. Die öffentliche Meinung 1933 – 1939. Tragödie zweier Völker.* 2 Bde. München – Esslingen 1969.

Barnes, James J./Barnes, Patience P.: *Hitler's Mein Kampf in Britain and Amercia. A Publishing History 1930 – 1939.* Cambridge usw. 1980.

Bavendamm, Dirk: *Der junge Hitler. Korrekturen einer Biografie 1889 – 1914.* Graz 2009.

Beierl, Florian/Plöckinger, Othmar: *Neue Dokumente zu Hitlers Buch Mein Kampf.* In: Vierteljahrshefte für Zeitgeschichte 57 (2009), S. 261 – 318.

Bein, Alexander: *»Der jüdische Parasit«. Bemerkungen zur Semantik der Judenfrage.* In: Vierteljahrshefte für Zeitgeschichte 13 (1965), S. 121 – 149.

Bräuninger, Werner: *Hitlers Kontrahenten in der NSDAP 1921 – 1945.* München 2004.

Braun, Christian Alexander/Marxhausen, Christiane Friedericke: *Adolf Hitlers Mein Kampf. Herrschaftssymbol, Herrschaftsinstrument, Medium ideologischer Kommunikation.* In: Koschorke, Albrecht/Kaminskij, Konstantin (Hrsg.): *Despoten dichten. Sprachkunst und Gewalt.* Konstanz 2011, S. 177 – 209.

Brescius, Hans von: *Gerhart Hauptmann. Zeitgeschehen und Bewusstsein in unbekannten Selbstzeugnissen.* Bonn 1976.

Broszat, Martin: *Betrachtungen zu »Hitlers zweitem Buch«.* In: Vierteljahrshefte für Zeitgeschichte 9 (1961), S. 417 – 429.

Bruppacher, Paul: *Adolf Hitler und die Geschichte der NSDAP. Eine*

Chronik. Teil I: 1889–1937. 2. Aufl. Norderstedt 2009 [zuerst 2008].

Burke, Kenneth: *Die Rhetorik in Hitlers Mein Kampf und andere Essays zur Strategie der Überredung*. Deutsch von Günter Rebing. Frankfurt 1967.

Caspar, C.: »Mein Kampf – A Best Seller«. In: *Jewish Social Studies* 20 (1958), S. 3–16.

Clemens, Detlev: *Herr Hitler in Germany. Wahrnehmung und Deutungen des Nationalsozialismus in Großbritannien 1920–1939*. Göttingen – Zürich 1996.

Deuerlein, Ernst: *Hitlers Eintritt in die Politik*. In: Vierteljahrshefte für Zeitgeschichte 7 (1959), S. 177–227.

Diamond, Sander A.: *Herr Hitler. Amerikas Diplomaten, Washington und der Untergang Weimars*. Deutsch von Stephanie Kreuels. Düsseldorf 1985.

Eberle, Hendrik: *Hitlers Weltkrieg*. Hamburg 2014.

Fest, Joachim: *Hitler. Eine Biographie*. Berlin – Frankfurt/M. 1973.

Ders.: »Hitlers Krieg«. In: *Vierteljahrshefte für Zeitgeschichte* 38 (1990), S. 359–373.

Ders.: *Speer. Eine Biographie*. Berlin 1999.

Franz-Willing, Georg: *Ursprung der Hitlerbewegung 1919–1922*. Neuausgabe Preußisch Oldendorf 1974 [zuerst 1962].

Ders.: *Krisenjahr der Hitlerbewegung 1923*. Preußisch Oldendorf 1975.

Ders.: *Putsch und Verbotszeit der Hitlerbewegung November 1923 – Februar 1925*. Preußisch Oldendorf 1977.

Gassert, Philipp/Mattern, Daniel S.: *The Hitler Library. A Bibliography*. Westport – London 2001.

Gellately, Robert: *Hingeschaut und weggesehen. Hitler und sein Volk*. Aus dem Amerikanischen von Holger Fliessbach. Stuttgart – München 2002.

Granzow, Brigitte: A *Mirror of Nazism. British Opinion and the Emergence of Hitler 1929–1933*. London 1964.

Gritschneder, Otto: *Bewährungsfrist für den Terroristen Adolf H. Der Hitler-Putsch und die bayerische Justiz*. München 1990.

Hale, Oron J.: »Adolf Hitler – Taxpayer«. In: *The American Historical Review* 60 (1955), S. 830–842.

Halhuber, Max J./Obenfeldner, Ferdinand/Pelinka, Anton: *Mein Kampf – heute wieder gelesen*. Innsbruck 1993.

QUELLEN- UND LITERATURVERZEICHNIS

Hamann, Brigitte: *Hitlers Wien. Lehrjahre eines Diktators*. München – Zürich 1996.

Hammer, Hermann: »Die deutschen Ausgaben von Hitlers ›Mein Kampf‹«. In: *Vierteljahrshefte für Zeitgeschichte* 4 (1956), S. 161 – 178.

Heiber, Helmut: *Adolf Hitler*. Berlin 1960.

Herbst, Ludolf: *Hitlers Charisma. Die Erfindung eines deutschen Messias*. Frankfurt/Main 2010.

Hermann Historica ordentliche Handelsgesellschaft (Hrsg.): *Mein Kampf. Einige Anmerkungen zur Entstehungsgeschichte des Manuskriptes*. München 2006.

Hillgruber, Andreas: »Die ›Endlösung‹ und das deutsche Ostimperium als Kernstück des rassenideologischen Programms des Nationalsozialismus«. In: *Vierteljahrshefte für Zeitgeschichte* 20 (1972), S. 134 – 153.

Jäckel, Eberhard: *Hitlers Weltanschauung. Entwurf einer Herrschaft*. 3. Aufl. der Neuausgabe Stuttgart 1986 [zuerst 1969, Neuausgabe 1981].

Ders.: *Hitlers Herrschaft. Vollzug einer Weltanschauung*. 2. Aufl. Stuttgart 1988 [zuerst 1986].

Jetzinger, Franz: *Hitlers Jugend. Phantasien, Lügen und die Wahrheit*. Wien 1956.

Joachimsthaler, Anton: *Korrektur einer Biographie. Hitler 1905 – 1920*. München 1989.

Ders.: *Hitlers Weg begann in München 1913 – 1923*. München 2000.

Ders.: *Hitlers Liste. Ein Dokument persönlicher Beziehungen*. München 2003.

Kellerhoff, Sven Felix: *Hitlers Berlin. Geschichte einer Hassliebe*. Berlin 2005.

Ders.: *Der Reichstagsbrand. Die Karriere eines Kriminalfalls*. Berlin 2008.

Ders.: *Heimatfront. Der Untergang der heilen Welt – Deutschland im Ersten Weltkrieg*. Berlin 2014.

Kershaw, Ian: *Hitlers Macht. Das Profil der NS-Herrschaft*. Deutsch von Jürgen Peter Krause. München 1992.

Ders.: *Hitler*. Deutsch von Jürgen Peter Krause und Jörg W. Rademacher. 2 Bde. München 1998 – 2000.

Ders.: *Hitlers Freunde in England. Lord Londonderry und der Weg in den Krieg*. Deutsch von Klaus-Dieter Schmidt. München 2005.

Klemperer, Victor: *LTI. Notizbuch eines Philologen.* 24. völlig neubearbeitete Auflage hrsg. von Elke Fröhlich. Stuttgart 2010.

Krämer, Swantje: *Hitlers Weltanschauung in Mein Kampf. Von der Genese bis zur Manifestation.* Wiesbaden 2010.

Kroll, Frank-Lothar: *Geschichte und Politik im Weltbild Hitlers.* In: Vierteljahrshefte für Zeitgeschichte 44 (1996), S. 327–353.

Kuchler, Christian (Hrsg.): *NS-Propaganda im 21. Jahrhundert. Zwischen Verbot und öffentlicher Auseinandersetzung.* Köln – Weimar – Wien 2014.

Lange, Karl: »Der Terminus ›Lebensraum‹ in Hitlers Mein Kampf«. In: *Vierteljahrshefte für Zeitgeschichte* 13 (1965), S. 426–437.

Ders.: *Hitlers unbeachtete Maximen. Mein Kampf und die Öffentlichkeit.* Stuttgart usw. 1968.

Large, David Clay: *Hitlers München. Aufstieg und Fall der Hauptstadt der Bewegung.* Deutsch von Karl-Heinz Siber. München 1998.

Lee, Albert: *Henry Ford and the Jews.* New York 1980.

Longerich, Peter: *»Davon haben wir nichts gewusst!«. Die Deutschen und die Judenverfolgung 1933 bis 1945.* München 2006.

Marckhgott, Gerhart: »›… von der Hohlheit des gemächlichen Lebens‹. Neues Material über die Familie Hitler in Linz«. In: *Jahrbuch des oberösterreichischen Musealvereins Gesellschaft für Landeskunde* 138 (1993), S. 267–277.

Martens, Klaus: *Countdown zu einem Tabubruch. Mein Kampf erscheint.* TV-Dokumentation ARD 2015. Erstausstrahlung Das Erste 13. April 2015.

Maser, Werner: *Adolf Hitler – Mein Kampf. Der Fahrplan eines Welteroberers. Geschichte, Auszüge, Kommentare.* Neuausgabe Esslingen 1976 [zuerst 1974].

Ders.: *Adolf Hitlers Mein Kampf. Geschichte. Auszüge. Kommentare.* Neuausgabe Esslingen 1981 [zuerst 1966].

Ders.: *Hitlers Briefe und Notizen. Ein Weltbild in handschriftlichen Dokumenten.* Neuausgabe Graz – Stuttgart 2002 [zuerst 1973].

Merrit, Anna J./Merrit, Richard L. (Hrsg.): *Public Opinion in Occupied Germany. The OMGUS Surveys 1945–1949.* Urbana – Chicago – London 1970.

Mühle, Robert W.: *Frankreich und Hitler.* Paderborn 1955.

Müller, Klaus Jürgen: *Das Heer und Hitler. Armee und nationalsozialistisches Regime 1933–1940.* München 2. Aufl. 1989 [zuerst 1970].

Müller, Reinhard: *Hitlers Rede vor der Reichswehrführung 1933*. In: Mittelweg 36 1/2001, S. 73–90.

Neumann, Hans-Joachim/Eberle, Hendrik: *War Hitler krank? Ein abschließender Befund*. Bergisch-Gladbach 2009.

Niesen, Josef (Hrsg.): *Bonner Personenlexikon*. 3. Aufl. Bonn 2011 [zuerst 2006].

Pammer, Leopold: *Hitler und seine Vorbilder*. Hamburg 2009.

Phelps, Reginald H.: *Die Autoren des Eher-Verlages*. In: Deutsche Rundschau 1955, S. 3–34.

Piper, Ernst: *Alfred Rosenberg. Hitlers Chefideologe*. München 2005.

Ders.: *Kurze Geschichte des Nationalsozialismus. Von 1919 bis heute*. Hamburg 2007.

Plöckinger, Othmar: *Geschichte eines Buches: Adolf Hitlers Mein Kampf 1922–1945*. München 2006.

Ders.: *Frühe biografische Texte zu Hitler*. In: Vierteljahrshefte für Zeitgeschichte 58 (2010), S. 93–114.

Ders.: *Unter Soldaten und Agitatoren. Hitlers prägende Jahre im deutschen Militär 1918–1920*. Paderborn usw. 2013.

Pyta, Wolfram: *Hitler. Der Künstler als Politiker und Feldherr. Eine Herrschaftsanalyse*. München 2015.

Qualtinger, Helmut: *Adolf Hitler – Mein Kampf. Eine Lesung* (Audio-CD). O. O. [Wien] 1989 [zuerst 1973].

Rash, Felicity: *The Language of Violence. Adolf Hitler's Mein Kampf*. New York usw. 2006.

Reuth, Ralf Georg: *Goebbels*. München 1990.

Ders.: *Hitlers Judenhass. Klischee und Wirklichkeit*. München – Zürich 2009.

Rosen, Edgar R.: *Mussolini und Deutschland 1922/23*. In: Vierteljahrshefte für Zeitgeschichte 5 (1957), S. 17–41.

Ryback, Timothy W.: *Hitlers Bücher. Seine Bibliothek, sein Denken*. Deutsch von Heike Schlatterer. Köln 2010.

Sammons, Jeffrey L.: *Die Protokolle der Weisen von Zion. Die Grundlage des modernen Antisemitismus – eine Fälschung*. Göttingen 1998.

Schall, Ekkehard: *Mein Kampf* (Audio-CD). Berlin 1998.

Schenk, Dieter: *Hans Frank. Hitlers Kronjurist und Generalgouverneur*. Frankfurt/Main 2006.

Scholdt, Günter: *Autoren über Hitler. Deutschsprachige Schriftsteller 1919–1945 und ihr Bild vom »Führer«*. Bonn 1993.

Schwarzwäller, Wulf C.: *Hitlers Geld. Vom armen Kunstmaler zum millionenschweren Führer.* Wien 1998.

Shirer, William L.: *Rise and Fall of the Third Reich. A History of Nazi Germany.* New York 1960.

Sidman, Charles F.: »Die Auflagen-Kurve des Völkischen Beobachters und die Entwicklung des Nationalsozialismus 1920 – November 1923«. In: *Vierteljahrshefte für Zeitgeschichte* 13 (1965), S. 112 – 118.

Sigmund, Anna Maria: *Des Führers bester Freund.* München 2003.

Simms, Brendan: »Against a ›World of Enemies‹: The Impact of the First World War on the Development of Hitler's Ideology«. In: *International Affairs* 90 (2014); S. 317 – 336.

Somuncu, Serdar: *Mein Kampf. Serdar Somuncu liest aus dem Tagebuch eines Massenmörders* (Audio-CD). Köln o. J. [2001].

Sprenger, Peter: *Der Dichter stand auf hoher Küste.* Gerhart Hauptmann im Dritten Reich. Berlin 2009.

Steinert, Marlis G.: *Hitler.* Deutsch von Guy Montag und Volker Wieland. München 1994.

Tavernaro, Thomas: *Der Verlag Hitlers und der NSDAP. Die Franz Eher Nachfolger GmbH.* Wien 2004.

Thamer, Hans-Ulrich/Erpel, Simone (Hrsg.): *Hitler und die Deutschen. Volksgemeinschaft und Verbrechen.* Dresden 2011.

Thies, Jochen: *Architekt der Weltherrschaft. Die »Endziele« Hitlers.* Düsseldorf 1976.

Toland, John: *Adolf Hitler.* Deutsch von Uwe Bahnsen. Bergisch Galdbach 1976.

Turner, Henry A.: *Die Großunternehmer und der Aufstieg Hitlers.* Deutsch von Hildegard Möller und Marina Münkler. Berlin 1985.

Tyrell, Albrecht: *Vom Trommler zum Führer.* München 1975.

Ueberschär, Gerd R. (Hrsg.): *Hitlers militärische Elite.* Neuausgabe Darmstadt 2011 [zuerst 1998].

Ullrich, Volker: *Adolf Hitler. Biografie.* Bd. 1: *Jahre des Aufstiegs.* Frankfurt/Main 2013.

Vitkine, Antaine: *Mein Kampf. Histoire d'un livre.* Paris 2009.

Weber, Thomas: *Hitlers erster Krieg. Der Gefreite Hitler im Weltkrieg – Mythos und Wahrheit.* Deutsch von Stephan Gebauer. Berlin 2011.

Weigel, Björn: »›Märzgefallene‹ und Aufnahmestopp im Frühjahr

1933«. In: Benz, Wolfgang (Hrsg.): *Wie wurde man Parteigenosse? Die NSDAP und ihre Mitglieder.* Frankfurt/Main 2009, S. 91–109.

Wildt, Michael: *Geschichte des Nationalsozialismus.* Göttingen 2008.

Wirsching, Andreas: »›Man kann nur Boden germanisieren‹. Eine neue Quelle zu Hitlers Rede vor den Spitzen der Reichswehr am 3. Februar 1933«. In: *Vierteljahrshefte für Zeitgeschichte* 49 (2001), S. 517–550.

Zdral, Wolfgang: *Der finanzierte Aufstieg des Adolf H.* Wien 2002.

Zehnpfennig, Barbara: *Hitlers Mein Kampf. Eine Interpretation.* 2. Aufl. München 2002 [zuerst 2000].

Dies.: *Mein Kampf. Studienkommentar.* München 2011.

Zentner, Christian: *Adolf Hitlers Mein Kampf. Eine kommentierte Auswahl.* 8. Aufl. München 1992 [zuerst 1974].